天津东郊村落文化留迹

消失的村庄

上册

中国人民政治协商会议
天津市东丽区委员会
文史委员会 编

天津社会科学院出版社

图书在版编目（ＣＩＰ）数据

消失的村庄：天津东郊村落文化留迹：上、下 /
中国人民政治协商会议天津市东丽区委员会文史委员会编
. -- 天津：天津社会科学院出版社，2022.5
　　ISBN 978-7-5563-0829-3

　　Ⅰ．①消… Ⅱ．①中… Ⅲ．①村落文化－文化史－东
丽区 Ⅳ．①K292.13

中国版本图书馆 CIP 数据核字(2022)第 114463 号

消失的村庄 ： 天津东郊村落文化留迹 ： 上、下
XIAOSHI DE CUNZHUANG ： TIANJIN DONGJIAO CUNLUO WENHUA LIUHEN ： SHANG、XIA

选题策划：韩　鹏
责任编辑：胡宇尘
责任校对：王　丽
美术编辑：高馨月
出版发行：天津社会科学院出版社
地　　址：天津市南开区迎水道 7 号
邮　　编：300191
电　　话：(022) 23360165
印　　刷：天津鑫浩林云印科技有限公司
开　　本：787×1092　　1/16
印　　张：45
字　　数：673 千字
版　　次：2022 年 5 月第 1 版　　2022 年 5 月第 1 次印刷
定　　价：138.00 元（全2册）

序

习近平总书记非常重视文化的传承,他强调要"注重文明传承、文化延续,让城市留住记忆,让人们记住乡愁"。乡愁,是我们对故土山水人文的悠长眷恋,是历史文化传统对我们熏染的结果,是我们自觉向历史文化传统的皈依,也是我们承继和发扬历史文化传统的情感外现。

从全域城市化的视角看,天津市东丽区(原东郊区)在过去二十年里不但经历了物理性的乡村拆解、新市镇建设,而且经历了乡村管理组织向城市化社区的嬗变,从经济基础到上层建筑的方方面面都在发生着深刻的变化。这在全国范围内都是少有的社会化变革的样本,有非常重要的现实意义和历史意义。

这种巨大的社会变革还在持续进行中,我们这些生于斯长于斯的人们时时刻刻都在体会着物质生活和精神生活上的巨大变化,也都在享受着社会进步所带来的巨大而广泛的福利。

未来许多年后,人们一定会回顾我们当下的种种,回忆经济发展和社会进步的具体措施和行为,也会思考文化层面的转化。留住乡愁,让完全实现城市化的未来的人们能够体会到我们在巨变中的经历和感受,让他们了解巨变前天津东郊区农村的原有模样,是我们不能推卸的责任。

曾子说:"慎终追远,民德归厚矣。"我们不忘先人,不丢传统,就是要教化一域之民风淳厚,德治一方。我们不忘过去,从过去中汲取文化的营养,同时我们也要清醒地认识到,未来的人们也会记起现在的我们,我们要把优秀的文化传统传承好,不能愧对子孙。

天津东郊村落文化留迹

　　《消失的村庄》作为天津东郊区村落文化的口述史，是《正在消失的村庄》的续本，目的不仅仅是讲乡村故事，更是想让这些村民口述的故事成为本区域一百多个村落的记忆承载物：村庄从物理上都消失了，但是它们仍然生存在我们的口述故事里，只要这些文字还在，现在和未来的人们都还能找寻到它们的留下的痕迹，并在其中徜徉。

　　乡愁的因子无处不在，我们对区域乡村文化的保护性挖掘还是初步的，要做的事情还有很多，本书仍然还是抛砖引玉，希望更多的人增强对村落文化的保护意识，让我们为自己和未来的人们更好地留住乡愁。

　　本书在编写的过程中得到天津社会科学院、本区各街道和各自然村以及许多村民的大力支持，在此一并表示衷心感谢！

田先钰

2021 年 11 月

目　录

（上）

金桥街

天津东郊村落文化留迹（上）

天津东郊村落文化留迹（上）

金钟街

军粮城

天津东郊村落文化留迹(上)

天津东郊村落文化留迹(上)

（下）

新立街

天津东郊村落文化留迹（上）

张贵庄街

华明街

天津东郊村落文化留迹(上)

万新街

无瑕街

金桥街

☆ 金桥街

金桥街道原为天津市东丽区么六桥回族乡,2011年6月12日撤乡建街。金桥街道地处天津市东丽区地理中心地带,东与军粮城接壤,西与天津滨海国际机场及新立街毗邻,南邻京山铁路,北连华明街道。

☆ 穆家台村

村情简介:

穆家台村,清光绪十三年(1887)建村,"文革"时曾更名为反修村。该村东至东大桥村,南至中河村,西至骆驼房子村,北至双合村。全村共计830多人,入合作社村民720多人。除汉族外,共有回族540多人,回族人口占全村人口60%以上。现有90周岁以上的老人5人,最年长的97周岁。

2010年7月,穆家台村被批准整体撤村。2012年12月,实施整体撤村租房搬迁,后还迁至军粮城二期枫悦园、枫榆园等四个社区。2019年,行政隶属归于金桥街道。

排地匪祸

排地最初为清廷招民垦荒之地，共开渠三道、划地56排。民国以后，排地面积缩减至48排，一项为一排，共计稻田48顷。地内有东河、中河、西河三道河，其中中河和铁路成十字将排地划分为四段，穆家台属于第二段。

排地本是外乡人谋生之所，从山东、河北等地来的农户为了方便农垦，通常就地盖房，所以排地一带各家各户不仅人口少、住得分散，而且老百姓也不惹事，就想安安分分种地过日子。不过事与愿违，老百姓希望的太平日子经常被四处流窜的匪徒以及连年的军阀内斗打断。怎么回事呢？这是因为排地的地理位置。排地处于宁津两县交界，东邻军粮城，中贯平奉路，平时老百姓出行非常便利。可问题是，排地人口少、住得远且人口杂，再加上有些居民还不是常住人口，因此村民组织相对松散，当地保甲制形同虚设，这就给南北匪徒提供了藏匿之所。所以，一旦有匪徒过境，胆小良善的村民不敢反抗，地痞无赖之村民又与土匪勾结，排地农户有苦难言。有成伙匪徒手持木棍深夜入门抢劫的，比如村民路某家曾被抢大洋140元，铜元1300枚，白粗布五丈，青粗布一丈三尺，蓝花粗布棉被二床，粗布印花褥子三床，黄绒棉围巾一条以及男女夏冬外衣十件。还有穆家台的更夫在房上打更时，突然就被匪徒开枪击毙，闹得整个村子人心惶惶，晚上都不敢出门。

除了民间匪祸，军阀内斗也是让穆家台等排地农户头疼的事情。直奉大战后，穆家台一带有不少军阀驻军，为了应付部队的吃喝用度，这些驻军强迫村民捐钱捐物，征用车辆马匹，搜刮大米、猪羊及白

天津东郊村落文化留迹(上)

菜鸡鸭等,就连村民日用所必需的柴草也搜罗殆尽,村民陷入断炊之难。到了年根,村民只能以白菜过年,且数量极少,一块大洋只能买五十斤。

在动荡的民国社会,穆家台村民挣扎在温饱线上,直到天津解放,穆家台村民才真正有了自己的土地,开始了新生活。

(相关资料参考《大公报》1922年3月3日第10版,1927年2月17日第7版,1928年11月2日第5版,1929年7月17日第12版以及《益世报》1925年4月5日。)

整理人:王　静

穆家台引来了"金凤凰"

    静卧在海河臂弯里的穆家台村风光优美,虽说算不上是大富之村,但村民安居乐业,整个村子宁静祥和。清末的穆家台村民靠种排地为生。排地是清同治年间,清廷开禁招垦而划地成排的田地。当年,通商大臣崇厚奉旨勘测招垦,一番勘测之下,发现军粮城以西有官荒马场适合开荒种地,于是圈地 500 余顷,开渠三道,分地 56 排,以免租为条件吸引山东、河北等地贫苦百姓开荒垦地,穆家台村就是在那时成村的。可是百姓们没想到,此地盐碱严重,不利粮食耕种,认垦户叫苦连天。后来清廷派人疏浚河道,河水开始化碱为腴,穆家台村也慢慢地变成了鱼米之乡。

    中华人民共和国成立后津郊缺水,不少村民改稻田为大田(粮田)。三年困难时期,穆家台村民粮食不够吃,生活开始陷入窘境,人们只要一提起穆家台村,那就一个字:穷!穷得连电费也交不起。村办集体企业兴起后,穆家台村民先后创办了铸造厂、加工厂等,这些企业红火了一段时间,但由于自身技术水平比较低、设备简单,发展前景不是很理想,穆家台村又陷入了新的发展瓶颈。

    老人们都说,在梧桐树上筑个巢就能引来金凤凰,穆家台村这个巢怎么建才能引来金凤凰帮村民脱贫呢?刚开始,为了招商,穆家台村干部没少费工夫,想着磨破嘴皮子把人请进来,结果人家来了一回,就没了下文。问题出在哪儿了?后来穆家台的村民才明白,原来穆家台这个"巢"不是"金凤凰"们好的落脚点。

    穆家台位于排地第二段,当年京山铁路建成后,人们为了方便,就以京山铁路与中河垂直相交之处为中心点划十字,将整个排地划

天津东郊村落文化留迹(上)

分为四段,穆家台村被划归为第二段。人们要想去穆家台村,得先从津塘公路上下来,然后走民族路,过骆驼房子村,再过一个桥,过桥左拐500米后,再右拐500米,然后再左拐才到村口,才能到村委会。这样七拐八拐的路,外地人很容易犯迷糊。所以那时候,只要有人打电话来,村干部只得先让对方在骆驼房子村等着,然后派人去领路。绕着拐弯抹角的路,再加上当时村里环境也差,招商情况很不理想。

不能让一条路堵住村子的发展。2002年,穆家台村与周边村协商要修一座桥。按照设想,这座桥,一来可以联结村中心与民族路,打通穆家台村的交通短板;二来可以减少骆驼房子的交通事故。因为当时进穆家台,只有过骆驼房子这一条路,拖拉机满大街跑,容易撞人发生事故;三来桥修好了,双合村、郭家台村等周边村也可以从中受益,实现双赢。在政府的支持下,在村委会的组织下,穆家台村民先把骆驼房子的一条土路拓宽,然后又把村里的涵洞填平,铺上水泥路面,最后修成了民族桥。为了修桥,村干部开着自己的私家车四处集资,为了节省花销,甚至跑到贯庄去找桥板。桥修好了,人们往来方便了,一下子"活了"三个村,穆家台村里的厂房自然也租了出去,很快村里的年收入达到了百万,这个数字是人们原来想都不敢想的事情!

更让穆家台村民想不到的是,2009年民族路的改造让他们过上了好日子。路通后,村里闲置的土地也可以建厂房,吸引企业来村入驻,村民高高兴兴地有班上,村民手里的土地收入也从原来一亩三百多元上涨到2700百元,实现了年产值六千多万元。穆家台村从一个连电费都交不起的贫困村,一举变成了远近闻名的"文明生态村"。

讲述人:刘殿喜

整理人:王　静

☆ 大郑村

村情简介：

大郑村,明天顺年间建村,曾用名小石碑、柴郑庄、郑家庄,"文革"时更名为红卫村。原属新立街道,2019年归金桥街道。现有一千多户,居民除汉族外还有回族、满族。该村东至魏王庄村,西至稻地村,南至海河,北至津塘公路,邻村有西扬村、崔家码头村、务本三村、泥窝村,此处山清水秀,人勤物丰,风景秀丽。

大郑往事

　　蜿蜒的海河自天津城区穿过,经过东丽、津南向东入海,沿海河之边星星点点分布着很多传统村落,"清江一曲抱村流,长夏江村事事幽"。依傍着波光粼粼的海河,大郑村人勤物丰,闲时静看堂上燕、水中鸥,忙时移秧披絮,恬静的乡村风光孕育了质朴的大郑村民。

　　一方水土养一方人。20 世纪六七十年代,海河水虽不像我们想象得那么甘甜,但海河两岸的老百姓却是靠着海河水维持着淳朴的农家生活。村民们从海河挑水回到家,只要拿明矾一打,等杂质一沉淀就能直接喝。那时候,海河水里的鱼和螃蟹也非常多,特别是当海河退潮后,湿漉漉的泥质河床上、稻田里,到处都是觅食的河螃蟹、螃蟹叶子,这时候人们只要拿着洗脸盆就能捞一脸盆的河螃蟹。现在回想起来,那时候吃的河螃蟹,个儿虽不太大,但壳软肉鲜,简直是人间美味。靠着海河水的灌溉,吃着海河水带来的美味,苦海沿边之地也变成了人们向往的"鱼米之乡"。不过后来水渐渐地少了,鲜美的河海生鲜也就慢慢减少了,人们由种稻改种小麦。由于种地成本比较高,村里的人纷纷外出打工,想辙谋生。

　　农闲时候,大郑村民娱乐活动也不少。当时村里有庙,且不止一座庙,有三座庙,分别是药王庙、娘娘庙和小鬼庙,"掌管"着村民的生老病死,而其中的娘娘庙香火最甚。百姓热衷拜娘娘是有原因的。从地理位置上看,大郑村距海河入海口只有 1.5 千米,所以靠海河吃饭的老百姓很多。还有一个原因,距离大郑村不远的军粮城是历史上有名的"三会海口"之处,自唐开始漕运就比较繁盛。海河上来来往往的船户一多,为了出海平安归来,自然要祈求菩萨保佑。如果要是赶上农历初一、十五，老百姓组织起来，抬着娘娘绕村一圈，同时配合锣鼓器乐和百姓跪拜，那场面就更热闹了。

听戏也是村民的重要娱乐活动，尤其是到正月里，请外地的评剧班子唱一唱可以说是最热闹的事了。大人小孩拿着板凳早早地聚在戏台底下等着听戏。大人们边坐边聊边听，聊一些家长里短，嘻嘻哈哈；小孩子们丝毫不管戏台上唱什么，只顾着嘴里的小零食以及和小伙伴们玩耍打闹。20世纪六七十年代，大家都看样板戏，村里的文艺骨干组成文艺队，自学各种剧目。后来到20世纪七八十年代，看电影兴起了，大队便在小学学校的操场上支起大银幕放电影。

大郑的村民重视教育，正心小学远近闻名。其实最早在20世纪20年代，村里的乡绅柴俊畴就在村里建了第一所小学校，取名民立八十三小学校。当时开了两个班，大概招了六十名学生。这在《大公报》上都有记载。1946年，著名的华商王克昌为村里重新修盖了正心小学。王克昌是大郑村人，从小吃过失学的苦，经商致富后回到村里同友人筹建了"正心小学"。中华人民共和国成立后，正心小学改为公立大郑小学。当时的大郑小学有两个大院子，青砖瓦房，雕梁画栋，是村里最显眼的建筑了。20世纪80年代时，王克昌又专门为学校修建了图书馆，1992年学校异地重建也多依赖于王克昌的资助，之后大郑小学恢复了校名正心小学，取意"心正、业精、体健"。

讲述人：崔金柱
整理人：王　静

抢险救灾

海河水哺育了大郑人，也给大郑人带来了不少的麻烦。历史上，海河水就经常泛滥，发生水灾，从 1368 年到 1948 年 580 年间，海河流域发生过 387 次严重水灾，甚至天津城还被淹过七十余次，紧靠海河的大郑村也深受其扰。

为了避免海河水灾给村里造成损害，村里先后修建了堤坝。1953 年 8 月下旬，当时正值汛期，一天下午，村里修的东堤被洪水冲破，决口大概有二尺来深。如果不及时将水堵住，村子很可能就被淹了。当时乡里正在开展普选工作，工作组一听险情，马上放下手里的工作，组织群众抢险。村民兵队长立即集合民兵，准备筐、铁锨、斧头等工具赶到东堤决口处。村民们听说东堤决口了，也都跑着赶过来。工作组干部和村民们锯树、抬土，争先恐后。经过三个钟头的紧张抢险，决口处被堵住了。

决口处虽然堵住了，但当时是雨季，村干部和普选组干部丝毫不敢放松警惕，害怕出现房屋倒塌、庄稼泡水等险情，那将会让村民的生活再次陷入窘境。于是一到下雨天，干部们就冒雨到各处检查房屋，如果发现有倒塌的可能，就动员危房住户先搬到乡政府和学校去暂住。对孤寡村民和军烈属，照顾得就更为周到。军烈属王大爷的六亩稻地全部被淹，干部们顾不上满是泥巴的土路，跑到地里放水，然后还给稻田修上了泥坝。王大爷激动地说："要不是有共产党领导，哪有这样的事。"

10 月份雨季过去了，繁忙的秋收工作又开始了。村里的团员们自发组织互助大队，帮助军属和无劳动力的贫苦户忙秋，保证做好快收、快种工作。他们配合生产救灾工作组,走访村民,尤其是了解军烈属的相关情况。当发现军属郭大娘患病,家里还有二亩玉米没收时,他们就带领积极分子傍晚赶到郭大娘的地里,大伙砍的砍,掰的掰,装的装,不到一个钟头就忙完了郭大娘家的玉米收割工作。

(本文参考《天津日报》1953 年 1670、1676、1714 期。)

整理人:王　静

大郑剪纸的"前世今生"

又到一年腊月冬，剪幅窗花贴新家。每到新年，大郑村民就开始忙着剪窗花、剪吊钱。剪纸可是大郑村民的拿手绝活儿，上至耄耋老者，下至稚子孩童都能剪上几剪。擦得明亮的玻璃贴上红艳艳的窗花和吊钱，在阳光的照耀下，显得格外有精气神，格外喜庆。后来村里80%的家庭都将剪纸当作副业，大郑村也就成了名副其实的剪纸村，甚至还出了不少享誉津门的手工艺人。

大郑村民剪纸可以上溯到民国，那个时候剪窗花、剪吊钱就是大郑村民赖以谋生的手艺活。每到冬天农闲时，巧手的村民就开始了剪纸。大家在炕上放上一张小炕桌，桌子上摆着一摞红纸，手拿一把剪刀，靠着记忆和技巧，一会儿的工夫就能剪上几张。不过以前花样比较简单，一般都是象征吉祥喜庆的祥禽瑞兽、仙芝瑶草以及戏曲人物等图样，大郑村靠海河，所以还会剪一些象征风调雨顺、求财进宝的图样。除了自家用，剩下的村民就把剪纸拿到周边村子兜售，用来贴补家用。村里的著名华商王克昌小时候，为了赚钱贴补家用，一到年关就从本村走上两个小时的路，到军粮城去卖窗花，一天能卖一两块钱。小小窗花，为战乱年代贫苦老百姓贴补家用增加了一些微薄收入。

中国人民共和国成立后，大郑村的老艺人们仍然保留着剪窗花、剪吊钱的手艺，逢年过节也卖一些。20世纪六七十年代，老百姓的日子始终紧紧巴巴，再加上当时家里孩子多，为了赚钱养家，不少大郑村民开始向老艺人讨教手艺，学习剪纸，其中就有后来扬名津沽的刘洪源。

当时村里人都在跟老艺人学习，但刘洪源却非常有想法。他白天忙完生产队的活，晚上就找老艺人，看他们如何剪纸，回家再把看到的东西记在本上，慢慢琢磨研究。靠着农民的韧劲和他本人的悟性，刘洪源很快就掌握了基本的剪纸技巧。相对于剪，刘洪源更喜欢用刻刀，因为刻出来的花样更细腻、更美观。那时候，周边村子的生活条件普遍不高，农村一般都是小方格纸糊的窗户，窗花不大，镂空的地方比较多，技术要求相对也不太高。

20世纪80年代以后，人们的生活水平逐渐提高，市场的需求不断扩大，老百姓对窗花、吊钱的花样、美观以及大小的要求也越来越高，窗花甚至成了人们往来馈赠的艺术品。市场竞争也变得非常激烈，仅在东丽，除了大郑村还有不少剪纸专业户，都各有绝活儿。大郑村剪纸面临着优胜劣汰的抉择。

穷则思变。想要生存就要想办法。大郑村民不再局限于春节剪窗花、剪吊钱了，他们开始向着工艺品的路子发展。大郑人开始放弃剪刀，改用不同尺寸的刻刀，这样效率更高、使用更灵活；后来还将多层套色的技术应用到剪纸中，不同颜色、不同大小的纸张黏合在一起，剪出来的作品立体、鲜活，层次感特别强。因为有着独特的技艺、坚韧的匠人精神以及紧跟时代的作品，大郑村的剪纸成了天津市非物质文化遗产，大郑剪纸在天津市叫响了名号。

讲述人：崔金柱

整理人：王　静

☆ 小北庄村

村情简介：

小北庄村,清光绪三十年(1904)建村,曾用名新袁庄。有174户,502人,耕地面积375亩。该村位于街道办事处西南3千米,津塘公路两侧,东至官房村,西至袁家河,南与新袁庄为邻。

村名的由来

　　村子起名字总是有缘由的,有的是因历史典故而来,比如燕王扫北的大杨庄村;有的是以行业命名,像以烧窑为主的窑上村;还有的是以村里最早的移民姓氏取名,新袁庄、苏庄村等,相较其他村子,小北庄村村名的由来则有点与众不同。它既不是以姓氏取名,也没有历史渊源,而是根据地理位置和规模取的村名。

　　原来小北庄村和新袁村、官房村同属一个自然村,20 世纪 70 年代国家出台相关政策,允许自然村独立成村,小北庄就成了一个独立的行政村。成村就得有名字,人们看这个村子非常小,中国人民共和国刚成立的时候,整个村也就二十几户人,到独立成村时规模也不大,再加上村子在新袁村北边,所以人们就干脆取名字"小北庄村",简明扼要,意思是在北边的小村子。

讲述人:刘砚会

整理人:王　静

小村"小"事

小北庄村很小,怎么小呢?

小北庄村建村比较晚,清光绪年间才成村,到现在也就不过百十来年,六七代人而已。与那些明代建制的村子相比,小北庄明显属于"晚辈"。所以从建村历史上,小北庄村确实是一个"小"村。

小北庄的"小",还在于它村穷人口少。最初村里有韩姓、霍姓、侯姓、高姓以及李姓等十来户人家,之后周边地区陆续有灾民逃荒到小北庄。比如光绪初年,山西、河北、河南和山东四省遭遇大旱灾,河北、山东,尤其是河北沧县,有不少要饭逃荒的人来到小北庄。民国时期,山东、河北等地陆续又迁来一些人口,但即便如此,一直到解放后,整个村也就二十几户。因为大部分村民祖上都是逃荒来的灾民,所以小北庄村民都很穷。1950 年农村阶级成分划分时,全村唯一的地主也才只有几十亩地。后来村里建小学,也是因为穷,全校仅有两名教师,只能满足一到三年级初小水平的教学,高小阶段,村里的小孩只能到邻村去读书。与富裕村相比,村穷人口少的小北庄名副其实是个"小"村。

小北庄村"小"到连一个戏台都没有。村里为什么没有戏台呢?据老辈人讲,其实还是因为村里人文化水平不高。这里面首先有大的历史原因,历史上北方战争频繁,北方地区的人禁不起折腾,大部分都跑到了南方,北方也就慢慢地落后了。先天条件的不足,导致北方文化水平整体上落后于南方。其次同时也有村里的原因,村穷,人连吃饭都成问题,哪里还有工夫去听戏,更谈不上盖个戏台,请个戏班子来唱了。到了当代,国家搞文化下乡政策,村里来了放映队,看电影也就成了村民的一种娱乐活动。像《小兵张嘎》《上甘岭》《地道战》等电影,都是在那时候上映的。

小北庄村子小,但小北庄人却非井底之蛙。20 世纪 50 年代,天津市发起支援抗美援朝保家卫国的爱国热潮,各界人士纷纷为抗美援朝贡献自己的力量。小北庄村也积极响应党的号召,尤其是青年人踊跃报名参军。如今村里还有当年抗美援朝战士的遗孀,她们享受着国家的照顾和关怀,享受着国家和政府给予的生活补贴。20 世纪 80 年代以后,村办企业兴起。村里先后建起了塑料厂、造纸厂、电缆厂、水泥厂、生物化工厂、轴承厂、纯净水厂等企业,还创办了小北庄仓储,专门为化工、粮油等企业提供仓储服务。这些厂子在当时都为村民带来了实惠,也使小北庄村子虽"小",却名声在外。

讲述人:刘砚会

整理人:王　静

美丽小北庄

　　小小的小北庄东头曾有一棵白果树，白果树的下面曾有一口老泉眼，甘甜的泉水从地下汩汩冒出，养育了小北庄历代村民。提起那口老泉眼，村民无不称奇，认为这是一口神泉，因为不论旱季还是雨季，老泉眼总是有水流出。喝着"神泉"的水，小北庄的村民似乎也沾上了"仙气"，虽然日子过得不富裕，但也知足常乐。知足常乐的小北庄村民熬过了一个个的坎儿，即使是在缺衣少食的困难时期，小北庄村民仍然守着自己的那份小小产业，平平安安过着自己的小日子，成为周边村称赞的美丽村庄。一个贫困村怎么成了美丽村庄呢？

　　这个美丽当然不是说小北庄村人漂亮、美丽，而是说小北庄村干净整洁。以往人们一提起农村，普遍的印象就是脏乱差，满是垃圾的土道上污水横流，只要有车子碾过瞬间尘土飞扬、污水四溅。但是小北庄村却不同，村子里街道平整干净，房前屋后没有土地，全是水泥铺地，勤快的村民还经常打扫卫生，一点儿都没有尘土喧嚣的样子。甚至连上下水的沟渠也是用水泥铺面，看不到一点儿泥地。

　　人们常常用"绿树村边合，青山郭外斜"来形容淳朴自然的田园风光，小北庄村虽然没有青山，但却有成荫的绿树。直径 8～10 厘米的国槐、垂柳在村子里随处可见，就连村子的健身广场也种上了成排的树，既显得生机勃勃，又为锻炼的人们提供了阴凉。当时整个村的绿地面积得有 75% 以上。春天垂柳随风摆动，夏天淡黄色的槐花藏在郁郁葱葱的树叶里，散发出沁人的香气，整个村子显得幽静安详。

　　小北村庄的美丽离不开小北庄人的"美丽心灵"，勤劳、本分是小北庄人的品性。农村宅基地关系到农民的自身利益，少一块地，对村民意味着一种"随时会失去土地"的感觉,所以因为宅基地发生的纠纷少。除了宅地基,盖房同样是村民的头等大事。如果盖房和宅基地连在一起,处理不好极容易引起纠纷。不过这种纠纷在小北庄村却很少出现,村民们规规矩矩地划地盖房,少了纠、多了和睦。后来村里安了监控防止小偷小摸,大部分时间监控都处于闲置状态,这也说明了小北庄村民本分、守规矩。

讲述人:刘砚会
整理人:王　静

☆务本二村

村情简介：

务本二村，清朝末年建村，曾用名小马场，"文革"期间曾更名为东方红村。务本二村地处小东庄与军粮城之间，津塘公路以南，津塘二线边缘，北靠军粮城发电厂，南临窑上村，东接务本一村与务本三村交界处，西毗老圈村。

2018年撤销村级建制，2019年由新立街划归金桥街。部分群众已还迁至怡盛里、景云轩等四个社区。

务本古城

　　20 世纪 80 年代，在务本二村西北 300 米处，发现了一座古城遗址。这座遗址经过岁月的侵蚀，除了南、北城墙的痕迹较清晰外，大部分遗址已平整为略高于周围平地的一处高地。仅存的南北两道城墙，呈二条平行的土垅，东西长 300 米，南北相距 130 米，面积约 5 万平方米。城墙略高于城外平地的漫坡，约为半米。经发掘发现，城内地表散布的文物多以建筑材料为主，比如有绳纹筒瓦、绳纹板瓦和卷云纹瓦当等，陶器有泥质灰陶罐、瓮、盆和陶磨等。经考证，这些为汉代文物。

　　这座古城与《水经注》记载的"漂榆邑"位置相当，因此人们推测该古城址应当属于邑一级治所。西汉时期，务本古城地理位置优越，地处海滨，蒿草遍地，不仅是港口重镇，而且也是煎盐基地，是盐、鱼、陶器制品的交易市场。然而西汉之后，地处海口前沿的务本古城，因遭受海侵而淹没。隋唐时期，古城一带已成为荒野沼泽，虽紧邻海河，但少见人烟，古墓荒草丛生。宋辽对峙时期，务本古城一带因处于辽国前沿阵地而重见人烟，在双方贸易往来中，务本一带始见繁华。

　　（本文参考韩嘉谷：《东郊区务本古城》，《中国考古学年鉴》，文物出版社 1988 年版，第 263 页；中国人民政治协商会议，天津市东丽区委员会文史资料委员会编：《天津东丽文史资料第 3 辑》，政协天津市东丽区委员会文史资料研究委员会，1992 年版，第 129 页。）

整理人：王　静

务本村的起源

　　大约在汉代,务本由于地理位置优越,成为盐业、陶制品和水产品交易的重要古镇,但是自西汉末年以后,这里曾多次被海水侵袭,加上自然灾害,地处海口的务本古城,遭到侵害和淹没。务本古城所剩无几,古城毁弃之后,古港口逐渐转移到军粮城,延至唐代,修建了刘台古城,距务本古城晚了七百多年。

　　东汉至隋唐年代,务本已经没有人烟,到处是荒野和沼泽,放眼望去,依稀可见古城遗迹。到北宋年间,宋辽时期,以界河为界,南岸属北宋,北岸属辽国,辽国在务本一带建立了若干军事哨所,这块长达千年之久的荒野又见炊烟,辽国渔民在界河捕鱼做生产,并搭建了简易房屋,形成小村落,遗址在务本三村东外圈。

　　明永乐二年(1404),燕王扫北成功,为赏赐功臣,将一龙票奖给一赵姓武将,在今务本一带跑马占地,故出现"赵家洼"的地名。到了明末清初,当地官府驻军开辟以放养军马,改称官马场。同治五年(1866),此地扩展牧马场地,称大马场,至清朝末年驻军减少,又将大马场改成小马场。早年间说起务本,大部分人都不知,提起小马场,年长的人都知道。

　　民国初年,在清末为官的陈尧斋于宣统年间调天津当道台,在小马场购置了大片荒野土地,并委托江幼青协助其子,经营农业开发,开挖沟渠、兴修水利,在海河岸边开水口引水浇灌农田,并引来大批拓荒者,改变了小马场荒野面貌,初步形成适合种植水稻的良田,秀才江幼青感悟到农民安居获丰收的喜乐,体会到人生务农为本之道,于是取《论语》"君子务本,本立而道生"之意,将小马场改名为务本村。这一名称沿用至今。

在兴修水利时,为了农田浇灌,开挖河道,而外来打短工的人员,由于无固定住所,遂沿河搭建简易茅草房,沿河居住,中华人民共和国成立后翻建新房,居住至今。

讲述人:赵桂起(67 岁)
整理人:万鲁建

日寇践踏下的务本村

1937 年日本帝国主义入侵华北,占领了这块地方,受尽军阀剥削与压迫的农民,生活更加饥寒交迫。辛辛苦苦收获的稻谷不让吃,由日本人带领汉奸征粮队,把稻谷全部掠走,却给农民配发变质的杂粮和豆饼,反抗者会遭到一顿毒打。逃荒要饭为生的赵金才,就是被日本人用枪托砸在头部而死的。更可恨的是他们派出汉奸到村里查看,发现谁家偷运稻谷或偷吃稻米,立刻到日本人处报告,被发现者家里就要遭受灭顶之灾。轻者一顿毒打,重者就被日本人用刺刀挑死,真是惨无人道。很多农民不得不离乡背井,逃亡他乡。

1945 年 8 月 15 日,日本宣布无条件投降,受尽帝国主义凌辱的农民群众,欢天喜地盼着有好日子过。可是,国民党反动派和日本人一样,剥削人民更厉害,人民群众的生活又处在水深火热之中。大部分穷人还是靠打短工生活,过着半年糠菜和半年粮的苦日子。当时的务本村,扛活儿、卖短工、要饭的多。直至 1948 年冬天津解放,穷苦人才翻身做了主人。

讲述人:赵桂起(67 岁)
整理人:万鲁建

结婚"进行曲"

盖房、结婚是村里人的两件大事,盖新房多半也是为了娶媳妇,所以论根儿上说还是一码事儿。20世纪六七十年代,谁家要是结婚,要提前好几年准备。就拿盖房子来说,结婚盖房,一般要盖三间土房,再加上雇工、材料的支出,对当时年收入只有五百多块钱的村民来说,是一笔不小的开销。生活宽裕点儿的,盖的房子亮堂;手头紧张的,房子就马马虎虎了。老百姓常说:"盖房紧三年。"由于日子紧巴,结婚的仪式就简单多了。一般男方家从生产队借辆马车去迎亲,回家后放挂鞭炮,再给看热闹的人分些瓜子和糖果就算完事了。

虽然大家都想把终身大事办得风风光光,但大家却从来不动歪心思。当时村里有一个西瓜种植技术高的"瓜头",只要他往瓜田里瞅一眼,就能看出西瓜的好与坏,所以务本的西瓜在四乡五邻是享誉盛名的。六七月份的时候,翠绿滚圆的大西瓜躺在瓜田里,愣是没有社员去偷。老百姓们本本分分地过日子,就靠着在生产队挣工分来维持生活。靠着在地里辛勤地劳作,村民的日子过得才踏实。

到了20世纪70年代,结婚开始兴送"三大件"了,也就是手表、自行车和缝纫机,如果再有一台收音机合成"三转一响",就更让新娘动心了。再讲究点儿的,手表要"上海"牌,缝纫机要"蜜蜂"牌、自行车当然是"飞鸽""永久"牌了。务本二村以种田为主业,日子过得并不是很宽裕,自行车已经算是"高档货"了。况且要买自行车,没有自行车票也没辙。自行车票可是紧俏物资,非一般人能拿到。

原来村里的习俗是上午典礼,晚上结婚,后来才慢慢改为中午举行典礼和婚宴。结婚当天,男方骑着自行车到女方家迎亲,这时候男方还要给女方捎一块"离娘肉"，也就是肋条肉。女方家把肉剔下，骨头由男方带走，寓意不忘父母养育之恩。在众人的簇拥下，双方骑自行车回男方家，其风光程度一点儿也不亚于今天开着敞篷车绕城一圈。婚宴没有上饭店一说，就是在自己家院里，摆上大灶请亲朋好友吃流水席；也没有拍婚纱照的程序，最多是照一张男女双方的黑白合照。20 世纪 80 年代还出现了一种"彩色照片"，按今天的话说，就是山寨版的彩照。为什么呢？这种彩照并非真正的彩照，而是由照相馆的技术人员用油彩一点儿一点儿描上去。虽然看上去不太自然，但比黑白照片要漂亮多了。

20 世纪 90 年代以后，人们结婚的仪式又发生了变化。改革开放后，村里办起了集体企业，比如为天津自行车厂加工保险杠。刚开始，由于务本二村的地理位置不甚理想，在没有修津塘二线时，务本二村完全被务本一村和三村挡在"身后"，交通非常不方便，招商也就不理想，村办企业相对比较少。老百姓经常说，要是没有二线，务本二村就得"死"了。后来津塘二线修成后，企业陆续进驻村里，有了收入村子才算是"活"了。这时村里的人也开始往外走，大部分村民开始从事私家运输以及外出务工，务农的人越来越少。

随着村民的路越走越宽，年轻人找对象结婚不再像上一辈人主要是在村里和邻村解决，而且结婚的排场也越来越大。刚开始还在村里办，开饭前婚庆的高音喇叭震耳朵，还有满天放的礼花。吃饭时有凉热菜一碗碗地端上来，全桌人都吃饱了，还在上菜，新郎的兄弟敬酒，发喜糖。再后来大家就不在村里办了，而是到城里的大饭店，包上几桌席，宴请一下亲朋好友，这是老一辈人无法想象的。

社会在进步，人们的生活水平在提高，村民所经历的婚礼变迁，正是东丽蓬勃发展的真实写照。

讲述人：张吉强

整理人：王　静

☆务本三村

村情简介：

务本三村,清朝末年建村,曾用名小马场,"文革"时曾更名为东方红村。务本三村有 840 户,2200 人,耕地 1200 多亩。该村东至大郑村,西至务本二村,南至稻地村,北至务本一村。

务本村旧事

  我们村最早叫务本村,1982 年分家时,分出去了一村、二村。我们这个村清末时建村,当时是安徽桐城的一个落魄秀才,叫姜又清,他落户在这里,协助在这一带建设水利设施。当年这地方还是一片芦苇地,开挖河沟后,因为以务农为主,故名务本村。实际上这一带早在宋代就出现了。这附近的老城遗址出土过瓦罐等文物。现在务本三村有 2144 人,包括非农业人口的。大姓是李家、刘家、谢家,李家是最大的,有七八十人。

  天津解放前,我们村最大的地主是谢家,他们家当时为了防土匪设有武装,不但有民团,还有枪、炮。刘家没有武装,但是也有枪。韩家也是地主,但是人口少。马家也是地主。不过,总体来说,地主不是太多。

  我出生在务本村,父辈是从静海过来的,大约是在 1930 年前后,当时这个地方没有这么多农户,就有这几个大户。那时候,农民开垦土地后,需要用水浇灌土地,因此需要开挖沟渠,建设水利。当时这里有西河、头道沟、二道沟、三道沟、四道沟等。谢家是大地主,我们村里的地大都是他的,他将土地租给农民耕种。当时的农民大都是佃农,有五千多人,有长工,也有短工。

  1982 年时务本村规模很大,分为十五个生产小队,这样好管理,后来分为一村、二村、三村,一村从京塘线以北一直到铁路,六至十生产队,一至五生产队,为务本三村。十一至十五生产队为务本二村。二村叫西河,大部分都是外来户,不断迁移过来的,沿河而居。务本三村,后来迁来的就不多了,大多是解放前和土改前迁过来的。

　　我是 2000 年回到务本三村的，以前在乡办企业当厂长兼书记，从出生到十八岁一直上学。1970 年初中毕业后当兵，1978 年复员。我当兵时是做潜水员，复员回家后进入乡办企业，企业就在小东庄乡。我还曾跟着扶贫工作队干过，也愿意研究历史。我们村有一个叫张青树的，全市都比较有名，1949 年中华人民共和国成立，张青树参与土地改革，1954 年结束后回到务本三村，他是东方红农业生产合作社的头一个党员。中华人民共和国成立后分田到户，后来又搞互助组、合作社，合作社就叫张青树农业生产合作社，种植的农作物是西瓜、蔬菜、西红柿、水稻。务本村的大西瓜很有名，当时越南、朝鲜、苏联的专家都来考察过。我们这儿的大西瓜瓤沙籽儿少，是对日本的小西瓜进行改良的，现在没有了。我们这儿靠近水源，没有水泵，都是开挖沟渠浇地，当时号称"赛江南"。主要的农作物是水稻，小麦种植很少，蔬菜主要是西红柿、黄瓜等，其中东方红西瓜和西红柿都很有名。扁担粮、草帽盖，都是我们的特产，当时特别抢手。

　　那时河里有鱼和螃蟹，生活很富裕。稻米上交国家公粮后，返给粮本，可以买粗粮。生产大队又分成若干小队，以生产队出工干活吃饭，集体生活。当时记工分，有时候亩产量能达到一千多斤，可以卖给国家，按照时价收。然后分给每户老百姓。20 世纪 60 年代初还苏联债务时有点困难，不过总体来说一直比较富裕，当时分红能有一千多元钱，一直到 1978 年左右。合作社解散后，一个生产队变成两个生产队，财产也分了，土地按照人口分。现在走了百分之八九十，目前还有一百五十多户没有搬走。

　　务本小学在务本二村，原来在刘家祠堂，以私塾为主，解放初期转到务本三村，赵北、稻地村的孩子也都来这里上学。1977 年务本小学校里面开设了务本初中，属于戴帽中学，师资队伍都是务本小学的老师，不过招收两届就撤了，存在了大约四五年时间。当时之所以开设在务本小学里面，是因为没有那么多校舍。窑上中学也是一样。如今学校扩建，学生人数不断增加。务本小学一直都在，现在转移到

天津东郊村落文化留迹(上)

了军粮城二期,以前有好几百学生。我也是务本小学毕业,初中在小东庄中学。我的女儿也是在务本小学和小东庄中学上的学,爱人是务本小学的老师。婚嫁有60%都是本村人,我这个年龄大部分都是在本村找对象结婚的,也有一部分外嫁,多是家里不太富裕或自身条件不太好的。当时男方会给女方几百元钱的彩礼,用自行车推过来。那时候务本比较富裕,能够开着大汽车迎娶。当时整个东丽区都没有多少汽车,但务本三村有,像海河建闸、防汛等,都是借用务本三村的汽车。

我们务本村汽车的起源是老谢家。他在中华人民共和国成立前就在市里倒弄汽车。谢家是大户,在市里有买卖,做大米生意,收购稻米贩卖。谢家老大和老四都在市里工作。组织汽车队的时候,就是利用他家的技术……

讲述人:赵桂起(67岁)

整理人:万鲁建

中华人民共和国成立后的务本村

　　1948 年冬,务本村解放以后,穷苦人翻身当家做了主人。共产党派出工作队开始进行轰轰烈烈的土地改革运动,没收了部分地主的土地和房产,分给了没有土地和住房的穷人。随着土地改革的不断深入,党号召农民组织起来,改变小规模和单干的模式。1950 年,当时担任农会主任的张清树和村里的其他几个党员许金堂、赵振兴、王祥义等 41 户农民,经张树清的提议,成立了第一个互助组,将分得的三百多亩土地进行集体耕种。由于这四十一户农民既无资金也无农具,生产、耕种都靠人力,一年到头收获还是一般,无法从根本上摆脱贫困。

　　1952 年春天,张清树从天津市农村工作委员会举办的"互助组"合作社培训班毕业,他在培训班听了姜禧玉农业合作社办社的先进经验,决心回村也要组织起来,成立农业合作社。回村后,他便找了从前参加互助组的党员们,把自己的想法和成立合作社的好处和大家讲,得到党员们的支持,遂于 1952 年成立了务本村第一个农业合作社,即张清树农业合作社。

　　合作社第一年,春耕、育苗、插秧、田间管理,一直到收割,样样都走在单干户的前头,在全体社员的努力下,农业生产合作社获得了第一个丰收年。三百多亩土地,每亩平均收了八百多斤稻谷,有十亩分产地,每亩达到一千两百多斤。打下来的稻谷像一座小山一样堆积在打谷场里,经过晾晒,把最好的稻谷交给国家,增产的稻谷作为光荣粮卖给国家。每个社员的家庭都感觉到了丰收的喜悦。

　　农业合作社,改变了农民的生活状况,也改变了农民的思想面

天津东郊村落文化留迹(上)

貌,积极要求加入合作社的农民越来越多,最后村里没有单干户,全部加入了合作社。连续几年,张清树农业合作社的庄稼都获得了丰收,在天津地区无人不知。不久后它改名为东方红农业合作社。

讲述人:赵桂起(67岁)

整理人:万鲁建

东方红大西瓜扬名海内外

20世纪五六十年代，东丽区著名的农特产品之一东方红大西瓜负有盛名，一些年岁大的人们提起东方红大西瓜都交口称赞。

东方红大西瓜，是因东丽区最早的东方红农业合作社而得名，主要产于东丽区小马场（现务本一、二、三村）以及稻地、赵北村一带。它以独有的脆沙瓤、个大、甘甜、水分足、产量高著称，享誉海内外。

追溯东方红大西瓜的渊源，要从20世纪二三十年代开始。当时的西瓜品种一般，因为用海河水（老人们一般称御河水）灌溉农田，小马场一带土壤条件好，气候温差适度，适宜西瓜生长。但是，由于缺乏科学知识，只采取一般性地种植。到了20世纪40年代，有一种叫"小洋籽儿"的日本西瓜品种在小马场一带试种，这种"小洋籽儿"西瓜以其籽儿小著称，经瓜农们将"小洋籽儿"西瓜与小马场西瓜结合培育出改良品种的西瓜，加上小马场一带优质的土壤，海河的水质，以及瓜农们的种植经验，并施以大量的农家肥和有机豆饼肥，使得西瓜在口感、质量和产量上都有了很大提高，很快在天津一带享有盛名。

中华人民共和国成立后，获得新生的农民，焕发出空前的积极性，随着最早的张清树农业合作社的诞生，进一步发展成东方红农业合作社，给西瓜种植创造了发展机遇。以东方红命名的大西瓜，占据了天津市以及周边地区主要西瓜市场。据张清树的弟弟张清山回忆，当时曾选过一批最好的西瓜，贴上标签，送到北京中南海。天津市果品公司、食品出口公司也争相订购。东方红大西瓜远销海内外。由于东方红大西瓜出口，还引来了国际社会主义国家农业领导人到

天津东郊村落文化留迹(上)

务本东方红合作社考察和学习,主要有苏联、朝鲜、越南、阿尔巴尼亚等国家。

讲述人:赵桂起(67岁)

整理人:万鲁建

务本村的民兵组织与"东风连"

20世纪50年代初,在务本一村与务本三村交界处,有一个叫二道沟的地方,曾有一个"东风连"。

中华人民共和国成立初期,农民翻身当家作主,为了保卫胜利果实,积极响应党的号召,地方上组织起了基干民兵队伍。为了开展基本的军事训练,选中二道沟作为民兵训练基地,并建有民兵连部和办公场所,取名"东风连",久而久之,人们便知道了"东风连"。

随着全国农业合作化运动不断深入,务本张清树农业合作社改名为东方红农业合作社,并不断发展壮大。为了保卫胜利果实,务本东方红合作社、"东风连"的民兵发挥了坚实的作用,并涌现了一批民兵先进人物。范俊明同志就是其中的杰出代表,他曾出席过全国优秀民兵代表大会,受到毛泽东主席的接见。1960年4月24日,范俊明随同天津市的十二位优秀民兵代表,参加了在北京召开的全国优秀民兵先进人物表彰大会。范俊明代表东方红农业合作社"东风连"全体民兵战士,接受了毛泽东、贺龙、刘伯承、罗荣桓、邓小平等中央领导同志的亲切接见。贺龙同志还亲自将一支崭新的五六式自动步枪赠给范俊明。获此殊荣后,务本东方红农业合作社和"东风连"的民兵组织,更加享誉全国。

在模范人物的影响下,"东风连"的民兵们白天参加合作社农业劳动,晚上参加巡逻,保卫京山铁路运输线和村子的安全。由于他们的辛勤付出,使得当时务本村的社会治安良好,老百姓夜不闭户、安居乐业。

"东风连"民兵武装的创建,离不开东郊区领导韩富来的支持。

天津东郊村落文化留迹 (上)

"东风连"的民兵骨干来自大郑庄、务本村、魏王庄、赵北村、稻地等村的优秀农民,连长由刘富贵担任,副连长由稻地村辛守信担任,政治指导员由范俊明担任。他们实行集体住宿、集体伙食、集体生产和集体训练,并配发了步枪、冲锋枪、手榴弹、子弹等装备。他们一边生产,一边训练,夜间护线、护路、执勤和站岗。这一段时间里,在民兵连涌现出的先进模范人物中,比较突出的是女民兵朱惠兰,她以吃苦耐劳和积极的工作态度,博得广大民兵战士的好评,全连提出了"学习朱惠兰""赶超朱惠兰"的口号。当年的《天津日报》以整版篇幅宣传朱惠兰的先进事迹,并刊登大幅照片,树立了一个优秀女民兵的形象。模范男民兵有孙凤鸣,人称"小钢炮";赵振兴,人称"大个子";李顺生,人称"细高挑";还有"小诸葛"万德发,他们都被评为"优秀战兵战士"。1961年以后,各村的民兵都归各村管辖,"东风武装民兵连"成了务本村历史的记忆。

讲述人:赵桂起(67 岁)

整理人:万鲁建

务本村的文人墨客

　　务本三村诞生过文人墨客。一是作家、书法家、记者李默生，他原名李德昌（1917—2003），1935 年考入天津志达中学读书，以默生为笔名，在上海叶绍钧（叶圣陶）主编的《一般》杂志上发表文章《路上》。中学毕业后，李默生考入天津北洋大学法学院读书。他一边读书一边写文章，并担任《天风报》的记者，毕业后，在《新天津报》《北洋画报》等报社做记者和编辑。1947 年李默生投身革命，进入中国人民革命军政大学第十四期学习班学习，结业后参加了"二克洛阳"的战役。1948 年跟随"拖拉队"（中共中央由延安向西柏坡转移时一支部队的代号）进入西柏坡，在育英学校当教员。1949 年随育英学校进入北京工作，1954 年回务本三村定居。1980 年 5 月李默生在日本《朝日新闻》发表文章《鉴真和尚与扬州大明寺》，李默生以"鉴真研究家"的赞誉扬名海内外。1984 年，他的瘦金体书法作品被收入《中国书法家大词典》一书。

　　二是摄影家，诗歌、散文、小说爱好者江高林。江高林生于 1951 年，祖籍安徽桐城人，1983 年至 1997 年当选为东丽区第九至十二届人大代表，曾受到市领导接见。1991 年出席了全国个体劳动者第二次代表大会，受到中央领导接见。江高林酷爱摄影艺术，从 1979 年开始从事摄影创作，主要作品有《钓鱼》《青年歌手》《石坚会见画家江孜》等，1999 年荣膺"中国摄影家"称号。1985 年起发表诗歌，有《海河的夏夜》《白河拾零》《远修斋诗稿》等，多次获得大奖。1998 年起开始创作散文，并多次发表，他的作品《故乡的小路》《我爱津沽大地》《昨天·今天·明天》获得全国佳作奖。2001 年开始从事长篇小说创作,主要作品有《侠女施剑翘》《黑桥的故事》《南湖的航船》等。他的诗歌、散文、小说贴近生活,具有浓郁的乡土气息,深受人们的欢迎。

讲述人:赵桂起(67 岁)
整理人:万鲁建

务本村的戏班子

中华人民共和国成立初期,国家面临着严峻的考验,为了使新政权牢牢掌握在人们手里,同时教育广大的人民群众,务本村成立了东方红文艺社,排练了评剧《小二黑结婚》《打狗劝夫》等优秀剧目,并搭建了大戏台,村里每次演出,都会吸引本村和外村的村民前来观看,人多时有上千人。由于演员和配乐水平比较高,所以邻村的干部们都到务本村来联系,请求到他们村去专场演出。因此,该文艺社当时颇有名气。当地曾流传着顺口溜:穷赵北,富稻地,务本村看大戏。《小二黑结婚》的主演是米金利和张绪兰,分别扮演二黑和小芹。

务本村东方红文艺社的名气和影响越来越大,受到了天津市宣传部门重视,其派专业剧团和知名演员专门进行指导,提高演员演出的水平,还捐助了大批演出道具,如戏台的多层大幕、专业的灯光配置设施等,提高了演出效果。文艺社曾获得过天津市的两个大奖。

1966年,剧社改名为务本村文艺宣传队,结合当时的样板戏,编排了京剧《红灯记》《沙家浜》《智取威虎山》《深山问苦》等片段,深受广大群众的喜爱。其间务本村文艺宣传队的优秀节目经常被安排参加区举办的会演。

改革开放后,务本村的剧团和文艺宣传队在完成历史使命后解散。

讲述人:赵桂起(67岁)
整理人:万鲁建

务本村的篮球队

务本村的篮球队创始于中华人民共和国成立初期,当时年轻的民兵,在生产劳动和护路、护线、站岗、巡逻之余,经常聚在一起打篮球,锻炼身体。这为务本篮球队打下了坚实的基础。20世纪50年代末,借助于东方红农业合作社的声望,以几个有天赋的青年为主组建了务本篮球队,队长杨继盛、米金国,教练员为李树桐、朱友文,裁判员为刘富安、刘明会,队员有刘玉友、刘明玉、李庆友、程玉岭、李玉槐、李希元、谢金城、刘宗水等人。

起初,打篮球只是一种自发的体育活动,后来在合作社和生产大队领导的支持下,本着发展体育运动、增强人民体质的理念,丰富和改善人民群众的业余文化生活,由合作社和生产大队出资,给队员们购买了统一的春夏秋运动服装,并组织专门的技战术训练,提高了大家的技战术水平。为了晚上与外村球队进行比赛,生产大队出资,在村中心修建了一个灯光球场,劳动一天的社员,吃过晚饭,带着小板凳,到村里去观看本村球队与邻村球队的比赛,呐喊声、助威声,一浪高过一浪,看到自己的球队获胜,大家高兴得忘记了一天的劳累。

务本篮球队很强的消息不胫而走,周边有球队的村子得知后,都想前来进行友谊比赛。这样,务本篮球队不断战胜附近村庄的几十个篮球队,名声大噪。如此一来,一些外县的球队也得知了东郊区有个务本篮球队,纷纷过来联系比赛事宜。村领导为了让村民们享受文化体育生活乐趣,特意做出一个决定,凡是来村联系篮球比赛的球队,都必须先在务本村进行一场比赛,然后再出去进行比赛。其主要是为了丰富村民业余文化生活,也便于本村村民观看比赛。其中有一场与塘沽造船厂篮球队的比赛,到场观看的本村村民和外村村民有一千多人。呐喊声、加油助威声、鼓掌声,划破天空,最后务本篮球队以高出对手2分的成绩获得胜利。名声外传,引来多支专业篮球队的关注和参与,其中河北省队和天津市篮球队都曾来到务本村进行篮球表演赛,并对务本篮球队队员们进行技战术指导,使队员们受益匪浅。后来,务本篮球队曾代表小东庄公社和东郊区(东丽区)参加市里举办的农民篮球队比赛,获得了优异成绩。

务本篮球队给当时的老百姓带来了娱乐和享受,丰富了人们的业余文化生活,在务本村历史上留下了浓厚的一笔。

讲述人:赵桂起(67岁)
整理人:万鲁建

天津东郊村落文化留迹(上)

务本村的汽车队

　　务本东方红合作社有一个汽车运输队,在整个天津市的农村里都算是比较早的。主要是因为合作社里有汽车驾驶和维修方面的技术人员。谢东山和谢金堂二人不但会开汽车,而且还会维修,当时为了解决合作社上交国家的公粮和卖"光荣粮"(是指合作社多收的粮食),务本村才决定成立汽车队。宋长青、刘树林、李顺生任队长,并派了几个优秀社员许德山、张连德、许金才等人到车队工作。谢东山和谢金堂负责汽车驾驶和维修。开始是对破旧的日本丰田汽车进行维修,拿着损坏的配件样子到城里去购买,经过一段时间维修,汽车发动机可以试转了。测试发动机那一天,合作社的主要干部和部分社员都围在汽车旁,等待发动的那一刻。车队的领导宋长青、刘树林、李顺生陪着二位师傅,嘱咐这次试车一定要成功,千万不能出事。二位师傅说:"请领导放心,一定成功。"说罢脚踩启动开关,随着启动马达的声音,汽车发动机响起来。围观的社员和领导的脸上露出了微笑,掌声和欢呼声响成一片。

　　车队的全体人员不分昼夜,连续干了几天,将汽车的底盘制动、传动系统都维修了一遍。然后由谢金堂将汽车开出车队大院,副驾驶位置坐着宋长青队长,他高兴地说道:"把车开到咱们合作社门口去,让大家高兴高兴。"于是,谢金堂开着汽车沿着务本村的道路转了一圈,最后停在合作社的大门口。附近的大人、孩子都围了过来,有的摸摸汽车头,有的拍拍汽车门,非常热闹。这时,东方红合作社的领导张清树和村干部们指着汽车说:"社员们,我们有自己的汽车啦。这次上交国家的公粮,就用我们自己的汽车开进城里。把最好的粮食交给国家。"围观的人群鼓起热烈的掌声。

运送公粮进城时,还有一段故事。有一天,谢金堂开着务本东方红合作社的丰田汽车,旁边坐着村里的负责人,进入市区河东区地界,一名年轻的交警将汽车拦住,检查驾驶员的驾驶证。这时候,谢金堂拿出自己的驾驶证交给年轻的交警,交警接过来一看愣住了,原来谢金堂的驾驶证上面的印章是国民政府的。于是,便把车上坐着的村负责人叫到一旁询问情况,经过调查了解,才得知这是务本东方红合作社的汽车,为了上交公粮才开了出来,也不知道还得换发驾驶证。村干部说明情况后,年轻的交警耐心地说明到什么地方去换证,这次放行后,回去要抓紧办理各种手续,才能上路。

务本东方红合作社汽车队发展得很快,开始有一辆,后来我们国家生产出解放牌汽车后,由于务本有这方面的技术人才,自己买件又连续组装了三辆解放牌汽车,培养了年轻的驾驶员。当时一个合作社拥有四辆汽车,在全市都是首屈一指。务本村的汽车队不但完成了本社的各项运输工作,还支援了东郊区各项紧急任务。每到防汛和抢险时,东郊区政府经常调用务本汽车队的车辆,拉运民工,抢险物资,为东郊区和天津市各方面都做出了重要贡献。

讲述人:赵桂起(67 岁)
整理人:万鲁建

务本小学

1949 年 12 月,务本村正式建成公办学校,取名为务本小学。当时的学生来源和中华人民共和国成立前基本相同,采取复式班教学,并配合扫除文盲运动,建立了识字班。后来社会发展了,学生增加了,学校出现了年级,学生上学的年龄开始划分,一年级学生达到二三百人,随着教育的发展,1957 年大郑村、窑上村相继成立分校,然后独立。

1970 年,务本小学由土坯房改建成砖房,占地四千多平方米,建成了务本中心小学,并配套兴建了中学,学生达到一千多人。

1997 年,学校由平房改为楼房,占地面积达到五千多平方米,并配有运动操场。同时,成立了务本一村分校。后来考虑到孩子们就近入学,经区教育局批准,务本一村分校独立。

现在的务本学校为完全小学,学校办学条件逐步实现现代化,有多媒体教学设备,有门户网站,由音、美、体、信息、图书和科学等一体化的多功能室。

学校成立七十余年来,在各个历史时期都很好地完成了教学任务,夯实了孩子们的基础知识,为国家培养了各行各业的优秀人才。

讲述人:赵桂起(67 岁)

整理人:万鲁建

☆中心庄村

村情简介:

中心庄村,清光绪十年(1884)建村,曾用名三家台,"文革"时曾更名为红心庄。全村有140户,610人,其中回族375人,耕地面积483亩。村址位于街道办事处南1.5千米,东至双合村,西至新兴村,南至骆驼房子村,北至刘辛庄村。2011年8月,中心庄村被批准整体撤村,并于2014年10月启动拆迁工作,根据规划,村民将还迁至军粮城新市镇。

中心庄旧事

我们村曾用名"红心村"，这是"文革"时期的名字，"文革"前期改的。村里大约有 610 左右。2011 年 8 月开始动迁，2014 年拆迁完毕，主要是为了建设地铁四号线。

当时，南七村的孩子都在刘辛庄联合小学上学，分校还包括刘辛小学、大辛小学，后来都分开了，改名为刘辛庄小学，又叫民族小学。

我从小学到中学都在刘辛庄小学和中学上，1970 年初中毕业，1971 年开始学无线电，一边上班一边自学，在村队里上班。当时有一个电镀厂，因为设备出了问题，维修不了，于是就把我调入这个工厂，负责维修设备。这个电镀厂，建立于 1960 年，是村办企业。它和天津的表盘、仪表盘厂合作，进行热处理和电镀加工，专门为这个厂加工电镀。我们这个厂子规模不大，用的是老工艺，有氰工艺，后来逐渐不再使用。由于还使用药水，造成一定的环境污染。厂子最早在村西头，周围没有民宅，后来随着村里的发展，民宅包围了厂子，1990 年东丽区环保局要求安装污水处理设备，需要花费很大一笔钱。通过调查得知这套污水处理设备需要几百万元，即便贷款出来，后期也难以承担。这个厂子倒闭后，我们村就没有村办企业了。

我们村当时是一个比较穷的村庄，在整个东丽区倒数第二，村民也仅有 210 户左右。中心庄、刘辛庄、窦家房子都属于刘辛庄大乡，基本属于一个生产队。主体是一个大姓，即刘姓。中华人民共和国成立前有一家姓祝的，还过来一家姓郑的，又来了一家姓宁的，郑、祝原籍山东，宁姓原籍静海双港。中心村的回民占到村民的 90% 多，是一个回民村。双合村、窦家房子、穆家台也都是回民村。他们结婚也有找汉民的。结婚对象都是周边村庄的,也有外地的,如河北的黄骅、孟村等地,不过大都是找回民。刘家是从南京过来的,跟随燕王扫北过来。村庄只有一百多年,是清末才有的。另外两个刘家,则是光绪年间就过来了。

1971年,我在村队工作,1980年调入村工厂,那时候厂里用的是蒸馏柜,不如发电机好,需要修理,我主要负责修理蒸馏柜。1990年底厂子关闭,我就自己在塘沽的一个名为三菱驾校的地方学开车。但是学完后没有开车,而是去了别的企业工作了。我自己还单干过一段时间。我在每个厂子工作,一般都是两三年,厂子大都是机电、电镀厂。刘辛小学搬走后,这里建成一个上海家具厂,后来我去这个家具厂开车,大约两年时间。

我们村最早种植的是水稻,1970年以后为抗旱改为旱田,变成以小麦、玉米、高粱、谷子为主。后来拆迁时,土地收归政府,经过核算后,给予还迁房子,拆1平方米补1平方米。按照人均30平方米计算,三口人是90平方米,根据市场价交钱。村民没有地后,主要靠外出打工赚钱。

讲述人:刘均亮(64岁)
整理人:万鲁建

刘家往事

我爷爷他们当年是从河北孟村西赵河挑着挑子过来的,没有地方可去,走到东丽山岭子,什么人也不认识,就在当地的石家干零活,给人家看苇场子。那个地方很大,冬天上冻后,就给人家打苇子,以此来维持生活。我父亲和二叔就是在那里出生的,他们在我父亲四五岁的时候才回到中心庄。

窦家房子这里有我一个姑奶奶居住,于是我爷爷他们就从山岭子迁到这里,并最终落户在这里。当时,我们家什么也没有,便买了几亩地,然后将二叔和三叔留在窦家房子,我父亲和老伯、四伯在中心庄生活。我爷爷去世的时候,我父亲才十七八岁,父亲领着他们哥几个过日子。我父亲租了刘辛庄刘保长的地,到了农忙季节,忙不过来,就雇短工。土地改革时期,我父亲因为此事被当成了地主。我们自家有几亩地,又租种别人家的地,有时还租给别人地。被定为地主后,我们自己的地又被分了。父亲哥仨总共有十几亩地,又租人家几十亩地。

骆驼房子那儿有清真寺,居民也以回民为主。汉民和回民相互都比较尊重。其中有一家姓周的,是郑家的女婿。还有一家姓陈的,一个女人带着两个孩子,嫁到这个村里。后来不知道因为什么,半年后就离婚了,不过她没有带着孩子离开村子,最后就落在这里了。她完全遵照回民的习惯,周末去清真寺进行礼拜。

我的侄子毕业于天津师范大学,后来考入河西区街道办工作。我们村出了不少大学生,有大连理工大学的,有天津农学院的,还有燕山大学的等,本科毕业生有四十余人,专科毕业生二十余人,电大毕业的也有一些。

1970 年初中毕业后，我因出身问题无法上高中。我弟兄总共五个，我是老四。老兄弟去世了。老大从天津市物资设备科退休。老二也在市里工作，大姐在天津市公交公司工作，后在天津市公交汽车一厂退休，我二姐在公安部天津第二消防公司退休。她学的是电板，因为数学好，家里想让她当会计，但是她自己不干，最后当了电工。我二哥学的也是无线电。

我们这儿的村庄形成比较晚，比荒草坨还晚。比较原始的是刘辛庄。我们这一块也是排地。第二排管站和大东庄锅炉，都是日本侵华时期修建的。大东庄这一块地也是日本人开辟的，当时日本人为了物资补给，抓中国壮丁，开辟土地，种植稻米等作物，以补充军队供给。后来因为藏稻米，我大舅被日本人捉了，其实事情并不是他干的，但是吓得不轻。出来后直接跑唐山去了，在唐山待了半年，骑着大马、挎着盒子枪回来了，跟着国军一起打日本人。当时还和日本人干了一仗，日本人攻了两次，都没有打进来。后来日本人的翻译官过来说："你们快走吧，要不然日本人就用迫击炮轰你们了。"于是我大舅他们才逃走了，不过在日本快投降时还是被日本人杀害了。我二舅是地下党，可惜天津还没解放他就牺牲了。

讲述人：刘均亮（64 岁）
整理人：万鲁建

☆ 稻地村

村情简介:

稻地村,清同治年间建村,曾用名郭家稻地,"文革"时曾更名为东风村。该村有 375 户,1161 人,耕地 800 亩。稻地村东至大郑村,西至赵北村,南至海河,北至务本三村。

稻地村的庙宇

稻地村以前有纪念性祠庙老爷庙、道教庙宇五道庙。

老爷庙位于村中间,坐北朝南,东西宽约七丈,南北长约六丈。庙前有场院和菜地,庙后也有菜地,为庙产。庙前为南倒座三间,中间为大门道,供奉菩萨泥塑坐像,有十二只胳膊,为千手观音。后来失火重建,千手观音的胳膊安不上了,最后只安了十一只胳膊。一进门道的门槛上面,供奉一尊铜佛像,高三四十公分。西间为和尚所住。院内,北为正殿,殿前一边一棵柏树,东南角还有一棵小柏树及一棵松树。正殿有东西耳房各两间,前出廊,廊东侧有一口铁钟,高约一米。殿内供奉关公泥塑坐像,两边没有站像。老爷庙毁于20世纪70年代,现存庙内两棵古柏及一方配殿柱基。

五道庙位于现在村委会院内,坐北朝南,东西宽四五丈,南北长三四十米。南为门楼样的山门,山门前两边一边一棵大槐树,有一抱多粗,还有两棵杨树。院内,北为正殿,殿前西侧有一通石碑。正殿面阔三间,东西耳放各一间。两耳房住看庙的,东耳房辟有北门,供奉菩萨神像。正殿内神台上,供奉五道泥塑坐像,东西山前一边有三尊站像等。神台前一张大供桌,墙上没有笔画。像这样规模及有塑像的五道庙全区很少。该庙于20世纪50年代被拆毁。

讲述人:门福清(71岁)
整理人:万鲁建

稻地往事

稻地村,光绪年间就有了,最早的居民是来自新地村的哥儿俩,后来有姓郭的、姓辛的、姓赵的,姓郭的是从山东过来的,其他的两家不太清楚。原来稻地村叫郭家稻地,当时是姓郭的人家多,后来其他姓氏的人不断加入,逐渐形成了现在的稻地村。我们门姓也是从山东过来的。来了以后给郭长河家扛活儿,在他家当长工,他家有一百多亩地。郭家比较厚道,对村里人比较好,中华人民共和国成立后,他们家的地被分给了佃农,自己也留了一点土地,"文革"时期没有被怎么斗过。

这个村一直种水稻,最初都是用水车来浇水。在日本占领天津之前就种植。当时日本虽然提供稻种,但是收获的稻米不让中国人吃,如果有窝藏者,就会受到日本人的惩罚。水稻的品种有水源、黄金、白金等。一般亩产都能达到八百斤以上。后来海河水不让用,因此 2001 年前后不再种植,此后主要种植玉米或其他作物。除此之外,还有一些村汽车配件厂、电镀厂等。汽车配件厂的厂长是郭荣发,业务经理是孟祥立。村里最有文化的是孟天志,担任过村里的书记。

讲述人:门福清(71 岁)
整理人:万鲁建

中华人民共和国成立前的稻地村

稻地村,现属天津市东丽区新立街道。耕地面积八百亩,村庄占地约一千亩。总人口 1224 人,农业 1139 人,非农业 85 人。稻地村位于海河中上游,河对岸是津南区大赵北庄村,北邻小赵北庄村(现称赵北村),南距大郑村 2 千米,北通务本三村、一村达津塘公路,距军粮城 6 千米,距小东庄 4 千米,距新立街道政府约 9 千米。

清朝末年,稻地村属津南区下郭庄管辖,原和津南区大赵北庄村为一村。清末民初,当时稻地村没有河道。海河河道绕咸水沽老河,这段河道因为呈弧形,水流不畅,而且雨季还常闹小洪水,导致八国联军的小军舰很难开到天津市区进行掠夺,于是八国联军就动用挖河船,雇佣中国劳工,将河道取直。取直后的海河直接从大赵北庄村中穿过,人们便把河之南称大赵北庄村,河之北称郭家稻地村(当时以稻地村为名称的村还有吴家稻地和迟家稻地),稻地村因为郭姓居多,所以称为郭家稻地村。1960 年,大队管委会成立,改称稻地大队,村委会成立后改称稻地村。

稻地村受华北平原、海河流域的影响,土地肥沃、四季分明、气候适宜、盛产水稻,适于种植蔬菜和瓜果。海河水质利于鱼虾生长,河蟹鲜肥,是百姓耕种捕鱼、休养生息的好地方。因此,百姓由四面八方迁来,村庄由小渐渐变大,并渐渐形成了几个家族。

最先迁入此地的是郭氏先祖,先祖郭其惟自清末从山东省无棣县呈口迁入。除七子早亡外,郭金城、郭金富、郭金禄、郭金春、郭金山、郭金星等六子随其父移居至稻地村。之后,赵氏族人赵春山、赵春林、赵延凤、赵延如、赵延元、赵延富等人也移居至此。因为此地谋

55

天津东郊村落文化留迹(上)

生比较容易,所以本族人赵丰年、赵延明也投亲靠友,相继迁入。除郭氏、赵氏外,还有朱氏和颜氏两家,不过这两家在民国初期就搬出了稻地村。还有从海河上游顾庄子迁居到此的辛家兄弟,辛氏一族共有辛万清、辛万禄、辛万祥、辛万福、辛万祯五兄弟。此外,民国初年陆续不断有移民迁入,像周天发、张玉洲、龚世文、郭景云、郭景顺、段万章、邢春立等人就是在当时先后落户稻地村的。经过几十年的人口流动,最后稻地村形成了有三十多户人家的小自然村。

村里各姓人家来自不同的省县,都是为了生存、养家糊口而移居到稻地村的。这些贫苦而勤劳的人们安于耕种、开荒、捕鱼,过着日出而作、日落而息的生活。人们虽然生活不富裕,但也自得其乐。后来曹锟执政,跑马圈地,除了村民早先自己开荒的土地,所有土地尽归曹锟所有。慢慢地,绝大多数村民皆沦为曹锟的佃户。曹锟为了自家稻田能浇水,便驱使佃户挖出了一条由海河直通务本村的小河。张文明当时为曹锟掌管建水闸工程(此水闸即今稻地村的养水站前身),水闸建成后便在稻地村落了户。曹锟失势后,原来的佃户因为所种之地变成了无主之地,于是有一批佃户便接收了一部分地,并在此基础上发展成了海河两岸有名的大户。

1937年日军侵华后,严禁中国人吃稻米,强令老百姓们把收获的稻谷全部交给日本人,运往军粮城机米厂加工成稻米,以充日本军粮。随着日本战线的拉长,为了解决部队给养,日本人加紧了对老百姓的搜刮。为了防止中国人偷吃稻米,日本兵常常在百姓做饭、吃饭的时候背着枪、牵着大狼狗、带着翻译进村检查。有一次,村民胡锡山家不慎被查出藏有稻米,结果就被绑到宪兵队。进了宪兵队,胡锡山先是被强行灌辣椒水,然后又被压杠子,被折磨得几乎丧命。后来经村民联名担保,才没被拖出去喂大狼狗,保释后调养了半年才能下地劳动。

日伪期间,稻地村的村民饱受日本侵略者蹂躏、国民党军队骚扰和土匪祸害。村民赵延明到津南区小站一带做小买卖,出去后几天没消息,家中寻遍亲朋好友也不见踪迹。后来土匪送来赎票,才知道赵延明被土匪绑了票。土匪声称如不拿钱赎人,就把赵延明活埋。可怜赵家媳妇身无分文,哪有巨款去赎人。最后经人指点,才把奄奄一息的赵延明从土匪窝救出来。一年以后,赵延明才能下地干活儿。1939 年,国民党炸牛栏山放水以做军事防御,结果造成海河两岸洪水泛滥,周边村庄被淹,村民们只得在海河大堤上搭窝棚居住,等待洪水退去。当时人们住在低矮潮湿的窝棚里,一方面要防疫病的传染,同时还担惊受怕,担心家破人亡。就这样,人们在极度不安的日子里等待着洪水退去。终于等到洪水退了,村民开始重建家园。家里富裕的,就用红砖做地基,既防鼠患又防潮防水。家境困难的,只能用建泥房,低矮潮湿。重建后的稻地村以村里的沟分为南北两个部分,南北往来靠土建的小桥。

日本投降后,国民党把爪牙伸进了稻地村,并安排专人担任保长和文书。国民党规定村庄自治自保,要求每 40 亩地派购一支枪(实际是军阀卖枪)。不足 40 亩的地户,几户凑够 40 亩,分摊钱款购枪。当时稻地村有近千亩土地,枪支数量二十多支,在当时完全可以组建地方武装了。另外,村里的一些富户还在自家房顶上修建枪眼和掩体,所以一些小股土匪也不敢轻易进村。后来稻地村的村民外出不敢说自己是稻地的,只说自己是大赵北庄村人,就怕遭到土匪打劫。

随着生产的发展,骡马车水已经远远不能满足大户人家的灌溉需求了。于是郭长和带头开始使用柴油机带动水车灌溉,如果毗邻的小户也想用柴油机,就按亩计费。后来人们一看,虽然用柴油机花些钱,但确实省力省时间,所以秋收开始后,人们也开始用柴油机带动碾米机,把稻谷儿加工成稻米。

1946 年,稻地村的大户开始办学堂教子女读书,希望将来能光宗耀祖。当时大户出资办学校,由赵延顺出任校董进行日常管理,同时还请来孙姓先生来授课。同村的老百姓,村民不分姓氏,只要年终能给先生酬礼,都能入学。这就是稻地村历史上第一所私立小学。

天津东郊村落文化留迹(上)

这所小学校培养了不少人才,像苑有年,后来成了教授,在河北工学院任教;张汉禄在天津建材局工作,曾出任天津加气厂厂长,曾先后到国外许多国家学习考察;郭永年在石家庄保密厂担任工程师,担任军事建设顾问;郭永成一直做教育工作,后调津南区经委工作;郭永丰长期从事教育工作,后任几处小学校长;孙金义也长期在教育战线上工作。此外还有从事医务工作的郭淑云和从事公安工作的赵树年。

1947年后,村里几个家族开始出现了新的变化。像郭长和成了海河两岸有名的大户人家,不仅拥有骡马大车,还有对漕船两艘(这种对漕船即木船,两头尖齐尾,两只连为一只,承载二十吨)。有了对漕船,郭家就可以通过陆路和河运把农产品运往天津市区交易,后来郭家还在南市一带开设了瑞泰成米面庄,生意越做越大,在稻地拥有二百多亩良田。苑氏族中的苑凤岐家产益丰,后来为了方便子女在市内读书,就在市区购置房屋,两地生活。辛氏族人人丁日渐兴旺,人数与郭氏、赵氏人数接近,男丁个个是生产能手、捕鱼行家,靠勤奋过日子,妇女都能下地干活、夜里能帮男人喂牲口、磨面,甚是勤劳。各户生活不愁,又善于人际交往,与村里各姓都能和睦相处。因此,辛氏族人在村内有着举足轻重的地位。赵氏家族贫富差距较大,头脑灵活的,像赵春山、赵延凤土地多;赵延祺城里有买卖,家中有土地,生活富裕。像赵延元、赵延富吃了不识字的亏,地少人穷,生活比较困难。

抗战胜利后,稻地村村民一度过着与世无争的农家生活。夏季家里有富裕的瓜果梨桃,就拿到街上叫卖,赚几个小钱贴补家用;临时家里缺个什么的,就到村里的杂货店去买。村里有两家杂货店,一家是孙孝楷经营的副食类商品,另一家是林柱经营的油盐酱醋;村里的饮用水是一个大沟里的水,沟里的水主要来自海河涨潮落潮,涨潮时水流打着漩涡,带着海河的泥浆流进大沟,人们用木桶挑完水,然后倒入小缸里,澄清后饮用,甘甜而洁净。即使到夏天,孩子们脱得光溜溜的到沟里游泳和洗澡,也不妨碍水质的清洁,这条沟的水是养育稻地村村民的生命水。中秋前后,稻地里的河蟹会借着月光悄悄爬上大道,甚至爬到院子里。那都是纯天然的野生河蟹,味道鲜美,营养丰富,与胜芳镇的大青蟹齐名,享誉京津华北。日出而作、日落而息的村民们,两耳不闻外界事、农忙之余,也能闲坐一起唠唠家常。

1948年春,几家大户人家又集资通过华北电业,由军粮城架电线直通稻地村,解决了油灯亮夜的生活传统。后来还买了话匣子(即收音机),足不出户即能听说各地新闻。眼瞅着稻地村的条件一天比一天好,投亲靠友的,如孙连凯、孟兆林等人;还有一些外来户像李富华、刘洪恩、赵明一等也纷沓而至,先后在稻地村安家落户,成了村里重要的成员。

1948年冬,天津解放,稻地村迎来了新的历史篇章。

讲述人:赵益森(69岁)

整理人:王　静

中华人民共和国成立后的稻地村

　　1948 年 12 月,天津解放。1949 年 1 月,翻身做主人的郭家稻地村村民成立了村公所,受天津县第二区管辖,二区政府所在地即今天的河西灰堆。在党的领导下,贫苦的稻地村村民有了属于自己的土地,生活得到了改善。人们从心底感谢共产党,过年时,家家户户的大红纸春联上写着:翻身不忘共产党,幸福全靠毛主席。

　　1951 年抗美援朝开始后,中国人民志愿军唱着"雄赳赳,气昂昂,跨过鸭绿江"的战歌,奔赴朝鲜战场,保家卫国。为响应党的号召,稻地村的青年们也踊跃参军,报效祖国。当时在市内读书的苑有琪积极报名参加,成为稻地村第一名志愿军人。苑有琪本是地主家庭出身,但他把国家利益放在首位,英勇作战。他的妻子刘承珍也是本村人,作为年轻的妻子和母亲,她依然守候和维护这个军人之家,值得广大妇女尊敬和学习。另一名志愿军叫郭水山(乳名大喜子),其父郭长伶曾自封"剿匪司令",与人民为敌,但郭水山深受党的教育,在朝鲜战场上屡建战功,成长为人民军队中的高级指挥员。复员后任甘肃安南地区石棉矿矿长,后患脑出血病故。

　　稻地村有一处特别的地方,村民亲切地称之为"军垦圈",这其中还有个令人难忘的故事。话说抗美援朝、保家卫国激发了全国人民的爱国热情,青年们踊跃参军。有些青年随部队开赴朝鲜战场,有些则继续留守在部队原驻地。当时稻地村就有一部分留守驻村的子弟兵,这些子弟兵平时刻苦训练,休息的时候也不闲着,扛着农具为村民开荒。慢慢地,子弟兵为稻地村开出了约百亩的荒地。为了感谢和纪念当年的军民鱼水情,老百姓自然而然地就称之为"军垦圈"了。

1953年,废除村公所改称农会。1954年初级社成立,由刘树德担任社长。当时稻地村共有三个初级社,即自发社、胜利社、先进社。按照政策,初级社分到了一定的生产工具和生产资料,同时接收一些有劳动能力的富农成员进行劳动改造。经过统一分配,稻地村实现了土地连片,生产工具和生产资料初具规模,人民生活得到保障。

1956年,高级社成立。元淑梅担任管理站站长和小东庄乡副乡长,领导全村政治工作和生产工作。同一年,她加入中国共产党,是郭家稻地村入党较早的干部之一。1958年,人民公社成立。紧接着,在大炼钢铁的年代,人们干劲冲天。后来经过对"大跃进"虚报风、浮夸风的反思,人们冷静下来,认为农业还得科学种田,要讲实事求是。于是,赵福年、李庆云开始在稻地村进行圈田管理,在科学管理下,该圈田多年来一直稳产高产,取得了较好的经济效益。

1960年,郭家稻地村名称改为稻地大队,同时成立稻地大队管理委员会、稻地大队共产党支部和新民主主义青年团支部。这一年也是国家进入节粮度荒的时期,全国城镇人口压缩粮食定量。到9月23日,开始压缩城镇人口食用油。随后,多种商品凭证供应。到1961年,市场凭票供应的商品,达到了156种。为了度过困难时期,各级领导同全国人民一样勒紧腰带,采用反复加热蒸煮的办法让食物发得更大、显得多些,或用以稀充干的办法抵抗饥饿。虽然大家肚子里都很饿,但是精神状态还是不错的,大家对党和政府都很有信心,相信他们一定能够带领全国人民共渡难关,走出困境!在缺粮少食的艰苦时期,当时的村党支部书记辛守信首先想的是必须让村民过上好日子,于是一手抓农业,一手大胆搞副业,办工厂,多挣钱。在他的鼓励下,村里先后办起了冶炼厂和机械加工厂。其中冶炼厂从最初的冶炼铜铝材料开始发展到工件铸造;机械加工厂从最初的皮带车床发展到普通小型车床毛坯加工。靠着农业和副业的发展,村集体收入增加了,工分值提高了,村民的日子开始逐渐好转。不久村民们先后办起了路灯厂、工具厂(汽车配件厂的前身),稻地大队成为

天津东郊村落文化留迹(上)

周边的富裕大队。有歌谣可以证明:穷赵北,富稻地,务本村唱大戏。多余的农业劳动力转移到副业当中,不仅减少了劳动力的浪费,还培养了大批技术骨干。到1966年,稻地村大队已经有了一辆四吨的解放牌汽车,一台东方红拖拉机,一辆20型四轮拖拉机和两台手扶拖拉机。村民们有的还盖了新房,甚至结婚时都有了"三转一响"。

1975年,在国家"农业的根本出路在于机械化"的思想指引下,为实行种植规格化,村民打破村、队界限,统一规划,进行农业方田化。当时村内划成五个线河,即一线河至五线河,人们带着干粮中午不回家,开展劳动竞赛,热火朝天,直到方田改造结束。此外,还在河的西岸植树造林,形成防护林带。

1976年,受唐山大地震影响,稻地村倒了三间房屋,半数以上的房屋受损,后来人们用钢筋四面加固才敢居住。7月正逢雨季,村民们在路边搭建了简易抗震棚,终日蚊叮虫咬、大雨冲淋。经历了这次地震,人们在盖房时都增加了抗震的措施,使地基更牢,房体更坚。

1979年,党的十一届三中全会闭幕,中央作出把党和国家的工作重心转移到经济建设上来、实行改革开放的历史性决策。稻地村村民解放思想,1981年引自来水入户,结束了肩挑手提的取水历史。1983年春,稻地大队更名为稻地村,村集体企业汽车配件厂办公室改建,增加了六人座雁牌汽车一辆和130型加长一辆。1984年,稻地村电镀厂更名为东郊区第二电镀厂,村里有了第一座小二楼。1985年,成立天津汽车空气滤清厂稻地分厂。村里的小二楼越来越多,老百姓的日子越来越红火。1986年,天津自行车飞轮厂稻地分厂建成投产。1987年,海河堤下原三队二队改种的80亩果园结出硕果。

如今的稻地村村民生活富裕,村民组建了业余"好运来"秧歌队,伴随着高昂热情的乐曲,村民们翩翩起舞,就像村民火红的日子一般,一年更比一年好。

讲述人:赵益森(69岁)

整理人:王　静

☆官房村

村情简介：

官房村,清光绪末年建村,曾从属新袁庄。该村有 610 户,1560 人,耕地面积 636 亩。该村位于街道办事处西 2 千米,津塘公路两侧。东与新五村接壤,西至小北庄,南与新袁庄为邻,面积 0.255 平方千米。村沿津塘公路两侧呈条块状分布。

孟恩远墓

孟恩远(1856—1933),天津西泥沽村人。袁世凯在小站练兵时他就参军入伍,累迁马队队官、直隶巡防队统领、南阳镇总兵。1908年任吉林巡防督办。1912年民国成立后,任陆军第二十三师师长、吉林护军使。1914年6月至1916年7月,任镇安右将军。1916年7月至1919年7月,任吉林督军,此间支持并参与张勋复辟活动,任吉林巡抚。失败后,张作霖以此为借口,并利用其经济上的问题,唆使吉林士商向北洋政府控告。1918年,北京授惠威将军孟恩远空衔,令其进京供职。孟恩远拒不服从,并唆使其部下及外甥吉林第二混成旅旅长高士傧等反对易督,举兵反抗。而后,张作霖勾结日本吉林驻军,制造了"宽城子事件",并派吴俊升和孙烈臣率大军南北夹击吉林,迫使孟恩远就范。孟恩远被迫离吉,回天津寓居。1922年第一次直奉战争奉军失败,吴佩孚与孟恩远指使高士傧在奉军后院纵火,任命高士傧为讨逆军总司令,抵绥芬河策动其旧部起事,决定进攻哈尔滨,失败。1933年孟恩远因病去世。

孟恩远的墓及墓碑建于1933年,直径12米,高4米,石砌圆形穹隆顶墓室,有墓碑一通,题"惠威将军吉林督军天津孟公神道碑"。墓碑方首,长1.2米,宽0.85米,记述了孟恩远投军袁世凯小站新军后的经历及归休置义庄、立乡校诸事。

讲述人:王玉山(92岁)

白玉才(60岁)

黄润峰(65岁)

整理人:万鲁建

64

☆三合庄村

村情简介:

三合庄村,清光绪十一年(1885)建村,曾用名九家房、刘家官房、北官房、陆家官房,"文革"时曾更名为红星村。该村有220户,总人口660人,耕地面积704亩。该村位于街道办事处东0.5千米,东至向阳村,西至幺六桥村,南至流芳台村,北至大东庄村。2006年8月,三合庄村因空客A320项目占地而撤村,于2010年11月启动拆还迁工作,村民搬迁到华明新市镇香园、馨园、悦园、敬园、慈园、芳园、锦园、润园、乔园居住。

三合庄的来历

幺六桥回族乡三合庄村位于幺六桥村东一华里,赤海路西,面临津北公路。如今是个有 610 口人、704 亩土地的行政村。清同治年间军队开垦排地后,沿今村内后河——东河折向大新庄中河的河北岸建土窑三座(今已有两座窑被平盖上民房)。以后排地"招民认垦",这里的土地为于明庄刘家占有,并在此盖了几间土房,作为收租时存粮之所,人们习称"刘家官房"。刘家雇用贯庄李庆宝照看房子及土地。因平时只他一人居住,故邻村人戏称为"一人庄"。后来刘家将这里的七顷土地当作女儿的陪嫁给了陆家,故又称"陆家官房"。清末,刘家女婿陆锦(1904 年任第一镇炮一标二营管带,后升任北洋参谋处总办,1913 年任直隶督军公署参谋长兼天津镇守使,1924 年任陆军总长)发迹后,将七顷地还给刘家,又改称"刘家官房"。后来刘家出了个刘家鸾(1935 年任天津保安司令),将这片土地卖给了荒草坨胡恩普。因该官房位于公路北,人们又习称之为"北官房",也有人简称为"官房"。

20 世纪 40 年代初,该村已有 19 户人家,98 口人。1942 年,该村破天荒地办起了村塾,幺六桥、流芳台等邻村也有到北官房读书的。1943 年春,塾师换了我的叔祖傅元堂(字金轩)。是年农历八月下旬的一天上午,老师刚教完我《孟子·公孙丑(下)》,此时村中最有威信的校董蔡玉璞老人来找傅老师,说全村人都讨厌老村名,不愿意叫"官房",更不愿意带私人姓氏,请老师给换个村名。当时,老师听我正吟诵"孟子曰:天时不如地利,地利不如人和……"便脱口而出:"叫三和庄吧,取天、地、人三和之意。天和地和人和万事和嘛。"继而又说:"三和庄似乎有点俗气,要不叫三合庄吧,取与幺六桥、流芳台、仁慈庄(今向阳村)三村联合之意如何?"因旧社会农村没有电,更没有什么可以娱乐的,邻村青年们常于晚间砍土坷垃"开火"。初为游戏,但长了难免打伤头部,造成矛盾,闹不团结。所以老人希望官房与三个都相距不远的村庄联合、团结。老校董笑逐颜开地连声说:"好!好!"说完兴冲冲地回家做好一块长一尺八寸、宽六寸的新木牌到校让老师给写新村名。因我是老师的族孙,老师便命我研墨,待墨研好后,就在木牌上自右向左写下了潇洒的"三合庄"三个大字。老校董亲自把它钉在当时村西南角蔡树城(20世纪90年代初曾任中山门三中校长)家一间靠大道的小西屋的南墙上,从此便有了三合庄这个名称。

最近见到一本有关我区地名的专著,其中对三合庄的来历有如下两段记述:三合庄,始建于清光绪年间,原称九间房、北官房。1952年,以其位于东河、中河、西河汇合点,故合称三合庄。合庄俗称"九家房",1943年,由私塾先生全轩起村名,定名三合庄。

上文除村名的来源与定村名的时间自相矛盾外,其中九间房恐从当初几间房讹变而来;私塾先生"全轩"乃"傅金轩"之误;三合庄位于东河、中河之间,距西河尚有四里之遥,且有中河相隔,东、中、西三河汇合处在大新庄而非三合庄,乃尽人皆知之常识。为免以讹传讹,故写此篇以供有识者鉴别。

讲述人:傅鸣山

整理人:万鲁建

☆十三顷村

村情简介：

十三顷村"文革"时曾更名向阳村。该村东至务本三村，西至小东庄村，南至军粮城发电厂，北至京山铁路。

十三顷的幸福生活

四乡五邻的老百姓常说这么一句话:"嫁人就嫁十三顷。"其中的原因不单是因为十三顷人值得姑娘们嫁,还有一个重要原因就是十三顷的生活条件好。村里有市场,方便了村民的日常生活所需;村子环境整洁,专门设置的垃圾池改变了村民乱扔垃圾的习惯;村子的主干道宽敞,方便村民进出。节日期间,还有秧歌表演和文艺汇演,丰富了村民的业余生活。但最让周边村羡慕的是,十三顷的村民福利好:有医疗保险、节日补助、救助金,还有免费查体等。如此好的生活条件,怎么能让姑娘们不动心?

十三顷的好日子不是现成的,而是经过几代十三顷人奋斗而来的。十三顷村始建于清朝末年,民国时期是军阀曹锟的佃户村。当时总共有十三顷地,人们就把这块地叫作"十三顷"。最初十三顷的人口不算多,后来曹锟的辛管家为人和善且收租公道,越来越多的人聚集到了这里,村子的名气也就越来越大。再后来,军阀混战、抗日战争、解放战争,十三顷村逐渐没落,日渐萧条,老百姓依靠着几亩薄田勉强维持着生活。中华人民共和国成立后,老百姓分田到户,十三顷的日子才开始有了奔头。

20 世纪五六十年代,在"以粮为纲"的时代,为了解决大家的温饱,只能从提高亩产量上想办法。当时合作社的社长是黄凌栋,他专门请来军粮城稻作研究所三名专业科技人员来村指导,鼓励老百姓推广科学种田。为了防止水稻育苗烂秧,还在社里推行"塑料薄膜育秧法",做到早育秧、育壮秧、早插秧、早收割。在科学种田的理念下,到 1957 年秋,全社 7 个工作组、32 个生产队实现了万亩稻田丰收。

天津东郊村落文化留迹(上)

老百姓逐步实现了温饱,还完成了交售爱国粮的任务。20 世纪 70 年代时,天津遭受连年干旱,水田被迫改为旱田,粮食产量骤减,老百姓的口粮又不够吃了。后来区委、区政府开挖东丽湖,村里的青壮年踊跃报名,一来这次出河工是为了解决区里的旱情,事关国计民生;二来村里给出河工的人管饭,管饱。根据当时人回忆,一个壮劳力一顿能吃满满两饭盒米饭。这要是搁家里,是不敢敞开肚皮吃的。遥想四十多年前,全区百余村庄万余劳力,齐聚这里出河工,众人用镐头、铁锹、小拉车、扁担、箩筐这些近乎原始的工具,肩抬车拉,义务劳动,克服重重困难,硬生生地在荒郊野地挖出一个上万亩的大水库,化解了旱魃逞凶、粮食短缺的燃眉之急。

20 世纪 80 年代改革开放后,十三顷人艰苦奋斗,一门心思奔小康。村里由黄凌栋书记掌舵,引进铸钢厂、矿石粉碎厂和水表厂等一批骨干企业。村民们也鼓足干劲,发展集体企业。就拿养猪场来说,为了节约成本且提高猪的免疫力,养猪专业户专门跑到芦台去拉酒糟。因为芦台酒厂用的全是好高粱,酒糟自然也就是上好的饲料了。从十三顷到芦台大概得有六七十公里,一般去一趟得花费一天时间,那时候也没汽车,全靠一双脚来回。拉回酒糟后,拌上豆渣、糠麸做饲料。虽然辛苦,但看着饲养的猪一天天长大,幸福便从心里流淌出来了。

十三顷人勤劳,有着农村人不怕苦、不怕累的劲儿,但同时也有抓住机遇的眼光和智慧。家门口有京山铁路、津塘公路、津滨轻轨,村里还有闲置的土地,十三顷人手握令人羡慕的区位优势,很快就提出了盘活闲置厂房资源、壮大集体经济的发展思路。在"腾笼换凤""退低进高"的模式下,在保持龙头企业的基础上,村里先后引进了康库得机电技术有限公司等实力较强企业,村企业扩充到 33 家,到 2009 年时创收 510 万元,最高的时候一年能达到七八百万,村民人均收入超过万元。古语有云:仓廪实而知礼仪。村里的孩子尊重长辈,年轻人知书达理,老年人神采奕奕,家家住上了四间房、一个院子的好房子,十三顷的日子越过越好,难怪周边村的姑娘们都想嫁过来!

不过,随着国家对企业高质量发展的要求,越来越多的企业面临着改造升级带来的风险与机遇,这也是十三顷人今后亟待解决的主要问题。

讲述人:崔家伟

整理人:王　静

乡野童趣

小孩子爱玩,虽然时代不同,孩子们的玩具不同,但从中享受到的乐趣却是一样的。如今社会发展、科技进步,家家生活条件有了很大的改善,娱乐自然也越来越多样化,小孩子也就有了各种各样的玩具。电子产品不必多说,手机、平板电脑几乎人手一个,而且各种手游层出不穷,小孩子沉迷于各种打怪升级游戏中。如果时间倒退三四十年,这在当时是无法想象的。不过那时候孩子们的创造性却是极高的,尤其是农村的孩子们,随时随地都能发现可玩的东西。

农村不缺石子,随便找五六个大小匀称的小石子,再拿一个沙包就能让女孩们玩一天,这叫抓石子游戏。四五个女孩找个干净的地方,围在一起,分成几对,然后排好顺序抓。抓的时候,先把石子撒在地上,然后扔起沙包的同时用另一只手去抓石子,先是抓一个,然后抓两个,依次类推,直到抓不起来为止,这时换下一个人抓。谁抓的石子多,谁就获胜了。要是碰上有心的女孩,她会把小石子磨圆了,这样抓起来既不硌手,还能提高赢的概率。女孩子们一边玩,一边聊天,不知不觉一个下午就过去了。

相较于女孩的安静,男孩子们可就顽皮多了。弹玻璃球、翻四角对男孩子来说只是普通的游戏。玻璃球是那种圆圆的、五彩的小球,普通玻璃球直径大概有两三厘米。几个男孩凑一起,在地上挖一个坑,或者挖三四个坑,轮流往坑里弹玻璃球,谁的球先进就算赢,没进的就只能把球交给赢的人。翻四角,顾名思义就是把烟盒纸折成四角状,那时的烟盒都是用软纸包装,不像现在是硬壳的,大家轮流拿着自己的"四角"去砸对方的"四角",如果砸翻了,那么就赢了。有的男孩为了赢，还挖空心思往"四角"里添一些"秘密武器"，以提高作战能力。男孩子们一边使劲儿砸一边喊，场面非常热闹。还有一种更吸引男孩子的游戏，当地人称之为"打tái"。男孩们把树枝砍下了，一人拿一根，就好像是烧火棍。在地上划条线，两个人站在线后，一个人要把另一个人的树枝砸过线，砸的越多，赢的树枝也就越多。这个游戏究竟是谁创造的，现在也说不清楚了，但却在当时风靡一时。不过大家猜想，可能是农村以烧柴为主，孩子们到田间捡完柴火后，顺手拿起树枝打闹，打着打着就演变成了后来的游戏。有的孩子技术高，赢的树枝多到得用小车推回家。柴火多了，家里大人也高兴。

这些游戏是不分季节的，随时随地都可以玩，当然也有应季的游戏。夏天，最吸引人的还是下河游泳。暑假到了，孩子们吃完午饭，领头的大孩子吆喝一声，马上就聚集了一群大大小小的男孩，浩浩荡荡地往村边的小河奔去。那时候河水清冽，小鱼小虾在水草中游来游去。胆子小的站在河边抓小鱼玩，胆子稍微大点儿的就在浅水里扑腾着玩，胆子大、水性好的就往深水里游上几遭。大太阳下面，没几天孩子们就晒得黢黑，就这样，还是照样往河里跑。泳姿谈不上高大上，甚至还有些难看，但孩子们玩得却是不亦乐乎！

村里小孩玩游戏都是成群结伙的。白天街里街外、村头村尾都会看到一群小孩在玩，即使吃过晚饭，他们还可以跑出家找小伙伴继续玩游戏。捉迷藏是晚饭后小孩子经常玩的游戏。那时村里的路灯不太亮，而且还有很多容易藏身的犄角旮旯儿。孩子们呼啦一散开，还真不好找。有的孩子藏得非常隐蔽，结果没等被找到就先睡着了。等睡醒了，发现大家伙儿也早就散伙了，自己拍拍土也回家了。

20世纪七八十年代的物质条件虽然不好，但很多玩具都是自己动手做，而且大伙儿一起玩，还是非常有乐趣的！

讲述人：崔家伟

整理人：王　静

☆郭家台村

村情简介：

郭家台村,清光绪十一年(1885)建村,"文革"时曾更名红胜村。该村原位于乡政府东南方 2 千米,东至东河,南接双合村与东大桥村,北与向阳村相连,西与流芳台、双合村接界。2012 年 12 月实施整体撤村租房搬迁,根据政府规划预计还迁至军粮城新市镇二期工程。

革命战士刘振海

解放战争期间,郭家台村先后曾涌现过五名解放军战士,刘振海便是其中一位。曾经有村民提到,刘振海当年被抓壮丁抓到了阎锡山的部队,因不满国民党的腐败、无能、残暴,愤而投诚人民军队。不过据刘振海的弟弟刘庆志回忆,事实上并非如此。

1921 年,刘振海出生在一个贫困的农家。1935 年,小小年纪的刘振海被人骗到辽宁抚顺的露天煤矿为日本人挖煤。日本人根本不把中国人当人看,对挖煤的工人而言,挨打挨骂是家常便饭,每天不仅吃不饱,还经常有性命之忧。为了保住性命,大家商议集体逃跑。刘振海逃出魔窟后,辗转来到了吉林通化六道沟沙松屯。当地有一家尹姓农户正好缺人手,刘振海便留在了尹家为其打工,后来还娶了尹家的女儿为妻,并生有一女。日子虽然不富裕,但也平安。

解放战争开始后,1945 年刘振海参加了解放军,直到东北全境解放。1948 年随大军攻打天津,当时部队驻扎在军粮城机米厂一带。刘振海终于有机会回到了家乡,自他 14 岁离家已经有 13 年没回过家,昔日的小孩子已成长为魁梧的解放军战士,当一身戎装的刘振海站在母亲面前,母亲都认不出自己的儿子了。匆匆一见,纵使心中有千言万语也无法详细述说,刘振海简单地跟家里人说了说这几年的经历便匆匆而别了。之后老母亲挂念儿子,带着弟弟刘庆志去刘振海所在连队探望,住了一周后返乡。谁知这一别竟成了永别,天津解放后,刘振海跟着部队南下,一直到解放海南岛,中华人民共和国成立。后来又参加第一批志愿军,牺牲在朝鲜战场。

天津东郊村落文化留迹(上)

讲述人:刘庆志
　　　　刘兴奎
整理人:王　静

日军在郭家台的暴行

自20世纪30年代以后,日本便加大在华北地区的侵略,尤其是1937年卢沟桥事变后,7月30日天津也被日军占领。天津沦陷后,八路军及其他一些游击部队在天津郊区展开反日斗争,给日军以不同程度的打击,让日本人很头痛。为了维持日军在天津的统治,他们以恢复天津秩序为由,经常组织队伍下乡"剿匪",实则是打击中国抵抗者。同时,日军还滥杀无辜,经常有一些村民遭到无妄之灾。有一次,郭家台村村民郭恩荣等三人下地查看庄稼情况,不巧遇到日军前来扫荡。当时,当时郭恩荣他们很害怕,吓得拔腿就跑,本想躲避起来。结果被日军发现,立刻开枪,将他们三人打死。日本人这种以"剿匪"为名肆意滥杀无辜,给当地人带来了无穷无尽的灾难,人们也始终生活在恐慌之中。一直到日本战败投降后,这样的日子才算结束。

讲述人:刘庆志

整理人:万鲁建

☆窦家房子村

村情简介：

窦家房子村原位于么六桥乡政府南 0.5 千米处,东靠中河,南连刘辛庄,西与新兴村已整合,总户数 309 户,总人口 894 人,党员 26 人。该村于 2007 年年底迁入龙凤里小区居住。

一个小村的故事

窦家房子村子小,建村时间也不长,然而在老人们近乎平淡的回忆中,人们仍能感受到这个小村的生动鲜活。

窦家房子所在的地方原本是一块荒地,据说一百多年以前,四合庄的老窦家最先搬过来,之后于姓、李姓、金姓、徐姓和石姓等人家从山东陆续搬迁到此,渐渐形成了村落。不过后来窦家又搬回了四合庄,村里便没有窦姓和窦氏后代了,但窦家房子这个名字却一直没改。

于姓和李姓人比较多,但户不算大。田喜家是1939年闹大水前后从山东曹州逃荒来的,当年田喜的爸爸靠着一双腿从曹州走到了何兴庄,本想着安定下来可以养家糊口了,没想到结婚后家里遭到了盗窃,值钱的东西都丢了。没办法只好搬到窦家房子,靠给有钱人家看粪场子、扛活儿糊口。当年一些比较富裕点儿的人家,都是在市里住,在农村买地。穷人就靠给他们当长工、干活儿糊口。

窦家房子早先是鱼米之乡,说鱼蟹满沟跑,大人小孩想吃螃蟹了,拿着盆到沟里随便一捞,准能收获满满,好东西吃多了也会不稀罕,不像现在专门拿来打牙祭。想吃鱼了,沟里不仅有鲫鱼,还有小虾米、鳜鱼、黄钻、鳝鱼和泥鳅。黄钻鱼很凶,被称之为"淡水鱼之王"。这种鱼体大力强,游速快,钓到它时冲撞力巨大,不结实的网能被撞个窟窿,是比较难钓的鱼。还有就是泥鳅,沟里特别多,拿网一提就有五六斤。

窦家房子有个杨恩元,十里八街的糖堆就数他做得好,人们送他称号"糖堆杨"。他们家的糖堆手艺是老辈儿传下来的,做的糖堆又

天津东郊村落文化留迹（上）

大又好,还不沾牙。每天早晚,"糖堆杨"扛着个草把子在村里吆喝,走不了几趟街就卖没了。特别是到过年时,天津人有吃糖堆儿的习惯,他们家做完的糖堆还没等卖就已经订完了。

窦家房子还有一个张保廷,此张保廷非北程林村的张宝廷,而是排地臭名昭著的土匪头子。据说张保廷早年被人诬陷说是土匪,在天津蹲了好几年大狱,后来天津"炸狱",就是黑旗队劫狱救刘广海(天津赌场老板),张保廷也趁机逃出大狱,和他弟弟张保田一块参加了抗日队伍。但是他在部队上吃不了苦,就跑回家来当了土匪,打着"盐沧救国军第十路游击队"的旗号,一度发展到二百多号人,其中一部分驻扎在流芳台,向老百姓派捐,或是打着抗日旗号,强买强卖,骚扰乡民。

1938年,张保廷袭击南房子排地二段警察所,顺便还把王玉德和刘凤和绑到了山岭子东北边,声称不给钱就撕票。最后刘凤和家交了两支枪的钱,王玉德许给他们每人一个金戒指,张保廷这才把两个人放回来。当地村民陈宝奎儿子被土匪绑票后,因为晚到十分钟,结果就被土匪撕票了。

随着张保廷的势力越来越大,日本人就软硬兼施进行招安,张保廷摇身一变成了保安独立第三营长。结果,张保廷在流芳台一带更加嚣张了。后来日本人一看控制不了张保廷了,就袭击了他的队伍。张保廷逃到黑猪河一线,后又跑到天津,在玉清池洗澡时被逮捕处死。

窦家房子还出了个荣立三等功的战斗英雄。日本投降后,国民党为了打内战到处抓兵,有钱的可以花钱找人替,没钱的只能被抓去当兵。村里的于广清就是被抓去的,国民党军队用绳子拴着一溜人押到火车站,然后装火车运走。后来在半路遇上了解放军,国民党部队很快就逃跑了。火车门一开,外边都是解放军。解放军跟大伙儿说:"你们要是回家的就给路条,要是想参加革命我们就欢迎。"于广清自愿参加了林彪的四野,跟着部队一直打到海南岛,立个三等功。

中华人民共和国成立后他又参加了抗美援朝,被炮弹皮炸成重伤。虽然抢救及时,但是落下头疼耳鸣的后遗症。从朝鲜退下来以后,他就回到窦家房子,一边养病一边帮助村里做党的工作。

讲述人:田　喜(62岁)
整理人:张　诚

民兵训练

20 世纪五六十年代,除了大队党支部、小队委会外,还有民兵组织。一般大队是民兵营,像四合庄人多属于民兵营,生产队是民兵连,民兵一般都是生产队从事农业生产的男女劳力。当年田喜在队里担任民兵连长,一个连七八百人,年年进行军事训练。更厉害的是,当年民兵连还拥有几十件武器,最常见的是日本投降后留下的三八大盖步枪,还有半自动步枪和冲锋枪,子弹有几千发。

民兵连常常集训,一年好几次,有时在公社集训,有时到贯庄,贯庄有个弹药库。培训完了再到村里召集民兵训练,有时十好几天,最少也一个礼拜,训完了打靶,枪主要是半自动和全自动,那时打靶、打枪还是可以的。但子弹有严格的限制,上级发下子弹,这边什么时间训练,打了多少靶都要向上报。一般每人五发子弹,领来以后,打完就完了。窦家房子是民兵连,别的村有机枪连、炮连。

除了劳动,民兵连还承担着生产队的社会治安维护。阶级斗争激烈的时候,为了严防阶级敌人搞破坏,民兵连每天晚上都要安排几个民兵分两班进行巡逻。人们警惕性很高,稍有些动静,就会立即武装起来赶到事发现场。

讲述人:田　喜(62 岁)

整理人:张　诚

农副业生产

　　与东郊其他村一样,窦家房子村以前也是以种水稻为主。日伪时期,日本人垄断了整个东郊地区的水稻耕种和收获。村民们在其压迫下,不得不为日本人种粮食,然而辛苦一年,最后连一颗米粒都得不到。甚至日本兵知道有谁偷吃大米,就拿刺刀把百姓的肚子挑了。老百姓吃不上饭,不得不冒着生命危险把粮食从日本人那里偷回来,藏起来吃。弄个破碗,把稻谷皮剥开,偷着熬稀饭吃。

　　中华人民共和国成立后,村里有二百多户,一千来人,合一人一亩多地。村民种小站稻,那时产量不高,也就七八百斤,但是好吃。要是一家人焖米饭,隔着几条街都能闻到米饭的香味,而且吃起来口感好,还不用就菜。当年种水稻是用的黄河水,水位高时,一提闸把水放进来。

　　20世纪70年代时由于缺水,改种旱田,种玉米、小麦。刚开始种不好,草比苗儿还高。社员们天天干活儿,辛苦却没有收获,连种子钱都收不回来。那时候完全闲不住,到了秋后特别累,一年不歇班,直到过年才放假。一算账还都赤字,种的粮食不够吃,一年吃不了一顿面,细粮就更不用想了。当时很少吃肉,就过年吃一顿,平时根本吃不起。1976年是村里最困难的时期,家家都是"红笔户"(欠账用红笔写),都欠着大队的账。秋后一结算,没办法,队里先给十块二十块的过年钱。要不,连个年也过不去。

　　改革开放分田到户,村民生产积极性得到了极大的开发,生产效率也大大提高了。拿种水稻来说,以前吃大锅饭的时候,大家积极性不高,现在栽秧两三天、养秧一天、抹埂子一天、割稻子三两天、挡稻

天津东郊村落文化留迹(上)

子一天,总共没几天的活儿。而且自己单干,连家里的小孩都帮着干活儿,所以效率是大大提高了。地里没活,剩下的时间要么休息,要么出去打工,两不耽误。1991年村里引进了千金棒、中二十九、中二十等稻种,这些稻种虽然产量高,一亩地能产一千二三百斤,但味道远远比不上以前,到2001年就不再种水稻了。

改革开放以后,村里开始有做小买卖的,种的棒子吃不完,弄个大自行车推到郭庄子石墙子底下卖,往地下一搁就有买的。队里搞过一段副业,在市里干点基建。当时没有工资,就是一天给十个工分,加上三毛钱补助。那时候牛羊肉才六七毛钱一斤,带鱼才三毛钱一斤,大伙都乐意挣点补助钱。像田喜当小工,跟人家搬搬砖,弄弄沙子。干活儿不管饭,自己吃自己的。早晨骑着自行车,干完活儿晚上回来。那时候兄弟、妹妹都小,有这几毛钱就显得非常重要了。

后来村里建了几个小厂子。像麻刀厂,麻刀是一种纤维材料,不是刀。简单地说就是一种细麻丝,碎麻。厂里派人到市里麻纺厂织麻袋梳下来烂麻,拉回来当盖房子套白灰的麻刀。还有做保温材料的毡子厂,那时还没矿棉,也是以麻刀为原材料。首先用脱谷的机器打毡子,就好像弹棉花一样。打好毡子后再用帘子卷上,机器一转,机器里面的糨糊就将毡子与帘子黏在一起,把帘子挂起来,搭在竹竿儿上晾干,最后就成了一米宽、两米长的毡子。村里还有铁厂,什么抛光皂、电气焊都干过,出来不少焊工、铆工能人,那时候活儿多挣钱。农村人舍得下力气,也不挑活儿。像田喜干过绿化,干过工程,还在天津可耐电冰箱厂干过。以前文化水平低,村里人只能出大力。现在的孩子不同了,几乎都是大学毕业,但总感觉缺少一些吃苦耐劳的精气神儿。

讲述人:田　喜(62岁)

整理人:张　诚

窦家房子村人文气氛好

窦家房子村以前有个小学,一个年级一个班,只上半天课。村里就一两个国办教师,剩下的都是民办教师,这些民办教师一般都是从村里挑选出来的知识分子,拿工分的。改革开放以后,这个小学校被裁撤了,村里的孩子们就到刘辛庄小学上学,后来到民族中学上学。与周边各村相比,窦家房子村大学生特别多,可能是家长比较重视。

窦家房子村民觉悟高。国家建设大西北,号召知识青年"上山下乡",到甘肃生产建设兵团。国家一动员,学生踊跃报名,大家都乐意去。当时走了三个女生一个男生,其中姐姐是自己要求的,虽然说人家动员,但是不强迫,走时虚岁才17岁。一直到20世纪70年代落实政策,村里下乡的人就一块儿回来了。十六七岁的女孩子,让上甘肃去,就报名去了。想一想中国解放,解放军也不怕死,一心为了国家,确实是一种精神。姐姐支边走后,哥哥又去当兵,剩下两个弟弟和一个妹妹。哥哥19岁走的,先在内蒙古上的军校,后来到大同教导大队,又调天津交通运输学院,在部队一直工作到离休。

过去村里有个戏班子,吹拉弹唱,唱评戏。据老人说,这个戏班子的演员是由一个下放到村里的人教的,具体是谁已经记不清楚了。这些村民有学拉弦的,有学敲梆子的,也有学打镲的。有几个唱《秦香莲》的女演员还受邀到别的单位演出。

过去村里也有电影队,经常放露天电影,一年得放几场。村里还有保健站。

讲述人:田　喜(62岁)
整理人:张　诚

☆ 城上村

村情简介：

城上村，明永乐二年(1404)建村，曾用名城儿上，"文革"时曾更名永革村。该村有 381 户，1167 人，除汉族外，有朝鲜族 3 人，耕地862 亩。城上村东至卧河村，西至泥窝村，南至海河，北至津塘公路。

城上的由来

　　城上村建于永乐二年（1404），与天津建城同一年。相传安徽李氏三兄弟，随燕王朱棣扫北来到直沽以东的海河沿岸，军屯建村。城上村的叫李太，李明庄的叫李明，都是选择高处定居。为什么叫城上？村民之间流传有多种说法。相传在宋代时有土城，海河是宋辽界河，也是护城河。也有人称这里地势比较高，位于南北交界，推倒了盖，盖了又推，所以越来越高，像一座城。还有传说，当年有个土城屯兵，从我们附近的村联想也有一定的道理，城上附近有泥窝、卧河、窑上等村。早年没有村，从泥窝挖土取泥，取了泥到窑上烧砖，砖烧成了当然要建城了，所以盖了城，因此叫城上。村东边卧河，与周边村子不同，两条河卧进来，好似城的外围防护。我们四个村子挨着，名字之间有联系，必然有故事。后来因为城没了，当兵的留下来屯垦。我们村的地势高，发大水这里都没有淹过。尤其是1939年天津爆发特大洪水，津南的人就跑到这边来躲避水灾。

　　我们村子不大，有一千六百多人，比周边村子都小。我们老李家的前辈，迁了三次坟，我们是第六代。二百多年前住在军粮城，老李家分东西两门。我们这一支东门，坟最早在海河边上；第二次挪到卧河；第三次迁到本村。西门迁了两次。城上村早期居民都是军屯士兵，以种地为主。那时海河两岸没有河堤，自然形成堤岸，取水浇地十分方便。日本侵华时期，这里种水稻，但不许农民吃稻米，后来改种园田。城上村不大，早年间地很多，连塘沽中河之间，也有城上村的地，小东庄也有。城上的地种过的粮食有水稻、高粱、玉米。海河的水质好，合作社以后，成立生产队，还栽树、种葡萄等，后来种西红

天津东郊村落文化留迹(上)

柿。守着河边,村里也有几户打鱼,有姓李、姓杨、姓张的,主要用丝挂网捞鱼,比起种田来说,打鱼的人少。

城上村东北角有一座关帝庙,专门供奉关公。或许与城上早年军屯有关,城上的人比较厉害,主要是本族人比较团结。咸丰年间卧河村邢家人在这里建关帝庙,主要意图用以镇唬城上村人。早年关帝庙还办过庙会,十分热闹。

改革开放以后,种地的人家少了,主要开始机械加工。一家联系五金活儿,家家干。村里人都干五金机械加工,家家都有机床,车床、卧铣、刨床都有,主要给市里工厂代工,也出了马翠祥、翟洪云等个体工商户名人。

讲述人:李东福(69 岁)

整理人:曲振明

出河工

早年间,农村有一项出河工的义务劳动,大约是春秋两季,根据市里或区里的安排,生产队都要派出壮劳力,驾着独轮车、抬着筐,带着铁锨,到各处挖河筑堤。

那时,农村的生活比较艰苦,特别是吃饭问题。半大小伙子,总有吃不饱的感觉。而出河工,不但吃得饱,还吃得好,而且一个村的年轻人也很难有吃住在一块的机会,为此大家都乐于参加河工大军。每到开始出河工时,村里年轻的小伙子都踊跃报名。

当时的河工活没有机械作业,所有的工程完全是人海战术,用农民的铁锨和小车来完成。河工的工程,有挖河、修水库,也有筑大堤。每项工程都有按照工作量分到各个村里,为了不误工期,推土车里装的土就像一座小山包,推动起来没有力气是架不住的。当工程干到有泥有水的时候,推土车就派不上用场了,人们就只能改用两人一副抬筐的工作方式,一根扁担一人一头放在肩上,下面是堆得高高满满的一大筐土,沿着十几米或几十米的陡坡一步一步向上抬。

我在1962年时,就出过河工,到邻近的贯庄子挖河。那时家家都预备铁锨、箩筐等工具,那次去了一个多月。我当兵复员以后,出河工的机会更多了。印象最深的是,1975年修筑北塘防洪大堤。那时,我是生产小队长,带着村里二十多个年轻人,拿着工具去了北塘。到了北塘工地,我们村里自己搭了一个帐篷,小伙子们住在一起,十分兴奋。被服褥子等都是自己带,吃饭以乡为单位,那是一个特大的食堂帐篷,吃得不错,不仅有鱼有肉,还有新鲜的海螃蟹。我们每天都有规定的土方任务,每个村的地界插着旗子。我们承担是土方三

天津东郊村落文化留迹(上)

米多高,几十米长。主要是挖泥、抬泥,一部分人用铁锹挖,一部分人用麻袋兜子抬,十分辛苦。记得那时候是夏天,天气十分炎热,海边又有一股股腥气味道。那时一动就是一身汗,由于河工都是男劳力,大家索性光着上身,干得十分带劲。

由于我们疏忽,工程量计算错了。邻村的赵北比我们早一天完成了,我们还需要补一天工。那天大家早早就睡觉了,为了憋足劲儿明天大干一场,没想到刚入睡就被旁边赵北村的吵醒了。因为他们工程提前了一天结束,大家在帐篷里吹笛子、唱歌、学鸭子叫,我们认为他们有意在干扰我们休息。为此,气得大家拿着扁担冲了过去,两边差一点打了起来。工程指挥部的领导听说消息,过来了解情况,把我与赵北村的队长叫过去,说了一下,最后双方心平气和地和解了,这是出河工的一段小插曲。

从北塘大堤工程归来以后,我还参加了几项河工,印象较深的是东郊区(东丽区)新地河水库(即后来的东丽湖)。这次河工,是由生产队出钱,自办食堂,有鱼有肉,稻米干饭。那时,卧河村有三十多个工厂,喷漆、制作无纺布、制作奶罐、保险柜、文件柜等,效益不错,所以村里承担了出河工的一部分费用。

一晃出河工的经历过去了几十年,现在大的土方工程,都是由大小机械完成的。想起当年的河工大军,在广阔土地上艰苦地工作,不禁感慨着时代的进步。

讲述人:邢贵和(78岁)
整理人:曲振明

☆ 大新庄村

村情简介:

大新庄村,清光绪十年(1884)建村,曾用名棋地、齐家地、地窖、大辛庄。该村有 812 户,2221 人,耕地 2241 亩。大新庄村位于街道办事处西北 1.5 千米,东至大东庄村,西至天津国际机场,南至幺六桥村,北至东郊农牧场。2005 年因天津滨海飞机场占地扩建工程,北窑小村拆迁,于 2007 年 7 月搬入金桥街龙祥里,划为龙泉里社区居委会。2006 年 9 月,大新庄连三排因空客 A230 项目占地拆迁,于 2010 年 12 月搬迁至华明新市镇,分散居住在香园、馨园、悦园、敬园、慈园、芳园、锦园、润园、乔园。

大新庄村的变迁

　　大新庄由北窑、连三排、大新庄三个自然村组成。北窑挨着东郊农场，最早因地势高，姓杨的居住在此，也叫过杨家台。后来侵华日军为了在张贵庄修军用机场，建了砖窑。砖窑最初在海河边上的泥卧，由于距离较远，才改在这里，那时建了十几个窑，为此称北大窑，简称北窑。大新庄最早叫齐地，土地为姓齐的地主所有。后来误传为"棋地"，最终改称为大新庄。还曾改为辛苦的"辛"。连三排，即因排地所得，那时小东庄是二排，这里是三排。

　　我们老杨家是北窑最早的居民，因此这里有杨家台的称呼。据说老一辈来自山西洪洞县大槐树，后来去了青县。我的太爷杨森兄弟七个，又从青县来到北窑生根，现在杨家几百口人，其中流芳台也有我们杨家，我爷爷与老爷在流芳台，我父亲与二叔在北窑。中华人民共和国成立前，这里以种粮食为主，主要是大田高粱、玉米。中华人民共和国成立以后种稻子。水稻以后又改旱田，后来还开辟田地种梨树等水果树苗。

　　中华人民共和国成立以后，我们村成立了互助组，后来初级社、高级社、人民公社，基本一个村就是一个大队。我们村最初隶属新立村乡，改革开放后，划为幺六桥乡，现在属于金桥街道。

　　改革开放以后，开始了多种经营。北窑四队队长刘世长开始种西瓜，并有注册商标"排地西瓜""大辛庄西瓜"，包的是朱庄子的地。种西瓜在当时有一定的影响，村里一直种到拆村，后来还种过桃子等水果。

　　同时村里也开始搞副业，开办了微型空压机厂、纸箱厂、花窑。

汽车配件厂、水泥构件厂、瓷砖厂等。几任村支书李德善、王金荣等都扶植生产队的副业,当时村里还有拖车两部,一部嘎斯,链轨二部,潍坊汽车一部,

大新庄村民最初住的都是土坯房,由于我们有战备砖厂,给予村民一定的优惠政策,开始盖砖房优惠三分五一块砖,盖一间房,大约八千元,三间带院约四万元左右,于是村里纷纷盖房,很快村民就住上了砖瓦房。

为支持天津滨海机场扩建工程,2006年北窑小村拆迁,转年搬入金桥街龙祥里,住上了楼房。因空客A320项目占地,2010年连三排与大新庄拆迁,搬去了华明新市镇。人们的生活一天天好起来,现在过上了城里人的生活。

讲述人:杨永海(67岁)

整理人:曲振明

☆ 赵北村

村情简介:

赵北村,明永乐年间建村,曾用名尹儿湾、小赵八庄,"文革"时曾更名红五星村。有 734 户、2100 人,耕地 1832 亩。该村东至稻地村,西至窑上村,南至海河,北至老圈村。

赶马车的经历

早年间,赵北村都是园田,种植各种蔬菜,黄瓜、茄子、西红柿、豆角、萝卜、大白菜等,供应天津市民。那时我们属于东郊区的园田区,一口人每月分配二两油,还有白面,和种粮食的农户相比,有一种优越感。由于家里生活困难,我15岁中学没毕业就辍学参加生产队劳动。16岁参加队里的土建队,到红桥区航运局盖房子,那时负责和白灰,做灰膏。一年后又去挑河,到静海出河工,参加独流减河防潮闸的工程。出河工很累,但吃得饱,很快就长成大个了。

我18岁被分配到生产队赶马车,一干就是六七年。那时队里有两辆马车,主要是往市里送菜。共有五个牲口,其中两头骡子,三匹马。马车为两个辖辘的胶皮轮,一般都是两个牲口,一匹驾辕,一匹拉稍。赶马车的也分两人,我最初只是负责拉稍,第二年才开始驾辕。赶马车要懂马,了解马的岁数看口,看牙齐不齐,马老了牙掉了,也稀松了。马的牙是空的,俗话说"七咬中白,八咬边"。年轻的马,也叫白虎驹,牙不是平的,只有前面当中四颗牙,后边没牙。八岁的马正当年。一般牲口三年以后,才上套干活。那时得驯马,慢慢让马适应。

牲口当中,骡子比较有劲。当时骡子也有区分,即驴骡子和马骡子。也就是驴生的骡子叫驴骡子,马生的骡子叫马骡子。其中驴骡子蹄子小,像驴,但有一股犟劲,有个高岗上坡,它可以撑着,不像马骡子向后退。我赶马车的第二年,队里从河北辛集的骡马市场买了一头骡子,花了4700元,非常壮,还有劲,给生产队出了不少力。

那时,我们比较爱惜牲口。马的饲料,有麸子、黄豆、黑豆、高粱

天津东郊村落文化留迹(上)

等,比人吃得好。养马拉货,还要钉马掌。一般的夏天钉铁掌,冬天钉胶皮掌。马也听话,车把式喊"嘚儿、驾、喔、驭",马就知道该干什么。与牲口接触长了,也有感情了。我们一般不抽马,活紧了,拍拍马屁股。鞭子一般不抽,有时也就向空中打空鞭。只有牲口很不听话,才偶尔抽过几次,它们身上有血凛子,我们也心疼。

送菜的活很辛苦,早上装上菜,奔市里。赵北位于海河边,早年村里进出都要沿着河大堤,全是土道,到了泥卧村,再转向上津塘公路。一般我们经常去二号桥蔬菜分拨站,那里有估价员。如果车上是一个品种的大白菜,只要过一次秤就行。如果菜的品种多,一个品种一泵。过完秤,还有送到各个蔬菜门市部,再过秤验数,开收条,然后到分拨站拿钱。这样一折腾,往往需要跑一天。

后来,队里搞副业,开始用汽车、拖拉机拉货。但有时赶不过来,还需要用牲口拉货。所以牲口为生产队的发展做出了不小的贡献。

讲述人:曹绪钢(67 岁)
整理人:曲振明

赵北村的变化

赵北村位于海河边,村子不大,以赵、杨、谢三姓为主。其中还含着一个小村谢家屯,早年公共汽车在谢家屯有一站,所以有时候谢家屯比赵北村还有名。

早年的赵北村比较闭塞,没有公路,进出都走沿河大堤。1971年才通乡村公路。2012年,开始有私人小汽车经营客运,随走随停,走稻地,经过务本村,后来不让干了。2014年,市委工作组来到我们村,进驻谢家屯,从此有了公共汽车。

中华人民共和国成立前,村里的人多经商、做小买卖。听老人讲,村里也出了几个名人。如张祖芳经营绸缎庄,在天津、济南都有自己商号。还有清朝光绪年间的张问梅,是一位刀笔吏,在周边十里八乡非常有名。据说他写的状子从没有输过,张问梅发财以后,还给天津娘娘宫捐了旗杆。

赵北村村民没有地,所以也没有地主,人称"八路圈"。中华人民共和国成立初期,有解放军部队到赵北村垦荒,村民称解放军为"八路",所以这些由解放军部队开垦的田地称为"八路圈"。部队在赵北村垦荒三年,撤离以后,将土地给了赵北村民。这些土地成为以后赵北的一半耕地。

赵北村还有一户养船的,为杨姓哥仨,老大杨兆奎、老二杨兆元、老三杨兆文。早年间他们经营对漕,所谓对漕就是两条齐头的船对在一起,可以增加船体的运输量。对漕主要在海河上拉货,下不了海。最早一条,后来两条,赵北村就这一户跑船的。1949年1月,解放天津的战役打响,杨家哥仨与村民耿文义被解放军征用。那时海

天津东郊村落文化留迹(上)

河没有桥,渡口也很少。他们白天帮助运输解放军过海河南,晚上拉着伤病及牺牲的战士到海河北,据说干了40天。最后被人民政府给予支前模范的奖状。中华人民共和国成立后,村里成立了初级社和生产队,他们就不干了,转为农业户了。

赵北村民风淳朴,没有发大财的人,村民之间比较团结。早年间村里哪家泥房,大家都自发地出来帮忙。天一亮都来了,有到河里挑水和泥的,有帮助上坯的,有帮助泥房上顶子的。没有人召唤,自己过来,主家也不管饭,干完活自己回家吃。

赵北村经营副业比较早,早年养猪、建蔬菜大棚、搞温室。1958年时,组织建筑队进城帮助工厂盖房。改革开放以后,各生产队都有副业,主要是汽车配件,共有20多个厂,大厂11个,一般100多人,最多300人,如汽车板焊厂、汽车五金厂,有各种车床,自己有磨具,多以冲压件为主,做拖拉机钢圈、汽车钢圈,技术人员比较多。每年产值四五百万元,是东丽区的纳税大户。农民都干工人活儿,挣工资1000多元,有各种福利,比干农活儿强。1984年8月,村里成立钢材改制厂,配有反射炉,五联压机,主要使用塘沽拆船下来的废钢为原料,废钢融化以后,冷轧出钢筋,为建筑行业使用。后来原料供应出现问题,工厂就停了。

现在赵北村列入城市规划之中,人们马上就住上楼房了,相信今后的生活一天比一天好。

讲述人:曹绪钢(67岁)
整理人:曲振明

王八桥的传说

相传明永乐年间,赵北村南头的村边有一条很宽很长的小河,河上修建了一座无名桥,人们通过它前往咸水沽。有一天,人们过桥去咸水沽看戏,忽然桥头上出现了一个老汉,他问大家:"你们干什么去啊?"人们回答说去咸水沽看戏。老汉又说:"那咱们搭伴去吧。"于是,这个老汉就和大家一起看戏去了。看戏结束后,老汉又和大家一起回去,结果经过这个桥时,突然发现老汉无影无踪了,大家感觉很惊奇。

又有一天,一只船经过桥下,这个老汉又出现在桥头,他问船员们:"你们这是去哪儿啊?"船员们回答说:"去东北。"老汉说:"我也要去东北,我搭你们的船可以吗?"船员们说:"行啊,你上来吧。"

再看这老汉,手里提着一个木制的帽盒便上了船。

本来这条船应该用五天时间才能到达东北,结果不知怎么三天就到了。船员们感到奇怪,这时候老汉说话了:"我去办点事,一会儿就回来,我先把帽盒放在船上,有一点你们要记住,千万不要把它打开。"说完老汉就走了。船员们感觉好奇,说:"这帽盒里究竟是什么东西?咱们打开看看吧,之后再把它装好不就得了。"于是,大家便打开了帽盒,发现里面有不计其数的小王八,它们不断地爬向河里,而这个帽盒的盒盖怎么也盖不上了。

到了晚上,大家也没有再见到老汉的踪影,船员们也睡觉了。第二天天一亮,大家都说昨晚做了个梦,梦里老汉告诉船员们:"既然你们违背了我的话,那么某月某日你们大家一起把空蛋壳撒向河里,作为小鼋龟的头盔,它们可以用来防身,这样也了却了我的心事。"

大家这才明白,原来老汉是鼋神爷,那座无名桥就是他的家。从此人们把这座无名桥叫作王八桥。

[本文根据《中国民间文学(天津卷·东郊分卷)》第二集《王八桥的传说》改写。]

整理人:万鲁建

☆ 刘辛庄村

村情简介：

刘辛庄村,曾用名后房子、刘新庄,"文革"时曾更名革命村。该村有 278 户,830 人,其中回族 700 人,土地面积 812 亩。刘辛庄村位于街道办事处南一千米,东至东河,西至民族路,南至中心庄村,北至窦家房子村。2011 年 8 月,刘辛庄村被批准整体撤村,并于 2014 年 10 月启动拆迁工作,根据规划,村民还迁至军粮城新市镇。

刘辛庄的副业

刘辛庄以种粮食为主，早年间种植水稻，我们住的房子后边有水车，都是稻田。由于种水稻，稻田里有鱼、虾、螃蟹。那时，我们在水车后边支网子，一插就能捕到白莲子鱼，还有泥鳅。村子里有木桥，河水十分干净，后来河水浅了，水车够不着上水了，村民们便开始挑水种稻子。后来水又浅了，村里又在浅处安了一个水车。再后来河里没水了，都是干裂的泥。有一段北边来的污水，村民们便开始用污水种稻田，再后来连污水都没有了。1970 年以后，村里开始种高粱、玉米，没有园田，1982 年以后，生产队解散，包产到户，村里仍然是旱田。1987 年以后，又开始种水稻。2000 年后调整土地，耕地基本就少了。

刘辛庄的副业比较早，早年有集体联合铁木厂，主要是机加工制造板牙架子，有车床、锻床等。1976 年前后，村里改为钢砂厂，生产铁珠子，为天津重型机械厂、天津拖拉机厂、天津机械厂、天津第一机床厂等大型工厂的翻砂铸件提供抛光加工服务。据说从事这项铸件抛光工作的，外地只有西南和东北的铁岭两家厂。我们干得较早，主要有滚筒抛光、抛光室抛光，有时需要人进去打磨抛件，还到天津啤酒厂为发酵塔除去杂物，去天津汽车厂为铸件抛光。抛光工艺需求范围较大，一般汽车铸件、水表厂等用较细的珠子，天津手表厂使用最细的珠子抛光。那时还有防腐处理工程队，经常为一些工厂提供抛光加工服务。

由于是农村集体企业，管理与经营思路跟不上，没有长远规划，设备、技术以及质量没有更新提高。改革开放以后，山东等其他地方都有了这种工艺了。而我们村办企业墨守成规,铸铁、化铁炉以及工艺操作多年没变,显得落后了,环保也没跟上。企业只红火一阵,利润不大,还造成水污染、空气污染等环境污染情况。1991年,村里的钢砂厂外包归个人,一直生产到2008年。由于环保不达标,正逢国家举办北京奥运会,钢砂厂便关闭了。

讲述人:李春生(56岁)
整理人:曲振明

刘辛庄的回族与风俗

　　刘辛庄与骆驼房子、中心庄居民一样,98%以上都是回民,也构成了早年幺六桥回族自治乡回族居民的主要部分。清代光绪年间,河北沧州赵河村回民刘隆芝带领儿子刘玉山迁到排地,最早在骆驼房子落户,光绪十一年(1885)刘玉山二子刘华云来此盖房定居,因为位于骆驼房子(也称前房子)之北,故称后房子。1942年更名"刘心庄"。1956年建行政村,更名刘辛庄。

　　在排地的三村回民多为亲戚套亲戚。三个村都位于铁路以北,依次为骆驼房子、中心庄、刘辛庄,其中清真寺在骆驼房子,始建于清同治十三年(1874),由刘玉山女婿李德明阿訇操办建成。后经1921年、1937年及1984年三次扩建,规模初具。老清真寺日显狭小,乡老们倡议由村里迁往村西。骆驼房子村委会赠地五亩四分,天津市民族事务委员会与区、乡政府热情资助,诸有关单位与村委会鼎力帮助,众多回民拿乜贴,兄弟民族人氏慷慨解囊等,新寺于1999年10月竣工。为幺六桥一带回族礼拜、聚会提供了良好的场所。

　　刘辛庄的回族与原生地保持密切的联系,老一辈从沧州、孟村、黄骅、盐山等地过来,儿子大了又从老家那边娶媳妇,亲戚间经常走动,形成了以民族风俗维系的特殊宗亲关系。

　　刘辛庄还比较重视回族居民教育,村内有刘辛庄回族小学,是一座老学校,建于1941年,原名刘辛庄小学。1955年改为刘辛庄联合小学,含流芳台、大东庄、大辛庄三个分校,后来又建立刘辛庄、中心庄联校,称刘辛庄联合小学。1979年搬入刘辛庄中学的校址,1984年更名刘辛庄回族小学,1990年新建校舍。除了小学,还有刘辛庄中学。不仅刘辛庄的孩子在此就学,铁路北几个村的学生,都到刘辛庄中学上学,我的两个哥哥都在刘辛庄上中学,我的同学有些住在东郊农场那边。不仅如此,刘辛庄小学、中学的老师们户口都在刘辛庄,无形中为刘辛庄增添了文墨气息。

讲述人:李春生(56岁)
整理人:曲振明

☆ 排地

排地简介：

排地原是东丽区最早"垦荒种稻，粉底成排"的简称。排地作为地名出现于同治五年（1866），属于片区名城。至解放初期，随着村庄聚落的发展，排地区片名称自行废弃，现已作为历史地名存在。昔日排地的范围并无明确的界限，一般泛指东起今军粮城镇与小东庄乡的交界处，西至新立村的一、二段下头，南起津塘公路南侧的曹圈向东延伸至今军粮城发电厂，北部到幺六桥回族乡与东丽农牧场交界处，向东延伸至大东庄临近东减河西侧。排地略成长方形，南北长 6.875 千米，东西宽 5.375 千米，总面积约 36.8 平方千米，即今幺六桥回族乡、小东庄乡和新立村所属的 36 个自然村地片。

排地剿匪

排地地处东郊区（今东丽区），早年间时有土匪出现，不仅在排地，甚至宁河、塘沽、武清、静海一带经常受到袭扰，使得津郊村民谈匪色变。当年《益世报》对此有跟踪报道，揭示土匪内幕，并报道了整个剿匪经过。

排地土匪最早出现在离军粮城数里的山岭子村附近，1928年春天，由于军阀混战，兵匪猖獗，匪徒遂乘机架票勒赎，焚屋屠人，大肆抢掠，任纵摧残，致使山岭子村及周围四十余里各村村民，携家带口均逃往赤城滩（赤土）、范庄子等村暂住。不久又听说徐庄子、大毕庄等地也有土匪出现。当时这一带属于宁河县（今宁河区）管辖，宁河县县长根据老百姓提供的情况，上报给当时直隶镇守使褚玉璞。褚玉璞派出在咸水沽驻防的一团奔赴山岭子村，未等追击，匪徒闻讯向排地一带逃窜。为此这一团驻军在山岭子驻守，一度颇为安谧。不久东北军易帜。南京国民政府特任阎锡山为京津卫戍总司令，阎锡山的部队挺进平津。阎锡山任命傅作义为国民革命军第五军团总指挥兼天津警备司令。

在晋系部队与褚玉璞的直鲁联军换防期间，土匪又有出现，各地匪报不断。大辛庄八道沟一带，经常发现大股便衣土匪，携带枪械，出没无常，猖獗尤甚。傅作义的警备司令部得知后，派遣第十五师三十七团团长郎作霖，带队前往大辛庄一带兜剿。当该团抵达时，该便衣股匪等仍顽强抵抗。经该团官兵剿拿，最终将这股匪徒包围擒获，缴获手提机关枪10架，步枪五十余支，手枪十余支，大枪子弹一千余粒,还有军装符号袖章等物,生擒土匪63名。该团将土匪及枪械一并押至天津警备司令部侦讯。

但此次行动后,土匪依然猖獗,不久大毕庄、何庄子、堤头等处,发现土匪入乡,肆行抢掳。原来此地由暂编第三师朱堃部驻防,地方颇行安谧,人民得以安居乐业。后第三师奉令开拔,移驻韩柳墅。土匪猖獗,绑票勒索,时有耳闻。堤头李姓妇女,年方20岁,因赴何家庄娘家,行至半途被五名土匪绑架,不知去向。导致许多村民大为恐慌,纷纷到城里躲避。天津警备司令傅作义得知后,特命制定防匪办法十三条。晋军遂调拨第五师十五旅三十七团郎作霖部,驻防军粮城,就近相机剿办。该团长派员侦查,得知一些详细信息。排地共分四段,排地第一三两段,位居京奉铁路北面。第二四段,位居铁路南面,四围均有芦苇坑,地势险要,尤以第四段土匪活动猖獗。傅作义召集军警长官会议,决定分三期剿除排地土匪。第一期,以警察为主,以陆军为辅助,实行清乡,由军警共同搜查土匪,以三日为限;第二期,由公安局抽调保安队两大队,进驻特定区域,以资震慑,并协助四乡警察,随时查捕土匪;第三期,由公安局督饬各村街闾长,清查户口,组成排地警察局实现自治。

清剿行动以106旅所属之212团分布于排地之东南方面,预备截堵,特调遣训练有素的驻马厂之第88旅金团秘密深入排地,实行包围搜剿。1929年5月29日,驻马厂之第88旅金中和团长接到命令,当即开回天津,并接受傅作义司令、参谋长陈炳谦、参谋处长何成璞的指示。30日凌晨,召集全团主要官长研究,将全团分为三队,第一营为中央队,由团长兼带;第二营为左翼队,第三营为右翼队。各队又区分若干小部队,同时到各个目的地,实行兜剿。至于乘车办法,因左翼队之剿区在排地的北面,于张贵庄下车后,向东北徒步一小时。而中央队及右翼队之剿区,偏于铁道方面,必须于张贵庄东五里地下车,再向东南两面徒步半小时。为各队同时到达目的地,于是将火车分为两次开行,左翼队乘头一列车先行,其余各队乘第二列车,距前列车晚半小时。当天夜间,除由第二营分一连驻守津东各要路口外,其余由金团长亲带到站,即随公安局所派之保安队数十名队员及向导按计划乘车出发。31日凌晨三点多,各部队同时到达目的地实行搜捕。时至天明,各部队将嫌疑人带到团部进行盘问,随即释放一二百人,实行拘押的百余人,内中若有无案可稽,无口可凭者,对疑犯较轻者当场释放。

6月1—2日,金中和团长等经审讯,得知昔日由排地转移到喜鹊窝的著名悍匪刘世庆等三名及信德庄悍匪齐兆林父子三人的行踪;又探得仁慈庄活埋行人之悍匪刘长起等的行踪;还有其他各村窝匪窝枪窝子弹之张燮廷、张宝庭、李长顺、魏清澡、魏克扬等人的消息,将共计十余人一齐捕获。随即连同枪械子弹一并押送天津警备司令部军法处。6月3日,金团长率全团回津,第一期已告一段落,仅留保安队驻排地震慑进行开展第二期工作。1929年9月2日,经过筹备筹资,排地警察局正式成立,该局共有警察约四十余名。从此排地剿匪活动历经三个阶段正式结束。

整理人:曲振明

《益世报》的排地土匪调查

旧时老天津人经常提到排地土匪的事,无论是各路军阀还是傅作义的国民革命军多次清剿,总是剿而不绝。1929 年,天津《益世报》记者深入当地私下摸底,了解了一些内幕,并将情况发表在 1929 年 5 月的《益世报》上。

其称 1929 年 5 月以来,天津以北、武清以南一带,时有匪徒出没,抢案迭出,据称此类案件,多半为排地土匪所致。官民虽知道土匪窝藏之地,但因土匪"人多势众,党羽四伏",绝非少数官兵所能剿灭的。经记者费时多日,跋涉数十里,多方探询,得知将排地匪窝之秘密,并汇集整理成文。

排地位于天津市东局子以东,军粮城以西,程林庄以南,范庄子以北,扼天津县李明庄通往天津市之要道,此地为广大原野,方圆十余里。

该地匪徒皆都有家眷、房屋,"非若城镇乡村间之鳞次栉比也,率皆参差不齐,零落四散,三家十数家,或数十家,成一散漫之部落,俨如游牧时代之民"。

该处地势洼下,故满目尽是稻田,匪徒白天从事栽种水稻及农田之各种劳作,过着农民的生活,以掩人耳目,从表面看,"固极诚展忠挚之农民,绝不似强盗之行动也"。

匪徒等都是山东曹州府一带人,"性殊凶悍,先本务农为业,后来落伍军人,失职将士,以多谊关系,多往依归。同乡聚处,联络极易,因而逐渐酝酿,成一大匪窟矣"。

匪徒有严密的组织,上有首领、侦缉员等,从事乡村镇间及河上的"无本生涯"。侦缉员不时到各乡村镇,秘密调查各地富户之姓名底细及河上船只之有无硬头货,等调查完毕,回村报告。经团伙研究同意,于夜间整装出发,洗劫后满载而归。

匪徒有统一的服装,一律灰色,并有肩章号码等,"一如军队之形式,战利品则枪炮子弹,无不备具"。

排地土匪处心积虑,除白天充当农民外,还挖掘地道,"以为狡兔三窟之计,以备万一之逃路,闻枪械子弹,一应战利品,悉藏于地道之内"。排地还与附近村庄之地痞流氓皆有联络,为其探风报信及向导,同时四处联络,扩张威势,宜兴埠二道桥东二里的机器窑,和宜兴埠东十五里的温家房子(即五顷五)一带之山东移民,与排地土匪互通声气,遥相呼应,声势浩大。

记者深入排地调查,冒着许多危险。匪徒见衣冠楚楚、面目稍生之人,必加以极严厉详细的盘问,甚至加以扣留。《益世报》记者乔装成脚行车夫随脚行深入腹地,幸免于险。最后记者呼吁地方迅速派部队清剿,"以迅雷不及掩耳之手段,扼中要害,不难一网打尽,不然,徒打草惊蛇,恐难收效矣"。

实际上排地土匪主要是杀富济贫,反映了进入民国以来,军阀混战,民不聊生,导致一些农民武装抢劫,破坏了当地治安的情况。

整理人:曲振明

排地歌谣

小排地儿

小排地儿,三趟河。
棒子面儿,大粗箩。
臭虾酱,就饽饽。
夹棵大葱是犒劳。
溜锅水,当粥喝。
蚊子多得像筛箩。

口述者:赵万发
采录者:傅鸣山
选录者:万鲁建

排地没庙也没神

一方水土养一方人,
排地没庙也没神。

口述者:赵万发
采录者:傅鸣山
选录者:万鲁建

排地人,想发家

排地人,想发家,
得种稻子棉花瓜。

口述者:赵万发
采录者:傅鸣山
选录者:万鲁建

排地特产

稻米香,瓜如蜜,
棉花纤维长又细,
螃蟹爬进饭锅里。

口述者:刘华云
采录者:傅鸣山
选录者:万鲁建

[选自中国民间文学集成全国编辑委员会、中国歌谣集成山东卷编辑委员会编:《中国歌谣集成(天津卷)》。]

☆卧河村

村情简介:

卧河村,明永乐二年(1404)建村,曾用名杨台,"文革"时曾更名文革村。该村有 425 户,1170 人,耕地 345 亩,东至窑上村,西至城上村,南至海河,北至津塘公路。

卧河蔬菜大棚与温室

卧河村南面靠海河,旧时村民主要种水稻,还有十几户船家,养大对槽拉货,货物主要往东北营口(沙河一带)送。中华人民共和国成立后,卧河村开始发展园田生产,但由于季节关系,只有一季蔬菜,既满足不了市民蔬菜供应,也影响农民的经济收入。为此,卧河村开始试验蔬菜棚栽。卧河的蔬菜大棚与温室,还是从我开始干起来的。

东郊蔬菜大棚最早由大毕庄、河兴庄、翟庄子开始兴起,我们这一带没有。我在卧河村里上的小学,后来在小东庄中学上学,初三时没毕业,就到村里务农,后来成为一名武警战士。复员后回到村里搞农业。我们守着海河边,比较适宜种菜,当得知有的地方搞蔬菜大棚后,大队非常重视。那时村里是大队,下面共十一个小队,原来都以种粮食为主,蔬菜为辅。我提出园田制种,为此大队专门成立园田队,以种植蔬菜为主,由我当队长。后来,区里组织各村在大毕庄培训了一天。回来以后,大队组织了科技小组,由我负责,并开始对育种感兴趣了。虽然人家说得很清楚,但自己干,还要经过一番摸索。比如大棚的塑料薄膜不知道怎么弄上去的,开始放上去用烙铁烫,不多久中间就开缝了,后来才知道中间要放上竹竿。为了掌握种植技术,我们找到一册有关蔬菜大棚的书,一方面自学,一方面摸索着干。地震以后,大约1978年春天,我们队里建立了大棚,后来又建立了温室。温室像一个花窖,长10米左右,宽四五米,前低后高。后面墙2.5米,前面墙0.8米,斜面都是玻璃。建温室时,我们还用罗盘找准了方向,主要为了接受充足的阳光。为了保温,温室的冬天,还要苫盖草帘子或棉被。

天津东郊村落文化留迹（上）

　　我们的大棚或温室主要是育种，如黄瓜、西红柿的种子。那时我们培养西红柿，共有三十二个品种。如苹果青（绿地）、无上大红、克里克斯等。育种后，供生产队种植。那时，我们还搞过土豆育种，即原生苗，其中土豆新品种丰收白，在育种秧子畦里撒籽儿，长不大，就开花结果。这种苗栽的土豆，如同山芋一样，但没有成功。

　　由于我们育种取得了成功，也使卧河的蔬菜品种十分丰富，不仅在我们各个生产队普及，周边的村也到我们这里学习取经。当时我们的科技组取得了很大的成果，得到了东郊区农委的重视。与我一起在科技组搞育种的叔伯兄弟邢贵铁，后来调到农委，成为一名农业技术员，这也是我们村为区里贡献出的科技人才。

讲述人：邢贵和（78 岁）

整理人：曲振明

☆ 老圈村

村情简介：

老圈村,1912 年建村,曾用名曹家圈。该村有 161 户,590 人,耕地 337 亩。该村位于津塘公路小东庄村以南,紧靠军粮城发电厂,被津塘二线穿过分为南北二块,占地面积 600 多亩。老圈村东至务本一村,西至卧河村,南至窑上村,北至军粮城发电厂。2018 年开始进行拆迁,以煤改电的形式再启动撤村。

老圈村的来历

　　"圈"也称为"围",最初是源于学习江南围田技术而发展起来的地名类型。京西稻的主产区海淀六郎庄一带一直有"南七北六一十三圈"的说法。天津种稻区也多以"圈"为地名,老圈村就是其中之一。老圈村最初是直系军阀曹锟囤草养马之地。因囤草养马需要人手,遂招徕佃农种地。因为是曹锟的地,最初便被称为"曹家圈"。1924年10月,冯玉祥发动"北京政变",囚禁了总统曹锟,直系也因此在第二次直奉战争中被奉军击败。此后,直系和曹锟的势力逐渐衰落,曹家圈也开始衰败。这一时期,很多闯关东的山东人在前往东北的过程中路过此地,看到这一带土地肥沃,便不再前往东北,而是留在此地开荒种地,此后外来人口越来越多,逐渐形成了李、王、孟三大家。此地的村民认为再叫曹家圈所有不妥,遂改名为"老圈"。直到现在,我们村仍旧以李、王、孟三姓为主。我们村共有161户、590人,其中李姓人口为五六十人,孟姓人口为七八十人,王姓人口为四五十人。我们村80岁以上的老人很少,大约只有两三个人。我们村是1981年从十三顷村分出来的,为原来的第四、第五小队。分出来后分别建立了后草圈和老圈两个村,合作社则是在十三顷村时期建立的。

讲述人:姜志敏(50岁)

整理人:万鲁建

老圈村往事

　　1939年天津遭遇大旱，全年降水量仅有375.7毫米，现在新立村一带更是严重，曹家圈、排地四段、中野圈、陈家圈、中河两岸、西河两岸的稻田出现了秧苗大面积枯死。同年7月中旬，天津又出现了大洪水，东丽区一带也受灾严重，老圈村也深受其害。

　　过去，绝大部分土地都采取租赁形式出租给无地及少地的农民，由承租土地者向其缴纳地租。租赁期限由出租人确定，地租内容、数额、缴纳方式则由出租人、承租人双方协商确定。当时地租分为实物地租、货币地租、带役地租三种。租种曹家圈的土地，至1942年初每亩每年给曹家交租金2元，后因物价飞涨，从1942年夏改为每年每亩8斤稻谷，另由承租人负担田亩的一切花销，直至1948年。

　　我们村从1990年开始就不种地了，一个人只有几分地，一家三口也就一亩多地。但是由于老圈村地处海河北面，土地肥沃，逐渐发展成为一个盛产稻米和螃蟹的鱼米之乡。老圈村世代以种植水稻为主，其出产的稻米颗粒饱满，晶莹剔透，令人回味良久。不仅如此，老圈还生产螃蟹和河鱼，当时村子里流传着一句顺口溜，那就是"想吃螃蟹，河里一逮就有；想吃河鱼，河里一捞就有"。因此，老圈村的村民向来是不愁吃的，甚至还有结余。大家打工，不少都会在村办企业打工，也有去市里打工的。最早有一个村办企业，是书钉厂，具体名字忘记了，不过早就没有了。我们村所有的土地都由村委会管理，没有多少人耕地。耕地也只有100多亩。

　　我们村的结婚对象都是邻村的，也有河北、山东嫁过来的，不过嫁出去的很少。1990年以后出生的，大部分都是大学生。他们大都

天津东郊村落文化留迹(上)

在本市或外地大学上学,毕业后回到天津市区工作,很少去外省市打工,这和天津的整体风气有关。我们这儿结婚庆典也都是在上午举办,和市里不同。彩礼一般需要一二十万元,根据家庭水平,没有必需品。因为正在等待还迁房,有钱的人家就买商品房,着急结婚的则会租房结婚。一般都是二十二三岁结婚,大学生则是二十六七岁结婚。结婚后一般都会和父母分开居住,不过父母会帮助照顾孩子。老年人的休闲娱乐活动,主要是出去遛弯,或者跳广场舞。现在还迁房还在建设当中,村里会发放租房费。

讲述人:姜志敏(50 岁)
整理人:万鲁建

☆ 向阳村

村情简介：

　　向阳村，曾用名下场、四十间房、仁慈庄，"文革"时更名向阳村并沿用至今。该村有350户，1100人，耕地面积1329.96亩。向阳村位于街道办事处东1千米，东至东河，西至流芳台村，南至郭家台村，北至津北公路。2006年11月，向阳村因空客A320项目占地而撤村，于2010年11月启动拆还迁工作，村民搬迁到华明新市镇香园、馨园、悦园、敬园、慈园、芳园、锦园、润园、乔园居住。

播下革命火种

向阳村原名仁慈庄,西距外环线 6 千米,介于天津机场和军粮城镇之间,村北紧靠津北公路,向北去 4 千米便是天津国际高尔夫俱乐部。

中共天津市委河北支部范庄小学活动旧址位于京津塘高速公路天津出口东北侧。早在 1927 年四一二反革命政变前,东郊区范庄子村就有了党的活动。共产党员许云阶在位于该村的天津县公立第六十二小学(以下简称范庄小学)以教师身份为掩护从事革命工作。

"四一二"反革命政变和"七一五"反革命政变发生后,全国革命形势转入低潮,天津党的活动也被迫转入地下。此时中共天津市委下属河北支部,为保存力量,选调共产党员孙振武(原名孙静洲)到范庄小学,接替被党组织派出学习的许云阶。

1927 年 7 月下旬,孙振武来到范庄,按照党的指示以任教为掩护秘密开展革命工作。是时,天津市委共下设刘庄、租界、河北三个支部。孙振武隶属河北支部,该支部书记是赵之生,组织委员是侯新。孙振武开始直接和市委的靳子涛(化名金城)联系,后改为同河北支部联系。

孙振武在范庄小学经常给学生讲一些简单的革命道理,并以家访作为掩护深入田间农户访贫问苦,秘密宣传党的主张,揭露国民党反动本质。他还通过接触,秘密做争取当地警察所副所长、仁慈庄(现向阳村)刘某某等人的工作,激发他们的进步思想,使这些人增强了爱国心和正义感,走上了正路。

为了和党组织保持联系,孙振武坚持每周去市内一次,参加党的集体活动。1929年7月,中共顺直省委下属河北支部调孙振武到天津县公立第六小学工作,同时派共产党员王俊英到范庄小学接替孙振武的工作。按当时小学的规定,没有师范学校的毕业文凭不能担任小学教员,为此,组织设法让其顶用"王文兴"的名字上任,因此,"王文兴"就成了王俊英的化名。

王俊英亦属河北支部,并受孙振武直接领导。他在范庄的主要任务是发动群众扩大党的组织,从舆论上同国民党反动派作斗争。王俊英以学校为阵地向学生、教员及当地贫苦农民宣传革命道理及共产党的主张,揭露国民党反共反人民的阴谋。王俊英时常对学生们讲"你们长大了要参加革命,将来全国都要解放,穷人要翻身,分土地并组织合作社、集体农庄"等,启迪学生的思想。王俊英平易近人,深受范庄及周围群众的爱戴,因他身材矮小,人们亲切地称他"小王先生"。经过一段工作,王俊英发展本村私塾教员孙恩瀛、储某某为中共党员,为东郊播下了最早的两颗革命火种。

讲述人:李保存(67岁)
采访人:尹树鹏
整理者:万鲁建

向阳李家

　　这个地方是 1902 年才有的,由几个家族共建,李家是从宝坻县(今宝坻区)过来的,王家是从河北安次县过来的,苑家是河北海兴县过来的。那时候,李家是李永兴带着我们分批来的,我们来自宝坻县郝各庄乡侯家庄。我们在宝坻有几十顷地,由于家族不和,率领家人来这儿。来这儿后开荒种地,最终落户此地。我老太爷爷在宝坻是土财主,吃喝嫖赌、败坏家业,我老太太李玉芬教书,她家是铃铛阁的,先祖有在朝廷做官的。李玉芬是我老太爷爷的第二任夫人,他们带着三个儿子、三个女儿来排地。在此之前,我三太爷爷就提前来这儿落户了。我老太太当时带着钱买了大约二十亩地,由此开始在这儿种地,此后一直安居乐业,一直到 1937 年日本占领天津后,平静的生活才被打乱。老太太一直在教书,学生主要是村里的孩子们。我爷爷李燕也是被日本人杀害的,他当时是村副,相当于现在的村副主任。那时候,我们村经常有土匪和日本人过来,我爷爷他们就组织民团,出钱买枪,并修建一米多高的围墙,负责保卫村庄。1937 年 11 月,我爷爷等十余人被日本人骗到塘沽三百吨码头杀害,当时才三十多岁,尸体都没有找到,被投入海里了。过了三四年,我姥姥也去世了。而我老太太一直活到 1960 年。

　　国民党时期,我二叔被国民党抓壮丁抓走了,是顶替一家财主去的,财主家给了两块大洋。后来被解放军俘虏后,1950 年参加了抗美援朝战争,获得过奖章。转业后进入刘辛庄当乡长,干了大约一年,后来调至粮食局,负责管理贯庄仓库。

　　我表姑家位于天津市红桥区的锦衣卫桥旁,她在法国租界的教会医院当护士,将我三叔李文硕接走后在医院打杂。两年后,医院的院长看上这个孩子,带他去法国念了几年书后回来了。后来担任天津总医院终身教授,是著名麻醉学家。李文硕1930年5月出生,1957年毕业于天津医学院医学系,后分配到天津医学院第一附属医院外科工作,后转入麻醉科从事临床麻醉和教学工作,1998年退休。他曾任第二届天津市医学会麻醉学分会主任委员,1987年当选中华医学会麻醉学分会第三届委员会委员,1990年4月担任国家自然科学基金评委,曾获得过天津市"八五"立功奖章。

讲述人:李保存(67岁)

采访人:尹树鹏

整理者:万鲁建

☆ 小东庄村

村情简介：

小东庄村，清光绪五年(1879)建村，曾用名东小庄，"文革"时曾更名卫东村。该村有 1099 户，2365 人，除汉族外有回族 22 人，满族 1 人，耕地 3070 亩。小东庄村东至十三顷，西至东河，南至津塘公路，北至京山公路。

小东庄往事

小东庄以前属于排地，在 20 世纪 20 年代以后，这里土匪横行，日本占领天津后，在这里作威作福，伤害当地的老百姓。当时，有一个小东庄的农民，清晨背着筐拾粪，路过北宁铁路，结果被这里的护路日军不分青红皂白地抓起来了，尽管该农民一再解释，但是日军毫不理会，将其绑在树上，倒上汽油，活活烧死了，日军之凶残由此可见。

我毕业于小东庄中学，这个学校是 1958 年建立的。公社时期我在村里当了四年团总支副书记。1972 年作为工农兵学员，到天津师范学院上学去了，学的是中文。1975 年毕业后分配到小东庄中学，一直干到退休，干了 35 年，当了 17 年班主任，教语文。在中学，除了没有当过后勤主任，其他都干过。1976 年曾调到中营小学一年。

在此之前，我们村的王金荣、东大桥的吴凤云、大郑庄的毛国珍，都是直接保送上大学的。王金荣被保送到南开大学。我们则要考试，物理、化学都不会，但是最后还是被录取了。毛国珍毕业后别分配到天津市教育局。

小东庄这一块地最早叫排地，有东排、西排。我们这儿以种水稻为主，种水稻的水主要是御河水。后来没水了，就改为旱地，种玉米。过了大约两三年，又有水了，又改为种水稻。不过很快又没水了，又不种水稻了。

讲述人：孟繁治（69 岁）
整理人：万鲁建

小东庄的民间艺术

东丽区的民间花会活动,与这儿的人文、社会发展密切相关。虽然大多数村庄形成于明永乐年间,多分布在海河及金钟河沿岸,因此这一带的民俗文化出现最早,也最为发达。以无瑕街、赤土村为中心的地带比较发达,而东丽区的中间地带,由于村落形成较晚,且多为河南、山东各县因灾荒迁徙来此聚集而形成的村落,民俗文化相对较为薄弱。1994年底,东丽区民间花会组织共有演员四百八十余人,涵盖狮子会、小车会、吴咀村合音法鼓、旱船会等,其中小东庄则有秧歌会。1985年,天津市曾举办津沽民间花会大赛,1986年9月又举办天津市民间音乐盛会,天津市文化局、中国音乐家协会授予东丽区民间艺人吴恩兴"民间乐师"的称号,授予吴恩凤、刘顺起、韩振明、赵凤林等34名"民间乐手"的称号。由此可见东丽区民间艺术之兴盛。

东丽区的民间吹打乐也非常兴盛,民间吹歌分为两种:一种是"卡戏",以笙管、唢呐及武场(即锣、鼓、钹打击伴奏)组成。以管子或唢呐担任主奏,吹出戏剧中人物唱腔,或对奏,卡戏奏出折子戏。"卡戏"比较突出的村落是吴咀、冯口等村。另一种吹歌是以吹奏民间乐曲为主,也间或吹些古老民歌,如《苏武牧羊》《木兰辞》《小放羊》等。一般来说,这些吹奏民间乐曲的吹会当中,一是以唢呐领奏,一是以管子为主乐器领奏。吹歌分布在金钟河沿岸的大毕庄、南何庄、孙庄子、欢坨、赤土及海河沿岸的吴咀、冯口、詹庄、崔家码头、杜庄一带,和东部条河十三村中部卧河、泥窝、城上、窑上、小东庄和荒草坨、范庄、军粮城等村。

1978年党的十一届三中全会以后,随着思想解放和清除"极左"

思想,民间吹会也得以恢复,小东庄吹歌会等也逐渐恢复了活动。1986 年 6 月,在天津杨柳青举办了"天津民间音乐盛会",东丽区就派出了魏王庄吹歌代表队和吴咀村合音法鼓代表队。

讲述人:孟繁治(69 岁)
整理人:万鲁建

"阳光校长"杨云塔

　　杨云塔是天津市小东庄中学的书记和校长,他脸上总是带着灿烂的微笑,戴着一副金丝眼镜,说话慢声细语;做事沉着果断,干脆麻利。他每天都围着学生、老师和校园转。他早晨第一个站在校园大门口,微笑着迎接师生进校,下午放学第一个站在大门口,目送师生离校,还不忘叮嘱学生一声:"注意安全。"学生们见到也总是会发自内心地说一声:"杨校长好。"

　　杨云塔自小就深信"知识就是力量",从小学、中学到高中,都非常努力学习,是师生公认的好学生。1986 年参加高考,因为两分之差与心仪的大学失之交臂,但是他并没有气馁,继续努力求学,1986年 12 月,他幸运地被"招干"进入东丽师范学校文科班学习,主修历史专业,当了班长,由此奠定了他终生从教的心愿。1987 年 7 月正式工作后,先是被分配到胡张庄学校任教,他一边教学,一边学习,以拼命三郎的精神报考了天津师范大学历史系专科进修,1989 年中师毕业,1990 年专科毕业。2001 年担任教务主任,但是他并没有放弃学习,又于 2004 年获得本科学历,2005 年又考入天津师范大学历史研究生班,还参加了天津市历史骨干教师培训班。正是由于他的不断学习和进步,使得他汲取了丰富的知识,为教学工作奠定了坚实的基础。

　　他将"做学生心灵的导航者"作为工作方针,平等对待和尊重每一位学生,让每一名学生的个性和特长都能得到最好的发展。他的教育秘诀就是走进每一名学生的心灵,做学生的良师益友。杨云塔注重学生的心理疏导,注重学生良好道德情操的培养,以人格魅力感染和关爱学生,和学生像朋友般促膝谈心,耐心辅导功课,多次家访,与学生和家长保持良好沟通。他所带的班多次获得校三好班集体,所带的毕业班毕业率为100%,中考成绩为全校第一,三科成绩为全校第一,总分600分以上学生有6名,天津市重点高中一次上线12人。一名他教过的学生在结婚时特意请他做证婚人,学生深情地说道:"没有您杨老师,就没有我幸福的今天!"

"学高为师,精益求精"使他的教学获得成功,他从最开始的一名普通教师,逐渐成长为教务主任、副校长,再到书记、校长,可谓一步一个脚印。尽管管理工作繁重,但他始终没有离开教学第一线,一直都注重对学生的发散思维和创新思维的培养,注重学科知识与生活实际相结合以及知识延伸。他的愉快教学法让学生在快乐中学习历史,形成了自己的教学特色。为了备好教案,他不但经常请教同行,还经常跑图书馆、书店翻阅资料。他曾多次做市、区、校的公开课、研究课,课程还曾在天津电视台"教委信息"栏目播出。他凭借着深厚的知识底蕴和教学基本功,走进了区学科带头人和名师的行列。

杨云塔总是说:"人生首先要管好自己的事,干什么就要吆喝什么。"他的理念是"不加强教育教学科研就没有优秀的教育教学成果"。他与同事、兄弟校老师、专家学者进行经常性交流,连续三届被区教研室聘为历史学科兼职教研员,主持过全区教研活动,还担任过期中、期末统考试卷命题。杨云塔不但参与过市级课题的研究,还参与指导编写《人文学科教材》等,他参与区级课题"目标分层教学研究"等,还曾发表多篇研究报告和论文。他所辅导的学生多次获得市区历史学科竞赛一二三等奖,杨云塔多次荣获"优秀师徒"称号、辅导教师奖。1996年获得东丽区"育才杯"一等奖,1998年被评为天津市教育系统"三育人"先进个人。

2000年,杨云塔被选拔为东丽中学教务主任,2002年被评为东丽区教育学会学术委员会委员。2003年10月被提升为教学副校长,调入小东庄中学工作。他始终遵循"教学中心"原则,引进新思想、新理念,调动教师教学比武竞赛和校本教研积极性,使得 2004 年中考成绩创下该校中考最佳纪录。2005 年又调入丰年中学担任常务副校长,2007 年 10 月再次调入小东庄中学担任书记和校长。同年还获得东丽区优秀教育工作者和优秀德育工作者称号。在新的岗位上,他求变求新,在创新上下功夫,抓团结,树团队精神,从规章制度入手抓师德、政风、教风、学风,尽力提高教学质量。他不断完善硬件建设和软件建设,创新管理体制,增设体卫艺处、现代信息技术处等,实施班主任全程跟班制,完善考核激励机制,带领全体教职工和学校向更高一级的目标迈进。

(本文根据天津市小东庄中学所写《我们的阳光校长》改写。)

改写人:万鲁建

☆中营村

村情简介：

中营村，"文革"时曾更名红星村。该村有 425 户，1170 人，耕地 345 亩。中营村东至小东庄村，西至中河村，南至津塘公路，北至京山铁路。

中营旧事

中营村以前也属于排地,位于排地一段。这里因同治四年(1865)实行军垦,于西官荒中开渠三道(即现在的西河、中河与东河)开垦荒地五万余亩,"分地成排,共分五十六排"而得名。军垦之后,招募佃农认垦种稻,来自河北、山东等省的贫苦农民闻讯纷纷来此垦种,逐渐形成了村落。那时,排地南边靠近海河,沟渠纵横,舟楫往来,稻田连片,鱼虾成群,河蟹遍地,民风淳朴,一片田园风光。以前排地居民的通信地址写的都是"天津城东排 X 段 X 村"或"天津城东军粮城排地 X 段 X 村",这是因为排地一带的信件一律由军粮城邮局投递。

1910 年以后,由于军阀混战不断,一些散兵游勇和外地来此避祸的人,看到这里有很多废土窑洞和水车房子,以及星罗棋布的池塘草洼,又因此地地处天津、宁河两县交界,社会治安松散,便搞起了打家劫舍的营生,这也造成此地多土匪。少的几个人一伙,多的几十人一伙,成为这一带很大的祸害。1937 年 7 月日军占领天津后,打着维护治安的幌子,经常组织队伍下乡"剿匪",结果土匪没有剿灭,反而将村庄搞得鸡犬不宁,人心惶惶,最后倒霉的是老百姓。在不足一年的时间里,日军以剿匪为名,滥杀无辜,杀死当地农民百余人,烧毁民房百余间,当地人习惯将其称为"排地惨案"。

(本文选自李秉新等主编:《侵华日军暴行总录》。)

讲述人:傅鸣山

选录者:万鲁建

☆ 双合村

村情简介:

双合村,清光绪十年(1884)建村,曾用名后窑。该村有耕地面积658.6亩,为回汉民村,有158户,510人,其中回民村民140人。位于原么六桥桥南1.5千米,东为郭家台村,西为中河河西中心庄村,南为穆家台村,北为流芳台村。全村耕地已被张贵庄污水处理厂和航空产业区等大项目征占,2010年7月22日,双合村被批准整体撤村。2012年12月实施整体撤村租房搬迁,根据规划,村民还迁至军粮城新市镇(二期)。

天津东郊村落文化留迹(上)

没有地主的双合村

幺六桥乡有个双合村,过去叫后窑,村里不到 140 口人,其中三分之一是回民。村里的人大都是来自河北,有盐山、海兴、黄骅的,都是从海边逃荒去的,或者投亲靠友过来的。

双合村的老孔家是从海兴过来的。光绪年间,天下大旱,海兴河里的水都干了,人们没办法,只得逃荒,哪儿有水就上哪儿去,最后到了天津排地中河,搭窝铺住下。一开始靠着给人家打短工、种地、拾柴火之类维持生活。老孔家吃苦耐劳,没黑没白地干,开地、挖沟、松土,硬是把一大片荒地开成旱田,种上高粱、玉米,秋收后除了交租,还有剩余的粮食,一家子这才过上正常的生活,又盖了几间土房,开始在这儿生儿育女。多年以后,老孔家开了一家砖窑厂,收拢了各地逃荒来的人打工,结果人越聚越多,就成了村。为了与村前的窑区别,人们就管这儿叫后窑。

还有个老高家,他们家是从黄骅来的,后来老家亲戚老窦家也投奔而来,村里渐渐地就形成了孔、吴、高、窦四个户。老吴家是回民,与周边村民关系挺好,相互尊重,从来没闹过矛盾,中华人民共和国成立后,国家建行政村,觉得后窑这个名字不太好,就改叫双合了,意思就是回民、汉民合作建村的意思。

双合村人们自己没有地,种的都是别村的地。开始时,有块地先种着,如果有主家就给人家交租金,或者"种分收"。这是当初时兴的分成法,也有定租法。比如说是你的地,我来种,收下来的粮食咱们三七分,这就叫"种分收"。秋后下来玉米棒子了,三成给你,七成归我,这是分成法。定租法就是种一年,不论你收不收,都得给我 200

斤玉米棒子。还是分成法好,收了粮食落了地,赚了才给东家,不赚没有。但是一般都是定租,分成的少。交多少租就完,别的就不管了。所以"四清"定成分时,村里没有地主,也没富农,大部分都是贫农、雇农。这个村里也没有做买卖的人,所以也没有资本家,多年来就是种地,种大田。早先人们都是按照自然条件居住,盖房子。因为人少,大家伙居住集中,基本上都是单门小户。

讲述人:孔令坤(74岁)
整理人:张 诚

双合村的农副业生产

中华人民共和国成立后,双合村只有二百多亩地,一百七八十口人,人均一亩二三分的样子,开始时就是种大田,种玉米,产量低,人们生活也困难。后来因为水稻产量高就改种水稻,品种是水原三百粒、千斤棒。那时中河等村子,产量都是一千多斤。村里生产队是工分制,一个工分一毛多钱,十分也就一块多钱。那时人们跟着时代走,村里也组织挖河,在新立河挑河出河工,挖水库,一干就是两三个月。

双合村第一任支部书记叫张金英,他们家是从黄骅来的。他在黄骅就参军了,后来又去了朝鲜抗美援朝。他走后没多久,父亲就病故了,又赶上闹灾,母亲就带着三个弟弟投亲到了双合村。抗美援朝结束以后,张金英复员回到老家黄骅,才知道父亲去世了,母亲带着一家逃荒上了天津,最后他在双合村找到了母亲,也在这儿安家了。张金英是在部队入的党,到双合村以后,和地方民政局接上关系,就成了双合村第一个党员,后来又发展了其他党员,1961年村里成立党支部,大伙儿就选他担任第一任支部书记,带领社员们走社会主义道路。

双合村原来街上没集,村里就两个小卖部,也有外边串街叫卖的,卖豆腐、鸡蛋、牛羊肉和一些针头线脑的。20世纪70年代,双合村来了一个老师叫于荣耀,原来是中山门的一个老职工。他挺能干,给村里跑业务,联系做螺丝。村里有两个生产小队,下拨一两万块钱,合作办了一个小工厂,是做五金加工的。生产小队花钱买仪表车床,买料,按照图纸做活儿,做仪表螺丝。这种小螺丝、螺母利润薄。

刚开始大伙用手板子,后来买大车床,做挑扣。当时的村主任高儒彬承包了螺丝厂,搞得一度挺好,知名度也很高,他勤俭持家,增加效益,工人的工资每月能拿到六百块钱。后来为了提高生产,又跟一个台湾的客户合作,给他做加工,这是一个很大的订单,工人们没黑带白地干,终于按时完成了任务,可是这个台湾客户却找不到人了,据说他是出事跑到了美国,一下子坑了三百多家厂子,双合的螺丝厂也因为没有资金周转倒闭了。

于老师还帮着村里建了一个缝纫厂,利用妇女心灵手巧的特点,干她们力所能及的工作。一来解决了村里妇女劳动力,二来也减轻了妇女劳动强度。

于老师在村里还建了一个化工厂,给村里创造了经济效益,那时候人们环保意识不高,化工厂也带来环境破坏,再加上市里排过来的废水,中河的水不能喝了,满地爬的螃蟹没有了,人们纷纷打井取水喝。随着国家进入市场经济,双合的厂子包给了个人,有的搞得有声有色,也有的经营不善就倒闭了。

双合村的运输业,主要是靠拖拉机拉土,汽车没有。大家合伙揽工程,房子盖得也早。

讲述人:孔令坤(74岁)

整理人:张　诚

双合村的文教卫生

　　双合村小,村里没有学校。以前双河村的孩子们上小学都是在穆家台上学,那里可能是个私立校,以后又转到中心庄国办小学。孩子们上中学就要到四合庄,那里学校教学质量高,孩子们学得也扎实。1990年左右,村里出个大学生,孔令坤的大闺女考上了天津师范大学。当时觉得够新鲜的了,大伙儿也是特别高兴。

　　村里过去有个大夫叫孔祥瑞,他自学成才,后来考上了中医师,坐诊之后,就给人们把脉、开中药,专看妇科。有不生小孩的,他给把把脉,开个几服药,调调就成了。后来他从第一卫生院退休,四周围的还都找他来把脉,开药。前些年还有人找他入户瞧病。

　　　　　　　　　　　　　　讲述人:孔令坤(74 岁)
　　　　　　　　　　　　　　整理人:张　诚

金钟街

☆ 金钟街

　　东丽区金钟街位于东丽区西北部,东南两面与华明镇相连,北隔新开河、金钟河与北辰区为邻,西与河北区接壤。该街行政区域面积为45.3平方千米。全街辖大毕庄、徐庄子、欢坨、南孙庄、南何庄、赵沽里、新中村7个行政村。2005年,金钟街总人口6.5万人,其中外来人口约3万人。全街已建7个住宅楼小区,总建筑面积约41万平方米。

国民党军队的天津城防工事

　　东丽区金钟街区域的河兴庄、赵沽里、大毕庄、徐庄子、新兴村等,旧时常称为城防外。城防是指解放战争时期国民党政权在天津四周构筑的城防工事,由于处在城郊接合部,城防外一般都属于郊区。那么城防工事是什么呢? 下面我们根据资料细说清楚。

　　1945 年抗战胜利以后,国民党军队接收了天津,当时就曾大兴土木,构筑防御工事,以便长期驻守。但因"未经统一计划,散布虽周,不切实用",1947 年,随着解放战争的深入,天津面对着华北人民解放军重重围困、城防连连告紧,因此"深感巩固城防,实为当前急务"。1947 年 2 月,在国民党保定绥署天津指挥所主任上官云相就近指挥之下,成立了以时任天津市市长杜建时为首的"天津市城防构筑委员会",下设以工务局长刘如松为首的工程委员会,以市参议会议长时子周为首的财务委员会,具体负责城防构筑事宜。国民党天津当局电请国民党北平行辕及保定绥署核准,计划以法币 260 亿"竣筑环市外壕,并沿壕修碉堡及其他配属设备",修建环绕天津市区一个永久性的城防工事,以资防守。

　　天津城防工程分两个阶段进行。第一阶段为城防构筑阶段,第二阶段为城防增建阶段。构筑阶段于 1947 年 3 月 17 日动工,至同年 9 月基本结束,历时半年之久。在这个阶段里,自海河与塘陈庄交叉处起,沿防水堤向东北绕南货场,穿过平塘公路、北宁铁路至王串场,再越金钟河、新开河、绕津浦铁路转西北,到达北洋大学前的北运河岸,复绕该校及西于庄至子牙河,再向东越南运河连接西大围堤折向八里台,沿卫津河抵南大围堤,顺堤直达陈塘止,构筑了一条长 41

千米,南北直径 7.5 千米,东西直径 5 千米的城防外围防线,并环该外围防线挖了一条宽 12 米,深 2.5 米的护城河,建筑了一道高 3.5 米、下宽 7 米、顶宽 1 米的护城土墙,并在护城墙内侧修建了一条宽 5 米的交通道,总共动用土方达 102 万立方,同时分三期在这条城防外围防线上构筑碉堡。前二期为第一线外围防线工事的构筑。第一期将外围防线碉堡分建在护城土墙间,修筑大路碉 4 座、小路碉 8 座、大碉 18 座、中碉 2 座、小碉 38 座,共达 70 座。第二期将碉堡群分建在大围提及防线外金钟河之赵沽里、北部之宜兴埠、西北部之穆庄子、东部之张达庄、西部之西营门、南部之赵家坝等六个据点,计有单层子碉 12 座,双层子碉 20 座,母碉 7 座,大碉 1 座,共计 40 座。并且在张达庄东、北洋大学北及北运河南岸,陈塘庄南、六纬路西头大国堤、八里台南、黑牛城南大围堤分建独立小碉六座。第三期为第二线纵深工事及核心工事的构筑。这一期修建纵深地碉 103 座,市缘核心工事碉 57 座,这些碉堡分别为大抱角、小抱角、大独立和小独立等不同类型的防御工事。这三个时期总计构筑碉堡 276 座,组成天津城防外围防线的火力支撑据点。

在这一阶段,还沿护城墙内坡环置电网一道,在碉堡、通道口棚门及核心工事分置木与铁制之拒马 2500 余个,在海河、运河与护城河汇集处修建水间、涵洞 50 座,并在全线防御工事间,装设了通信、照明等军事装备。同时,还将市区与郊县、外埠交通的全部道路于城防外壕的交叉口处阻断隔绝,仅留平塘公路、张贵庄机场道、东局子大道、王串场大道、张兴庄大道、平津公路、丁字大道、西站外大道、西北营门闸桥、西营门、陈塘庄大道、八里台聂公桥 12 个通道口,在此设铁制栅门,分别名之曰:忠孝门、仁爱门、信义门、和平门、复兴门、建国门、中山门、民族门、民权门、民生门和胜利门,这也就是沿用至今的一些以城门命名的地名的由来。经过这一番苦心经营,天津城防至此初具规模。天津城防的增建阶段从 1948 年下半年开始,一直延续到天津解放前夕。

天津东郊村落文化留迹(上)

　　建设城防工事,占据了大量的农田,其中民权门第三碉堡占农民孙延苓的耕地 15.615 亩;金钟河岸占于景华园田 7.41 亩;体育场北占耿志宾坟地 2.75 亩以及王串场南一带大量东乡农户的田地。除了征地,还向各村摊牌工役,其中当时的何庄乡,每天摊牌工役 66 人。1947 年 4 月 8 日,河兴庄村民因为城防将本村截为两段之事,到天津市临时参议会请愿。

　　1949 年 1 月 14 日,天津战役打响,中国人民解放军顺利渡过城防河,在城防工事的东、西、南打开了 11 个突破口,穿插进击,经过 30 个小时的激战,摧毁了被誉为"固若金汤"的天津城防,全歼守敌 13 万,1 月 15 日天津解放。

　　70 多年过去了,昔日城防线变成了通衢大道,只留下了民权门、中山门等地名。

整理人:曲振明

☆徐庄村

村情简介：

徐庄村，又名徐庄子村，明永乐二年（1404）建村，曾用名徐家庄，"文革"时曾更名胜利村。该村有 614 户，2046 人，耕地面积 626 亩。徐庄村位于街道办事处西南 2.1 千米，外环线北侧，东至外环线，西至金钟河，南至赵沽里村界，北至天津市阀门厂。

徐庄子跑船多

　　徐庄子于明朝永乐年间建村,包括宜兴埠的南方人,大都是燕王扫北后移民过来的,因此村中的姓氏挺多的,有姓徐的、姓石的、姓王的、姓杨的、姓鲁的、姓张的、姓曹的。最早立村的是姓徐的和姓杨的,姓鲁的是单门独姓。当时政府移民,抓阄抓上谁,必须得走。

　　徐庄子属于低洼的盐碱地,高粱、玉米的收成也不好。所以人们就利用金钟河通海的便利,搞起了水上运输。老鲁家刚开始与市里申家合伙跑船,船有一百吨以上,主要跑御河,跑河南。他们家的船楼上住人,后来盖新房的时候,船门拆下来都可以当新房的门了。他们的船是对漕,就是两个船尾靠在一起。业务主要是运粮食、运盐以及杂货等。鲁贵祥的爷爷当时挺有名的,每次开到渡口,各村都知道"鲁二爷来了"！老鲁家哥三个都在船上干活儿,肯下力气,也挣到了钱。后来村里盖学校,他们家第一个捐钱。天有不测风云,正当老鲁家干得兴旺的时候,鲁二爷得了肺结核,没法治。后来船老大当家,又吃又玩,日本人来了之后就败家了。

　　老王家和北辰何庄子的王家是一个祖先,是山西洪洞燕王扫北随军的移民,太爷先到南何庄,后来与徐庄子的石姓姑奶奶结婚后就搬过来了。石家也是跑运输的。

　　王泉忠爷爷曾在蔡家船上干长活儿,因为时间长了,两家人的关系比较好。所以徐庄子村里的蔡家坟地,也一直是老王家管着。蔡家坟规模也不算太大,老坟在村北边,新坟在村东边,新坟地是蔡三立的。蔡三有本事,自己干铜厂、拔丝,挣到了钱就重新立祖。新坟地也在这村里头,因为跟蔡家关系还不错,坟地四周围的地都由老王家种,过年过节的,有时候给人家送点儿鸡、鸭、高粱等农产品。中华人民共和国成立以后,蔡家的孩子参加了南下工作团。

石同来的老太爷是租船跑运输,一般都是跑御河。虽然挣了些钱,但不懂得置地。徐庄子村里有一个张金鉴,国民党时期任天津军运处处长,是黄埔军校毕业的。老石家后来租的张金鉴的地,到时候给人家交租子。老石家租了不少地,包括钱家坟地、李家坟地、任家坟地,还有公路这边的褚家坟地、翟家坟地和郭家坟地。

为什么徐庄看坟地的人这么多呢?过去徐庄子十年九涝,下雨后积水排不出去,蒸发后都是一层盐碱,庄稼、蔬菜产量低,地价也便宜。仅有高一点儿的地方,也是给城里有钱人买走了当坟地,好多人就是靠看坟地维持生活,在坟地边上种点粮食维持生计,当地人就管坟地的主人叫二地东。那时候二地东也是挺厉害的,他让你种你就能种,他不让你种,你就算闲着也不许种,就是种了赶上灾年还是得去要饭,赶上收了还得向二地东交租子,所以人们生活很贫苦。

日本人侵略华北后,徐庄子好多人都把船卖了,上岸改拴大车、牲口。

除了跑船,徐庄子也有做买卖的,像石同来的父亲,那时在市里劝业场一九成鞋店站柜台。赶上一些地痞拿鞋不给钱的,就得自己赔。如果去要,还得挨顿揍,所以一般人应付不来。他妈妈说他是"穿过三尺木头裙子的人"。

讲述人:鲁贵祥(77 岁)

王泉忠 (82 岁)

石同来 (74 岁)

整理人:张　诚

149

老爷庙

徐庄子有个老爷庙,老爷庙就是关公庙。老爷庙在村东南角,院里有棵大槐树。正殿供着五米高的关公像,前边有青龙偃月刀,后边站着关平和周仓。

以前只有庙是用砖盖的,即便是有钱人家,他们的房子也不都是整砖,底下台子是砖,上边檐子是砖,俗称穿靴戴帽。

村里的孩子喜欢到庙里玩,但一般情况下,大人是不允许的。有人说孩子眼睛会看见"不干净"的东西,会让孩子生病。有调皮的孩子趁大人不注意,就跳墙进去,磕个头。等回家后,还得拿碗扣在脑袋上剃圆头。

老爷庙前有个大旗杆。1939年天津闹大水,整个徐庄子都淹了,就剩下半截老爷庙没淹。后来徐庄子村民一看,必须得往高处垫。于是老百姓拿着土篮,挑土垫房台。现在徐庄子的高度,都是一年一年垫起来的。

讲述人:鲁贵祥(77 岁)

王泉忠(82 岁)

石同来(74 岁)

整理人:张 诚

战争年代

徐庄子人少,只有二三百人,土地盐碱特别厉害,也种不了什么地,但是地理位置重要,侵华日军一个小队还曾驻扎在徐庄,这个遗址后来一直还保留着。这些日本兵经常到附近巡逻骚扰百姓,有一次区小队袭击了这个据点。日本人为了镇压抗日力量,便进行扫荡大搜捕。

日本兵把村里人都集中在村东头的空地上,挨个审问区小队的动向,老百姓没有一个向日本报告的。有一个姓张的村民被他们严刑拷打后,趁敌人不注意想逃跑,被发现后扭打在一起,被闻讯赶来的日军用刺刀捅死了,老百姓群情激愤,吓得日军赶紧撤走了,临走还放了一把火。

解放天津前,徐庄子住过国民党。这帮人是从东北败下来的,对老百姓打、砸、砍、抢,老百姓苦不堪言。后来听说解放军要来,这帮人就都跑了。老百姓不清楚解放军怎么样,有些也跟着跑到天津投奔亲戚了。有的老人没走,留在了家里。

解放军住进了徐庄子,为了解放天津,需要有人带路。因担心老百姓受伤,解放军一般让领路的人走在中间,怕国民党埋的地雷炸伤老百姓。有一次八路军上民权门那边侦察,黑夜去了一个班,带路的是王泉忠的父亲王景云。当时去了一个班,结果全都牺牲了,王景云就自己跑了回来。还有林汝泉的老伯,他说他就是捡了条命。那时带一个班十多个人去侦察,一到下道路口,解放军没让他动,结果这帮战士中了敌人埋伏,全都牺牲了。他从赵沽里奔大埝角上东河堤,一路爬回来的。

天津东郊村落文化留迹(上)

攻城战开始后,因为解放军在徐庄子驻防,所以北站、宁园那边的国民党向徐庄子打了不少炮,没想到的是,这些炮弹都没落在村里,偶尔有一颗也没伤到人。有村民说,这是有解放军的特工给的假情报。

天津解放后,跑到天津城避难的人都回来了。后来响应号召,村里的老百姓把门板、柜子捐献出来埋葬牺牲的烈士。石家坟地和翟家坟地都有埋骨之处,大概有几百人。这些烈士都是单独埋的,坟前有木头墓碑,用黑墨写着名字。那时也没棺材,都是拿立柜装殓后埋葬。村里的人自发地守墓,一看哪个牌子没了,朽了,就赶紧重新立一块新的。后来一到清明节,市里的学生们都上这儿来扫墓。

从 1956、1957 年开始,有人认领的就陆续迁走了,当时有个东北大嫂也把她丈夫的遗骸领回了老家。没人认领的,后来国家起坟,迁到了北仓公墓。

中华人民共和国成立后徐庄子进行了土地改革,把"二地东"掌握的土地都分给了贫雇农,人民公社时期,为了改变长期困扰人们的土地盐碱化问题,政府多次组织改土治碱,修建沟渠,平整土地,逐渐使得盐碱地变成粮田,到了 20 世纪 60 年代基本上解决了吃饭问题,人们还是不忘勤俭持家,不忘新生活的来之不易。

中华人民共和国成立后,村里青年也积极踊跃报名参军,保家卫国,保卫胜利果实。徐云鹏可能是营级,郑克家是团级,那时是炮团的团长,徐海强可能是师级,还有徐广强,他退休时也是师级。

讲述人:鲁贵祥(77 岁)

王泉忠 (82 岁)

石同来 (74 岁)

整理人:张　诚

☆ 大毕庄村

村情简介：

大毕庄村地处东丽区西北部，东至南何庄村界，西至徐庄子村界，南至第二煤气厂，北至新开河，常住人口七千多人。该村明永乐二年(1404)建村，曾用名大张庄、大毕家庄，"文革"时更名永红村。大毕庄村是一个农业大村，也是天津市种植蔬菜的基地。2013年，随着东丽区政府对大毕庄村的规划，原来的村子被拆掉，村民们统一搬迁到金钟街新市镇居住。

金钟河的传说

金钟河紧靠津芦公路北侧,据老人讲,金钟河宽将近百米,上行往西通往市区小树林,与海河交汇,下行往东南至塘沽入海,往东流至唐山,是天津至唐山的主要水路运输航道,也是两岸农田灌溉的主要河道,还是附近村民赖以生存的重要水源地。关于金钟河,在老百姓中流传着许多神话故事。

一种说法是,金钟河水流湍急,每当潮水涌来时,入海口处声如洪钟,故名金钟河。还有一种说法是,相传有一对老夫妻以捕鱼为业,旧时渔霸收税苛刻,两人常因交不上税被刁难。为避免麻烦,他们常常躲到滩头露宿。一次两人在赤碱滩头(赤土村)落宿。老汉做了个梦,梦见捕到一条金色鲤鱼。鲤鱼化作仙子轻声说:"财宝藏在深水淀,连撒三网宝自现。一网白银鱼,二网碧玉蟹,三网打出黄金链。打到黄金链,捯三环,剁三环,分外财宝不可贪。"老汉把这梦告诉了老伴儿。老伴儿说这是鲤鱼仙子显圣送宝,这回可要发大财了。第二天清早,老两口划船至深水淀。果然一网打上白银鱼,二网打上碧玉蟹,第三网真的打上来了黄金链。老汉要听从仙子的指示,只拉上三环金链,刚要举斧剁断,老婆子前来阻拦,一直捯金链,结果满船的金链压翻了小渔船,夫妻二人命丧水淀。顷刻间,水淀泛起浪花,浪花内现出一口黄金大钟。金钟倾斜向着东方滑去,金链拖在金钟后边,拉过的地方现出一条深沟,这条沟就是后来的金钟河。

上面两个传说,对于老天津人和东丽人来说都是耳熟能详的。不过关于金钟河的来历,民国时期还有另外一个版本。这个版本说的是,金钟河在抗战爆发前水面广阔,某天晚上忽然听得钟声从这条河的深处远远传来，及至河东小关大街深水处忽然停住，此时一只小船从响声处而来，船上有一个南方人。船赶到钟声发出的地方，南方人对船家说："你喜欢发财吗？现在河内有一个金钟，是一件无价之宝，你如果听我的话，你一定可以发财。"船家因爱钱心切，就答应了。南方人从包袱中取出三面旗来，回头对船家说："我下水后第一次伸手，你给我白旗，第二次递给我黑旗，第三次给我红旗。"说罢，南方人把旗递给船家后翻身下水。果然不一会儿，南方人从水下伸出手来，船家急忙递与白旗，未隔五分钟，南方人又伸出手来要黑旗，船家递给南方人后，河水忽然波浪滚滚，船也飘荡不稳，猛然被水冲至岸边，这时一只巨手从河中破浪而出，船家看见巨手的手指如同电线杆子一般粗细，不由心中害怕，昏了过去。约一分钟后，巨手慢慢地沉下，南方人消失得无影无踪，河里的金钟也不知去向。于是人们便把这条河称为金钟河，离河仅30米的胡同称为金钟胡同。

民国时期，国家无力兴修水利，以致河防失修。每逢上游发生水患，塌河淀至七里海就会变成一片汪洋，两岸百姓受灾不断。老百姓无力抵抗天灾，于是还衍生出了金钟河内有一巨鳖的传说。传说1917年，村民在金钟河闸口一带修筑防堤。不料修筑过程中椿木突然倒塌，水势瞬间涨高，只见水面翻滚，从中跃出一物，四处躲避的老百姓定睛一看，原来是只巨鳖。这只巨鳖四五尺长，全身碧绿，头大如碗口，两目炯炯有光。昂首环视后，巨鳖沿着金钟河往下游漂浮而去。河工都说此鳖是奉"玉帝"之命掌管此地水势的东海大元帅。

将传说虽为无稽之谈，但洪灾的惨烈却在当地百姓心中留下了不可磨灭的记忆，化为一种集体想象，伴随着传说代代流传下来，提醒着后人对自然保持敬畏。

（本文参考《大同报》1937年10月25日；《三六九画报》1943年；天津新闻广播《话说天津卫》栏目。）

整理人：王　静

乡妇助学

19世纪末,晚清政府实行新政,以挽救日薄西山的清王朝,其中就包括大兴教育,兴建现代学校。大毕庄有兴学传统,在此背景之下,村里的乡绅也欲筹办现代小学堂。经过多方筹款,大毕庄初等公立小学堂校舍建立起来,书籍桌凳购置齐全,学校初见规模。

为解决学堂后续资金,平素乐善好施的大毕庄孀妇崔徐氏,尽管只有中人之资力,为学堂捐助祖遗地二十四亩,价值银洋三百元,作为学堂常年经费,同时还捐助学堂开办费三十六元。对于崔徐氏的善举,大毕庄村正和各绅董以其深明大义,勇为善举,热心学界上报道府,后天津道府嘉奖崔徐氏一方匾额,以示其慨捐学费之功。

(本文参考《直隶教育杂志》1906年第9期,第1页。)

整理人:王　静

大毕庄三件宝

大毕庄有三件宝,庙桅、杨树和洋井。

庙桅是村中"泰山行宫"前竖立的两根旗杆,每根高 20 米,据说产自东北深山老林,树龄有一二百年,当年通过船运输至大毕庄。为什么要大费周章地从东北运两根木头呢? 这就要说一说文物保护单位"泰山行宫"的来历了。据说大庙"泰山行宫"是本村陈氏三兄弟所建,三兄弟早年因家贫入宫做太监,发达后经皇帝御批,用修北京十三陵的剩余材料返乡修庙。可以说,庙前两根庙桅是大有来历的。当年泰山行宫修建完毕后,庙内有大小佛像二三百尊,塑像和各殿壁画所用颜料均出自皇宫,雕梁画栋五彩缤纷,绚丽夺目,是百里之内颇具规模的庙宇之一。大毕庄村地处水路交通必经之路,因此每逢初一、十五,吸引了周边村民以及各地商客"进香如云腾蚁聚",香客们祈求平安多福,免灾去病,风调雨顺,过上好生活。遗憾的是此庙在 20 世纪 60 年代毁坏,1994 年经市、区、乡、村及村民集资重新修缮,保留至今。

大杨树据说是由毕氏先人所栽,树围需四五个成年人合抱。树高二十多米,枝繁叶茂,树荫遮地。遇有骤雨或烈日,由于大杨树树冠如巨伞,成了东乡一带去市里卖菜、过路商客紧急避雨或乘凉歇脚的好地方。还有许多不知道村名的,也都不约而同地告诉亲人或同伴在大杨树那个村的树下等,便于见面集合。很可惜的是,20 世纪 60 年代因修公路,大杨树也随之被砍了。如今再提起大杨树,"90后"或更小的孩子们对此一无所知,问起来大都一脸发蒙。

洋井是 20 世纪 50 年代初期倾全村人力、财力打的一口机井。

天津东郊村落文化留迹(上)

自大毕庄成村后,村民就一直以土井水、河水为生活饮用水,土井水杂质多,水质硬,长年累月地喝井水,老百姓张口就是大黄牙。为解决村民喝水问题,老书记王永泉带领村民奋战在打井一线。出水之时,井水如甘泉,村民欢呼雀跃,排起长队接水。打井的同时老书记还四处奔波求助,为村里通了电。就当时的条件来说,村里既有机井水吃,又有电灯照明,那种荣耀感不亚于现在住上高楼、开上汽车。

大毕庄不光有三件宝,南淀湿地也曾是大毕庄的一处盛景。湿地虽没有现在的七里海、白洋淀面积大,但也是野鸭野鸟满天飞,水清鱼肥河蟹美。即使到了冬天,湿地里的苇子也可以供村民烧火取暖,如果家里没吃的,村民还可以到南淀破冰打鱼。后来因为经济发展的需要,南淀规划建成二煤气。老人们讲,南淀湿地如果保留到今天,很难想象会是什么样子。

大毕庄的三件宝以及南淀湿地的变迁,其实就是大毕庄村几百年发展历程的缩影。它们的出现、发展乃至消失,不仅诉说着过去的沧桑和艰苦的岁月,也饱含着老百姓对幸福生活的追求和希望。

讲述人:庞凤霞(71 岁)

鲁万芬(73 岁)

陈宝柱(73 岁)

整理人:王 静

一颗红心跟党走

中华人民共和国成立后,老百姓们都沉浸在"翻身农奴把歌唱"、争当国家建设者的热情之中。大毕庄村的村民们怀着对党的朴素感情和对社会主义建设的热情,投入到社会主义建设中。

土地改革时期,大毕庄村民们相继成立了互助组、初级社和高级社。1958年,人民公社成立,村民变成了光荣的"人民公社社员"。在公社的领导下,以各村为单位建立生产大队,下设十个生产小队,随着社会发展,人口和劳动力的增加,又拓展到20个生产小队、40个生产小队。村里的土地归国家所有,一切农具、牲畜等归集体所有,劳动力按照"男十女七"的评分制度,实行按劳分配。

白天社员参加生产劳动,夜间义务巡逻维护治安,特别是立夏和秋收季节,全村老少齐上阵,投入到生产劳动中。当时遍地红旗招展,喇叭里放着劳动歌曲,播报着劳动快报。社员们忙不过来,没时间去买急需品,供销社售货员就直接送到田间地头;社员们如果有个头疼脑热,中暑着凉,医生们就把药品送到一线;大娘和小孩也不闲着,送水到田间,还忙着拾稻穗、麦穗交给集体。人们你来我往、争先恐后、热火朝天、加班加点,不计报酬地在田间忘我劳作,真正体现了社会主义大家庭的优越性。

在这种苦干实干的精神氛围下,大毕庄村先后开挖了东大渠、西大渠和几千条长几十万米的泄水沟和支渠,修建了新河堤扬水站、小白房扬水站、月牙河扬水站,对不利于种植和排灌的土地,实行方田化改造沟渠配套,为村里农用基建打下良好基础。在没有大型机械的情况下,大毕庄村村民全靠着自己的一双手,硬生生地走出了一条

天津东郊村落文化留迹(上)

发展之路。1958 年,因为村里的各项工作走在了全国农村工作的前列,特别是蔬菜种植、管理、储藏经验为全国首列,大毕庄被评为全国先进单位,并获得了周恩来总理亲自签发的国务院奖状。生产大队长王洪佩同志也被评为"全国劳动模范",在人民大会堂召开的全国劳动模范表彰大会,受到了国家领导人的亲切接见。

(本文相关资料由大毕庄社区提供。)

整理人:王 静

在那个艰苦的年代

中华人民共和国建立初期,大毕庄村可以说是一穷二白。

村里的土地大部分都是低洼盐碱地,粮食产量少。虽然社员们日复一日、年复一年地劳作,雨天一身泥,晴天一身土和汗,面朝黄土背朝天,一旦遇上像20世纪60年代初的自然灾害,人们毫无应对能力,只能挣扎在温饱线上。

当时吃饭靠借。国家处于困难时期,粮食不足,只能按量供应。许多家庭都把细粮换成粗粮,就这样每家每户也吃不到月底。长贫难顾,大家的日子都挺紧巴,实在揭不开锅了,只能想办法到粮店借粮吃,或者靠着邻居和亲友的帮忙暂时撑到月底。吃水靠排队,村里打了机井,但不能保证全村人所有的生活用水,家家户户排队挑水喝,至于洗衣服、洗澡就只能用河水了。

穿衣靠缝补。俗话说,新三年,旧三年,缝缝补补又三年。一件衣服姐姐穿了,妹妹穿,衣服上的补丁一个摞一个,远远望去就像穿着一件"花衣服"。衣服实在破得没法补了,人们也不舍得扔,加工后打夹子做鞋继续用。

住房靠挤。家里穷,盖不起房,一家几口挤在一起。三代人住在一间屋里,转个身都得小心翼翼。农民不供应煤,到了冬天靠拾柴烧大炕,做饭取暖。没有下水道,没有厕所,脏水垃圾到处乱泼乱倒,夏季蚊虫肆虐,常有传染病发生。条件差,娶媳妇也只能靠将就,不管天南海北,不挑长相,不论文化高低,身体好能参加劳动就满足了。

出趟门,要靠走。无论多远,出去干活、走亲访友全靠走,后来自行车慢慢普及了,公交车也出现了,一些老人才实现了出远门的愿

天津东郊村落文化留迹(上)

望。运输主要靠马车,碰上雨天,道路泥泞还得人拉马。生产劳动靠力气,扁担、锄头、镰刀、镐仍然是老百姓的主要工具。劳动保障和防护措施基本没有,雨天能披着麻袋和塑料布就不错了,夏天戴顶草帽遮遮阳就行了。

这样的生产、生活条件一直延续到了 20 世纪七八十年代,老人们一提到那段艰苦的日子,不禁感叹如今的生活幸福,也怀念年轻时人们那种实干苦干、不畏困难的精神。

(本文相关资料由大毕庄社区提供。)

整理人:王　静

昔日"落后村",今日"模范村"

中华人民共和国成立初期,大毕庄村民靠着吃苦耐劳的精气神走过了艰苦的岁月。但由于人口多,耕地少,底子薄,老一辈除了种菜能卖点儿钱,也没有其他的出路,经济发展比较缓慢。当国家要转入发展经济的快车道时,如果大毕庄村不改变思路,只能被时代抛弃。

刚开始,大毕庄村民逐步由农业种植转向经商、务工、劳务输出等方面,很多年轻人走出村子到市区打工,甚至出国打工。与村民的转变相反,村组织建设发展停滞,村委会一度形同摆设,和村民严重脱节。村里集体企业也没几家,村集体收入不足一百万元。很多人出国打工几年回来后,说家乡都没有什么太大的变化。

1984年生产队正式解体,土地承包到户,实行土地承包联产责任制。三十年不变的政策,充分调动了村民的积极性。随着国家惠农政策的相继推出,村民思想进一步拓宽。村里积极改进塑料大棚和竹子大棚,引进蔬菜新品种,既打破了原来种植单一的局面,又实现了四季播种,使得冬闲不再闲。农民增收,生活水平逐年提高,万元户开始出现。到20世纪80年代中期,村内掀起了房屋翻新、争盖新房的高潮。当时一年共发放宅基地达300多户,住房条件有了很大的改善。

20世纪80年代中期,村里对农业建设投入资金逐年增加。更换新型水泵,增加水泵数量,方便村民生产、灌溉和排涝;改善村民生活,铺设自来水管道,村民喝上了自来水;对全村的道路进行水泥硬化,小巷铺砖,人们出门不再是雨天一身泥,晴天一身土。随着村里

163

天津东郊村落文化留迹(上)

经济越来越好,自 2006 年开始,村集体投资 700 多万元,重新对村里的自来水、天然气管网进行改造。投资 150 万,修建泵站,确保防汛抗旱及时排灌。对村内所有主干道进行改造,下设管道、电力线路、架设路灯,道路硬化、绿化,修好后的道路,宽广、整洁、漂亮,改变原来脏、乱、差的面貌。

如今大毕庄村民面对的不再是解决温饱的问题了,而且追求更高品质的生活。原来的菜农开始养车、盖仓库、做私企老板,收入稳步提高;老年活动中心、大型保健站以及设施完备的休闲广场是村民健身、纳凉的好去处。村民还自发组织了秧歌队、健身队,丰富多彩的业余生活舒畅了心情,锻炼了身体。30 万平方米的金钟新城,让村民告别了阴暗潮湿的矮平房,住进了宽敞明亮、配套完善、生态宜居的新城小区,尤其是平房换大产权商品房,使老百姓的收入有了保障。

大毕庄村民的生活发生了翻天覆地的变化。不论是吃、穿、住、行,还是生产、生活环境,以及社会保障都有了巨大的提高。村民们都感慨:"现在的生活真是以前想都不敢想的。"同样的土地,不一样的生活,村民们对未来更是充满了无限的憧憬和希望。

(本文相关资料由大毕庄社区提供。)

整理人:王 静

☆ 南何庄

村情简介：

南何庄村,明永乐二年(1404)建村,曾用名何家庄,"文革"时曾更名红卫村。1952年南何庄与欢坨、南孙庄从宁河县(今宁河区)六区划归天津县三区,1953年天津县撤销后属东郊区。

南何庄村位于天津市东丽区金钟街,北靠金钟公路,东接跃进路,南临北环铁路,西与大毕庄接界,土地总面积有6平方千米,全村宅基地及各种公建设施占地面积500亩。2014年3月,全面启动金钟新市镇还迁工作,南何庄村民以宅基地换房的方式还迁到金钟新市镇。

天津东郊村落文化留迹(上)

民国南何庄往事

南何庄原名为何家庄,位于新开河南部的金钟河旁。相传明永乐年间,山西洪洞县何姓兄弟最早来此开荒种地,随着人口的繁衍,慢慢聚集成村落。因为村里何姓人居多,人们就把村子叫作何家庄。北辰也有一个何家庄,为了方便区别,于是就有了南何庄和北何庄的称呼。

民国时期的南何庄村民以务农为主。军阀混战、苛捐杂税,靠天吃饭的老百姓终日辛勤劳作,只为求一顿温饱。那时候,最让老百姓头疼的就是蝗虫。一旦发生蝗灾,大量蝗虫就会吞食禾田,庄稼瞬间颗粒无收。南何庄西南有一片荒草洼,最适合蝗虫幼虫生长。有一年夏天,村民发现荒草洼里聚集了一片蝗蝻,这些蝗蝻大部分都已经处于成虫期,最是食量大的时候,远远就能听到虫蝻蠕动、吃东西沙沙的声音。村民们一看就着急了,如果任由这片幼虫长大,不但本村的粮食会被吃得片甲不留,就连隔壁的大毕庄也无法幸免于难。乡长马上召集村民进行捕杀,同时告知大毕庄乡长安排村民防堵,以免幼虫窜扰。此事也惊动了天津县县长,县长专门派了技术员到村里支援。最后,这片蝗蝻被消灭殆尽。

这片草甸子,如果没有蝗虫滋生,也是一处放马的好地方。到了夏天,青草丛生,流水横泛,最适宜牧马。那时候村里还有马群,马一到了那边,如鸟出笼一般,饱食畅饮,欢蹦乱跳。赶上天气好,温度高的时候,马洗完澡后,毛发亮得都快能反光了。

南何庄村民的日子虽然过得辛苦,却也有他们自得其乐的休闲方式。夏天的晚上,村北河畔,风凉气爽。辛苦了一天的农夫们和鱼贩子们,晚饭以后都不约而同地聚集到河边,三三两两席地而坐,讲着一天的趣闻。互相之间打打趣、斗斗嘴,哪位如果兴趣来了,还会唱上几嗓子。小孩子围着大人们撒欢嬉闹,这是他们最快乐的时候。聊够了,玩累了,再趁着明亮的月光慢慢地踱回家。即使到了冬天,天黑得早,村民们趁着忙完活回家的空档,十几个人凑在一起,边走边聊。虽然辛苦,却也悠闲惬意。

孩子们也有自己的一片天地。村里的乡绅何庆成热心教育,1919 年为了解决孩子上学问题,他利用村里的尼姑庵,自己出资将后殿改造成学堂,购置桌椅,取名"城东何家庄第一小学"。据老人回忆,孩子们一放学,把书包扔到家里,便邀上两三个同学到村边玩耍。孩子们站在河边,看着密的、疏的、长的、短的柳树叶子,听着树上鸟儿喳喳叫,不时还有几只胆子大的燕子从身旁掠过,感觉非常惬意。看够了,歇够了,孩子们便找一块寂静无人的地方捉迷藏,一直玩到天黑。老人们也感叹,如今生活条件好了,夏天有空调,孩子们也不乐意出去玩。现在已经看不到孩子们呼朋结伴、成群结伙在街上疯狂玩耍的景象了。

(参考《益世报》1933 年 6 月 10 日,1937 年 1 月 17 日,1936 年 8 月 9 日,1936 年 9 月 6 日,193 年 11 月 15 日。)

整理人:王　静

重教育人功百代

　　南何庄人重视教育,这是有历史传统的。科举制废除后,天津兴起了开办新学的热潮,南何庄的乡绅们也开始筹划创立学校的事情。

　　民国时期,办学经费主要靠乡里自筹,向官府申请办学经费是非常困难的。村正何宗翰为了申请一点办学经费,联合各乡绅不断向天津县议事会具帖,请求该会拨款接济,以培人才。然而远水解不了近渴,如果等董事会和劝学所调查完再商议后,办学一事也许早就黄了。于是,村正何东沂建议将村里祖产地所收租金用于创建学校,并支付学校的常年费用。这块地面积大约两顷七十余亩,每年可收租金一百二十块大洋。不过何东沂的建议却被天津县否决了。最后由何家庄学董——何庆成出面捐助善款,学校才得以建立。在他的资助下,学校才得以购买教学器具,聘请本村何明五为临时教员。为感谢何庆成的资助,村里的乡绅呈报政府请求嘉奖,并专门制作了一方匾额,上书"热心教育"送至何庆成位于南市建物大街的寓所。

　　南何庄人重视教育,培养的学生也具有爱国精神。中国在"巴黎和会"上收回山东权益受阻,国内民众群起激愤,掀起了大规模的民众抗争。消息传到了何家庄国民学校,学生们听闻山东交涉危急,痛关切肤,于是决定组织游行团,抗议日本谋取山东权益。同学们聚集在学校,手持白色小旗,旗子上写着"争我青岛""用我国货""唤醒同胞""合群御侮""五月七日"等字。一切都准备停当后,学生们走出校门,开始在村里和邻村游行。队伍一边行进,一边向村民宣讲山东问题。这些十几岁的学生们反复向村民宣讲,希望人人尽知国耻,共起御侮。学生们还选出代表为调查员,专门负责调查村里的食物、学校物品以及家庭日用品是否为日货,如果发现则将结果报告给同学们。南何庄学生的爱国行为引起了社会的广泛关注,后来天津的《益世报》还做了详细的报道,盛赞南何庄学生"似此热心爱国,尤属可钦,尚望坚持到底,为我国光"。

(本文参考天津《益世报》1919 年 5 月。)

整理人:王 静

一门心思谋发展

改革开放后,在党的政策指引下,人们一门心思奔小康,昔日落后村旧貌换新颜。眼瞅着徐庄村、赵沽里等邻村纷纷摘掉了穷村的帽子,一跃成为东丽区的经济强村,村民住上了楼房,领上了退休金,还配上了双气、双水、小花园、健身广场等生活设施和体育设施,这让南何庄村民羡慕不已。2006年,新一届村班子上任后,提出了"三年赶超徐庄村、赵沽里"的目标,下定决心要改变南何庄的落后面貌。

俗话说:"人心齐、泰山移。"只要心往一处想,劲儿才能往一处使。新班子上任后,大家经常说的口头禅,就是"老百姓过不上好日子,我们立刻下台回家"。为了方便村民监督,村干部还把竞选承诺写在墙上,时刻提醒为百姓着想,为群众做事儿,时刻保持对工作的主动性和热情。当时老百姓最关心的事就是土地流转问题,不少村民担心土地流转出去后,自己没了生活来源,因此对国家政策有所抵触。村干部于是从维护失地村民利益和解决后顾之忧出发,一方面帮助失地农民解决就业,安排专人为村内和产业园区清扫垃圾,保证他们的生活来源;另一方面积极招商引资,引进大项目为村民增加收入。经过村干部的努力,平复了大部分村民的情绪,得到90%以上群众的理解和支持,成功流转土地400亩。

过去农村人盖房子很简单,基本上也没什么手续,只要跟村干部打个招呼就可以盖了,至于盖成什么样子也没有人管,只要周边邻居没异议就行,所以农村私搭乱建特别多。南何庄要想发展,要想招商引资,必须拆除违建,修路盖厂房。村干部、党员以身作则,带头拆除违章建筑,村副书记冯洪友带头拆除自家的违章建筑,腾出近15亩土地用于村办公大楼建设。后来大家积极配合党总支、村委会工作，将自家的违章建筑拆除，不到两个月的时间，拆除违章建筑面积超过3000平方米。

为了解决村民出行和日常生活所需，村里专门投资180万元，修缮了村内三条水泥路，以后再碰上下雨天，也不用担心走路两脚泥了；投资100余万元建设了两个近2000平方米的农贸市场，方便村民购物；农村以前的公厕都是旱厕，很不卫生，后来村里专门投资38万元，兴建了三座新型水冲式公厕等。

经过一年努力，南何庄的收入增加了370万元。手头富裕了，村里拿出了18.8万元为全体村民上了新型合作医疗保险，退休老年人的福利也从每月每人100元上调到每月每人300元，困难户也有了生活补助金。南何庄村民再也不用羡慕其他村，反倒成了别人眼中的幸福人。

讲述人：闫富华
整理人：王　静

☆ 欢坨村

村情简介：

欢坨村位于镇政府驻地大毕庄东北 7 公里，金钟河南岸。该村沿金钟公路两侧分布，北侧为老村，呈钟状，南侧为新建村，呈长方形，占地 27160 亩。东至金钟河重型桥，西至南孙庄排灌站，南至华明，人口 7225 人，其中农业人口 6764 人，非农业人口 461 人。欢坨村主产西红柿、青水萝卜。从 2013 年 9 月份开始，村、街两级开始新市镇拆还迁工作，取得阶段性成果，欢坨村 1800 户合并人口家庭办理拆还迁手续，占还迁总户的 86%。

大坟、祠堂和公所

欢坨村的历史有六百余年,以前都是荒滩。传说曾叫尹儿湾(这个尹儿湾不是丁字沽的尹儿湾),后来才改叫欢坨。不过据老人讲,欢坨其实是獾坨的音译。为什么叫獾坨呢?这里以前地势虽然高,不怕水淹,但人不多,位置偏僻,狗獾之类的经常出没,所以就叫獾坨。

燕王扫北时,于庆一家从浙江随军而来。在金钟河南边有个大土堆,地势比较高,老于家就在那里建了村。除了在欢坨,据老于家传下来的家谱显示,还有一支在山东。老于家的家谱特别厚,从于庆开始,在毛头纸上清清楚楚地写着各个辈。因为年头太多了,家谱掀的时候一张张的都掉渣。老张家也是和老于家一起来的,当初住在金钟河北,也是个比较高的地方,叫邵家湾。老张家可能是跟这边有亲属关系,再加上联姻,就把整个村迁过来了。因为这边比较好,开的地也比较多,比较兴旺,而且上市里去也方便,在邵家湾的老张家就都过来了,两个村并一起,起名欢坨。意思是,老张家过来了,大家欢乐。

村里的老坟是于家老坟。于家老坟在(京津塘)二线,占地二十四五亩。于万利还记得小时候年年清明添坟,专门有人负责挨户通知,凡是姓于的都要通知到。清明当天带着扁担、抬着筐,带着铁锹,给老祖于庆添坟,年年培土,所以占地面积就大了,体积也大了,站在地上得仰视。给祖先上坟培土是汉族人的习俗,一是防止祖坟受到损害,影响后代运势和财势;二是表达后人们的悼念情怀。给于家老祖添坟的时候,有好几十号人拿筐往上抬,往上培土,所以他那个坟地越来越大。

也许是受到于家祖先的庇护,于家大坟上有一种独根草药材,专治浮肿。碾碎了,用水一洗就能消肿。当时那一带相当偏僻,离村有好几里地,而且不像现在有道、有沟的,大人们有时候都不敢去,但于万利小时候胆儿大,自己一个人就能弄一些回来,据说现在这种草药材已经绝迹了。

欢坨有于家祠堂和张家祠堂。祠堂是儒家祭祀祖先或先贤的场所。它记录着家族的传统与辉煌,是家族的圣殿,也是中华民族悠久历史之象征与标志。有的祠堂流传了近千年,成了国家文物保护单位。但在 20 世纪 60 年代,北方地区的祠堂,基本都被改造成了办公场所和学校等。祖宗牌位,包括有些藏于其中的家谱等,基本被焚烧破坏。如今北方地区已难见祠堂。早年于氏家祠的大殿,上边供着老祖的像,下边垂着绸子、带子,代表一世一世,跟家谱一样。比如第一层是一代,第二层是一代,第三层又是一代。最下边是大案子,案子是曲柳硬木,人们进去拜祖,有蒲团预备。于家祠堂在门房为村里的孩子设有私塾,于奎章在那里教《百家姓》《三字经》等内容。中华人民共和国成立以后学校就归公了,于氏家祠又变成新的学校,就在村子的中心位置。

老张家原来没有祠堂,以后又来个姓张的,他们有个祠堂,但是小。

欢坨村里有个清末民初的老公所叫清素堂,设在张家祠堂旁边,主要是由一些老人打理。该堂东边是门,中间是院,有棵大树。清素堂一共有四间房,两侧各有两间屋,里边供着葫芦和老祖。该创始人向人们提倡不抽烟、不喝酒、不妄想。那时公所不叫小孩进,以后那院儿归了大队,当了大队部。

讲述人:于万利(75 岁)

张林洪(80 岁)

整理人:张　诚

娘娘庙

欢坨村有个大庙,占地面积大,房子特别高。庙里边有三个大殿,第一个供着五百罗汉,第二个供着水神、火神,第三个供着三个娘娘。中间是菩萨,两边是送子娘娘和收生娘娘,还供着一些小神,比如水星哥哥、王三奶奶之类的。庙里有耳房,有两根旗杆,在大殿的两边。

欢坨的娘娘庙跟别的地方的庙不一样。村里修庙的初衷是为了祈求平安,因此一般情况下庙宇建筑比较华丽且坐北朝南,彰显寺庙之威严。但是欢坨娘娘庙的大门却是朝西开的,具体什么原因,大家也不知道,结果影响得村里的房子盖得都不正。

据说这个大庙之前叫作崇明庵,是当年鲁班和他的妹子斗法时盖的。这个庙的大门两边有大石柱子,还有大条石,挨着庙的院子旁边有个大石碑,庙前边还有广场,石碑上刻着建庙时间,不过它早就没了。周围都没有这么个庙,欢坨这是最大的了。土地改革的时候,村民认为它既不属于古迹,也没有什么保留价值,便把里边的神像搬走,改成供销社存货的地方,一来二去,这个庙最后也被扒了。

村里早先在北边还有个土地庙,那是村里最高的地方,也是坐东朝西,大门口上边写着"福地洞天",里边供着土地爷,村里要是死了人,也要先到土地庙。后来土地庙在"文革""破四旧"时被毁了。

讲述人:于万利(75岁)

张林洪(80岁)

整理人:张　诚

欢坨历史

中华人民共和国成立前,欢坨地理位置很重要,处在交通要道上。侵华日军、国民党以及后来贯庄子吴世奎的还乡团都曾在此地活动。

欢坨一带属于新区,当时的区长是张继光。他们在河北有过活动,也在赤土、孙庄子、何庄子、大毕庄打游击。赤土魏国亮,他们都是区小队的,1945年接到指示要破坏这个桥,不让日军运物资和从东北撤退的侨民,他一个人到这个桥来侦察,看好了放炸药的地点和时机,半夜里自己背着炸药包和汽油,放好了之后又点着了就赶紧跑了。日军一看见就赶紧出来救火,结果炸药包炸了,连人带桥一块就都炸飞了。桥一毁了,日军也就撤了。

欢坨出过两个名人。一个是于魁选,早先给北洋军阀王怀庆当过文书。这个人从小老实巴交,在村里上过几天私塾,开始在家里帮着种地,后来被王怀庆挑上当兵。那时当兵的认字的不多,王怀庆看他念过私塾,就让他当文书抄抄写写,没几年王怀庆就下台了,于魁选就回到欢坨,还接着种地,有时给人们讲他在王怀庆部队里的故事。另一个是吴鸿举,他是个广州起义的烈士。在村里上完学之后考上了南开中学,毕业以后又考上了黄埔军校,后来参加了革命队伍,1927年蒋介石发动政变,吴鸿举接受命令参加广州起义,在进攻的时候牺牲了。

中华人民共和国成立前欢坨人以种地为生,以前种大田,有玉米、高粱、麦子。1949年秋,以农民协会为主要领导班子。1950年土地改革成立互助组,有一万多亩地。如果算上沟壕,得有两万多亩。

其中于家堡有一块地划给欢坨,后来到 20 世纪 80 年代时,于家堡起诉欢坨要地,但由于这块地已经给了欢坨,所以于家堡并没能要回来。1955 年成立初级社,一共成立三个社,一个五星社,一个红旗社,一个先进社。1956 年成立高级社,政社合一。1958 年成立人民公社,当时是三面红旗——人民公社、"大跃进"、总路线,老百姓改种水田。欢坨从原来的东郊区划到了河北区,宜兴埠是公社地址。兴淀公社解散后,欢坨又回到东郊区(今东丽区)。后来政社分家,改大锅饭为三级领导为基础、独立核算的生产队。1982 年实行联产承包,进入改革开放至今,乡镇企业七十多家,村民实行养老金制度,2004 年投资一亿元,增加值达到 11500 万元,人均收入 6320 元,集体纯收入 775 万元。欢坨村集体企业只有一家,私营企业数却高达 179家。村集体经济比较薄弱,一直以来都没有得到长足的发展。2013年村集体经济无收入,人均纯收入为 12500 元。村里主要以农林牧渔业、制造业、批发和零售业为主,其中从事农林牧渔业的有 1089人,从事制造业的有 4766 人,从事批发和零售业的有 1732 人。农民收入来源主要为种植、养殖、劳务和个体小企业。

欢坨村老百姓喜爱娱乐活动,老百姓组织了高跷会和小车会,就在庙前边这个广场活动。高跷会俗称缚柴脚,踩高跷,又称高跷、踏高跷、扎高脚、走高腿。作为一种历史悠久的汉族传统民俗之一,高跷是民间非常盛行的一种群众性技艺表演,在一些传统节日里由舞蹈者脚上绑着长木跷在广场进行表演。踩高跷技艺性强,形式活泼多样,由于演员踩跷比一般人高,便于远近观赏,而且流动方便,无异于活动舞台,因此深受群众喜爱。踩高跷需要技术,如果掌握不好就会摔伤,当年村里的吴茂林在打跟头时没掌握好平衡,结果摔伤了头。高跷会的活动是有组织的,有会头,有户里赞助。

欢坨村里还有两个剧团,一个评剧团,一个京剧团。京剧在这一带有名,那时候名角唱得不错,就连宁河、宝坻都上这边看来。评剧唱得也行,兴淀公社(从宜兴埠到小淀)招了一回评剧演员,欢坨于万

天津东郊村落文化留迹(上)

波等人都被招去了,可是这些人那时候已经拖家带口了,不可能在外边待太久,结果后来又陆续回来了。

村里的民间活动都是自发的,要想办得好,需要两个条件:一是要坚持,演员再突出,不坚持也不行;二是得有捧角儿的。唱得再好,没有捧的,也不行。

在于家祠堂对面是村里演出的戏台,过年过节唱戏时就现搭,一般是在农闲的时候。周围村像何庄子、大毕庄都没有剧团,连芦北口都没有。从正月初一开始,演到正月十五。老百姓哪里都不去,周围就欢坨这里演得好。有时候也参加联合会演,这个村唱一出,那个村唱一出。驴驹河村的评戏在欢坨唱过,当时还是彩唱,跟剧团一样,行头、乐器应有尽有。成立高级社后,村民忙于生产,慢慢地就很少有人唱了。现在年轻人就更没有爱唱的了,话说回来,传统还是应该有所传承的。

讲述人:于万利(75岁)

张林洪(80岁)

整理人:张　诚

欢坨"大红花"

"大红花"曾经是欢坨的一片烈士墓,虽然后来政府把烈士遗骸移送到了烈士陵园,但"大红花"却是欢坨人心中永远抹不去记忆。

平津战役期间,东郊区(今东丽区)曾是主要的战场之一。欢坨处在交通要道,欢坨大桥是人们去山海关过金钟河的必经之路。传说这个桥是萧公母建的,早先桥头还有块石碑,后来给大水冲没了。日本侵占华北后,曾派兵占领了欢坨桥,还盖了炮楼驻兵把守。当年国民党为了运送物资,在欢坨修了个浮桥。临解放的时候,为了阻止解放军过河,国民党军烧了欢坨大桥。金钟河过去直接通海,涨潮水就进来了,一落潮又回去了,在潮水的不断侵蚀下,河面越来越宽,连河滩加起来得有一百米。没有桥,部队过不来,解放军战士只得埋伏在河对面等待时机。战士们头上围着草,身上披着草,就像现在电视剧里演得一样,趴在那儿。

欢坨离金钟河边最近,两边要是一打炮,准给欢坨炸平了,为了不让老百姓遭受炮火袭击,在张玉才的带领下,欢坨人打着白旗在河堤上喊:"别打了。"其实这时国民党部队早就跑了,解放军这边回应说:"我们过不去,怎么办呢?"张玉才组织老百姓,把门板、破车弄过去,给解放军搭了个浮桥,部队很快就过了河。为了解决后续部队过河的事,部队要架一个正式的浮桥,那时没有汽车,就挨家挨户地找老百姓借船,又从南孙庄那边推来好多船,这样才搭好了正式的浮桥,大马车拉着大山炮就奔南孙庄了,准备攻打民权门,解放天津。

攻打民权门的时候,欢坨老百姓忙着给解放军腾房。张林洪家房子多,住的战士也多。不过人家住的是厢房,正房不去。那年张林

天津东郊村落文化留迹(上)

洪虚岁才十岁,在那个院里出来进去的,跟那当兵的混得特别熟。这跟当年国民党来时不一样,那时老百姓都躲得远远的。

官兵打饭的时候,都说:"来来来,过来,吃来!"就给小孩子吃。于万利记得,小时候他们住里边,对面那间住着的是个首长,因为吃的是小灶。老人回忆说:"那时我天天在炕上蹦着玩儿,就跑他那屋里蹦去了,他那个碗不大,给我盛了那么半碗饺子,平时轻易吃不上。那个饺子,我觉得还挺肥的,咱这儿很少吃上这个,回来,我就跟我们爷爷、奶奶念叨,我爷爷还过去跟人家道谢了。"

四野是从东北过来的,没走山海关,他们是从承德山里头走过来的,当时家家没有不住兵的,走了一拨打天津,后边又来了,回来又打,牺牲了好多战士。"在我们那住了一个班,就回来一个人,后来我父亲母亲问,张三李四的,说都牺牲了。"

部队向天津移动时,需要当地老百姓带路。欢坨村有不少村民都给解放军带过路,于新福的父亲和林荣父亲,因踩上了地雷牺牲了。欢坨老百姓别的支前活动没有,部队自己都解决了,部队医院设施比较先进,所以伤员一般都在医院里。

民权门战役后,解放军牺牲了不少战士。这些牺牲了的战士都暂时埋在了距村三四里路的盐碱地,当年那里长满了黄须野菜,因为烈士埋骨于此,老百姓就管这地叫大红花。迁烈士遗骸时,村里于万有和魏克绪都去了,那时他们正是二十多岁,村里有事就直接参与了。烈士是我们民族的脊梁,他们的精神是中华民族精神的重要组成部分,弘扬他们的精神是传承中华民族气节血脉的重要任务,虽然烈士遗骸迁出,但是原址仍有纪念意义。如果能够加以一定的保护,设置相关纪念碑或文字说明,保留纪念,以告慰烈士的在天之灵,可以让广大人民群众更加珍惜今天来之不易的幸福生活。

讲述人:于万利(75岁)

张林洪(80岁)

整理人:张 诚

☆ 河兴庄村

村情简介：

河兴庄村,1926 年建村,"文革"时曾更名东风村,有 922 户,2544 人,除汉族外,有回族 13 人,耕地面积 263 亩。该村位于街道办事处西南 5 公里,金钟河大街南侧,东至赵沽里村界,西至河北区界,南至天津服装二厂。2003 年,随着东丽区政府对河兴庄村的规划,原来的村子被拆掉,村民们统一搬迁到兴盛园。

河兴庄的三笔财富

河兴庄早年间属于城防外,中华人民共和国成立后属于城郊接合部。原先皆为山东、河北、河南的难民在此种田居住,这些人来自七八个县,早先以捕鱼为生,后来种植水稻。中华人民共和国成立后,河兴庄的经济得到迅速发展。

河兴庄村地面较广,庄基地不集中,人们依园田而居,村民分散居住三四里路十分平常。整个村庄可粗分为 5 大块和 11 小块,其中 11 小块为:一、东窑洼;二、东园子;三、北大道;四、上方台;五、下方台;六、范家祠;七、瘸子卧铺;八、刘家糖坊;九、北大圈;十、义和里;十一、和平里。河兴庄都是小河沟,沟之间都连着。

河兴庄建村于 1926 年,早年以种植水稻为主。1956 年河兴庄成立初级社,1957 年成立高级社,1958 年为人民公社的和平四社。河兴庄依傍金钟河,庄内河沟纵横,取水方便,开始以种植园田为主。蔬菜种类有白菜、小萝卜、茴香。白菜都是白麻叶,是那时天津市民冬天餐桌上的主要品种。老百姓都储存起来,以便过冬。河兴庄的白菜比较好,当年还对外出口。河兴庄的茴香也很有名,其生产周期与韭菜一样,割一茬长一茬,一般需要割六茬。河兴庄的茴香色绿,味道好,颇受老百姓欢迎。但真正使河兴庄致富的是三笔财富。

第一笔财——养猪。早年间猪肉供应紧张,凭票供应。那时大队有养猪场,家家户户都垒猪圈养猪。由于品种好,科学饲养,养猪使村民尝试到种水稻、种菜以外的收获。

第二笔财——养鱼。河兴庄多坑、沟多,早年大队就开始养鱼,建有养鱼池,主要养胖头鱼、鲫鱼、草鱼等。除了供应市场需求外,还分给村民。20世纪70年代末,家家户户养起金鱼。各家在院子和房前屋后垒起洋灰鱼池,开始以养龙睛为主,后来派人到日本学习,引来新的鱼苗,又有了泡眼、虎头、红帽子等。起初买来鱼苗,后来自己孵化,每到春天金鱼产籽。养鱼也有技术,要定时喂食、换水。那时许多天津市养鱼的人都跑到村里来买鱼,甚至东北来的金鱼商人都从这里买鱼。每家每户都养了好几百条,村民赚了不少外快。

第三笔财——租房。河兴庄毗邻市区,是办市场的好地方。早年南方来的商户,大都在河兴庄租房。这些商人在这里居住,在这里加工服装、存货等。后来的"阔佬"皮衣、"应大"服装都是从河兴庄发家兴旺起来的。村民多有富裕的住房,得到不少房租,赚了不少钱。

除了这三笔财,村里还积极发展集体企业。改革开放以后村里成立了焖火厂进行热处理加工,成立糖厂做朱古力豆。还有冷轧带钢厂、皮箱厂、铝合金厂、氧化铝厂、电锯厂等。村里还建了民权门电影院、中百站仓储汽车队。后来电影院改建,招商引资,建立鞋业、花卉市场、后来还成立兴河集团经营仓储、物流。河兴庄从没有分过土地,一直坚持集体企业模式,提倡人人有饭吃,走集体致富的道路。

讲述人:于恩友(72岁)
杨海泉(83岁)
贾世江(72岁)
整理人:曲振明

回忆河兴庄股份合作制改革

河兴庄位于天津城郊接合部,2003 年为落实天津城市建设总体规划,拆除了村民住房 1000 多户,取消了村办企业 30 多个,500 多名村民失去了岗位,随之而来的是村民就业的难题,村有经济受到巨大损失。在这种形势面前,如何发展集体经济,使村民不蒙受损失,成为村领导班子所面临的迫切问题。

过去河兴庄以农副业为主,属于生产队领导下的集体经济。在新形势下,如何探索一条切合实际的改革之路,是亟待解决的问题。通过学习全国其他富裕村的成功经验,结合村子实际,河兴庄村委会确定在村里进行股份合作制的改革,探索一条河兴庄改革发展的新路。政策确定之后,新的问题出现了,对村民而言,股份合作制当时还是一个陌生的概念,全村只有 30% 的人愿意掏钱入股,村民贾秀荣回忆:"第一批入(股)时不愿意入,辛辛苦苦赚的 2 万块钱,再入里面,就怕泡汤了,还不知道给不给利息,就连这 2 万块钱能不能还都没底,我当时真不想入。"面对大家的犹豫观望,村委会立即组织了 20 个人的宣讲队,挨家挨户做宣传,耐心细致地讲政策,讲建市场的好处。这些宣讲队成员大都是妇女,王淑萍就是宣讲队中的一员,她回忆说:"我们是按照区域,几个人一小组,凡是没入的名单我们都把名字写下来,刚开始这个工作做起来是挺艰难的,有的不给开门,有的不理解。一个多月后,通过大量做工作,最后达到了 95% 的支持率。"2003 年,河兴庄在东丽区委、区政府和金钟街的支持下正式成立了兴河商贸股份有限公司,全村每人一股,共 1261 股,村民以每股 2 万元入股村集体经济,自愿认购,通过多方考察、探索,村委会决定在一百多亩荒地上做文章。

在村干部们的不懈努力下,村里相继建立起了华北地区最大的农贸批发市场兴耀市场和北方自行车商城两个股份制经济实体。2004年利用赵沽里市场拆迁的机遇组建兴耀粮油批发市场,兴耀市场占地超过18万平方米,从粮食到各种副食品十分齐全。同年兴建了北方自行车商城,占地7万平米,是北方最大的电动车、自行车及配件交易市场。两个市场每年为村里创收三千多万元,为河兴庄村的发展赚取了第一桶金。第一步棋走对后,满盘皆活,经济改制的第一步迈得稳健有力,这让河兴庄村委会信心倍增,村民们也对村支书高兴田这个有魄力的带头人赞不绝口。村民王树萍说:"高书记跟政策跟得好,每一次政策下来,人家反应快,事情做在前面,把村民利益放在第一位,大家看到了希望,看到了光明,村班子也受到了大伙儿的爱戴和拥护。"

此后,河兴庄的集体经济不断壮大,2008年抢占先机,将占地7万平方米的北方自行车商城并扩建至20万平方米,同时自筹资金8500万收购天津市物流中心,并通过提升改造扭亏为盈,后来还兴建物流园、金钟商贸楼宇发展物业经济……河兴庄村先后成立11个子公司,通过任务分割、细化指标的方式,逐步搭建起楼宇经济、物流经济、物业经济三驾马车驱动前进的经济体系。2012年,河兴庄村年收入达1.04亿元,提前一年实现收入过亿目标,步入亿元强村行列。

在集体经济发展的同时,村委会关注村民的生活。2003年"非典"之后河兴庄撤村,村民在各处买房的都有。见此情况,村委会决定,集资兴建住宅,将村民召回来。先后兴建了兴盛园,有小高层楼房13栋;兴河园有高层5栋;兴博园有高层4栋。村委会在提升河兴庄物质文明的同时,切实提升全村的精神文明,将河兴庄村建成文明村。村支书高兴田多次走家入户、调查研究,以满足群众需求共享发展成果为出发点,初步形成了一整套工作方案:一是成立专职保洁

天津东郊村落文化留迹(上)

队伍,每天两次定时清扫居民社区,确保不留卫生死角,保证村容整洁。二是陆续投入资金修建了凉亭、健身房、图书馆、书法室、摄影室、老年活动中心等项目设施,把河兴庄兴盛园小区建成文化休闲设施齐全、功能完善的现代化文明小区。三是在小区广场安装了 LED 显示屏,每晚播放全国、全市、全区新闻和街、村重要会议,将管理民主落到实处,让群众实时了解村情时事。四是加大资金投入,购入摄像机、投影仪、大屏幕等新设备,记录群众生活点滴,反映人民幸福生活,切实增强村民幸福感与自豪感。五是整修道路,引进公交,便利村民出行。河兴庄地处河北区与东丽区交界处,是典型的城郊结合地区。为了方便村民出行,高兴田与市、区交通、交管部门和有关单位几经磋商,大力整修村内各条交通道路,力促 633 路和 869 路公交车在河兴庄设立公交站点,提高了村队知名度,也极大方便了村民出行。六是建立社区医院,解决村民就医难。为解决村民就医难问题,高兴田组织村委会讨论决定,投资 500 万元在村内修建了兴晨医院,为村民提供基本医疗服务,使大家小疾不成病,小病不出村,进一步提高了村民健康生活水平,解决了村民后顾之忧。

河兴庄村委会带领全村村民历经 8 年,由 2003 年集体收入不足 500 万元提高到 2012 年的 1.04 亿元,逐步发展成为经济富裕、村民和谐、村容整洁、乡风文明的亿元强村。近年来,经济环境有所变化,但是河兴庄仍然坚持走股份合作制集体经济发展道路,村民依然分享股份制经济所带来的利益成果。

口述人:孙静敬(49 岁)
整理者:曲振明

☆ 新中村

村情简介：

　　新中村，曾用名新钟村，"文革"时曾更名立新村，村内有 294 户，873 人，耕地面积 465 亩。该村位于街道办事处西 2.8 公里，新开河南侧，东至电解铜厂，西至外环线，南至电解铜厂。2013 年，天津第三批示范小城镇——金钟新市镇建成并启动还迁，新中村村民以宅基地换房的方式还迁到金钟新市镇。

新中村的农业生产

　　早年间我们这一块地,都以城防为界。城防里都是市区,城防外都是坟地,我们村周围有江西义地、孤女坟、吴家坟地等。再有就是砖窑,都是修城防工事而建的,这一带共有三处窑地。烧砖取泥后,留下一个个窑坑。过去砖窑都是个人的,1955 年公私合营建立窑厂烧砖。

　　我们村前面是新开河,后面是金钟河。那时新开河河堤高,河水清澈。而金钟河一面高一面低,河水也有污染。早年村里农户住在河堤,对外交流路也是河堤,后来有条路奔北站体育场。

　　我初到村里来,上户口在小于庄。我经历了合作组、初级社、高级社和人民公社各个阶段。1956 年有乡政府,那时属于徐庄子管辖。1956 年社会主义合作化运动,村里为初级社,乡为高级社。高级社叫和平社,赵沽里一社、徐庄子二社、新中村三社、何兴庄四社、二道桥五社。1957 年,各个初级社就分开了,1958 年,我们村还划到河北区。

　　村里 1955 年开始种水稻,1957 年全村有 1100 亩地,人多地少,二三十个农民插秧插了五十多天,还有闲地没有种。水稻品种有银坊、水原、爱国,以银坊为多。由于守着新开河取水方便,后来便和别的村子学习种菜。

　　村里早年没有副业,只有种稻子剩下的稻草交给造纸厂, 20 世纪 70 年代,村里有城里疏散来的人成立了电机厂、化工厂,都是个人自己干的。村里 20 世纪 60 年代赶大车,有十辆八辆车。后来户多了,分两个生产队主要用马车送菜,后来有了汽车。1983 年分小组之后,分户种地,承包到户了。

新中村离市里近,但由于交通不方便,发展很慢。自从有了外环线,村子开始发展起来。村里主要是做运输,逐步形成了一支拥有几十辆汽车的车队,后来又有汽车修理厂以及新中村汽配城。

讲述人:孙宝祥(89 岁)
整理人:曲振明

依河而居的新中村

　　新中村位于北辰、东丽与河北区交界处,西依新开河,北邻金钟河。早年村子都建在新开河的河堤上,远远望去沿河有一间间房子,人们依河而居,村子依河而建。

　　比起东丽区的其他村庄,新中村比较年轻。早年间这里是一片荒地,无人居住。由于这里水土条件好,有一些农人在此开荒,但不在此居住。1937年七七事变后,日军占领天津,引来一批日本侨民在这里种水稻,盖了一座扬水站,后来人们称这里为"闸房子"。

　　抗战胜利后,这里陆续迁来许多农民,大部分是静海县（今静海区）的。大家在扬水站周围的河堤上盖房子,逐步形成一个小村落。

　　中华人民共和国成立后,一些干部到村里联系工作,听到这个村子没有名字,就给起了名字。由于村子前面是新开河,后面是金钟河,位于两河交汇的地方,就取了两条河的字首,叫"新钟村","文革"时改名为立新村,后来约定俗成叫新中村。

　　我原籍在北大港,1952年到此帮工,那时种棉花和青麻。1953年2月迁到此居住,当时村里成立了合作组,十几家一个组。棉花、青麻都是经济作物,收下来由国家收购。青麻种一年,立秋后种棉花,如果没收下来会被冰雹砸。由于有扬水站用水方便,开始种水稻。

　　早年间,全村人都在新开河堤上居住,三四十户一拉溜儿。有的盖坯房,有的在河堤上扒个窟窿眼,留个门就是住宅。那时村里许多地是邻村宜兴埠的,经常有人到这里种地。河堤与村里的田地之间,有一片苇塘,苇塘就是宜兴埠的,每年天冷,人家就来割苇子。

　　1954年,大雨下了两个多月,金钟河开了口子,大水比一楼还高。我们村、二道桥、窑地都淹了。那时城防工事的城墙变成大堤了。由于连天下雨,在河堤上的土坯房都倒了。我来时没有地,1954年底队里拨了点地,贷了一些款,刚收了麦子,没什么损失。但许多家麦子没收就被大水冲走了,后来乡政府来人询问情况,给大家找活儿干,从1955年种稻子,那年种得好,丰收了。

　　我也住在河堤,最初借住在别人家。1955年盖的房子,盖了三间土坯房,1967年又盖了院。虽然是土坯房,但也盖不起,大部分人家都是盖一两间房。甚至有的九口人、十几口人住一间房。每逢夏天晚上吃完饭,人们就在河堤上坐着聊天。住户们很团结,经常相互串门,到各家蹭饭。那时新开河中有鱼、有螃蟹。特别是秋后,螃蟹、鱼都特别多。我们经常在扬水站外面,放个提灯,一夜就能抓几十斤螃蟹。新开河没有大鱼,村子附近还有许多窑地,早年因为国民党修城防工事烧砖取泥,留下许多窑坑,最深的有六米多。这里有许多螃蟹和鱼,我经常往这来钓鱼、捉螃蟹。后来生产队号召养鱼,派我去河北区水产研究所学习养鱼。

　　住在河堤上,最早吃河水。河水污染了,人们在扬水站旁打了一眼砖砌的压把井。全村人都到这里取水,后来通了自来水。我们村用电比较早,因为守着扬水站,从这里接了电,家家户户有了电灯。

　　后来区里调整土地,村里与盐坨村和宜兴埠置换,村子土地开始整齐起来,苇塘也成了村里所有。1967年开始垫地建村,1968年以后,十几户居民开始离开河堤,大部分都挪过来了。一家家都盖起了新房。早年大家都没有院子,也没有院墙头,村里人际关系好,各家经常串门,随便出入。后来人们自立门户,各家各户独立建院,人们生活逐渐富裕起来,但是人们往来少了,不如以前在河堤那时热闹。几十年过去了,马上就要搬进楼房了,我十分怀念河堤上的生活。

讲述人:孙宝祥(89岁)

整理人:曲振明

☆赵沽里村

村情简介:

赵沽里村,明永乐二年(1404)建村,"文革"时曾更名长虹村。该村有726户,2409人,除汉族外,有回族15人,耕地面积455亩。赵沽里村位于街道办事处西南4公里,金钟公路南侧,东至外环线,西至河兴庄村界,南至北塘排污河,北至徐庄子村界。

年轻的种菜姑娘

赵沽里村 21 岁的姑娘周长金,大家都夸她是个勤劳智慧的种菜能手。

1984 年 4 月,她们全家四个半劳力在其父周传玉(年老退休)的指导下,承包了队里的 7.16 亩园田,并签订了承包合同。在 9 个月的时间内,先后种植了黄瓜、西红柿、豆角、辣椒等十几个品种的优质蔬菜,上市量达 1.27 万斤,亩产 1.7 万斤,每亩平均产值 1191 元,劳均创产 2.75 万斤,产值 1984 元,土地利用率高达 2.8 茬。周长金家成为全村种植业效益最高的蔬菜专业户。

第一,深耕细作,调茬改种。周长金承包的土地,在产前翻地时,比别人深两寸,她说这样能充分利用地力,既能种地,又可以养地。在施肥上,她针对蔬菜生长的需要,在菜根附近土上用利器扎两寸深的眼,施肥于其中。因此,她种的菜长势好、成熟快,能提早收获上市。同时她还采取间作套种的方法种植蔬菜,提高土地利用率。她还根据蔬菜生长耐碱喜酸的特性,实行调茬改种。如原韭菜地改种洋白菜要比种辣椒抗病、早熟、高产。

第二,学科学、用科学,实行科学种菜。周长金为搞好蔬菜生产,订阅了有关搞好蔬菜生产的杂志,并运用知识科学地管理蔬菜,及时使用除草剂灭草,使用三十烷醇加速了果实早熟、高产。

第三,从适应市场调节的需要出发,精心安排生产。在 7 至 9 月份这个蔬菜生产旺季,周长金主要向市场提供了黄瓜、辣椒、菜花等 3.4 万斤。在入冬后,她向市场提供了中、小棚韭菜 2000 斤。这样既适应了调节市场的需要,又得到了合适的价格,使国家和个人双

天津东郊村落文化留迹(上)

受益。

　　周长金种菜存在的困难是 7 亩多地分 9 处,给她带来了种植、管理和收获等实际困难,急需调整。1985 年她力争通过换地等方式,在土地集中的基础上搞好生产。

　　[本文选自《全国农村社会经济典型调查(资料汇编)1979—1984》。]

选录者:万鲁建

善经营会管理的厂长——徐永增

徐永增初中毕业,1982年任赵洁里村兴华汽车装具厂保管职务。由于积极钻研业务,认真学习管理知识,1984年被提升为厂长。他坚持科学管理,文明生产,取得较好成绩。1984年总产值达20万元,比上年增加22万元,增长12.5%,人均劳效达1.25万元,实现利润8.5万元,比上年增加近万元,增长12.3%,人均创利达5300元。

该厂的经营管理是以不断完善经济责任制为手段,以高产、优质、低成本、提高经济效益为目的,从只加工汽车座套、保温套到制作汽车坐垫和各种装具。厂子的业务越做越活,路子越走越宽。

第一,对车间、班组实行"五定"。即定人员、定产量、定消耗、定工分、定奖金,实行目标成本管理,车间按照厂下达任务落实到人,做到保质、保量、保时间,效果较好。

第二,注意技术和智力开发。在总结上一年废活儿多、浪费大、经济效益低的经验教训后,组织职工到北京、西安等地参观学习,并聘请了一名经验丰富的老师傅作为常年技术指导,还邀请了6名有技术的师傅进行了15次技术指导讲座。这使职工的技术水平有了显著的提高,1984年仅下料一项就为企业节约原材料1200元。

第三,坚持优质服务、文明经商。兴华汽车装具厂经常征求客户对产品的花色品种、规格质量的意见,坚持大活要做好、小活不放过的经营思想,做到客户高兴而来,满意而去。如市政道路工程一区急需大保温套,这批活时间紧、任务急。徐永增亲自带领12名职工连续作业18小时,提前完工,并及时派车送给客户,使客户深为满意,并当即决定全部任务都让兴华汽车装具厂承担。另外,还经常给兴

195

华汽车装具厂联系其他业务,从而使兴华汽车装具厂的对口业务单位从过去的 8 个客户增加到现在的 67 个客户,大大扩大了业务经营范围。

一年过去了,兴华汽车装具厂超额完成了承包任务的 23.2%,厂子搞活了,有生机,同时锻炼并教育了青年做讲文明、有道德、懂技术、会管理、善经营的 20 世纪 80 年代新型农民。

[本文选自《全国农村社会经济典型调查(资料汇编)1979—1984》。]

选录者:万鲁建

☆ 南孙庄村

村情简介：

南孙庄村,明洪武年间建村,中华人民共和国成立后隶属北郊区(今北辰区),曾用名孙家庄、孙庄,"文革"时曾更名东方红村,由兴淀人民公社管辖。当时,因同一个公社还有一个村也叫孙庄,行政管理和邮递信件极易混淆,所以以金钟河为界,河南叫南孙庄,河北叫北孙庄。后来,根据行政规划为东郊区大毕庄公社南孙庄,行政升级后更名东丽区金钟街南孙庄村。现南孙庄常住户有 2837 户,8482人,除汉族外,有回族 5 人,耕地面积 6390 亩。该村位于街道办事处东北 4 公里,金钟河南岸,东至西减河,西至南何庄村界,南至北环线铁路。2013 年,根据东丽区整体规划要求,90%以上的村民搬到了新市镇,住进了还迁房。

上学往事

我们这个村以前叫孙家庄,姓孙的这个人的具体名字不知道,他是永乐二年从浙江绍兴府余姚县(今余姚市)孙家滩过来的。以前有家谱,"文革"时毁了。孙家庄分四门,我是南门,2017年给南门整理过家谱。据家谱说,1404年孙氏三百多口从余姚县孙家滩迁至山西洪洞县大槐树分拨处,然后又迁到山东大柳树,从这里大家就分散了,有的去了沧州,有的去了宝坻,我们的祖宗就到了东丽区塌河淀。村庄名字是自然形成的,临近的有何庄子,姓何的比较多。大概是划为东郊区(今东丽区)时改为现名的。金钟河是界河,我们这儿的土地大都在金钟河北边。孙庄子则划为北郊区(今北辰区)。北辰区也有一个孙庄子,后来改为北孙庄,我们这儿叫南孙庄。大概是在20世纪50年代后期或20世纪60年代初期。

我们村有八千多人,姓孙的最多,占比超过80%。以前建村的时候都姓孙,后来有别姓的亲戚过来。主要种植的是玉米、高粱,20世纪60年代开始种水稻。现在还有一块500亩的水稻田。

解放战争期间我们村有三个人被国民党杀害了。当时被划为地主的有十余个。村里有一个南孙庄小学,我是1957年上的小学,校长是从市里过来的,叫李家起。上学的时候,在村里的一个大庙内,这个大庙的后殿有三个教室。我这年纪有三个班,由于学生太多,容纳不了,便将一部分分流到一家做烧锅的酒厂里上学,那儿有七间房子,两间作办公室,又盖了两间房子,都是土坯房。烧锅酒厂有两个,被称为南烧锅、北烧锅。当时,一年级有三个班,每个年级最少两个班。到六年级的时候就剩下一个班了,很多学生到后来都不来了。

我们年纪是甲乙丙三个班,我是丙班,一个班大约四十人。学生都是村里的孩子,全村只有这一个小学。初中大概是1957、1958年盖的,和四合庄中学一起建设的。校园大,操场大。不过,如今小学和中学都没有了,前几年拆迁了。上学时早晨先去学校上一节课,然后再回家吃饭,中午放学后回家吃饭。五六年级的时候上一整天,上午和下午都上课。1965年,我初中毕业后就进入生产队劳动。

我们上学的时候,玩的游戏有跳房子等,男生女生可以一起玩。跳房子就是画个九宫格,规定跳到哪个格。男孩子玩打尜,在地上画田字格,用棍子往外打,和棒球差不多。连续打三杆,对方拿起来扔到打尜的原处,如果能扔到原处就算对方赢了,扔不进去就是打尜的人赢了。田字格面积约为四平方米。打尜比较危险,老师不怎么让玩。女孩子则玩扔沙包,还有跳绳什么的。弹球不能在学校玩,只能玩沙包。

上午半天课,然后有学习小组,就是去同学家里学习。老师给大家分组,谁家条件好就去谁家学习,五六个人一组,就近安排,安排一些学习好的人辅导一些差的学生。当时没有电灯,都是油灯,一般都是豆油、柴油灯,熏得鼻子全都是黑的。大家坐在小饭桌前写作业,写完作业后回家,一般会给人家交几分钱。男女生混合,成绩好和差的混在一起,一般是在正屋学习,天热时在院里。上午在学校上课,中午吃过饭就在家里学习。那时候初中没有英语课,也没有俄语课。

当时学的课程是语文、数学、物理、化学、生物、历史、地理,一个班有四十人左右。小学升初中,小学四十人左右,上初中的有二十几人,升学率超过50%。小学读六年,初中三年,一个年级有四个班,也有六个班的。初中有体育课,可以玩篮球、足球等。体育课主要学习跳高、篮球、足球、鞍马、跑步、标枪、投掷"手榴弹"(一种体育用品)、铅球,这些项目都有。

讲述人:孙守东(71岁)
整理人:万鲁建

出河工

1966 年,村里出河工,主要是修金钟河水闸,我干了八个月,1966 年春天去的,大约 11 月前后回来的。当时出河工以生产队为单位,当时我们合作社有 21 个生产队,一个生产队出两三个人,一天十分。当年我们出河工,不但没挣着钱,还亏了 80 元钱。这是为什么呢?因为吃得好,挣的钱都吃了。出河工时,我们吃的是大米饭、白面馒头,也有玉米面,还去外面逮鱼。结果挣的工分还不够吃的。但是由于干活儿太累,加之当时还年轻,也需要补充营养。年轻人主要是抬泥,挖的沟深达一百多米。东丽湖的河工我们没去过。

初三的时候,我就可以看《天津日报》了。出河工的时候,工期比较紧,上级要求在汛期来临之前建好。干活儿的时候,我们提着袋子四个角,抬着一口袋土。有一天开会,不干活儿,当时担任总指挥的副区长过来给我们讲"三家村"的事情。当时我看报纸,心想学术问题怎么还停工?后来才知道"文革"爆发了。我只是听说谁谁挨斗了,不太了解具体情况。东郊区有八个公社,一个村要出 40 人,差不多有上千人在干活。闸墩和船闸都修好了,属于两道闸。整个工程结束了我们才回家。回来以后继续在生产队工作。1962 年以后我们就能吃饱了。农村并没有停工,集体经济仍旧在继续。

讲述人:孙守东(71 岁)
整理人:万鲁建

☆ 徐庄村

村情简介：

徐庄村，又名徐庄子村，明永乐二年(1404)建村，曾用名徐家庄，"文革"时曾更名胜利村。该村有 614 户，2046 人，耕地面积 626 亩。徐庄村位于街道办事处西南 2.1 公里，外环线北侧，东至外环线，西至金钟河，南至赵沽里村界，北至天津市阀门厂。

王家大院的大槐树

　　徐庄子最大的院子是王家大院,院内有一棵硕大的槐树。树干粗壮,两个人抱不过来,而且树冠达十几米,根深叶茂,既见证了王家的成长,也见证了徐庄子的成长。

　　王家大院的这棵槐树是豆青槐,每年树上结满了槐豆。槐豆也称槐角,是常见的中药材。据园林部门鉴定,这棵树有七百多年的历史了。可见树的历史比徐庄子以及天津市都早。徐庄子位居天津城东,紧邻金钟河,这里土地平坦,水草丰美。整个庄子的最高处就是王家大院,早年间这里是退海之地的贝壳堤,因为"文革"时备战备荒,我们房后面挖地道,从里面发现许多贝壳,说明这里的年代久远。这棵大槐树是村子的标志物,村里人远远就能看见。早年间,徐庄子生产队没有电,也没有广播器大喇叭。村里在这棵大树上拴上一段铁轨,每天早晨下地上工和晚上收工的时候,社员徐广和都要来到我们院子,登上梯子拿着一个榔头敲铁轨,这样全村人都知道到了下地干活儿和收工回家的时间了。

　　大槐树伴随着我们王家的成长。我爷爷就住在这个院,到了我们这一辈哥三个,长辈们专门给我们起了与树有关的名字。我哥哥叫王树根,我叫王树本,弟弟叫王叔林。大槐树见证了我们的成长,小的时候我们经常在树下玩,这个树有树洞,是儿童捉迷藏的好地方。树上有许多壁虎,也有许多麻雀、喜鹊等小鸟。每到夏天,树叶葱绿,槐花飘香。北方天气炎热,但大槐树的枝干与树叶,遮盖了整个院子。家人在树下乘凉,喝茶聊天,弥漫着农家人的欢乐。

　　树是有生命的,是人类的朋友,我们要爱护它,让它茁壮成长。

这棵七百多年的老树是植物化石，我们更应当倍加爱护。我们家里人十分珍惜这棵大槐树。每到秋冬季节，树叶飘零，我们都要把树叶堆在树根底下，让土地自然"消化"。每逢冬季及春季缺水的时候，我们都给树浇点水。我们不让孩子们上树，更不让他们随意折断树枝，家里人也不让在树下随便放东西。由于树越长越大，树干压在房上了，为了保护古树，我们决定将房屋重新翻建。由于树台子较高，我们翻建房屋时，往下挖出一米，没有见到根系，说明这棵大槐树根系比较深。我们在翻建大院时，有意将院子往外扩大了，目的是让树枝蔓和根系得到充足的生长。

这棵树呵护我们王家。我们家男性都十分长寿，我大爷87岁，父亲93岁。我的事业也十分顺利，赶上了第一季春季征兵，并在部队机关服役，还在部队入了党。1991年村委会选举和2018年合作社理事会选举，我都是高票担任，当然这离不开群众的信任。

讲述人：王树本（62岁）
整理人：曲振明

军粮城

☆军粮城

位于天津市东丽区的军粮城,地处天津与塘沽之间,前身为漂榆邑、角飞城,是一座具有千年历史的古镇,也是天津最早的港口,宋至清也有"聚粮城"之称。民国时期,军粮城前贯北宁铁路,后邻白河,水陆运输极为便利。1948年12月19日,军粮城镇解放,属宁河县六区,1958年划归天津市,属东郊区,称军粮城乡,同年8月23日改称聚粮城公社,1983年6月又复称军粮城乡。1984年4月乡改镇。2008年8月16日,正式设立军粮城街道办事处,是天津市东丽区下辖的一个乡镇级行政单位。

军粮城面积77.4平方千米,辖19个行政村、5个居民委员会,常住人口4.8万人。

军粮城电机草袋工厂

　　早年间,军粮城有一座生产草袋、草绳的工厂。该厂前身为津塘产业公司,在天津沦陷时期由日本人创设,主要加工草绳。该公司1940年开工,1945年6月停工,平均每天产草绳500盘。抗日战争胜利后,该厂由国民党中央信托局敌伪产业清理处接收,但一直未予经营。

　　1949年天津解放后,人民政府天津农垦局在日本津塘产业公司的废墟上修建军粮城电草袋工厂。1950年扩大业务范围,设立小站、咸水沽、茶淀三个分厂。全年生产草袋25万余袋,草绳63万余斤,从而带动了周围的农村手工副业。电草袋工厂既供给城市工业包装使用,也在城乡产品交换上发挥了作用。1950年该厂有草袋机181台,人力草绳机106台,男女工人400余名。工厂还有铡草机、打光机、打包机等设备30余台,通过技术改进,每人每天最多生产草袋20条,缝边每人每日最多能编45条。草袋可以作为包装谷物、盐、肥田粉及水利土木工程之用,草绳可以包装机器设备物料之需要,可以替代麻袋。

整理人:曲振明

1946 年军粮城治蝗防灾

蝗虫也称蝗蛹,俗称蚂蚱,其繁殖力强,对粮食破坏力极大。民国时期军粮城曾有五十余万亩稻田,年产稻米 1 亿斤,是天津乃至华北的产稻中心和粮食供应基地。有一年,三个小时内蝗虫便啃光了军粮城 1700 亩稻田,使稻农一年的辛苦付之东流,有人比喻说这是间接地吃掉了许多贫民的生命。

华北的蝗虫发源地共有 5 处,其中军粮城以北三十余里的宁河七里海是一片湿地,易于繁殖。1946 年 5 月上旬,宁河七里海湿地中发现大量的蝗虫。当时负责水稻改良实验的中央农业实验所北平农事试验场军粮城工作站集中有限的人力,用掘壕驱虫土埋的方法治虫,但不能阻止其滋长。当年 6 月中旬,中央农业实验所技术人员赶到。但是强大的蝗虫群分五路向南移动,其中一路奔张贵庄,四路奔军粮城,东西横广 40 里,南北纵深 15 里,被灾区域有 450 平方米。由于军粮城沟渠遍地,芦苇茂盛,据估算寄生其间的蝗虫约二亿多只。其时小麦初熟,水稻插秧,农民于收种,无暇顾及,导致蝗虫出现蔓延之势。而中农所军粮城工作站限于人力、经费,无法全面处理。不久,国民政府农林部病虫药械制造试验场主任刘廷蔚博士带领二十余名农业学院学生组成的治蝗队奔赴军粮城地区,尽量播散药物,以阻其蔓延。治蝗队把砒霜钙混合麦麸和糖浆,加水调制成毒饵,散布在蝗虫前锋所到之处,截堵前进,防止蔓延;用火油和少量除虫菊粉,以喷雾器喷射蝗虫,破坏其呼吸器官;深入蝗虫集合区散布砒霜铅和砒霜钙,加水制成液体喷射在芦苇上,使之中毒。不久效力大显。这项工作十分辛苦,每天早晨 6 点开始,直到晚上 9 点才能回到工作站。工作开展8天,已有3名队员病倒了。

当时联合国善后救济总署平津分署农业专家窦高乐博士协同美国驻津海军陆战队恩莱德上校前来参观治蝗,看到学生们在水深及胸的河沟里喷射毒饵,终不能渗透深厚的芦苇丛中,于是商量借来喷火器灭虫。6月22日上午,窦高乐博士带来6具喷火器和许多附属设备。10分钟后,喷火器开始喷射,50米一段的芦苇已烧成焦黑。喷火器发挥了一定的作用。

同时,善后救济总署平津分署派员发动军粮城附近的老百姓,实行扑打,以面粉收购蝗蝻,使农村妇孺自动扑灭,规定面粉一磅收购蝗蝻五磅,农民将蝗蝻交来后,或就地掩埋,或立即烧杀。后来改为一磅面粉收购蝗蝻三磅,共收蝗蝻8789斤,其零星蝗群仍责成农民捕捉,以面粉收购,截至6月20日,军粮城治蝗救灾工作告一段落,农作物得以保全。

整理人:曲振明

军粮城水稻种植历史

　　天津种水稻的历史,发端于明万历年间,汪应蛟在白塘口、葛沽一带挖渠灌水,种植水稻。清康熙年间,蓝理在津南屯兵种水稻。清光绪初年,周盛传在小站率军开挖靳官屯减河及南运河,经小站直通大沽,全长170里;兴建桥闸,引水灌溉,种植水稻。此后逐年增加,开垦土地480顷,分给各营耕种。光绪二十八年(1902),清政府设立小站营田局管理小站农田。至光绪三十一年(1905)复设垦务局,专门负责种植水稻。两年共开垦二十余顷土地,不久因收入不敷开支,又与营田局合并。

　　宣统三年(1911),清政府在军粮城设立农垦局,开辟稻田面积约4000余亩,后由福兴垦务公司承办。福兴垦务公司由广东人曹嘉祥、郑翼之集股54万两,于光绪三十年(1904)成立,总号在天津河北新马路,分号在静海朝宗桥(今大港区)。据史料记载,该公司在天津、静海、沧州购买荒地33万亩,从事种植和畜牧业生产。光绪三十三年十二月立案。"在天津与大沽之间(即军粮城),已经成立了一家私营的模范农场,占地5.7万亩。其中已经整理了两万亩,准备种稻米和棉花。土地划分为输耕的地段,以高地种棉,低地种稻。为开辟地面较低的稻田而挖出的土壤,都作为升高棉田地面之用。因为地位紧靠海河并与海河平行,灌溉和水源很容易获得。其所使用的灌溉系统是完善的。"

　　1920年,倪嗣冲、王诸三集资创办开源垦务公司,收买福兴公司业务,并在军粮城购买荒地约3万亩,招佃种稻。改设蒸汽抽水站两

天津东郊村落文化留迹(上)

处,经营农场。后因排水系统不完善,碱水难于排除,以致失败。1934 年,开源垦务公司将土地全部转让河北棉产改进会改种棉田。1937 年天津沦陷后,这些土地由日本华北垦业公司经营。

1937 年华北沦陷后,日寇急谋掠夺食粮以济军需,遂成立华北垦业公司、华北农事试验场及米谷统治会三个机构。华北农事试验场负责各种试验研究,如品种之改良、土壤之分析等工作。米谷统治会负责农业物资器材之购运、分配及米谷收买统治等工作。其中规模最大、任务最重者为华北垦业公司,负责经营盐垦事业。华北垦业公司于 1940 年筹备,1942 年成立,接收原华北棉产改进会所有原开源公司土地外,在蓟运河及滦河两流域,大量收买碱地从事垦殖,有直营农场三处(茶淀、任凤庄、军粮城),开垦之地区二处(滦县、蓟州地区)。

日伪时期军粮城农场共有稻田 20781.6 亩。此外,还有一些日韩侨民经营的民营农场。此间伪华北垦业公司种植土地 37506 亩和伪米谷协会在军粮城车站南种植 47408 亩,推行电化水利组合,增添灌溉设备,逐渐装设电力机械,增强灌溉效能。此间,日本兴中公司还在军粮城购地,为数约四五万亩,拟作棉花种植区,试种美国棉花,供天津、青岛、济南日资纱厂之用。1939 年,日本人嘉藤三之辅筹建军粮城机米厂,于 1940 年 11 月落成,初名军粮城精谷株式会社,后改为军谷公司。截至 1945 年抗日战争胜利时,军粮城一带农场种植水稻 20781.6 亩,民营种植 46080 亩。

1945 年抗日战争胜利后,原华北垦业公司部分,先由国民政府北平行营接收,随后于 1946 年移交国民政府农林部华北区特派员公署接管。日韩侨俘所经营的各个农场先由天津县政府接收,后经敌伪产业处理局移转农林局华北特派员公署接管。1946 年 2 月成立河北省农田局,接管军粮城日侨、韩侨的耕地。当时军粮城有海河右岸稻田 24423.67 亩,其中河北垦业 17650.6 亩。河北农田局 6764.07 亩。此外还有国民政府中央农业实验所北平农事试验场军粮城工作站,其间接隶属伪农林部,办理城地改良水稻栽培等试验工作,共有实验土地 1310 亩。军谷公司由国民政府中央信托局敌伪产业处理局保管,改名为军粮城机械厂。

1949 年 1 月 16 日,即天津解放后的第二天,中国人民解放军天津市军管会即设农林管理处于滨江道 210 号,位于军粮城的原河北省垦业农场、原河北省农田局、原中央农实验所北平农事试验场军粮城工作站、原军粮城机米厂等单位被人民解放军接管,后归津沽区农垦管理局管理,并于同年 4 月 1 日起正式办公。当时津沽区农垦管理局在军粮城所有耕地 86319.96 亩,其中水田 29071.71 亩,另有苇田 31992 亩。本局扬水设备集中在军粮城、张贵庄一带。所接管的国民政府农业机构后改为天津农场局军粮城机械农场、军粮城农牧场和天津粮食局军粮城机米厂。

整理人:曲振明

天津东郊村落文化留迹(上)

军粮城兴修"民生渠"

民国时期,军粮城号称华北的粮仓,尤其以种植稻米闻名全国。

天津沦陷时期,军粮城成为日寇种植稻米的基地,迁来大量的日本、韩国侨民到此耕种。抗战胜利后,日侨、韩侨种植土地为国民政府接管。1946年2月成立河北省农田局,接管军粮城日侨、韩侨的耕地,成立了军粮城区农场,由军粮城农民组成合作社进行种植。这里种植稻米,依靠袁家河和它的支流中河及西河灌溉。1948年,军粮城农场合作社农民完成了一项水利工程,使近万亩的旱田变成水田。

在日寇统治时期,由日侨、韩侨开垦的7500亩土地上,原有75马力和100马力两台抽水机,不够灌溉,因此每年的轮旱区域有1800多亩。抗战胜利后,在军粮城农场成立了合作社后,开始着手兴修水利。全部兴修经费都由农场各农户自筹,一共用了35亿法币,其中装马达5亿,抽水机8.4亿,挖水池14亿,其他为防御工事和各项杂务支出。自1948年2月初开始到5月初,费时不到三个月,在这短短的时间中,还完成土方31万,开挖河道2100米,充分表现了农民们自力更生、团结合作的精神。军粮城农民对这条水渠充满希望,并命名为"民生渠"。

自从新装了一台90马力抽力机后,不但轮旱区可以变成水田,就是新垦的2200亩荒地也可以得到灌溉。至于增产数字,据农田局的估计,轮旱区1859亩,每年可收获稻谷约74.36万斤,较原产量增加了30%。新开垦的荒地,每年增收稻谷44万多斤,对于农民和政府粮食供应的收益,都有莫大的好处。

1948年5月5日,河北省农田局在军粮城农场举行放水庆典仪式。当天河北省农田局、河北省社会处、天津市工务局、农林部河北垦业农场以及天津县的官员,农场附小学生、全体合作社员共约500余人出席。在官员们讲话致辞后,军粮城农场附小女生徐惠丽、邵元风二人剪彩,电动机接着开动,三个汲水筒便不断地把低处的水抽到高处的河道里来。随着河水翻滚不停,水位逐渐高涨,围观的农民都鼓起掌来,报以欢呼。红红绿绿的纸片在水中旋转,五彩缤纷,极为美观,象征着农田丰收的愿景。

不过,合作社员在《益世报》记者采访时说,军粮城农场土地原是很完整、很具规模的。但抗战胜利后,接收的机关太多(农林部、市府、省府等),缺乏管理。再加上国内战乱不断,土地已是大部荒芜。农民们希望从这次工程的完成开始,渐渐摆脱人事的隔绊,使农业生产兴盛起来。

整理人:曲振明

☆ 东堼村

村情简介：

东堼村，清光绪十六年（1890）建村，"文革"时曾更名红星村。该村东连无瑕街，西至袁家河，南临津塘公路，北依京山铁路。2015年4月16日开始还迁，现村民们搬至军粮城新市镇军瑞园、军祥园、春竹轩、夏荷轩、秋棠轩、冬梅轩居住。

东垄村的由来

　　东垄村名字的由来出自杨台地主老张家。老张家家大业大,雇用了很多长短工和佃农。后来张家又在袁家河一带开挖了东西向三条干渠,租给农民种植稻米。刚开始农民住在杨台附近,为了耕种方便,不少佃户干脆就顺着三条沟盖房子。慢慢盖房子的佃户越来越多,沿着东西三公里、南北两公里的稻地沟形成了一个自然村落。当时杨台有个西南垄,垄的意思是长条高地,东垄因地处杨台以东,地势也高,老张家便把这块地称为东垄,东垄村由此得名。

　　中华人民共和国成立前,东垄村人口很杂,各地方都有,包括河南、山东、江苏、河北等十六个省。这些外乡人大部分是逃难过来的,为了谋生只能给张家扛活儿度日,干一年得一年工钱,一般一年能挣十担八担粮食。东垄村民的房子沿沟而建,沟南边的房子出门便是地,沟北边的房子出门便是沟,没有院子,简陋狭窄,只是一个个孤零零的土坯房,零散地分布在稻地沟边。中华人民共和国成立后,东垄村自成行政村,土改分田到户,合作社时期,东垄村划为园田区,三个劳力种一亩菜园,以大白菜和西红柿为主,人均大概只有九分地。改革开放后,村里转变思路,不再依靠从地里找食,而是依靠运输仓储过上了富裕日子,一半以上的村民吃上了商品粮,村民们搬进了独门独院的楼房,东垄成了远近闻名的明星小康村。

讲述人:刘光武

杨付力

整理人:王　静

东堼"三大难"

东堼是远近闻名的明星小康村,走进村里,排列整齐的高压水银灯竖立在水泥路两侧,造型新颖的住宅楼宽敞明亮,楼内生活设施现代化,宛如城市小区一般。生活在其中的东堼人,享受着改革开放带来的成果。这样的日子要是放在几年前,那是老百姓不敢想的神仙日子。当年的东堼人,过得可是"东堼村,佃户多,住地头,土坯垛,十有八九揭不开锅"的日子。回想起当时的苦日子,如今有点岁数的人一提起来就是"三大难",也就是吃粮、喝水、烧柴火三大难题。

粮食少,吃不饱。人以食为天,中华人民共和国成立前,东堼人祖辈给地主扛活儿,当佃户养活全家,常常是有了上顿没下顿。中华人民共和国成立后,国家处于经济建设的起步阶段,之后又是三年困难时期,东堼村人多地少,每人平均九分地,打出来的粮食根本不够一家吃的。东堼村还有一部分村民吃商品粮,每月28斤的定量就更难填饱肚子了。为吃饱饭,人们想着法找东西吃。他们把稻草铡碎了,然后把铡碎的稻草泡在水里发起来,之后再把泡过的稻草秆用磨推,碾碎后便能析出绿色液体,最后就着这种绿汤子吃窝头,就这样全家一直对付到月底。这种吃法,如今看来非常不可思议,甚至有些年轻人闻所未闻,可在当时却是非常普遍,因为能解决一家人的伙食。

水质差,喝水难。中华人民共和国成立后,东堼人一直喝地下水,地下水水质不稳定,氟超标问题也很突出,大部分人一口大黄牙。而且受季节影响,一到旱季水都不够喝,所以村里人家家户户必须得准备一口大缸,专门用来存水。20世纪七八十年代,为了解决喝水的难题,村里建了机井打水。不过随着地下水位的下降,机井抽空吊泵现象严重,再加上机井老化失修,只能限时限量供水,有时还要到外村拉水或挑水吃,这严重影响了老百姓正常的生产生活。

柴火少,烧火难。农村人靠山吃山,靠水吃水,烧柴做饭是农村人的传统生活习惯。困难时期,人们不仅要为填饱肚子操心,还必须准备足够的燃料,以备做饭和过冬,要不然也会吃了上顿没下顿。平时大家到地里拣些稻秆、麦秆、苇秆,或者背树枝回家,放在固定地方。就是孩子们,放学后也得背上箩筐到地里捡柴火。一般来说,夏天的柴火问题好解决。在生产队的时候,麦子收割下来,大家都会带着镰刀去切麦穗,麦穗归集体,麦秸秆就可以拿回家当柴火烧。为了能攒更多的柴火,大家劳动积极性都特别高。村民把麦秸秆码成垛,放在自家院子里。有了这些麦秆,再加上去年剩下的柴火,差不多能坚持到中秋。过了秋,家里有种玉米的,还可以烧棒子皮和棒子瓤。不过棒子皮和棒子瓤不经烧,得省着烧,要不然也撑不过个一冬天。

后来东堼划为园田区后,各家以种蔬菜为主,缺柴火始终是个大问题。刚开始大家还可以拣些秸秆和苇秆烧,后来村里要回收秸秆和苇秆卖钱,人们没办法只得找玉米根、苇花来烧。玉米根是埋在土里的,拔出玉米根带出土,人们得先把根上的土抖干净后,才能放进灶里烧。捡苇花时得小心尖利的苇茬,否则会把鞋子穿透,伤了脚。再到后来,考虑卫生和安全等因素,大家陆续开始烧煤炉,买煤烧火做饭,人们这才不再为柴火少的问题发愁了。

想起以前的日子,没吃没喝,睡觉还是铺苇席,跳蚤满炕跑,人们最大的心愿就是能活到60岁。如今东堼人的日子越过越好,可是如果忘记了老一辈的日子,又怎么能珍惜当下的好日子呢?

讲述人:刘光武
杨付力
整理人:王　静

过年看小车会

小车会又叫"云车会"或"太平年",是天津民间花会之一种。每逢春节和元宵节,本地区村民就会组织起来,到各村去演出。

小车会的主要道具是一辆花轿,有彩绣的凉棚,四周则装饰有花边和璎珞。有的花轿四周还挂着一个绸缎大绣球,车盘以下用绿色布幔围一圈。为了让节目吸引人,各村都会在小车装饰上大动脑筋,争奇斗艳。出场的角色一般少至三人,多至几十人。小车会之所以吸引人,除了演员的精湛表演,还有那高亢的锣鼓点。只要锣鼓敲起来,大人、孩子、老人无不伸长脖子、目不转睛地盯着演员表演,有的甚至踩着凳子看花会。

东赳村民也喜欢看小车会。出场演员们全部为油彩化妆,身着戏装,按角色佩戴不同的头饰,手持不同的道具。花旦武旦的扮相,一般身着红色或绿色戏服,身着粉色长袍的一般是小生扮相,也有老汉、丑婆子、傻公子等人物扮相。正式表演之前,演员们先有一个热场。随着大鼓、大锣、大铂、小铂的鼓点,所有演员在场中央变化队形快速穿行。有时呈两排纵队前行,行进当中互相交叉前行,同时按个人喜好做出不同动作,最后再排成两行纵队,用手中道具搭成拱形前进;有时先由彩旦排成一列纵队,脚踩鼓点,以秧歌舞姿摇曳前行,然后围成一圈,在疾驰的鼓点声中,花旦手持马鞭快速进场,一边后退行进,一边手舞马鞭,整个场地热闹非凡;有时演员则按十字形、八字形或 S 形队伍行进表演,这时扮演丑婆的演员手持箩筐进入场中央,为重头戏做准备。

热场之后,一辆漂亮的花车便在众人的拥趸之下出场了。不同的地方,小车会讲的故事也不同,有讲庙会捉拿费德功的故事,有讲送西夏周郡娘娘回家乡的故事,也有讲"瞎子逛灯""老妈上京"和"抢亲"的故事。在东堼表演的小车会是一家人去逛庙,剧中共有七个角色,推车老汉、拉车老妇、小姐、傻公子、丫鬟、丑婆子和傻弟弟。拉车的老妇在前面使劲拉,老汉后面使劲推,傻弟弟在一边玩。路上碰到一个傻公子不断挑逗小姐,一旁侍候的丫鬟、丑婆不断向外赶傻公子。小车时而走平路,时而走弯路,时而上下坡。丑婆子丑态百出,小姐表现羞涩,十分有趣。突然,小车失控,小姐连同小车失去控制,快速旋转几圈,最后跌坐地下。众人惊慌失措,为把车拉起来,傻弟弟绕着车子转圈圈,试图用身子拱起车;拉车的老汉和老妇使劲向前推;丫鬟忙着照顾轿子里的小姐;丑婆帮忙拉车;傻公子则跑得远远的,看笑话。最后,小车终于被众人扶了起来。鼓声慢慢弱下去,小车退场,锣声突然升高,众演员入场成两排纵队行进表演,绕场两圈后退场,整个演出差不多持续半个小时。

整个表演当中其实最累的是"小姐"。小车差不多得有二十斤重,"小姐"通过带子将车架起来,上面立有四根支柱以支起凉棚。坐车人身着"小姐"装扮,上身穿红色戏服,两条腿在下面行走,腰间另系两个假腿盘在面板上,就像坐在车上一样。看上去演员动作轻松摇曳,且花样颇多,但实际上却是最吃劲的。

整场表演动作接近生活,场面滑稽热闹,吸引了不少村民,甚至周边村的村民听说了,也专门跑过来看花会,小车会成了村民过年的娱乐大餐。

讲述人:刘光武

杨付力

整理人:王 静

天津东郊村落文化留迹(上)

东埕村名的由来

　　最早的东埕据说是一片退海之地。清光绪年间,这里还叫饮马河,几乎无人居住。大约在清朝末年(1906年以后)才陆续有人逃难至此。先来的几家谋生的人们,分头住在东埕的几条沟棱上,分南沟、中沟、北沟。这些人为了糊口,在搭好窝棚后,便没日没夜地开垦荒地。年复一年,日复一日,一块块荒地逐渐被开垦成一片片的农田。家住杨台西埕(即现在的西南埕)的一家姓张的地主,在闲暇坐轿来这里兜风时,见这里大有开发的潜力,便找来几名打手冲到这里,硬说这里是他家的地,叫"张家东埕",同时派人挖沟划界,积蓄扩大粮田(而地主本人仍住在杨台)。由此,这村名便被叫了下来。后来,人们为了简便,就直呼"东埕"了。

　　1939年的一场大水,本来就不多的东埕村民又被"冲"走了不少。待大水过后,逃出去的人们又陆陆续续地回来了,出去的单身汉们都带回了老婆、孩子。这就大大地充实了东埕的住户。至此,白房子、红房子、杨家圈、三车地、五车地灯一些标志着某地特征的地名又在东埕叫开了。老人们还清楚记得它们的范围。

讲　述　人:杨子才

程付有

孔兆生

搜集整理:程维洪

选　录　者:万鲁建

东堼村是个文明村

东堼村为了推广健康向上的活动,采取了如下几个措施。

一是建设好阵地,提供健康文明、积极向上的活动场所。东堼村充分利用村内活动健身广场,设立了羽毛球馆、休闲椅、露天凳、露天健身器械等多种室外健身场所,极大满足了村民的文化健身需求,使广大村民在娱乐和活动中受到教育、启发。

二是广泛宣传,营造崇尚科学的浓厚氛围。东堼村建起了 6 米长的科普画廊,刊登倡导科学、文明娱乐和益于身心健康的宣传板画;通过墙报、板报、橱窗和文艺演出等多种形式进行宣传教育,不断将科学知识、科学思想、科学方法、科学精神传播给广大农民。

三是创新载体,开展各种有益于身心健康的文体活动。东堼村开展了"崇尚科学,传承文明"新春书画展,组织村内退休人员开展"拥抱自然,关爱生命"一日游,组建成立了村民群众书画队、健身队、合唱队、舞蹈队等多支文体团队,组织村民扭秧歌、打太极拳、跳健身操、唱红歌等,引导村民科学健身、文明健身。

通过这些措施,东堼村得以树新风、变新貌,成为一个远近闻名的文明村。

(本文根据 2011 年 11 月 24 日《天津日报》报道《东堼村用健康向上活动占领农村阵地》改写。)

东堼村歌谣

东堼村,佃户多,
住地头儿,土坯窝儿,
十有八九揭不开锅。

口述者:刘华云
采录者:傅鸣山
选录者:万鲁建

☆ 杨台村

村情简介：

杨台村位于军粮城街中南部，毗连三村、山岭子村，绿荫成林，交通便利。据杨氏家谱记载，杨氏始祖杨福善携二子，同张氏始祖张官英随明燕王朱棣扫北，由金陵迁来，到达军粮城择高地而居，因杨姓人多，遂取名杨台。改革开放以来，杨台村发生了翻天覆地的变化，2013年，杨台村村民相继还迁入住军粮城新市镇社区。

泥房

　　20世纪七八十年代,当时杨台村大多数人家住的是土坯房,也就是用泥土打成坯垒起来的房子。这种房子的主要原料是泥土和草料,盖房成本低。虽然土坯房住起来"冬暖夏凉",但毛病是土性松散,经不起雨水冲刷,墙体容易脱皮和漏水。因此,每年必须得精心泥一回房。泥房就是给屋顶和墙面抹上一层厚厚的泥巴,就像给人穿衣裳一样。没有了这层衣服,房子就可能会漏雨,甚至塌掉,这也是农村人逃不掉的活计。泥房通常要在雨季到来之前完活儿,一般大家都选在四月前后,因为这个时候雨水少而且天气干燥,泥完了房有两天时间就能晒干。如果时间错后,一是会耽误麦收,二是会遭遇雨季,如果突如其来一场大雨,可能所有的辛苦都泡汤了。

　　泥房首先得准备材料。一到泥房的季节,家家户户就开始用小车将洼地里的土运到自家房前屋后备用。选择什么样的土也是有讲究的,一般情况下碱土和沙土不行,红土又容易发干漏雨,所以黄土是最好的。备完土后,开始铡麦秸草或稻草。所有的土和草都准备好了以后,并不能马上就将土和草掺在一起,而是先要洇土。这是非常重要的一道工序,把备好的土先扒成一个大圈,里面倒上铡完的麦秸草和稻草,然后倒水洇化上一个晚上,第二天再用铁锹或耙子一遍一遍地反复搅匀了,泥和草完美地契合在一起就可以泥房了。如果缺少了洇土的这个环节,房子极容易裂缝。

　　泥房子不是一家人就能完成的工作,而是需要大家互帮互助,甚至还得有专门的泥房"把式"。到了泥房的时候,其实也不用特意去请人帮忙。大家住得近,谁家备土了,谁家铡草了,谁家已经洇好土了,村里人都知道。天一亮,有的人拎上一把铁锹就出门,看到谁家准备泥房就主动走过去帮忙,也不讲什么报酬的话。

泥房是个力气活儿,也是个手艺活儿。就拿扔泥来说,不但需要力气而且需要技术,一般是小伙子的活儿。小伙子手持一把铁锹,一锹锹把泥铲起来,不断地扔到两米高的房顶上。如果单凭一把蛮力,一会儿的工夫就腰酸胳膊疼了。所以扔泥还得讲究技巧,首先铁锹里的泥不能成泥坨子,泥坨子沉,不好扔。其次扔泥还要有准头,要不然扔上房的泥到处乱溅,房上的人就没法干活儿了。最后扔泥得有巧劲,得趁着颤力的惯性往上抛,这样才能既省力又顺溜儿。

专门负责抹泥的人必须得有两把刷子。泥房先泥屋顶,有经验的人抹的泥厚薄均匀,干净光亮。当运泥人将泥倒在指定位置后,泥房人马上用抹子将泥摊平,然后左右仔细涂抹,直至一摊泥均匀地铺在房顶上。泥完屋顶接着泥墙壁,它需要泥房人将泥准确且牢牢地粘在墙壁上,如果没两把刷子,泥是粘不到墙上的。有时候墙壁与屋顶差一截,村里的人就会用高粱穗和油毡条围一圈,再用泥抹上去。

泥房是累活儿,更是高兴的事。每到这时都要热闹一番。大人们边干活儿边唠嗑,主人家拿着烟、端着水招呼着帮忙的人;小孩子们则围着土堆玩儿。在说说笑笑的氛围中,一伙人就把一年中最重要的活儿干完了。如今村里已经没有土坯房了,取而代之的是一幢幢高楼;当年的"泥把式"也不见了踪影,取而代之的是现代机械化作业;昔日一大帮人围在一起干活儿的热闹场景也不见了,取而代之的是流水线上的作业。但不管时代怎么变化,乡亲之间那种纯朴友善的感情永远是人们抹不去的记忆。

讲述人:李春生

胡凤友

整理人:王　静

☆唐山村

村情简介：

唐山村，原名唐山沟，"文革"时曾更名新胜村。该村有 301 户，1037 人，土地面积 2463.12 亩。该村位于袁家河东岸，南部隔津滨高速公路，与苗街、一村相望，北隔津北公路与永兴村为邻，东西部皆有湖泊。由于泰达西区占地，唐山村于 2007 年 9 月启动拆迁工作，现村民们统一搬到军粮城街和顺家园居住。

捕杀稻飞虱

　　20世纪70年代末,唐山村的水稻遭遇了稻飞虱侵袭。稻飞虱是一种长四五毫米的小飞虫,有短翅和长翅两种,是水稻的主要害虫之一。这种小飞虫冬天在杂草、稻茬和枯枝烂叶中越冬,到四月初成虫交配产卵,五月中旬,第一代幼虫主要在麦田或青杂草上觅食,第二代幼虫以秧田为食,到第三代至第五代的成虫就成为稻田减产的罪魁祸首。每年的七八月份是稻飞虱闹得最凶的时期,因为这个时候正是水稻孕穗初期。1958年,河北全省水稻就曾因灰飞虱和褐飞虱(稻飞虱的一种)的肆虐而受灾。严重的地方,水稻棵黄苗萎,甚至颗粒不收。所以当村里闹灾后,村民人心惶惶。受灾的稻子,稻头发黑,一株水稻差不多从根到尖得有上千只稻飞虱爬在上面,用手随便拨开一株水稻,立即飞起一群黑色的小飞虫,密密麻麻。如果不能及时捕杀,快则半日,慢则一周,一株水稻就彻底枯死了。当时有村民家的稻子几乎都被虫子吃光了,眼瞅着一年的口粮没了着落。当时治虫主要有三种方法:一种是喷粉,主要用0.5%的六六粉喷洒于水稻上,大概一亩用药三四斤;一种是滴液,每亩用6%的可混性六六粉一斤,加水二百斤,混合均匀后进行滴治,或者每亩用河豚鱼油乳剂二两,油皂一斤,然后兑水二百斤;一种是滴油,每亩用废机油一斤,加煤油二两,均匀撒在水面上,然后敲打稻株,稻飞虱受惊后,大部分会跌落到水面死亡。

讲述人:刘宴敬

刘凤池

整理人:王　静

☆后台村

村情简介:

后台村位于军粮城街道西北部,始建于明永乐元年。据刘氏家谱记载,刘氏祖先由金陵随燕王扫北迁移至军粮城西北部定居,择高台建房,村名即为刘台。后来形成了后台、李家台等村。2015 年 6 月,后台村村民相继还迁进入军粮城新市镇一期北区,这在后台村历史上具有划时代意义,后台村的发展翻开了新的一页。

后台村的基本情况

后台村在军粮城是连成片的村,过去属于老刘台,1994 年才从刘台分出来。从时间上看,后台村还算是一个新村。

军粮城的地形像一个楔子,各村分布比较分散。苗街在军粮城正街,与杨台、塘洼、刘台几个大村组成的一个军粮城街,东垈、大安、兴隆、永兴、一二三四村、唐山沟隔着河,处在军粮城外围,民生村是开荒迁居而成,也在军粮城街外边,再加上海河边的魏王村共同形成了军粮城街道。后台村不大,也就六百多户、一千六百多口人,原先多一千六百多亩地,分村的时候被袁家河给截开了。

这里的居民都是永乐年间跟燕王扫北过来的,像老刘台,姓刘的多,他们是跟随燕王扫北过来的老人。还有从山东、河北黄骅、盐山逃荒来的,还有一部分承德的。房宝玉他们老家是大港太平村的,他爷爷过来有一百多年了,卞家圈就是那边来的一部分人,时间一长就在这边落户了,来了给人家扛活儿。

过去老刘台有三个士绅,老刘家、窦八爷和老何家。老刘家家大业大,据说当年李鸿章修铁路要从刘台过,他也不让。老刘台还有个窦八爷,从大港窦庄子过来的,此人靠种地、编草帘子、熬小盐发家,后来买了一大片荒地,改成了稻田。老何家比较乐善好施,当年老房家来的时候,举目无亲,何家安排他们地方住,管吃管喝,最后老房家才落了脚。老房家人说:"要是没有老何家,我们还不知上哪儿要饭去。"

后台老村前头有个北道,就是津北公路,通张贵庄机场。这条路是日军修的石子路,碗口大的石头垫的路,走在上面硌脚。津塘公路也就是一个水泥窄路,下边有趟黄土路走大马车。在北道的对面,有个日军修的炮楼。军粮城有个日军机米厂,都是雇佣中国人干活儿。

当年为了抗击日军,区小队的韩振华想尽了办法。他脑子活,提出日军不好打,就打游击,打伪军,打那些伪警察,白天不好打就夜里打,他还袭击过日军的一个指挥部,中华人民共和国成立后回到后台安家,还当过生产队的书记。

日本投降后,后台村有不少参加解放军的村民。像房宝玉的叔伯哥哥那年才13岁,因后娘待他不好,当他看见村里来了部队,就非要跟着部队去当兵。因为不够年龄,部队也不接受。最后,炮兵营长看他人挺聪明,就把他给留下了,说:"你跟我做做勤务吧。"就是勤务兵。他这个人能耐,后来调回天津市,在市委机要处工作。

1978年国家开始改革开放,1984年,房宝玉在部队当兵回来,在生产队当队长。为了创收,他给生产队搞副业,外边跑业务,给杨庄子土产砸核桃、摘枸杞。后来大队分家,除了分牲口,像一些农具,如镂、犁、镤子、耙也都让村民抓阄分了。就这样,生产队解散了。房宝玉脑子活,决定自己干买卖。刚一开始干服装,老伴在家里铰样子,铰完了往外发,包给外边做成衣。然后再敛上来批发到山西、河北、张家口、大同等地。这样他们家很快就成了万元户,房宝玉摩托也骑上了。

到2012年,村里的经济有了较大的发展。在社会保障方面,全力落实新型农村社会养老这一惠农政策,城乡医疗保险全覆盖,村民个人负担的七十元全部由村集体负担。统一缴纳防止村民因病致贫现象发生,同时加强了对特殊人群的保障工作,对村内困难户、五保户、低保户给予一定的经济援助,对参军家庭给予一定的物质奖励,对村内自主创业人员提供帮助,促进了全村各项事业发展。

讲述人:房宝玉(68岁)

邢凤喜

整理人:张　诚

后台守着袁家河

抗战时期,袁家河的水是从海河来的,走个船,拉个粮食,当初后台村用袁家河水种水稻。早先种稻地用的都是水车,拿驴转圈带的那种,两个人摇的那个水车是 20 世纪五六十年代的事,以后发展了柴油机动力的水泵,再往后就是电泵。那时稻米好吃,都是咱这海河来的黄河水。20 世纪 60 年代以前,种稻子都是拿铣掘,一天掘不了二亩地,后来发展到拿人拉犁,拿牲口拉犁,到了后来有拖拉机了。开始是拿手栽秧,拿镰割稻子,机器栽秧是在 1972 年,但是从那年就不行了,海河水给控制了,种着种着没水了,后来大面积改旱。

村里没有自来水,人们都吃坑里水,就是自然形成的坑。到时候下雨,根本用不着澄就很清亮;下地干活儿喝河里的水,渴了趴在沟里就喝。20 世纪 60 年代时,村里有了机井,大刘台子都上后台挑水去。

军粮城是鱼米之乡,市里人要上这儿串门,村民就会说:"等会儿啊,在家里喝点儿水,我出去一趟。"半个小时就捞了半口袋河螃蟹,当时是五毛钱半袋。现在都是买螃蟹,还都是养殖的。为什么逮螃蟹这么快?这里面还有诀窍。首先要记住螃蟹窝,把螃蟹掏出来,第二天这个窝里又会有两只螃蟹。然后掏螃蟹不能生捋它,就算把螃蟹捋烂了,它也不会动弹。只能拿东西逗逗爪儿,等螃蟹出来,一按就成了。我们也钓螃蟹,一个拿灯照,一照它就爬过来了。虽然很好抓,但我们的手都会被夹烂。再往后二十年,后边人都不知怎么逮螃蟹了。螃蟹肥了就会夹秧,挠完秧后螃蟹就成灾了,最后生产队用飞机打药,中了药的螃蟹就跟人受病似的,没劲儿了。

天津东郊村落文化留迹(上)

这个地方除了鱼、虾、螃蟹之外,还有好多水鸟,什么大雁、咕叮、野鸭儿、长脖老等之类的水鸟,小孩儿们没事就往芦苇里找鸟蛋。

讲述人:房宝玉(68岁)
　　　　邢凤喜
整理人:张　诚

☆ 李家台村

村情简介：

李家台村原属于刘台村，1994 年，军粮城镇的刘台村一分为四，分成刘台新村、李家台村、后台村、北旺村 4 个行政村。李家台单独成村，由"李家台""小庄子""刘家坟""八间房"、刘台小学、军粮城中学等组成，占地面积 4.5 平方千米，耕地面积约 4000 亩。该村有 425 户，68 个姓氏，农业人口 1525 人，非农业人口 245 人，少数民族 10 人，包括回族、白族、蒙古族、壮族等民族。村北邻后台村，西邻刘台新村，南邻塘洼村，东邻苗街村。主要农产品有玉米尖、芥菜苗、西洋菜、莴苣、冬瓜、韭菜花、生菜和甜瓜。2014 年 4 月，李家台村撤村，现村民统一搬进军粮城新市镇军瑞园、军祥园、春竹轩、夏荷轩、秋棠轩、冬梅轩居住。

村里的老墓

  李家台是个大村，也是个老村，由李家台、小庄子、刘家坟、八间房等组成，耕地有四千亩，人口有四百七八十户，一千七八百人。过去逃荒来的不少，大户有老李家，老刘家。老李家住在老刘家东边一块高台上，家族人口越来越多，后来人们都叫李家台，西边就叫刘家台，但一直属于军粮城刘台村管，后来才分村。虽说它是人多地少，但是相比一、二、三、四村，还是比较多的。

  早先李家台有个三官庙，里边供奉着尧舜禹，村里人们传说是因为托梦才修的庙。

  村西边还有个不知哪个年代的老墓。有说是过去军粮城的城主，也有说是宋辽交战时的大将军。传说这个墓里的棺材上画着青龙、白虎、麒麟、朱雀，墓前头还有石人守墓。后来墓平了，后人也不知道这个墓的准确位置。1957年人民公社挖水渠的时候，人们挖到一个东西，起初以为就是一块石头，人们就往下挖，越挖越大。有人看见后问："这石头怎么这么白呀？"有的老人凑近了仔细一看："不好了，这是个汉白玉的棺材，过去都是帝王将相才能用这种棺材。"结果大家伙儿一听挖出来个汉白玉的棺材，就都围过来跟着挖，不一会儿就给它挖出来了，棺材通体雪白，盖上还刻着一条龙和各式花草。过了几天，市里文物局来人把这个棺材拉走了，据说鉴定完是唐朝的，也不知道是哪个官的。

  除了这个唐代老墓外，村里还在柴家坟刨出一个老太太墓。话说"四清""文革"期间，国家平坟整土地，不让留坟头，参与刨坟的都是自发的。离李家台不远有个柴家坟，一刨刨出个老奶奶来。这个棺材木头挺大,据说这个老奶奶有二三百年了。打开一看,里面的人竟然没有腐烂,而且穿的丝绸衣裳也没坏。大家伙儿都说,可能是这个地界儿高,比较干,没水,所以保存得好。据说这个柴家早先都是习武的,后来跟着皇上出征立了战功,家里人就拿着龙票到这边跑马圈地,以后就生活在军粮城这边,家庙里边还供着清朝皇上给的黄马褂,但凡有人上柴家来,文官下轿,武官下马。柴家坟平了以后,就盖成小学校了。

讲述人:王洪胜
　　　刘环峰
整理人:张　诚

民国时期的人和事

　　李家台有个刘佩闻,家里殷实,还受过新式教育,精通日语,虽然曾做过加藤三之辅的翻译官,但却爱护乡民。抗战时期,日军在军粮城成立"精谷株式会社",把军粮城这一带的土地收入囊中,让老百姓们为日本服务。

　　加藤三之辅是日本的农业资本家,他的父亲是朝鲜精米大王,他毕业于日本早稻田大学,学的是仓储专业,在军粮城建机米厂,收储、加工后给侵华日军做军粮。听机米厂老人们说,日本人在这里建这个厂,就是因为离铁路近,走船也方便,运输钢铁的船可以进来。日本人听说刘佩闻懂日语,于是就让刘佩闻担任随行翻译。到后来日本兵源紧张,加藤三之辅也被征去当兵,军粮城这个精谷株式会社也就倒闭了。海光寺日本兵营建立的米谷统制会,组织了三百多人的勤农队,这些人都是无业的流氓、打手、汉奸之类的,到各地去武装收购粮食,大伙儿都叫它"擒农队",刘佩闻跟他们打交道,在他们手底下又救了不少人。机米厂在中华人民共和国成立后收归国有,最多时有一万五六千人,后来又建了二厂、三厂,作为东丽区的粮库。机米厂还拿稻子做了一回酒,叫"稻香酒",那是纯粮食酒,现在要是有储藏,可以卖到一千块钱。

　　日伪时期,刘佩闻筹资为村里兴建了新式小学校,后来这个学校为当地培养了一些文化人,旁边还有个中学,两个学校挨着,教学质量高,培养出了好多的老高中生。在过去,老高中生可了不得。那时候农民家里养鸡下蛋,大人舍不得吃,疼孩子,等孩子上学带着,这个鸡蛋得吃三天,咬点儿之后就搁书包里,咬点儿之后就搁书包里,舍不得吃。

日本投降以后,国民党来到军粮城,修了好些个炮楼,有的炮楼现在还有。国民党来了以后重新划分,好多属于刘家台和李家台的土地都被强行划走了,老百姓欲哭无泪,刘佩闻一纸诉状告到高级法院,最后被判定胜诉,划走的地又给还回来了,这起民告官的事件轰动了津门。中华人民共和国成立后清查历史,刘佩闻因此受到审查,但是村民都敬重他的为人,后来刘佩闻还被推选为区政协委员。改革开放以后,加藤三之辅还来天津看望刘佩闻,帮助他在村里建立合资企业。

李家台村里还有一些参加革命的老战士。日本投降后,国民党利用保甲制度征兵。当时的保甲制度是十户为一甲,十甲为一保。每次征兵,每甲必须出一个人当兵,当兵的家里给粮钱补贴,但是国民党不给钱,由不出丁的人家出这个钱。因为国民党管得松,有些人走了之后,用不了多长时间就能跑回来,反而倒得了好多钱粮。之后国民党也看得紧了,当兵的吃喝拉撒都有人盯着,一直给拉到张家口,就再也跑不回来了。平津战役开始后,张家口的国民党向平津这边收缩,他们又跟着部队回来了,到了怀柔两军交战,这些人就起义投诚了,后来被编到四野,参加过无数的战斗,一直打到海南岛。退伍后他们又回到老家参加农业生产,当人们问他们过去的事时,他们都说:"虽然是道路走得有点曲折,但最后总算是走上了革命路。"李振东打仗落了残疾,国家不仅给了勋章,而且负担了全部生活所需。

讲述人:王洪胜

刘环峰

整理人:张　诚

村里的事儿

人民公社时，大家收入是工分制，不过各队的分值不一样，有的队五分钱一分，有的队八分钱一分，少的才三分。为什么不一样呢？如果村里有两辆大马车，可以上机米厂拉东西，挣得这个钱得交到村里，村里统筹后，挣得收入高与低，这个体现你分高分低，因为你挣得多，老百姓就分得多，你挣得少，老百姓就分得少。有的队有拖拉机，以后发展成汽车，搞搞副业，有时候出去接个人，或者出去搞副业挣钱，回来一算账，你没出人，我出人了，也就分出高低了。当时还能自报公议，一天劳作之后，每个人让你自己报，你是不是值你的分，然后还得大伙儿评，不是你报多少就多少。

还有的一种情况，就是栽秧也好，割稻子也好，打苇子也好，各方面你都干不过他，他技术好，工分就高。而那些先天身体条件不行的，挣得相对少一些。

还有一个情况，自留地种水稻。说起种水稻，当年村里专门有技术员指导村民。技术员先将水稻芽育成秧子，回来社员们到时候起芽子，捆成把儿，用大车拉到地里去，不会栽秧的就负责往里挑，但是也有快的和慢的，那时候也比，有带头儿的，大家累得腰都直不起来了，插秧大家一块儿下地，等它长起来以后，挠秧正赶上天热的时候，汗都把袄浸湿了。渴了在沟儿里找点水就喝，里边还有水虫子，大家也就喝了。种稻子累，割稻子也累，关键是农具少。等收成后，自留地该留的一概留，按人头一口人也就五六十斤，剩下的都得交公，公家给你返钱。种得越多，水稻收得越多，工分也就越多。没有自留地的更不够吃了，就换点儿粗粮。有的吃得多，有的家穷，掺点儿榆树钱和野菜吃。

20世纪70年代的时候,村里上王庆坨拉山芋。王庆坨的山芋特别好,而且还便宜。拉完山芋,给大伙儿挨家分点儿,那山芋蒸出来上面有一层糖。那时人们都没有菜吃,肚子也没有油,谁家要是炖点儿肉,老远就能闻出来。谁家要炸上一两根馃子,那香味传出一里路去。要说螃蟹、鲫鱼之类的倒是不缺,河螃蟹都能爬到屋里去。薅秧的时候,大伙儿在地里踩螃蟹,谁踩的螃蟹多,就给谁加分,要不它祸害秧苗。薅这趟秧,逮着十个螃蟹,回来搁到套袖里,底下系上口,到了下班儿的时候,队长就按你逮的螃蟹数量给你工分。

出河工也是村民的义务。根治海河时,大家拼命抢着去出河工,有用肩挑的,有用小车推的,也有挽着土篮子的,区里给的任务必须得完成。你叫他歇班,他得哭一会儿了。为什么呢?挑河管吃,还包饺子吃,大伙都抢着去,那个年代年轻觉不出来,其实活儿挺累的,但是他可以吃得上,要在家干活儿他吃不上,还不如上那儿吃去。可以看出当时生活条件有多苦了。

虽然吃不上饭,但丝毫挡不住老百姓爱看戏的热情。李家台属于大村,经常有露天电影,全村上那儿看电影去,这是村子的文化。当时也演戏,村里自己就组织,在礼堂演戏,还得花几毛钱买票,不但给村里演,还上部队慰问去,演个小节目,演个三句半,那时就不简单了,大家就挺爱听,这就是文化。

那时到哪儿演出去,都要推着小车拉着道具,多远都拉着去,晚上会管我们一顿饭吃,就为这口吃的多远也得走,那时没有钱,都吃班子去;上部队去演出,部队准管饭,上别的大队演出,提前说好了:"到了晚上,你得管我们顿饭吃啊!""行。"

李家台村体育也有,村里有篮球队。平时各村跟各村相互邀请比赛,要是联赛,一年正式举行一次,一般都在农闲时候。1967、1968年开始组织联赛了,那时就是刘台、苗街、杨台有灯光球场。当时正式会打的没有,都是爱好体育的,也没有正式出去学习的。凭着爱

天津东郊村落文化留迹(上)

好,大家伙组织一个队,打得还挺好。三个露天的灯光球场,人山人海,那气氛就像过年。

改革开放后,村里有些人经营小服装,都是亲戚套亲戚。到了以后,有的挣钱养汽车,生活条件也有了改善。现在大家都住楼房了,以前的农村生活都留存在记忆中了。

讲述人:王洪胜

刘环峰

整理人:张　诚

☆民生村

村情简介：

民生村,1940 年形成村落,1949 年定名为民生村,"文革"时曾更名东风村。民生村撒村前坐落于军粮城街东北部,东与军粮城农场相邻,南与三村、二村、一村相望,西与唐山村交接,北与海洋石油油建四部毗连,位于军粮城津北公路二三十公里处,津北公路穿村而过。随着滨海新区的开发建设,天津开发区西区将民生村土地全部征用,实行全部拆迁。民生村于 2007 年 9 月 10 日整体撒村。撒村前总面积 7042 亩,其中村庄占地 405 亩,本村户籍人口 2777 人,986户。为配合还迁居住区建设,民生村一区、二区于 2007 年 12 月先行拆迁,按照征地进度,民生村于 2008 年六七月全村实行拆迁,至 2008年 10 月全村全部拆除。2009 年 12 月,民生村村民还迁搬进和顺家园居住。

民生村的老百姓

民生村不算小,但地处偏僻,过去叫晃葫芦洼。因为人们在这逮野鸭子,用葫芦打两个眼儿抓鸭子,现在这个办法已经失传了。早先这块地没有村子,有个军阀叫王桂林,他看这地势空旷,地价低廉,就买了六块荒地,雇人开垦种植,召集了一些种荒地的人们。日本人来了以后,开辟农场,这些人又给日本人的东洋纺织株式会社种地,渐渐地人多了,就成了村。据说当时叫民生农场,也有说原来叫塌道儿北。

中华人民共和国成立后,人口渐多,不断有从河北、山东、河南等地迁来的移民。从河南来的就一户姓张的,河北、山东的多,都是逃荒过来的。也有一些成分不好的,上这儿避难,躲到这儿来的,当时统计了一下,村民是由三个省、五个地级市、五十四个县的人组成的。

村里尽管人杂,但是也有大家族。姜家是从河北青县李庄子来的,开始过来几个人,后来投亲靠友越来越多,姜家在民生村算是个大家族。其他的,像中心桥的老张家和刘台的老刘家人口也比较多。

刘庆良老家是山东泰安地区阜平的,那个地方人均不到三分地,除了大地主,老百姓手里根本没有地,都是种地主的土地,所以日子就不好过,好多都逃到东北去了。刘庆良的父亲就跟叔伯哥儿几个一起闯关东,到东北下煤窑挑篮子,一开始在佳木斯,后来到了鹤岗,挖煤太累,也危险,还挣不到钱,实在干不下去了,大家伙就跑到奉军张作霖部下当了大头兵。当了几年炮兵后腿炸坏了,只好从部队上下来。腿好以后,辗转到承德种地,最后留下两个弟弟,剩下的就全都跑到塘沽来了。他们先是到了塘沽的中心桥,老大就留那儿了,他父亲自己到民生这边,挑篮子卖东西,做小买卖、种地,种的苗街姓张的地,还有姓柴的地。

民生村虽说是人杂,但是管起来并不难,村子始终是种稻田,王庆坨那儿拉着山芋上这儿换稻米,一斤稻米换五斤棒子,换八斤山芋。

民生村在全国来讲也算鱼米之乡,但 20 世纪 60 年代村民生活比较困难,自然灾害后,为了国家的发展,村民把粮食都上交了。实在饿得受不了了,上市场买"黑粮"。改旱田之后,高粱面饽饽、玉米面饽饽也舍不得吃。

讲述人:刘庆良

整理人:张　诚

民生村民的致富路

　　1970年稻改旱后,村子人口已经将近两千人了。当时国家政策开始放开,村里的老百姓有的开个编织网兜的小作坊。民生村的网兜厂可有名了,几乎垄断了整个天津市场。民生村的网兜都是手工编织的,精美且耐用。村里还打苇帘子、稻草帘子和草绳。苇子是冬天割,别的时候"熟"不了,上冻后,拿大扇镰割,但是那时没有那么多,好多苇子都靠买。还有的村民跟着生产队进城务工,生产队组织副业队发展基建盖房子。那时候挣钱也挣不多,基本上十分工就一块多钱,有生产队次点儿的,还挣不了一块钱。1976年后,全市都需要重新建设,于是民间泥瓦匠和建筑公司一起上,而且还引进来不少外地人。那时公社有公社的建筑队,村有村的建筑队。

　　统购统销时期,民生村跟商业局关系不错,给他们加工豆腐,供应军粮城和小东庄地区,甚至还给荒草坨供应。每天拉两三辆大车,往这三个地区送。当时国家卖给民生村的是二级黄豆,价格是每斤一毛四分六,是东北小圆豆,大队里经过测算,一斤黄豆出二斤八两豆腐。商业局给村里一斤豆腐一毛钱的加工费,等于是一斤黄豆的钱,能挣两毛八分钱的加工费,民生村一下子就有钱了。下脚料豆腐渣是村里的,搁我们老百姓家里用来喂猪,那养猪就养得特别好。别人都养不起猪,唯独民生村能养猪,每户就拿那个大水桶,挑四五水桶豆腐渣回家,再搭点儿野菜,掺在一起就可以当饲料喂猪了。再有,每年村里还能给老百姓一家分一二百斤黄豆。社员自己愿意卖就卖,愿意吃就吃,愿意换豆腐就换豆腐,村里就是挣加工费。忙不过来的时候,连大队干部都得赶车去市里拉黄豆。那时都是到十三经路人民粮库、普济河道粮库和八一面粉厂去拉。装黄豆的大麻袋包一百八十斤一包,这都是国家调拨的。

联产承包以后,村民手中有了余粮。高粱、玉米多了,用收的玉米卖点儿粮食,自己养个鸡,养个猪。老百姓饿怕了,时刻准备备战备荒。当时生产队还种些稻田,像那时五队、六队、八队、十队,河里的水少了,就靠打机井兑着使,虽说没有好水,但还能凑合用。那时种的水稻不多,一直种到将近1990年前后。20世纪80年代,人们还都存粮,每年都存上几十包稻子。老百姓把新稻米储存起来,吃旧的,年年吃旧的,新的搁着。据老人回忆,当年的三间房子,两间后边有两米宽的地方专门搁稻子,用大麻包包着。里面是带皮的稻子,带皮的不怕捂,吃的时候用碾米机碾。

后来村子里搞联产承包,土地包产到户,谁有本事谁挣,别的村把企业都卖了,但是民生村始终坚持集体所有制,不想把厂房机器卖给个人。

之前国家派来工作队,搞党的基本路线教育,工作人员都是天津海关派来的,结束后他们也没忘了村里,一到开放,他们就给村里介绍一些企业来,帮助民生村里建了两个外向型企业,一个是床上用品厂,一个是制花厂,民生村这些年就指着它吃饭了。床上用品厂从日本进口缝纫机,当时做些睡袋、床上用品、缝大被,那些东西咱国内卖不了,都是出口的,就为了挣外汇。制花厂也是个外向型企业,做绢花、塑料花、仿真花,基本都是布的,做得相当像,也挣钱。所有的都出口,但是当时管理不行,依靠外人销。

纺织厂最忙的时候有八百多人,后来盖了一大片厂房,每年盈利几千万,不仅养活了农村劳动力,而且还盖了厂房增添设备。当时民生村在东丽区算是出了名,老百姓分钱分地,村里还没有什么贫富差别。

民生村里原来有个农机修配厂,焊小锅炉,到后来集体企业不行了就承包给个人,变成王世忠锅炉厂,比宝成锅炉厂干得还大、还好。

没想到的是,最后宝成发展成了天津著名的锅炉厂,民生这个锅炉厂反而倒闭了。但不管怎样,这个锅炉厂还是培养出许多能人。

民生村小不算小,九百多户,算是个中型村,但是地势比较偏僻。民生村的路,在"文革"时期就修过一次,那时是石头子儿路,通村里边。村外的津北公路早先是大石子的渣石路,当初想修铁路,没修成,后来改成公路。津北公路在修成柏油路的时候,养护队在民生村搞搅拌,于是就给村里修了一段柏油路,从津北路一直修到村里头,修到原来老大队部水塔,大约有一百四五十米。再往北修了七八十米,又修到新大队部,这就是村里原来的路。到了20世纪90年代村村通公路的时候,民生村里组织了一个车队,那年挣了50万块钱,然后拿挣的钱又买了挖掘机,连续两年,基本都通了水泥路,整个村才全都修成水泥路。

讲述人:刘庆良

整理人:张　诚

☆ 塘洼村

村情简介：

塘洼村，原名唐洼村，"文革"时曾更名红旗村。有 1254 户，3453
人，除汉族外，有满族 8 人，耕地面积 4852 亩。该村位于军粮城街道
办事处西北 1 千米，军粮城大街西侧，东至苗街村，南至杨台村，北至
李家台村、刘台新村。2004 年，随着东丽区委、区政府对塘洼村的规
划，村内原来的房屋及村庄被拆。村民们一部分搬迁到军粮城示范
镇鋆塘居，一部分搬迁到军丽园、军宏园。

塘洼的前世今生

塘洼村据说是明代洪武年间建村,燕王扫北以后,一些难民来到天津,其中一部分人到了这里,在一个大芦苇塘边住下来,越聚越多,最后形成有两千多亩地的村落,取名叫塘洼。塘洼张姓最多,其次是刘姓、于姓,王姓和苗姓也多,都是当地人。

塘洼最西边的西洼是刘台与塘洼的交界,曾经有一个暴露在外的大石头棺材,是用整块石头做的,上面还有字,后来被砸坏了。塘洼以前还有个老母奶奶庙,就在现在军粮城市场十字路口东边,学校后边一个高台上,紧挨着道路。离这个庙不远,还有一个驮着石碑的龟,龟身有桌子一般大。可惜石碑早没了,只留下龟身上的槽。

西洼以前就叫西洼子,日军侵华时期,以 50 亩为一个单位种水稻,南北叫段,东西叫区,一共十段、五区,2500 亩地。那时的稻种是农家品种,即使有海河水浇灌,每亩也只能收四五百斤,最多收 600 斤。大米的口感确实好,中国人却不能吃。

日本人为了让老百姓心甘情愿地种水稻,就把村里的人喊到村口,让人们选维持会,选保长、甲长。人们听了都不作声,日本就让翻译告诉大伙儿,一天选不出来就杀一个人。翻译就跟唐凤楼说:"凤楼啊,你呢,是出了名的文化人,皇军来之前就选你当保长了,你要是不当,一天就得杀一个人。"唐凤楼曾在南开中学念书,毕业后回到塘洼子承父业,他是开明人士,不但对农民减租减息,而且还出钱修路修桥,修葺私塾,遇上灾荒还放过赈。唐凤楼一听,只得当保长。

自从唐凤楼当了保长,凡是村里有什么事,他都和日本人交涉,比如说日本人抓老百姓修炮楼,到时候尽快让人们回来,凡是有被他们逮捕的,唐凤楼都托人找门路,尽快把人放出来。日本人一来村里巡视,唐凤楼都尽量照顾好,不让他们祸害百姓。

塘洼老王家原来是东北的,日本人一来就搬到关里边来了,他们家不忘国耻,老二、老三、老四都参加八路军去了,四平保卫战的时候,老二牺牲了。后来我军大反攻,老三王俊霖、老四王俊山都成长为战斗英雄,他们随部队进关参加"平津战役",三过家门不入,一直打到海南岛,中华人民共和国成立后王俊霖和战友们一起回到塘洼,老四王俊山随部队参加抗美援朝,最后牺牲在了朝鲜。

中华人民共和国成立后,塘洼老百姓有了自己的土地,一个队有个四百多亩,那时八个队,20世纪五六十年代,人口有一千多人,现在已经增长到三千多口人。塘洼村民也是以种水稻为主,海河没建闸之前,稻田里的小螃蟹随便一划拉就是半麻袋。那时螃蟹没人喂,它就夹秧,等一出太阳就钻洞了。一到夏天干活儿挠秧时,摸螃蟹是最累的活。人们的手指头肚让螃蟹夹得没好地儿了,把螃蟹爪掰下来,还在上边夹着。生产队时期以后,塘洼还建了个矾土场,发展副业。当时是给天津五矿供货,烧铝矾土烧完了以后比石头都硬,原本跟土色一样,在炉子里炼完就变成了白色,矾石炼完之后出铝。

塘洼的孩子上学得到刘台。早先刘台有个小学校,苗街、杨台、塘洼的孩子都到那里上学,后来又修建了军粮城中学。之后一个村一个学校了,但是军粮城中学就那么一个,其他村子都没有,这几年才有高中,那时出来的学生也了不得。刘天喜就是在军粮城上的高中,毕业后当了十多年的兵,曾全副武装进入过西藏,复员回来以后直接分配到区里工作,现在已经退休了。

讲述人:赵洪建 (78 岁)
　　　　陈永和
整理人:张　诚

☆ 苗街村

村情简介:

苗街村,明永乐二年(1404)建村,"文革"时曾更名文革村。该村有3194户,8536人,土地面积11870亩。该村位于军粮城街域中心,东起袁家河,与东堼村、一村相邻,西至镇西路,与塘洼村、李家台村相邻,南接京山铁路,靠近东杨台村,北隔津北公路与永兴村为邻,村形呈条块状。随着小城镇建设,2013年春季至2016年春季,已有2932户村民搬迁至军粮城新市镇,还迁工作仍在进行中。村民们主要居住在军粮城新市镇军瑞园、军祥园、春竹轩、夏荷轩、秋棠轩、冬梅轩。

苗四路的繁华

军粮城最早称聚粮城,先有军粮城,后有天津卫。苗四路在军粮城东部,袁家河东侧,西起四村,全长 500 米。这是军粮城最繁华的地方。

苗四路一头是苗街大桥,此桥原是木桥,桥下是袁家河,早年袁家河与海河相通,当年军粮城引水种稻、吃鱼吃虾都离不开袁家河。苗街大桥是一个要道,解放天津时,"四野"就是通过大桥进军天津,夺取了天津战役的胜利。除了苗街大桥,苗四路还有一座"九大桥",位于苗街村北,也跨越袁家河,此桥建于 1969 年,正逢党的第九次代表大会召开,故名"九大桥"。

苗四路位于苗街西头高冈之上,20 世纪 50 年代,苗街村民集资干起了一家农村合作社"大三联",从此军粮城的人都到这里购买商品。"大三联"经营的品种十分丰富,有日用百货、油盐酱醋、蔬菜鱼虾等,除了吃的喝的用的都卖外,还经营寿衣等丧葬用品。这个"大三联",老人们对它念念不忘,寄托着人们的情怀。除了"大三联",苗四路还有一些商店,比较著名的有李家布铺、张家大车店、张家茶馆等。张家茶馆门前有座亭子,经常有人坐在亭子中喝茶、聊天、讲故事。茶馆除了卖茶水,还卖开水,一壶开水 2 分钱,真是很方便。张姓老板十分会做生意,能用双手打算盘。他还收养了一个儿子。他儿子会弹三弦,是苗街有名的文艺骨干。

除了这些商店,街上还有许多商贩,有卖海鲜、卖山货的,还有卖瓜、卖鞋的。担挑来到苗四路,就在道边上摆摊,除了供应军粮城的人,还方便从苗四路经过车辆与行人。军粮城离海边很近,卖海鲜的多为来自大沽、北塘的渔民,他们推着小车、担着挑子到这里卖。那时螃蟹几毛钱一只,毛蚶子几分钱一铁锹,十分便宜。

20世纪60年代,苗四路上还建了农村信用社、农业银行、工商事务所和公安派出所等。除了"大三联"外,各种各样的商店遍布这条街,人群熙熙攘攘。

苗四街之所以热闹,主要是这里聚集着不同的人群。除了苗街的村民,这里还有军粮城机米厂、区供销社、银行以及自行车厂的职工。这些在企事业单位工作的人具备一定的购买力,因此苗街还有一些城里人的烟火气。随着改革开放,苗四路更加热闹了,不仅商店多了,而且饭店充斥街道,呈现出城镇化的势头,也给人们生活带来许多方便。

讲述人:张万桥(66岁)

刘树岩(64岁)

整理人:曲振明

苗街土地庙

苗街位于军粮城镇中心,早年间村中自然形成一条小道为村民共用,后来小道越来越宽,便形成一条大街。相传这里最初是明代大将苗仲亮的封地,人们为纪念他,遂称这条街为苗街,久而久之,村子也叫苗街村了。时过境迁,苗仲亮的遗迹荡然无存,倒是有座土地庙,位于苗街的十字路上,占据了街上的高台。

地庙又称福德庙、伯公庙,是民间供奉土地神的庙宇,多为自发建立的小型建筑,在中国属于分布最广的祭祀建筑,各地乡村均有分布,以至凡有民众居住的地方就有供奉土地神的土地庙。

苗街的土地庙比较大,地处高台,是村民自己兴建的。土地庙里边供奉着土地爷、土地奶奶,早年庙里还有道士看庙。

土地庙前十分开阔,旁边是一片槐树林,十里八街的人们经常聚到这里。这里有打把卖艺的、变戏法的、耍猴的、说评书的,十分热闹。苗街杨世清是著名评书表演艺术家袁阔成的徒弟,说评书,打快板,在苗街十分有名。提起庙街土地庙,老人们十分熟悉,在老百姓中,还流传一段土地庙王八盗酒的传说。

早年间,苗街土地庙附近有一家酒馆,酒家每天夜里在店里酿酒,酒做成后,放在店门口的酒缸之中,每天如此。一天店主发现刚刚酿好的酒少了半缸,因此怀疑是伙计偷着喝了,就把伙计责骂一顿。伙计再三辩解,仍得不到店主的原谅,而酒依然在丢。一天晚上,店主酿好酒后,又将酒放在店门口的酒缸之中。店主与伙计暗自躲在店里,向外窥探。夜里三更以后,二人都很困了。伙计突然发现有一个慢吞吞的家伙爬上了酒缸,在酒缸里喝酒,于是伙计叫醒了老

天津东郊村落文化留迹(上)

板,二人冲出酒店,伙计将手中铜钱扔在这个家伙的头上,只见那个家伙转身跑进了土地庙。主仆进了土地庙,什么也没看见,但闻到土地庙驮着石碑的"王八"(赑屃)酒味很浓,而它头上的那块印记,正是伙计投钱砸中的部位。看到这里,店主认为这是苗街附迈袁家河里河神显灵了,并没有在意。从此再也没有发生过偷酒的情况,王八头上铜钱印一直留存着。这个"王八盗酒的传说"在苗街村民当中一直流传,后来军粮城酿出了香飘四方的稻香村白酒,也许与这个传说有关。

1964年,苗街土地庙拆了,这个石龟埋在苗街大街里。后来修公路挖出了这个石龟,正巧东丽区建成了东丽湖,这个石龟就移到东丽湖边,成为一道风景。

讲述人:张万桥(66岁)

刘树岩(64岁)

整理人:曲振明

☆ 山岭子村

村情简介：

山岭子村，"文革"时曾更名红岩村。该村有 1375 户，3984 人，土地面积 18500 余亩。该村东临新地河，南隔杨北公路、京津塘高速公路与大安村相望，东北为东丽湖，西北为贯庄。2008 年初开始整体搬迁，现村民搬迁到华明家园岭明里、岭昌里、岭华里、岭泽里、岭盛里、畅园居住。

山岭子人的和谐社会

旧时山岭子的穷人较多,虽在穷乡僻壤,却经常受到袭扰。有一年,排地土匪到这里骚扰,军阀褚玉璞派出一个营驻扎这里剿匪,匪没剿成,却搜刮了不少民财。中华人民共和国成立后,山岭子人过上了新生活,生活温饱,民风淳朴,村里人奉公守法,从未出现过盗窃、贪污等情况,在治安与安定团结方面,山岭子村名列前茅,有口皆碑。

山岭子村最早以唐、石、李三姓为主,后来陆续搬来许多旁姓人家,形成了杂姓。人们相处得和谐融洽,各姓之间从没有吵过架,邻里之间和睦团结。山岭子人从老辈人开始就非常朴实,尊老爱幼,乐于助人。早年间不论哪家盖房,人们都自发出来,有车的出车,有力的出力,有人的出人。遇到喜寿事及丧事,各家各户都自发地出来帮忙,自然形成了团结和谐的氛围。村干部奉公守法。村民石文俭当了二十年的村支部书记,两袖清风,"四清"运动查生产队的账,从未有过违法行为。吴万儒在大队管财务十几年,也是廉洁奉公。村里人都有家族荣誉观念,不想因为自己而毁掉家族的名声。改革开放后,邻村出现了一些发家致富的个体户,而山岭子村内外出打工的少,更没有外来人口到村里居住。人们依然保持着旧时的生活节奏,不与别人攀比,家家生活状态基本相同,一直保持着知足者常乐的心态。这种生活状态,也是山岭子村团结和睦的重要原因之一。

讲述人:吴万儒(80岁)

李德元(81岁)

整理人:曲振明

山岭子人的打草生活

山岭子原叫三岭子,建村时颇有故事,清代嘉庆年间建村时,从宝坻来的唐、石、李三姓人家看到此地有三个土岭子,便各占一个岭子居住了下来。由于"三""山"谐音,人们经常写成山岭子,久而久之大家约定俗成,过去的三岭子成为山岭子。

旧时山岭子村地域位置偏僻,这里距离赤土村 15 里,距离苗街 20 里,距离贯庄 8 里,出行十分不方便。但这里水草丰沛,山岭子村依傍新地河、袁家河以及东郊水库(东丽湖)。这里土地广袤,占地面积 18500 亩,到处都是野草。那时的山岭子一带荒地很多,杂草丛生,一眼望不到边。旧时农村垒灶做饭,家家户户烧柴火,其中野草是柴火的主要来源。早年间山岭子人基本都没有地,也不种粮食,家家户户都依靠打草为生。打草人家的生产工具十分简单,但家家户户都备有运送柴草的铁轴车,富裕一点的家庭备有驴车、马车。那时的人们没有作息时间,整天在地里,多数人都在地里搭一个窝棚,吃住在里面。每天天不亮就起来,天黑了才回到窝棚中。人们扛着两米来长的棍子,前面是镰刀,用力拢草。打下来的野草,有驴车、马车的人家将草运走,到其他地方出售;条件不好的人家,打下的野草放在地里堆成堆,等待买主到此成交。

打草也有讲究,野草是一茬一茬的,有的草比较湿,还要放在地里晒干,不然没有人买。打野草也有地盘划分,有主的地方要与主家商量,打下来的草还要分人家一部分,不然不让打。打草并不是一年四季都干,冬天野草不生,山岭子人就开始在洼地打苇子,忙忙碌碌,一年到头没有休息的时间。

259

天津东郊村落文化留迹(上)

　　那时山岭子的人多数靠打草维持生活,多数人不在家里住,常年在地里,干一天的活儿,也挣不了两块钱。因此早年间山岭子人很穷,没有人做买卖,也没有人出去打工,虽然打草很累、很辛苦,但人们习惯了在这种环境中生存。

　　中华人民共和国成立以后,山岭子开始走向合作化道路,过去野草丛生的荒地得到了治理。由于这里水源丰富,有新地河、袁家河以及东郊水库等,人们便开始种植水稻。山岭子种水稻晚于军粮城等其他地方,但水稻在山岭子一直种植,时间很长。有一年根据上边的要求改种旱田,但地不行,那一年什么也没收,只收了几口袋高粱。第二年便又开始种植水稻了。生产队每年收几十万斤稻米,都上交国家,而自己吃商品粮,由于村民有打草的历史,为此山岭子村人收割稻子后,割下稻草送到附近草站,为新华造纸厂等提供纸浆原料,可以说,草与山岭子人缘分很深。

讲述人:吴万儒(80岁)

李德元(81岁)

整理人:曲振明

☆魏王庄村

村情简介：

魏王庄村,原名魏家码头,"文革"时曾更名革命村,当时全村有329户,1645人,全部为汉族,耕地面积1177.53亩。1965年左右,军粮城公社把白沙岭(军粮城机米厂开垦的荒地322.47亩)划给魏王庄村,现在该村的土地总面积为1500余亩。该村东靠袁家河,南朝向海河,西邻大郑村,北距离津塘公路约2千米。2015年随着军粮城街新市镇建设,村民们搬迁到军粮城示范镇军瑞园、军翔园、春竹轩、夏荷轩、秋棠轩、冬梅轩居住。

魏王庄的由来

东丽区魏王庄的由来是大有讲头的。相传三国时期，魏王曹操带兵出征。行军途中，路经今天的军粮城一带，当时，军粮城附近全都是漫洼野地，不是野草丛生，就是大片的芦苇荡，不仅没有几户人家，连个道路都没有。曹操在进军途中，在现在的魏王庄囤积粮草，所以将这里取名"魏王庄"。

[本文根据《中国民间文学(天津卷·东郊分卷)》整理改写。]

整理者：万鲁建

魏王庄的副业生产

　　魏王庄早年仅有一千多亩土地,人多地少,吃返销粮,除维持蔬菜生产外,很早就开辟副业生产。从 1957 年开始,各小队开始做肥皂,由于 1962 年不慎失火,便停止了生产。改革开放以后,村里六个生产队都有副业,后来六队变成十一个队,每个生产队仍然都有副业。村里最早成立三产为继电器厂,由村民胡全福带人干,主要对电动机、补偿器、变压器进行维修,对口单位为河东区大王庄天津市机电公司。

　　早年间,各个小队都有产品,如一队的军鼓、六队的电镀、三队的标牌。六队由电镀扩大到生产自行车车圈,那时从大邱庄带钢厂寻找原料,从天津自行车厂挖来一名老工人,生产自行车的车圈,主要为铁树牌自行车做配套。铁树牌自行车用唐山永红自行车内外胎,用我们自己生产的电镀车圈。这是一项很有专业技术的工作,起初聘请的老工人,每月给两千元工资,那时算是高薪了。到这儿来后,一个星期就生产出了车圈,生产供不应求。但问题又来了,这位聘请的老工人提出要涨工资,每月要求给三五千元,队里商量后没有同意,结果我们生产的车圈不合格,不久就不再做了。电镀厂属于集体企业,20 世纪 60 年代就开始干,到 1976 年不干了。

　　村里企业比较成功的是军鼓厂,制作军鼓和手鼓,最初为一队的企业。生产出的军鼓给天津一商局所属文化供应站。1984 年、1985 年立冬,我们还参加全国文化用品订货会。时间干的比较长,后来军鼓厂归大队经营了。由于副业比较多,全大队领导做了调整,每个生产队有一位队长抓副业,一位队长抓农业。1984 年,全大队实现 128

天津东郊村落文化留迹(上)

万元利润,8万上交公社。1992年,军鼓厂转让,赔了40多万元,后来综合厂(机电厂)、铝锭厂也由外面承包,大队只是收房租。

20世纪80年代初,大队贷款28万元,启动了"两厂一库"工程。所谓"两厂一库",即尼龙厂、毛纺厂和物品仓库。这项工作准备了三年,1986年,尼龙厂开了三天工就停产了,因为原材料进不来,拿来的价格都很高,高价买来,低价卖出。除了原料还有电,不干正好,干了就赔。尼龙厂没干成,而毛纺厂也转行了,改为拔丝厂,不久也赔了。1986—1987年投资仓库,六七年就不行了,1993年交不上钱了。1991—1992年改为扶贫的仓库,承包给别人。后来大队开始组织跑运输,花了32万元,购买了两辆三菱牌单排座和一辆运输货车。

回顾以往魏王庄的副业,有经验也有教训。我们在市场经济的大潮中得到了磨炼,村民有一股敢想敢干的创业精神,但缺乏严谨科学的工作态度和长远的管理思路与方法,这些是一些副业失败的原因所在。

讲述人:柴俊平(73岁)

刘桂山(57岁)

整理人:曲振明

魏王村渡口与游船

魏王庄村原名魏家码头,此地东靠袁家河,南朝海河,西邻大郑村,北距津塘公路两公里。魏王庄村地处要道,交通十分方便。

早年间海河航运十分发达,魏王庄设有一个码头,因魏姓人经营,故名魏家码头。由于有码头,这里成为周围村庄货物的集散地,当年货物运输十分繁忙,经常有货物运到宁河、宝坻和天津市区。咸丰年间引进了外国载货的机动铁船,原来的木船运输受到冲击,于是码头随之取消了。但由于庄子靠着海河,村里一直有养船的渔民依靠打鱼为生,此外还有在轮船工作的海员。魏王庄距离咸水沽十二里,那里有一个大集,每逢农历初一、初四、初七开集,那时魏王庄专门有载人赶集的船,船主姓杨,由于长着长胡子,人称胡大爷。每月农历初一、初四、初七,胡大爷就在庄头喊:"上咸水沽去喽!"村里及周围村赶集的人,七八点从这里乘船,五六点钟再回来。

魏王庄还曾有过临时渡口。1949年1月,解放军打天津从魏王庄过河去南郊,那时冬天来了不少戴着大红花的军队,住在村里,没有几天就走了。1977年,国家修国防公路。在修路期间村里的路受到了破坏。当时我们找到市内有关部门,提出补偿2.5万元修路。经协商后,天津青年实业公司负责为村里建立渡口。村里对这件事比较积极,责成第五小队负责,还专门去东沽船厂询价,计划买船。最后,天津青年实业公司将停在解放桥的备战用船调过来。那时,从村里招了几个小青年,都是独生子女。等筹备工作都完成了,却不知为何,渡船归属河对岸的南郊区(今津南区)管理了。

天津东郊村落文化留迹(上)

魏王庄还经营过游船。改革开放以后,村里的第五生产队买了一条轮船跑运输。1987 年至 1988 年,船归村民马俊岭经营,正逢海河搞旅游,1993 年开始经营游船,定名为"魏王号",每天上午从解放桥出发,拉到塘沽新港游览,下午再回到解放桥。后来在军粮城修了二道闸,游船改为两条,即"魏王 1 号""魏王 2 号"。"魏王 1 号"从解放桥拉到二道闸,换乘"魏王 2 号"至塘沽新港。后来这种倒船比较麻烦,又与公共汽车公司联系,到二道闸换车到港口。游船由个人承包,经营了五六年时间,当时的旅游项目比较简单,并未形成常态经营。但魏王号游船却开创海河游船的先河,后来才有了海河的大鲸鱼"海河号"与"黄莲圣母号"仿古船,但那都是在市区里跑海河的游船。

讲述人:柴俊平(73 岁)

刘桂山(57 岁)

整理人:曲振明

☆ 兴农村

村情简介：

兴农村,原名七车地,又名高丽圈、高丽台,"文革"时曾更名红光村。该村有 236 户,726 人,土地面积 1987 亩。兴农村东邻永兴村,西北接大安村,南接苗街村。2012 年春季开始,村民陆续搬迁到军粮城新市镇军秀园、军丽园居住。

改变兴农村容村貌的五项工程

　　兴农村共有村民 400 多户,由于村子小,耕地少,村民依靠粮食生活,并不富裕。早年间,村民都居住在土坯房,每逢下雨,屋子就会漏水。村里的路都是泥路,下雨时泥泞不堪,大家只能用烧灶的灶灰垫地。改革开放以后,集体企业有了长足的发展。全村村民住房翻新,拆掉过去的土坯房,盖成一间间红砖瓦房,村容村貌有了初步改善。2003 年王金柱接任大队党总支书记,决心让兴农村有一个较大的变化。2005 年,随着兴农钢材一条街的兴旺,集体企业效益不断提升,王金柱带头捐款,并为兴农村做了长远的改造规划。

　　这项改造规划主要着眼于村子环境和村民生活条件的改善。王金柱提出了五项工程。一是兴建村中心公路。王金柱带领村领导班子发动驻村企业和村民捐款,那时大企业捐 10 万,中型企业捐五六万,小企业捐两三万,村民少则捐几千,多则上万,共捐款 249 万元,兴建一条长 1500 米的水泥公路。该路位于村中心,两旁安装路灯,路边预先埋下直径 1.5 米的水泥管用于下水。二是美化乡村环境。围绕村中心公路,两旁种植 1000 棵柿子树与枣树,铺草坪 1 万平方米,栽种月季花 1 万余株。种植花木后环境变化很大,春季月季花姹紫嫣红,秋季橙色的柿子、鲜红的大枣挂满枝头,整个村里欣欣向荣。三是提升卫生保洁水平。村里设立了垃圾处理厂,将钢材一条街的生产垃圾和村民的生活垃圾集中处理,同时设立 6 个清洁工岗位,每天清扫村中心公路,使之始终保持整洁。此外,进行厕所改造,达到一户一厕。四是提升村民的生活质量。村里为每户居民安装太阳能热水器,一方面利用清洁能源,另一方面解决村民日常洗浴及热水使用问题。五是搞好村民娱乐活动。村委会投资 50 万元,兴建一处 2000 平方米的休闲娱乐广场,并配套建设老年活动中心、村民学校、残疾人活动室以及图书馆,还设有篮球场、配备日常健身器材等。

通过实施五项工程,使兴农村的村容村貌有了本质上的提升,成为东丽乃至天津新农村建设的样板。村民的生活环境得到了极大的改善,过上了城里人的生活。

随着城市化进程的加快,特别是空港工业区的开发建设,兴农村的土地列在规划范围。2012 年春季开始,兴农村撤村改造,居民陆续搬迁到军粮城新市镇军秀园、军丽园居住,从而彻底告别了农村生活。

讲述人:韩世明(72 岁)

李春生(60 岁)

整理人:曲振明

兴农钢材一条街

　　兴农村原名七车地,清代官吏何怀德在兴农村置地种水稻,用七台车拉水,故而得名。1937年天津沦陷,这里被日军改为兴农农场,由朝鲜人在此经营,别名高丽圈。中华人民共和国成立后,改名为兴农村并沿用至今。

　　早年军粮城水稻比较有名,对外都称小站稻。中华人民共和国成立后兴农村依然以种水稻为主,全村共有1800多亩土地。那时没有副业,只有种水稻后留下的稻草,由生产队组织编草帘子、编草绳(用草绳机),供给天津的一些企业。那时村民靠天吃饭,村子不大,主要是种粮食。早年间,村里有河沟与海河相通,潮涨潮落沟水看得比较明显。后来,水枯竭了。村里改种旱田,种玉米、高粱等。后来村里一队队长王成功开始筹办汽车修理厂,没干成就碰上了"四清"运动。

　　改革开放以后,王成功恢复一队队长,开始组织拖拉机队跑运输,后来筹办服装加工厂,生产口罩、胸罩和卫生巾等劳保用品,每年产值达100万元。后来王成功做了村支书,认识到钢材发展的潜力,于是村里兴办钢铁加工厂。大约从1982年开始,大队建立了铁厂,做机加工、机器零件、卷板外加工等。那时副业干得比较好,卷板件比较大,起吊货物没有吊车,使用三脚架,用倒链装卸。1995年,村里形成了加工规模,村里盖了大楼,成立了东海五金供应站。此间,村民刘国栋第一个起照经营干钢铁贸易。后来,王成功的儿子王金柱改行经营丽兴钢铁贸易公司。由于钢材企业增多,村里成立了元兴公司规划村里土地,建立钢材一条街,为此大大小小53家企业集中到兴农村,产业以卷板为主,还有型材、角钢等。这些企业主要为国内一些大钢铁公司,如太原钢铁公司、鞍山钢铁公司、包头钢铁公司、天津钢厂搞加工,同时还开展钢铁贸易经营。那时全国各地都到兴农配货,村里形成了有名的钢材一条街。元兴公司对外租地,一亩每月5000元,后来升到8000元。每年仅租金这一块,村里收入达到400万元。整个钢材一条街,每年产值达到五六千万元,兴农村成为远近闻名的工业大户。2005年总产量达到45万吨,销售总额达到20多亿元。

那时,大部分村民都在村里工厂干活儿。由于用工较多,还大量对外招工,工厂解决不了住宿,村民便对外出租住房,房租也成为农民的一项收入,一时间兴农村村民生活普遍富裕起来。村里有了钱,开始建立了劳保机制,规定男满60岁,女满55岁,由村里每月发200元;每年元旦发500元过节费;春节发700元过节费,另外发给每户村民一袋米、一袋面、一桶油,使村民享受到集体企业致富带来的红利。随着滨海新区的规划,兴农村作为空港开发区的一部分,土地重新规划,许多企业纷纷迁出,2012年正式撤村。至此元兴公司被迫解散,当时每个村民获得7000元收入。

为了让村民继续享受集体带来的红利,村委会正筹划在空港物流区回购原村里的土地100亩作为发展经济用地使兴农村居民能够继续享受集体的温暖。

讲述人:韩世明(72岁)
李春生(60岁)
整理人:曲振明

☆ 新一村

村情简介:

新一村,1916 年建村,原称开源一村,"文革"时曾更名红一村。该村有 639 户,1749 人,土地面积约 4295 亩。新一村位于军粮城街道东部,北靠津北公路,苗四公路穿村而过,西为苗街村,东连二村,北接唐山村。2007 年,因泰达西区征占地,整体撤村,2009 年底,村民统一搬迁至军粮城和顺家园居住。

村名的由来

　　早先新一村这一带还是一片荒地,周边河道拥塞,没有多少人居住。原属区域归宁河县管,新一村属于六区管辖。后来,北洋军阀倪嗣冲和军火商人王祝三发现这块地,觉得周边水资源比较丰富,虽然是盐碱地,但只要疏通河道,还是可以变成良田,种植水稻的。于是,他们就低价买下这片地,对土地进行整治后,便在这里开办了开源垦殖公司,招揽佃户种植。当时,为了方便管理,开源公司遂将稻田分为五个区段,一村的所在地为一段,被称为"开源一区"。1937年日军占领天津后,开源公司被日本"中日实业公司"占据。后来又有很多山东、河北等地的百姓逃至军粮城一带,使得这一块继续得到开发。

　　1940年以后,日军为了加强军队供给,对军粮城实行米谷垄断,加强对农民的奴役,令其种植水稻,而发给农民的只是一些粗粮。由于难民太多,一部分人没有办法,只好去给日本人当佃农。这些难民在开源一区沿沟渠建房筑屋,逐渐形成一个村落。天津解放后,开源一区按照旧地段改名为一村。

讲述人:韩文革(69岁)
　　　　窦文洪(62岁)
采访人:尹树鹏
整理人:万鲁建

罗福祥农业生产合作组

1951年春天,农垦局召开春耕动员大会,新一村村长罗福祥代表参加,听了各场农业合作组的典型报告,深受感动。于是,他就把组织合作社当成自己的任务,开会宣传,联络武永锟、王国卿、张金春、傅保衡等组织农业合作组,并请渤海农场工作人员给予指导和支援。在自愿组织的原则下,共有11户入了组,人口44人,男20人,女24人,男劳动力14个,女劳动力10个,水田162.97亩,旱田4.5亩。土地及扬水设备全是国有,土地使用权归小组公有,合作社订立合作公约,拟订生产计划,并制定管理制度,在生产上起到了保证作用。

合作社采取的是取折实办法,实行评工记账:根据季节忙闲将评定工分按当时工资折玉米记账,秋后根据折实数量的比例分红。为了加强劳动纪律,减少工作数量、提高质量,经过全体组员订立《劳动公约十一条》,在团结组员和巩固合作上收到极大成效。如组内有五个组员是村干部,常因公不能参加生产,结果少得分,将来少分红。由于大家齐心合力,提前完成了162亩的插秧工作,较原计划省了18个工。

合作社改进栽培技术,做到丰产。秧田育苗,第一要切实整地。第二为了预防气温骤变和及时播种,要在秧田东、北、西三面密设风帐,每亩用苇子700斤。第三要在播种之前,每亩施用基肥,硫酸铵30斤,播种后12天苗高1.3寸时,每亩施追肥30斤,再隔一天每亩施用追肥230斤。第四采取适量灌溉。插秧之前每亩施用基肥120斤,栽秧后12天每亩施追肥100斤,60天后苗色将要发黄时,每亩施用追肥 20 斤。在发现稻热病及纵卷叶虫后,要动员组员实行大检查,把受害稻株和稻叶全部拔去烧掉。经过这样的种稻法,每亩可收1000 斤,丰产区可达 1100 斤,超过原计划每亩 900 斤的 11%,较1950 年单干时的每亩产量 550 斤增加了 450 斤。

此后,又开始动员新一村未组织起来的农户加入组织,并与武永钧合作小组合并,扩展为大组。1952 年开始实行稻棉轮作,节省水源,扩大垦荒,保持地力,提高产量。秋收后还添置役畜两头,大车一辆,动力脱谷机三节,并建设仓库三间。1952 年还划出 10 亩稻地作为试验田,进行绿肥试验,以紫穗槐为基肥。还将剩余的劳动力投入副业生产,做到农副业相结合,改善组员生活。

(本文由万鲁建根据《渤海农垦》第 14 期《介绍军粮城新一村罗福祥农业生产合作社》改写。)

☆ 新二村

村情简介：

新二村,1916 年建村,原称开源二村,"文革"时曾更名红二村。该村有 949 户,2628 人,其中有满族 1 人,土地面积约 4900 百亩。新二村位于军粮城街道东部,西邻一村,东依三村,地处京山铁路北侧,南与无暇街接壤,苗四公路穿村而过。2013 年 10 月,按照东丽区还迁政策的有关规定签订还迁协议,于 2014 年 3 月统一迁入军粮城新市镇。

一个人的历史

新二村和新一村、新三村的历史都是一样的,都是在 20 世纪 60 年代才分开的。我原来住在苗街村,一直跟着姥姥生活,在二村上学,就是二村小学,中学是在军粮城中学上的。因为在二村待习惯了,不愿回到苗街村去了。我父亲韩连凤原来在军粮城供销社工作,后来也不干了,便一起都来二村了。我父亲 1924 年出生,2010 年去世,86 岁。

我父亲韩连凤十五六岁的时候闯过关东,在那儿打了几年工又回来了。依靠自己打工存的一点钱,他回来后开了一间肉铺,自己做买卖。天津解放后,他在军粮城苗街青年养猪场干了很多年,这是军粮城供销社的下属企业。1953 年公私合营后,他又继续在供销社工作,1964 年辞职,和我一起回到新二村,之后就一直务农。

我 1963 年初中二年级时本来要去参军,想去南京军区当空军,体检都通过了,但是姥姥不让我离开她,最终没有去成。初中毕业后,我又考上了天津无线电工业保密学校,学校位于天津丁字沽,需要六元钱的报到费,又没有去成,还是因为姥姥不让去。我还曾考上北京动力机械学院,后来也因故没有去。我姥姥家是新二村的。

此后,我务农一年,本来打算去新二村的派出所当警察,需要去东丽分局报道,又没去成,只好在家务农,1966 年天津搞"四清"运动,我当时进入工作队帮忙,大都是去别的村,如军粮城塘洼村、东丽增兴窑村、北辰区小河庄村。在工作队工作了两年,主要负责贫下中农的调查。当时是跟着天津共青团市委副书记王仁去的。没多久,"文革"爆发,工作组就解散了,我又回到村里务农。三年困难时期,

天津东郊村落文化留迹(上)

确实吃不饱,只能吃野菜,不过没有饿死人。当时有不少外地人逃荒到这里,我们村很少有人出去。当时,没有小商小贩,也没有养鸡卖鸡蛋的。

我们村从20世纪七八十年代开始有村办企业。做门窗的有军粮城钢窗厂,还有军粮城四孔板厂、军粮城钢木门窗厂、军粮城菱镁保安节能制品厂、军粮城制管厂、军粮城防盗门窗厂、军粮城电气设备厂等,总计有员工五六百人,大都是本村农民。2000年以后这些企业有的破产,有的承包给个人,交给村里承包费。如今,这些村办企业大都关停了,有些则迁往别处,因为环保检查日益严格,而这些企业设备陈旧,污染严重,难以达标。我从1966年下半年开始在生产队干会计,一直干到1985年,此后进入村办企业工作,先在钢窗厂待了两三年,又在防盗门工厂干了两年。从1991年起担任防盗门工厂厂长,一直干到2000年,后来工厂承包给个人了。这个工厂效益一般,属于中下游水平,工人大约有七十余人。因为很多货款无法收回来,工厂经营比较困难。此后我又回到大队干后勤。我有两个儿子、一个闺女,一个在塘沽干工程,一个在东丽电力局工作,还有一个当老师。

讲述人:韩福生(73岁)

整理人:万鲁建

☆ 新三村

村情简介：

新三村,1916 年建村,原称开源三村,"文革"时曾更名红三村。该村有 785 户,2437 人,土地面积约 6700 亩。新三村位于军粮城街道东部,西邻二村,东接四村,苗四公路穿村而过。2014 年 11 月 1 日,新三村整体搬迁到军粮城新市镇军丽园、军华园、军宏园。

一个家族的历史

　　我小学是在军粮城完小上的，1954年毕业，休学一年后考入天津市第十一中学，学校在吴家窑附近。高中毕业后于1959年考入天津建筑工程学院，在西沽公园附近。我在天津建筑工程学院读了一年半。1961年，国民经济实行"调整、巩固、充实、提高"的八字方针，于是我被充实到工业战线，进入天津市公用局，当时有自来水、汽车和电车三个公司，我被分配到电车公司，先进入第十八期的司训班当司机，开了一年多，学员被分配到各路电车，我开的是93路无轨电车，后来还开过其他的路。93路无轨电车到陈塘庄，还有其他路的有轨电车，如91路到中山门新村，94路则是到水上公园。无轨电车就是上面有线的那种电车，有电就可以转弯，没电的时候就得滑过去。当时使用的是直流大电机，有变电所。无轨电车要比汽车难，需要观察上面的线路，驾驶反而比较简单，没有变挡，只有一个刹车板。

　　1962年开始返乡运动，作为还乡青年，又是干部身份，要求发挥带头作用。于是在此情况下，我返回家乡，一直在新三村务农。我的孩子，老大毕业于北京外国语学院，后去美国留学，回来后在北方国际集团任职。我在天津建筑工程学院学习期间，曾任学生会的支委，负责高等院校的比赛。我还是国家射击二级运动员、国家射击二级裁判，这是我在高中时期就获得的称号。

　　我的父亲是付德恒，1916年出生，16岁到河南，20世纪30年代跟着王国权、王兰轩在稽查站当稽查。当时走私的人很多，该工作收入很高。有钱了，他就玩牌，我九爷觉得他这样下去会学坏，就让他从军了。他在刘峙的军队当兵，因为没有文化，没有升上去。后来又在重庆防空司令部任哨长,还曾担任在缅甸的远征军后勤负责人。1945年日本投降后,我们乘坐南洋支援的汽车从重庆到上海,然后再乘坐美国的军舰到达葫芦岛,在奉天(即现在的沈阳)接受日本投降。此后不久,解放战争爆发,我父亲带着我们回到了天津。我父亲算是抗战老兵。当年因落户需要资料,我才知道父亲是少校连长军官,在天津时还跟着陈长捷的部队作战。

我的母亲是共产党打入国民党内部的地下党员,叫万春秀。她是湖北人,原为刘峙司令官的高级保姆,她和我父亲就是那时候认识并结婚的。我和妹妹两人都出生在重庆,我的名字叫渝生,就是因为重庆简称渝,我是在重庆出生的,具有纪念意义,后来才改为"玉器"的玉。解放战争开始后,我们就一直退到天津。2014年他以99岁的高龄去世,那时我们刚搬入新村才一个多月。他为人非常好,严守纪律,不多说话。

讲述人:吴春庆(村长)
整理人:万鲁建

新三村旧事

　　三村原来是开源一段、二段、三段,三段 1967 年改名为新三村。村里的地主都是外地搬过来的。村民大部分是从静海、沧州、黄骅、青县过来的,也有一部分是从山东来的,只有三四户。这些村民都是因为家庭生活困难,挨饿而逃荒过来的。他们大都是佃户,随着来此的居民越来越多,逐渐形成了村落。他们租人家的地,给人家打工。其中以刘姓、李姓人居多,约有两千多人。李姓占了 30% 左右,韩姓、张姓的也有不少,其他姓的人就比较分散了。结婚对象以周边村庄居多,也有和同村人结婚的。

　　中华人民共和国成立后,农民获得了土地,这极大地激发了农民的生产积极性。但是分散、脆弱的农业个体经济在当时无法满足工业需求,为了将农民组织起来互助合作、发展生产,1953 年开始实行农业生产互助合作,决定发展农业合作社,新三村于 1958 年成立了农业生产合作社,实行合作组,农民都入了社,参加集体劳动,开始吃大锅饭。但是由于浪费严重,且遭遇天灾,大锅饭仅仅坚持了一年,此后大家就又各自回家做饭。大炼钢铁时期,大家都把自己的铁制东西上交,去食堂吃饭,食堂统一做饭、吃饭。

　　本村以农业为主,改革开放之后,1983 年解散生产队,分田到户,农民开启了新生活。村办企业也有不少,如 1962 年建立的拔丝厂。军粮城农场也加工铝线,还给天津的一些企业生产铝线,其规模不小,有大厂房,工人主要是本村的村民,20 世纪 80 年代厂子就倒闭了。还有机加工厂、车床厂。在工厂工作和其他工作一样,都是挣工分。1978 年,三村二队的队长组织村民成立建筑队,给区教育局盖楼,并给军粮城农药厂建房子,创造了不少财富。还有砖瓦厂,烧砖、销售,免费给村里盖房子,那里原来都是土坯房,村里出人工、水泥、砖都自己出,不要工钱,免费给大家盖房,这是李云章当书记时的事情。原来四间土房推倒后,给你盖四间,不收工钱。此项工作于1976年开始,至1980年左右结束,总共进行了四年,一大部分房子都改造完毕了。1980年砖瓦厂没有了,就只能自己盖房子了。最初是村办企业,后来成为个人承包。村办企业大致就这些。

本村以农业为主,有种玉米的,有种高粱的,有种水稻的,集体管理,分段承包。如今,土地都交给村集体管理了,实行规模化承包管理。拆迁前,就已经实行这样的管理。村民统一缴纳养老保险。不种地的村民,年轻人打工,年龄大的就在家里待着。村民搬迁后住进楼房,水电费等需要自己缴纳,物业费和暖气费一年大约需要三四千元。

讲述人:付玉生(79岁)

韩金发(71岁)

陈景祥(64岁)

整理人:万鲁建

☆四村

村情简介:

四村,1916 年建村,原称开源四村,"文革"时曾更名红四村,土地面积约 6700 亩。该村位于军粮城街道东部,西邻三村,东邻塘沽区,南接无瑕街新五村。2013 年 11 月,整体搬迁到军粮城新市镇军丽园、军华园、军宏园和军秀园。

村名的由来

　　四村所处之地原为斥卤荒地,北洋政府时期,军阀们为解决军费或个人挥霍之用纷纷投资建厂,开办企业。倪嗣冲和天津财阀王祝三在此地广收荒地,创办开源第一农场,开荒招佃种稻。为便于管理,开源公司分段筑渠,土地被分为五段,现在的四村位于第四段。由于天灾频仍和军阀内战,开源公司经营了不到五年便破产了。

　　抗战爆发后,日本人的"中日实业公司"进驻该地,称之为"高台地"或"官地",招揽周边农民为之种地。与原来的开源公司不同,日本人要求所有的地要开成上下两段,上面为旱地,下面种水稻,一块地面积有三亩左右。抗战结束后,投亲靠友的人越来越多,高台地从原来的十几户发展到了百十户,人口日渐稠密。人们沿着沟渠建房,逐渐形成村落。天津解放后,就在原地段序数的基础上,定村名为四村。

　　中华人民共和国成立后,四村土壤盐碱化,不利粮食耕种,再加上 20 世纪 60 年代全国刚刚经历了三年困难时期,粮食不够吃,四村人日子过得比较艰难。冬天,人们连件秋衣秋裤都没有,只有一个棉袄、棉裤往身上一套,腰上系根草绳就过冬了。住的是土房,一年到头最重要的事情就是泥房。近几年,村里实施高标准农田改造,将过去没人承包的旱田改成水田,四村人的生活才越过越红火。

讲述人:武广财

杨庆平

整理人:王　静

挖地道

20 世纪六七十年代,全国有一个家喻户晓的口号:"备战备荒为人民。"学校的外墙、大街小巷,甚至每家每户的外墙上都贴着这样的标语。现在我们如果去一些特色乡村旅游,还能看到墙上刷着"备战备荒为人民"的标语。"深挖洞,广积粮"就是在那时候开始的,其中挖地道是为了防止可能到来的核战争。

为了响应号召,四村也开始挖地道,而且还要把各家地道连成网。根据老人的回忆,当时挖地道要先打竖井,大概得有个四五米深,然后横着打,有一米五左右,成年人进出得弯腰。四村的地道修了几百米,弯弯曲曲地一直从村里通向村外。后来这个地道被填了,以致年轻的人们都不记得曾有过这么一条地道了。

讲述人:武广财
杨庆平
整理人:王　静

磕头拜年

农历春节是中国人最重要的节日,拜年又是春节期间最大的一件事。

通常拜年是从大年初一早晨开始,大概七点钟的时候家里人便聚集在一起,准备去拜年。如果这家的辈分比较高,就可以迟点出发。如果辈分比较低,就得早点出门,因为需要拜的人家多,耗费的时间也比较长。出门晚了,恐怕会耽误中午吃饭。拜年的人也是有讲究的,不是所有人都有资格拜年。能够拜年的只有结了婚的成年男子,而且要带着自己的老婆去给长辈拜年。小孩子呢,要么待在家里等着收压岁钱,要么三五个一群凑着放鞭炮玩儿。老人们准备好烟、瓜子,坐在家里等着晚辈来拜年。不过如果这家当年有亲人去世,那么就不要出去拜年了。

这一天街头巷尾都是拜年的人,一般是以家为单位,兄弟多的家族有的得有二十几个人,大伙儿说说笑笑,浩浩荡荡地到处拜年,气氛那是相当浓烈。

每家都会在院子里准备一张草席,预备给拜年的人磕头用。晚辈进了院,先是高声喊一声"拜年了",这时长辈从屋里出来,晚辈见到长辈立马单膝跪地或双膝跪地,一边磕头一边说:"给爷爷、奶奶拜年了。""给叔叔婶婶拜年了。"这时长辈一边客气一边说:"地上凉,快起来吧,不用磕了。"一边把人往屋里让,趁着空说会儿话,其乐融融。

拜年不光认亲,还是村里人化解冲突的好机会。一年下来,邻里之间难免有磕磕碰碰。矛盾小的,找个人一说和也就过去了。碰上

天津东郊村落文化留迹(上)

矛盾大,往往两家有老死不相往来的架势,谁也不肯低头认错。过年了,总得把一年的烦恼丢掉,这时候借着拜年,双方互相找个台阶就把矛盾化解了。

初一是家族间拜年,初二媳妇回娘家,外甥要给舅舅拜年,舅舅张罗一桌丰盛的酒席款待外甥。像好多人出去打工,一年也就这么一次到舅舅家,问问工作,问问家里人,感觉特别亲切。一直到初六,小辈们都要给姑姑、姨等长辈们拜年。

现在住进了社区,不兴磕头拜年了,大家坐一坐、喝水、吃点瓜子、唠唠嗑就算是拜年了。甚至有些关系远的,也就不去拜年了。虽然省劲了,但总感觉缺少点什么。老人们都说,那时候村里的人天天见面,搬进社区后,都不太熟,下一代的人几乎都不认识了。如果再不拜年认亲的话,恐怕就跟断绝关系一样,走到街上都不知道是一家人了。

讲述人:武广财

杨庆平

整理人:王 静

出河工，治海河

海河是天津市的母亲河，但这条母亲河在历史上却是经常泛滥，给天津人民带来了严重的灾难。从 1368 年到 1948 年近六百年的时间里，海河流域就发生了 387 次水灾，天津城也先后被淹了七十多次。特别是 1939 年那场水灾，市区 80% 被淹，进城洪水两个月才退尽。提起中华人民共和国成立前的海河洪灾，至今上了岁数的老人仍然是心有余悸。

1963 年 8 月上旬，海河流域发生特大洪灾，当时河北省 102 个县、5300 多万亩耕地被淹，受灾人口达到了 2435 万人。洪水逼近天津，各洼淀及海河水势再涨，贾口洼水位一度高达 8.94 米，超过历史最高水位 1 米，天津再次面临洪水的严重威胁。经过 50 多天的抗洪斗争，天津人民团结一心，逼退了洪魔。但是海河如果不彻底根治，必将给未来城市发展埋下隐患。同年 11 月 17 日，毛泽东同志发出"一定要根治海河"的号召，津城百姓积极响应，很快就组建了一支根治海河大军。按照统一规划、综合治理的方针，天津市主要负责海河下游的疏浚扩建、开挖扩挖以及兴建河闸等工程。

四村当时负责闸窝挑土。20 世纪 60 年代，虽然中华人民共和国已经成立十几年了，但国家整体经济发展还很落后，工业机械化水平低，人们出工挖海河主要还是靠肩挑手推。出工的老百姓自带工具，用小车推着行李、工具徒步到工地挑土。到了工地也没休息的地方，人们就用竹片、苇子席还有木条搭成简易工棚以供临时休息。冬天出河工就更辛苦了，厚棉袄、厚棉裤都穿上还冻得直流鼻涕，人们的手指头冻得像一根根红萝卜。工地上四面旷野，北风呼呼地往棚子

天津东郊村落文化留迹(上)

里刮,即使生了火,也挡不住寒气往棚里钻。

为了不耽误农忙,生产队出工一般都在冬春两季农闲时候。上海河的人是挣工分的,但这个工分国家不给任何东西,而是把工分记到自己所在的生产队中,分生产队的粮食。按当时的任务量,一天出工干活儿要12个小时以上,手推车一天推土也要在四方以上,活儿多任务重,铁锨、锄头、箩筐和小车时不时就出点毛病,甚至铁锨尖有时也会崩断。工具坏了,修一修再接着用;手磨破了,用布裹一裹接着干活儿。每个人都有自己的任务,自装自卸。人们一铁锨一铁锨挖土,一车一车装土。车装满了,就推到指定的地点,大概每趟有个二三十米,往返一次十五六分钟。这样的工作量如果放在现在,恐怕好多年轻人都干不动。就这样,在工具落后,条件艰苦的环境下,大家起早贪黑,顶风冒雪出工挖海河,为的就是根治海河。

海河上的伙食主要是玉米面、高粱面窝头和高粱米干饭,每个窝头有三两大小,菜无非就是咸菜、萝卜和白菜,比起现在吃的营养是差太多了,但是能吃饱。一碗杂烩菜,五六个窝窝头,瞬间就消灭了,而且还觉得倍儿香,这在当时应该说是非常难得的事情了。吃完了饭,中午就躺在简易工棚里歇一会儿,下午紧接着上工。

四十多年过去了,从当时走过来的人始终忘不了当年的艰苦。即使现在生活条件好了,跟家人和朋友去饭店吃饭也很寻常了,但节俭的生活习惯却是深入骨子里的。点菜总是不自觉地点最普通的土豆丝之类,总觉得差不多就行了,吃不完打包走。因为现在的日子对自己来说,已经是最好的享受了。

讲述人:武广财

杨庆平

整理人:王　静

☆ 大安村

村情简介:

大安村,民国初年建村,原名卞家圈,"文革"时期曾更名永红村。该村有 533 户,1322 人,土地面积 3601.3 亩。大安村位于军粮城镇北部,东至东金路,西邻袁家河,南至津北公路,北至军粮城砖瓦厂,村庄呈条状块。2012 年 2 月 1 日,因航空产业园建设征用土地而撤村。2013 年 9 月,村民们统一搬迁到军粮城新市镇军秀园、军丽园居住。

大安村的历史

　　大安村属于军粮城镇,位于军粮城以北,东至东金路,西至袁家河,南至津北公路,北至军粮城砖瓦厂。面积 0.25 平方千米,呈条块状。这里原来是盐碱荒地,民国初年,天津人卞德梅托人在大安村这一带购置荒地,任命袁庄子的王德庆为经理人,由荒地开垦为农场,定名为卞家圈。这里主要是种植水稻和棉花。后来王德庆转让给了袁庄子的杨汝俊,杨汝俊又转让给了刘台村的刘文斌。日本侵华时,这一带又被日本人占领,改名为大安农场,厂长是日本人中村,刘文斌继任经理,继续招揽佃户耕种,1945 年形成村落,定名大安村。"文革"时曾经改名为永红村,"文革"结束后又恢复为原来的名字。大安村现有耕地面积 1415 亩,农业以粮食作物和温室蘑菇种植为主,工业以机械加工为主。2003 年农村社会总产值 1660 万元,人均收入 5941 元。

讲述人:陈长友(65 岁)

张德顺(59 岁)

采访人:尹树鹏

整理人:万鲁建

军粮城机米厂

1937年,一些日本经济界人士曾筹划过在我国东北地区搞所谓的"满洲"大农业,后来该计划被日本军事当局否决。而有"精米之王"称呼的日本企业家加藤平太郎大力在东北开垦土地,加工稻谷。"七七事变"后,加藤平太郎前来华北慰问,看到华北地区沃野千里,觉得大有可为,于是委托中国人张宗援为他物色一个适宜的地方。

1938年,加藤派遣他的儿子加藤三之辅来华北考察,虽有心开发,但因故未能实现。1939年,在得到华北日本派遣军司令部的批准后,又取得"朝鲜总督"池上四郎的支持,开始准备在天津种植稻谷,并从日本国内运来稻种准备发给稻农。同时加快创立从稻谷种植到大米加工生产的企业。在得到兴亚院华北联络部、天津日本陆军特务机关的批准后,于1940年1月15日创立"军粮城精谷株式会社",资金为100万日元,朝鲜精米加工企业投资占95%,当地投资占5%。军谷公司占地500亩,再加上袁家河东实验田250亩,共计750亩。

1939年秋天,加藤三之辅率领鬼仓福太郎等人完成了工厂计划,制定了施工计划,1940年春破土动工。经过八个月的时间,碾米车间、锅炉车间基本建成,11月,年产45万担大米的"清水式"五机四个系列的碾米设备安装完毕,11月23日举行落成典礼仪式。1942年又建成了糠油车间,1943年建成制粉车间、麦饼车间。当时,生产车间每天开车12小时,月加工大米3500吨,月产糠油6400公斤,月产麦片450吨,玉米粉750吨,生产肥皂6万块。当时,军谷公司有日本人、朝鲜人和受过训练的中国职员合计260人,中国劳动力最多时达 2500 人。其管理非常严格,公司任用的人员大部分都是加藤的老同学、老朋友,中国职员也都经过严格训练。这是一个从开垦、种植到稻谷的收购、储运、加工一整套庞大的农业垄断组织。

为了让当地农民交出他们收获的稻谷,加藤采取的措施是将土地归还原主,除了军事控制,更多的是利用高利贷的形式发放资金、实物,使当地农民完全在日本人的控制下,以实现其稻谷生产计划。他相继在芦台、小站、咸水沽、葛沽、军粮城及上海成立七个"出张所",下设"农事组合",农事组合负责发放贷款、稻种、肥料等,秋后收下来的稻谷全部上交军谷公司。1944 年,军谷公司控制的耕种面积多达 47.8 万余亩,收购稻谷达 6.1 万吨。

军谷公司为了提高所谓的效率,对中国工人进行残忍的剥削和压迫。农民每天鸡叫头遍都得起来排队,天亮后由日本人和工头出来挑选。工人进厂,每天要工作 12 小时以上,连一点喘息的工夫都没有。一年四季自己带饽饽,夏天放得发霉,冬天带冰碴儿啃着吃,口渴了想喝口水都很难。日本人在井边设置岗哨,严禁中国人靠近,工人只能偷偷在榨油车间的废水管头接几口水喝。碾米车间的工人劳动环境更是差,开起车来尘土飞扬,有时面对面也什么都看不清,迷雾似的尘土呛得人直咳嗽,工人干一天活儿出来就像泥人一样。车间里的机械设备没有任何安全设施,各种大轮皮带没有安全网罩,随时都有可能发生工伤事故。在碾米车间,有一个米池子由于年久失修,工人在干活儿时突然倒塌,三名工人被砸在底下,差点死了。工人负伤,日本人也不管,只能自己养病或回家等死。

后期随着日本在侵华战场越陷越深,为了保证大米的军需供应,更是加大对工人的剥削,生产车间几乎是连轴转,搬运工人常常因为日本人紧急调粮而不能下班,工人又累又饿,实在饿极了,只能偷吃豆饼。不仅如此,日本人还利用一群工头压迫剥削工人,工人的工资经过他们的盘剥,拿到手的所剩无几。

为了防止工人们反抗,日本人在警务课内设置牢房和各种刑具,专门用来惩治工人。常用的惩治方式有吊打、灌盐水、灌辣椒水等。有压迫就有反抗,工人们经常采取消极怠工、破坏机器、制造机器故障等办法与日本人斗争。碾米车间的工人经常在嗑皮机上做文章,把铁棍、铁块暗地塞进胶辊里,一开车铁胎崩裂,好几天都不能生产。1943年夏天甚至还搞了全厂大罢工,各车间的机器全停了。当时工人们提出的条件是增加工资、缩短工作时间。最终,经过斗争,日本人被迫答应。这一次斗争的胜利极大鼓舞了工人的斗志,也加强了工人的团结。

讲述人:陈长友(65岁)

张德顺(59岁)

采访人:尹树鹏

整理人:万鲁建

☆刘台新村

村情简介：

刘台新村,原属刘台村,中华人民共和国成立初期属于宁河县第六区管理,"文革"时曾更名曙光村。1994年,刘台村分为四个行政村,刘台新村独立成村。村中有920户,2370人,土地面积5300余亩。刘台新村位于军粮城镇西北部,南邻塘洼村、李家台,原属宁河县管辖。刘台新村于2013年8月迁村,村民集体搬迁到军粮城新市镇军宏园、军丽园、军华园、军秀园居住。

刘台古城

天津市东郊军粮城乡刘台村西南一公里处发现古城址一座,四面城墙已夷为平地,成一略高出四周平地的土台,南北 320 米、东西 250 米,东城墙现为一土道,城外是洼地,南、北、西三面较城外高 0.5—1 米,城内地面散布较多遗物,主要有白瓷碗、青瓷碗、青瓷双耳罐、三彩钵和陶盆、陶罐、陶瓮等残片。出土瓷器皆施半釉,腹下部有垂釉,器底多为平底或饼状实足,青瓷占一定比例,都具唐代前期特点,在古城东和东南曾发现过唐代早期墓葬,出土过土坑墓和石棺墓,随葬有陶俑、铜镜和三彩罐等。

古城南距海河 1 千米,东距战国至宋代海岸线 0.5 千米。唐初在此筑城,是为转输江南到幽蓟的军粮。天宝以后海运结束,刘台城不见唐后期遗物,恰与海运历史相当。

(本文由万鲁建选自中国考古学会编:《中国考古学年鉴 1989》。)

☆ 北旺村

村情简介:

北旺村,原属于刘台村,始建于 1994 年 5 月,共有 798 户,2144 人,耕地面积 5400 余亩。村庄坐落于津北公路南侧,东至袁家河,西至北旺路,南至刘台新村级后台村交界,村庄面积约 1.5 平方千米。2015 年,按军粮城整理规划,村民们搬迁至军粮城新市镇军丽园、军祥园、春竹轩、夏荷轩、秋棠轩、冬梅轩居住。

刘台村村民告状

　　1948 年 7 月 9 日,天津县军粮城刘家台村的老百姓刘梓龄、孙家儒、刘佩珍和黄恩贵来到天津地方法院检察处,带着状书前来鸣冤。刘梓龄、孙家儒是村里的副保长。据他们介绍,1948 年 7 月 5 日,因为劝阻驻在该村的保安二十九团士兵在裕华小学房上乱跳,被二十九团三营十连排长刘松泉逮捕,还被吊起来打了两天,村子里的人想去保释,反而被他们架起机枪来威吓。6 日十连连长又将甲长刘佩珍和保干事黄恩贵捕去毒打,到 8 日才被下乡视察的县政府韩秘书提讯释放。

　　由于受了这样的不白之冤,他们特地赶到天津向县府和法院告状。法院检验员已证明他们曾受棍伤。但由于对方是驻地的军队,天津地方法院也不敢有所行动,最终此事不了了之。

　　[本文根据《大公报(天津版)》1935 年 1 月 5 日《军粮城乡民告状》改写。]

整理人:万鲁建

音乐家冯文慈在东丽

　　冯文慈(1926—2005),天津市人,我国著名的音乐史学家、乐律学家、音乐教育家、音乐批评家,曾任中国音乐史学会会长、中国律学学会顾问等职。其长期从事中国古代音乐史教学与研究,出版有《中外音乐交流史》《中国音乐史学的回顾与反思——冯文慈音乐文集》等,点校有《律学新说》《律吕精义》等。冯文慈是中国音乐"金钟奖"终身成就奖获得者。

　　1970年5月下旬,冯文慈和中国音乐学院的其他教师一起下放到军粮城,按照部队的编制,实行班、排、连建制。当时还有一些低年级的学生也在军粮城。冯文慈的妻子也一起下放,住在女宿舍,冯文慈和其他男同学住在男宿舍,住的都是土坯房,类似于学校的上下床,这些床是从学校搬过去的钢架木板床。当时,一个宿舍大约住十个人。单个的床和并排的床间隔安放,一排要是五张就是睡十个人,四张就是睡八个人,有时候两个床并着,有的时候单个。放了这些床后,基本上没有空间了,没有书桌,都是土坯之间放一个苇子的帘子,上面放着《毛主席语录》《毛泽东选集》等书和笔记本。下放的人大概是1972年回去的,在军粮城待了两年多。当时有学习班,大家就在一个屋子里待着,天天学习毛主席著作,读《南京政府向何处去》(1949年4月4日)。

　　当时,睡眠和吃饭都是有保证的,甚至还能睡午觉。当时人们需要劳动,刚去的时候有插秧、收麦和收稻等,农活干完后就开始学习。日常安排不是特别紧张,也能够睡着。当时吃的是大锅饭菜。1972年有一段时间比较松,干完活儿后,冬天农闲时期,也会让大家恢复

"天天练"，学习音乐的唱一唱，拉一拉二胡。当时教师的"天天练"，一天一个钟头，愿意看点什么就看点什么。

　　[本文由万鲁建根据陈荃有采访著：《音乐学人冯文慈访谈录》（文化艺术出版社 2017 年版）改写。]

天津东郊村落文化留迹

消失的村庄

下册

中国人民政治协商会议
天津市东丽区委员会
文史委员会 编

天津社会科学院 出版社

新立街

☆ 新立街

新立街位于天津市东部,城乡接合部内,东邻军粮城镇,西与万新街道办事处接壤,南临海河,北靠幺六桥回族乡。2005 年,新立街街域面积 66.6 平方千米。

1953 年 9 月建新立村乡。1958 年 8 月 23 日建新立村人民公社,称新立村大队。1962 年分为新立村、小东庄等公社。1983 年 9 月,撤销新立村公社,设立新立村乡、幺六桥乡;撤销小东庄公社,设立小东庄乡。1993 年 6 月 18 日新立撤乡建镇,1994 年小东庄撤乡建镇。1996 年,新立镇面积 34 平方千米,人口 3.3 万人,辖崔家码头、顾庄、翟庄、西杨场、东杨场、邢家圈、中河、四合庄、新立、宝元、新兴、张贵庄 12 个行政村;小东庄镇面积 32 平方千米,人口 3 万人,辖小东庄、东大桥、十三顷、中营、大郑、务本一、务本二、务本三、泥窝、城上、卧河、赵北、窑上、稻地、老圈 15 个行政村。2001 年 4 月,撤销新立镇,设立新立街道;2001 年 10 月 18 日,撤销小东庄镇,并入新立街道。

2010 年,居民除汉族外,还有回族、满族、朝鲜族等少数民族,总人口 136357 人。新立街交通发达,津滨高速、津塘公路、津塘二线、津北公路、外环线、跃进路、驯海路纵横交织,京山铁路、津滨轻轨,从街中部穿过,海河从南段蜿蜒入海,形成了水陆空立体交通网。新立街内有天津国际机场、天津铁路信号厂、天津肉联厂、发电厂等驻街单位。

☆中河村

村情简介：

中河村，清光绪十年（1884）建村，"文革"时曾更名"四新村"。"文革"结束后，恢复中河村村名至今。村民有汉族回族，耕地1583亩。

中河村东至原小东庄镇中营村，西至四合庄。20世纪50年代，天津三建公司在村西至四合庄，建设基地，后改为化工厂，因为占用中河的土地，所以称为中河化工厂。南到泥窝、四合庄，津塘公路南侧河东有农户30余户，土地80亩。北至京山铁路，铁路北侧有土地100余亩。四合庄西津塘公路南侧也有中河的土地，那时人们叫西河外。1994年前，中河村总占地面积1.7平方千米。

中河村的故事

清末同治年间,朝廷大兴土木。为专供朝廷用砖,当时负责工程的督办大臣选定今中河一带的土地(原 2 队、3 队相连一带)作为窑地,专门炼烧土砖。后来人们便把这一带称为前窑,靠河边、东北侧为后窑。为了方便运砖,朝廷调拨人马在今中河附近挖掘了三条河道,并按照地理位置将其分别称为东排河、中排河和西排河。抗日战争时期,日本人在军粮城种植水稻。由于中排河河水深且最为宽阔,日本人便利用中排河来灌溉水田。中华人民共和国成立后,中排河一带的张家官房、前窑、后窑、范家台、邢家房子、新房子六个居民点,因地处中排河两岸,在 1950 年正式改名为中河村。

张家官房原属于一位吴姓官员,所以老百姓称其为官地,租种这片土地的农民都要向吴家缴纳土地使用费。这位吴姓官员并不在此地居住,他委派自己的表弟张振兴全权负责来往的账目。后来,吴姓官员无暇顾及,彻底将土地交给了张振兴,于是张振兴成了官房的新主人。因当时租种土地的农户张姓居多,久而久之,人们就把这里称为张家官房,张家官房也是中河最早的房台之一。

中河村以种植园田和水稻为主,也兼种其他作物。园田以种植各种应季蔬菜为主,没有反季节蔬菜。园田蔬菜主要面向天津市供应,最早的时候人们是用马车运输,为了赶上早市,中河村民半夜就得往天津市内赶,马匹和骡子的蹄子与公路摩擦的"嗒嗒"声,透过寂静的黑夜能传得很远。后来有了拖拉机和汽车运输,人们就不用赶夜路了。

稻田灌溉是御河水,其实就是运河来的黄河水,河水中夹带的大

天津东郊村落文化留迹（下）

量泥沙沉淀在水田里，土地异常肥沃，种出的水稻不亚于小站稻。特别是到了做饭的点，如果老远就能闻到别人家诱人的米香味的话，不用说，这家一定吃的是新稻米。那种沁人心脾的米香，那种充满着清冽大自然的清香现代人很难闻到。

稻田不光水稻长得好，中河及沟渠水坑内也生长着丰富的鱼虾、螃蟹以及大河蚌。人们想吃了，就拿着盆到沟里去端，既新鲜又美味。如果赶上下雨，连盆都不用，因为鱼儿都被大雨冲到了路上，人们只要捡着吃就行了。剩下吃不了的，村民就把小一点的晒成锅巴鱼，便于长期储存，四季均可食用。特别是冬天、春天，用锅巴鱼炒白菜或做汤，那可是风味独特，让人垂涎三尺。再说那大螃蟹，现在是稀罕物，可对中河村民来说则是唾手可得。尤其是到了夏天，只要门口亮着灯，那螃蟹就会顺着光爬到院子里。对螃蟹可不能心软，如果任其生长，稻秧都会被它们夹断。村民们要么把螃蟹苗做成咸螃蟹酱，要么就卖钱，不过那时大的、肥的螃蟹才五分钱一斤。至于河里的大河蚌，人们都拿来喂鸡鸭。可以说，中河这片鱼米之乡养育了中河村几代人。1972年以后，因为海河上游运河水断流，政府要求稻田改种旱田，螃蟹没有了，鱼也少多了，河水几乎成死水。

中河村自有人居住到现在，有近140年。中河村饱经风霜，不知经过多少风风雨雨，迈过多少沟沟坎坎，发展到今天，村集体已有49378.4平方米的固定财产，给村民们积累了一笔不小的家业。2017年9月9号，中河村民宅整体拆除，在"幸福生活从今天启航"的标语下，在九维机电办公室，村民签字工作正式开始。

村民们离开故土都心情难过，大家难舍难离，恋恋不舍，但是中河村全体党员、全体村民都有政治意识、大局意识、核心意识、看齐意识。整体签字工作一开始，村民们就络绎不绝，积极踊跃、秩序井然地签字、搬离。从2017年9月9号到10月底街道工作人员撤离，签字搬离的村民达到885户，完成98.5%。2018年4月22日，经中河经济合作社第一届成员代表大会通过，撤销中河村村民委员会，改为中河经济合作社第一届理事会,并且选举产生出中河经济合作社第一届理事会,理事会由一名理事长、一名副理事长、四名成员组成。如今村民迁入了 24 小时有自来水、做饭有煤气、冬天集体供热、楼房内有电梯、舒适宽敞的新居,幸福生活自此启航。

讲述人:范金发

张世忠

刘海潮

整理人:李绪民

王　静

中河名人高沛田

　　高沛田(1903—1976)是中河村的知名人士,祖籍河北省玉田县。高沛田幼年家贫,为了生存,还是孩童的他背井离乡来到天津当学徒,经过多年的奋斗,高沛田积累了人脉和钱财,渐渐萌生自立门户的想法。当时华北地区已经沦陷,时局动荡人心不稳。天津作为华北地区工商巨埠,虽然日军控制得很严,但经济发展、治安秩序等相比其他地方稍微稳定些,于是高沛田决定继续留在天津发展。

　　为了避免与老东家同质竞争,高沛田打算在城郊找一方宝地,择机发展。经过多番考察,他最终看中了中河村这块地。于是他带着多年积攒下来的八百块现大洋来到中河村,置田盖房,后来人们提起这段往事,有了“八百块钱进排地”的说法,这也足以看出当年高沛田破釜沉舟的决心。

　　安家落户到中河村的高沛田开始了自己的事业,可是等到自己的孩子上学的时候,他发现中河村教育环境十分落后,整个村子只有一个小小的旧私塾。为了给自己的子侄及邻人子弟创造良好的教育环境,也为了推动第二故乡中河村更好地发展,高沛田决定自己出资请良师、建学舍,在村中开设小学。

　　高沛田的想法得到了附近一些人家的认可,大家纷纷表示愿意将自己的孩子送到这所学校。生源问题解决了,但授课的老师却不好找,因为当时中河村一带还属于比较荒凉与落后的区域,市里很多受过教育的人都不愿意落户到这里任教。几经周折,高沛田从老家玉田县请了来一位名叫齐玉琛的老师。

　　1943年,中河小学正式开课。为了让中河小学迅速成为一所优秀的学校,高沛田一方面逐渐完善学校各项规章制度,另一方面注重营造中河小学的文化氛围。至今还有老人记得当年自己上学时的那些歌谣,如当年中河小学的校歌:"津沽之垣,海河之滨,伟哉中河,第一中心……"还有《放学歌》:"放学了,站队走,纪律要遵守;过桥时,莫拥挤,小心掉河里……"除此之外,高沛田非常重视教学质量,当得知老师的教学能力已经不能满足高年级的教学时,他从流芳台小学聘请褚怀智(字蕴之)老师为高年级的学生上课。

兴办中河小学的同时,高沛田的粮食贸易生意越做越大,买卖早已超出北京、天津,覆盖到哈尔滨、青岛等地。为了表彰高沛田为地方教育做出的贡献和商业上的成功,他于1945年被任命为中河一带的首任乡长。1945年,日本投降,当了不到一年乡长的高沛田被免职。在国民党统治下,高沛田依然作为创始人管理着中河小学,但国民党当局从他手中夺走了实际控制权。此后,高沛田在经商的同时,继续关注着学校各项事务,而且还利用商人身份向解放区运送大量物资,其中甚至包括制作炸药的原料。1948年春,高沛田因时局变化,将自己的厂房、住宅与土地,除部分赠予亲友,其余全部卖净,同年5月初,举家迁往上海。

讲述人:范金发
张世忠
刘海潮
整理人:李绪民
王 静

开明人士刘德荣

上了年纪的中河村民,一提起刘德荣(回民)无不发自内心地称赞,称他是大好人。

抗日战争时期,日军严格控制着大米的流向,如果发现有人偷吃大米,轻则重打,重则枪毙。当时中河村有两户村民没有地种,靠捡拾一些地里的粮食和讨饭来维持生活。有一天,村民王宝珠的母亲从别人收完稻谷的地里捡拾了一点稻粒,回家捣成米做稻米稀饭吃,不小心被日本人发现,遭到毒打。有人把情况告诉了刘德荣,他立即赶到现场,告诉日本人她家是良民,粮食是从地里捡来的,因为家里没有粮食,饿得受不了了,才不得已偷吃稻米。并且刘德荣自己下了保证,才把王宝珠的母亲保了回来。

日本投降后,有些村民仍然过着吃了上顿没下顿、忍饥挨饿的日子,刘德荣知道这些事情后,毅然把自己家中二十多亩好粮田无偿地分给了中河村六户村民家,他们是王宝珠、齐宝才、陆国和、张庆堂、刘长发和曹振岭,从而使他们在那个年代能生存下来。

1948年底,东北野战军解放天津。46军先后解决了天津东郊区(今东丽区)外围的残敌,拿下了飞机场,攻占军粮城机米厂后,来到了后窑村,就是现在的中河村后窑房台。解放军进村后军纪严明,不拿群众一针一线,不损坏群众的东西。在他们的感召下,刘德荣腾出自己家最好的房屋,热情地让解放军住到自己家。紧张的操练之余,解放军战士帮助群众挑水、打扫院落和街道卫生,甚至还给村民表演东北大秧歌。军爱民,民拥军,军民鱼水情也在当时的中河村展现出来。

　　为了歼灭剩余国民党军队,解放军找向导带路,村民王玉生带一部分部队攻打京山铁路护路队中河桥梁的碉堡,战斗打响后,王玉生和部分解放军战士不幸牺牲,刘德荣则带领另一支部队攻打军粮城机米厂。后来46军从泥窝过海河执行新任务,野战军44军工程某部随后住到了刘德荣家里。看到解放军缺粮少吃,刘德荣就把自己家的余粮给了解放军,当时的王连长非常感谢。听说部队攻城需要高梯子,刘德荣自己出资买来木料,找木匠为部队打了四架梯子,之后四十天不脱衣服睡觉,给解放军当向导。天津解放后,刘德荣继续返回本村务农。

讲述人:范金发

张世忠

刘海潮

整理人:李绪民

王　静

迟到的寻人启事

2019年5月，平津战役纪念馆收到了一封特殊来信。这封特殊的信件，是中河村村民刘海潮委托平津战役纪念馆帮忙寻找王连长及其后人的寻人启事。当老人拿出这封千余字的寻人启事时，深深的军民鱼水情穿透朴实的语言扑面而来，一下子把人们的记忆拉回到了那战火纷飞的革命岁月。

1948年底，随着辽沈战役的胜利以及淮海战役的顺利推进，中央军委决定发动平津战役，消灭聚集在天津、北平的傅作义集团。为支持解放军作战，刘海潮的父亲刘德荣不仅义务为解放军提供住宿，而且利用熟知周边地形的优势积极担任解放军先前部队向导，王连长就是在那个时候与刘德荣建立了联系。当年刘海潮只有9岁，印象中只记得对方姓王，具体名字忘记了。

战争胜利后，王连长所在部队返回原驻地。刘德荣战争期间不遗余力地帮助解放军，也曾为王连长所带部队打造攻城用的高梯子，王连长后来就住在刘德荣家，而且有什么事情也都会找刘德荣帮忙。一来二去，王连长和战士们都认识了刘海潮，而且也非常喜欢这个聪明调皮的孩子。每次见面，大家都免不了跟刘海潮逗一逗，闹一闹。刘海潮当年还是个孩子，看见有人跟他玩，自然也非常高兴。慢慢地，刘海潮和王连长以及战士们亲得就像一家人似的。

王连长对刘海潮甚是宠爱。小孩子喜欢一些新鲜玩意儿，看见天上飞的喜鹊也想抓一只来玩。有一天，王连长把小海潮喊过来："走，我给你打一只喜鹊。"说罢，二人来到村头，看见树上站着两三只喜鹊，王连长拿起手枪，不知是有意还是无意，喜鹊一只都没打下来。

王连长跟小海潮说:"这次没打下来,喜鹊都飞了,等下次我再捉一只给你玩。"结果还没等抓到喜鹊,王连长就率领部队南下了。这句承诺,刘海潮一直等了半个世纪。喜鹊已经不再重要,在刘海潮的心中,能够在有生之年见上王连长一面,这辈子就知足了。

战士们也非常喜欢刘海潮。有一回,刘海潮和一个战士在院里玩耍。他看见战士胸前鼓鼓的子弹带,仗着自己年龄小,而且和战士们关系好,便好奇地问战士:"这里面都是子弹吗?"这个战士对着刘海潮一笑,说:"那你过来摸摸看。"刘海潮大胆地走到战士身边,直接拿起子弹兜翻过来一看,原来里面都是高粱秆。刘海潮一看就喊:"你们这是骗人呢?"战士笑眯眯地说:"你不懂,我们只有打仗的时候才发子弹,平时这枪里都是空的,主要是怕出事,误伤了战友。"有时战士们还跟刘海潮调侃:"你别待在家里了,跟我们参军下江南吧!"说实在的,当时刘海潮还挺动心的,甚至还跟家里闹着要参军。可年岁太小了,部队也不要呀!参军的愿望落空了,这也成为老人这辈子的遗憾!

刘海潮不仅平时和战士们一起玩闹,还跟着战士学唱军歌,扭东北秧歌。每天操练完毕,战士们都会大声唱四野军歌:"向前,向前,我们是杀敌的好汉,背起冲锋枪,拿起手榴弹,哪里有敌人就在哪里干,我们是人民解放军,我们的名字天下传,天下传。"时间一长,刘海潮也学会了这首军歌。直到七十年后,已是花甲老人的刘海潮还清晰地记着这首军歌。每次唱起这首歌,当年和战士们在一起的日子仍历历在目。

不久部队南下参加渡江战役,战士们唱着军歌离开了中河村。从此,刘海潮再也没见过王连长,也没有一丝王连长的消息。但刘海潮心里,始终割舍不下那段与解放军战士在一起的美好日子,也始终惦记着亲如长辈的王连长。

讲述人:刘海潮

整理人:王 静

天津东郊村落文化留迹(下)

"我们坐上了轻轨车"

　　尊老爱幼是中华民族的传统美德,也是中河村村民坚守和弘扬的传统美德。随着人们日子越来越好,老年人物质条件也有了很大的改善,但老年人缺乏的是他人的关爱。当然,亲情的陪伴是最赤诚的孝心,也是最好的安慰。村里也想方设法使老年人精神富足,尽享美好桑榆晚景。

　　中河村倡导尊敬老年人、关心老年人的精神与传统,形成了敬老爱老的新风尚。中河村修建了街角花园和活动场地,老年人可以结伴锻炼身体,悠闲自得地享受夕阳情;中河村还定期组织老年人踏野赏景,让老年人有机会走出村子,充分领略祖国各地的大好河山,感受改革开放发展以来出现的巨大变化。不同的年代,中河村根据经济条件和社会环境,尽力让老年人提升生命质量,充分享受到社会主义大家庭的温暖。

　　2003年春季,天津第一辆高架轻轨列车正式运行。看着崭新的列车从门前呼啸而过,老年人止不住地感叹:"我们老了,这辈子是坐不上喽!"敬老爱老不是嘴上说说,也不是敲锣打鼓,送送礼物地作秀,而是切切实实地去真心关爱,用心敬老。因此,当村里了解到老人们有坐车的愿望后,村党支部当机立断,认为应该满足老人们的心愿,于是马上组织人员联系轻轨车站,安排老年人来一趟"轻轨之旅"。

　　2003年4月9号,村里组织全村老年人从东丽开发区上车,乘坐轻轨返回。祖祖辈辈和锄头泥巴打交道的村民们也坐上了高架运行的轻轨专列,那心情叫一个美。车站领导对老年人说:"你们是天津市第一次老年人集体坐轻轨。"老人们享受到了现代交通工具运行带来的愉悦体验,从他们脸上绽放开来的皱纹也可以看出,这些朴实的村民,他们的心情有多么地舒畅和骄傲。

此外,村里还营造敬老氛围。比如按时发放老年人福利费,让他们老有所养,老有所依,老有所盼,老有所乐 80 岁以上的老寿星是村里的宝,村干部每逢节日都要登门看望,祝福他们幸福快乐。虽然生老病死是人生必经之坎,但将来如何养老一直是村民们去不掉的心病,尤其是那些没儿没女的老人更是对未来养老充满担忧。为了解决这一难题,2014 年村里专门为村民上了失地养老保险,凡是村里年满 16 周岁以上且符合政策条件的村民及非农业无正式工作的人员都将纳入参保对象,努力实现应保尽保。这一举措是中河村民祖祖辈辈人人期盼、梦寐以求的好事。很多村民们都说:"政府为我们想得太周到了!"

天意怜幽草,人间重晚晴。中河村传承中华民族尊老爱老的优良美德,大爱无声,在平时和细节中不断去解决老年人生活中的问题,赢得了村民的拥护和赞美。

讲述人:范金发
张世忠
刘海潮
整理人:李绪民
王 静

变化从环境开始

改革开放以后,中河村经济不断发展,农村教育和医疗也渐渐跟了上来,村民的口袋也开始鼓了起来。当满足了基本的生活需求后,村民的生活习惯和思想水平却没有发生太大的变化。比如说洗完了衣服,脏水就倒在门口,顺着土路往下流。家里的垃圾也是出门就扔,夏天一到,苍蝇蚊子到处飞。有些村民有钱了,就开始玩牌。人们纳闷,怎么有钱了,反而环境比以前更差了,人心也更散了?

干净整洁的居住环境有利于人心健康发展,为了改变村里的落后面貌,中河在兴建中河小学的同时为村民修建了一个街角花园,郁郁葱葱的树木美化了环境,为中河村貌增添了色彩,人们都说:"村里也开始种花种草了,感觉像在城里生活。"出门的土路也开始修成了水泥路,硬化后的村道路彻底解决了村民晴天一身土、雨天一脚泥的难题。2013 年至 2014 年,村里又翻修了村河东的道路及村中桥到民族路干路,公路通到了家门口,人们出行更方便了。上夜班的村民也不用摸黑回家了,路两旁新安装的路灯让中河村的夜晚灯火通明,社会治安更加稳定,人们出行更安全了。

村民出行问题解决了,可孩子们上学出行的问题还没解决。当时小孩上学得走津塘公路六号桥,六号桥车流量大,危险性也很大,不光威胁孩子们的安全,大人走在上面也提心吊胆。2013 年,为了解决安全隐患,村里又投资建设了两座便桥,一座利民桥,一座连心桥。有了这两座桥,大人孩子出行更方便,这真正是一座利民桥。有了这两座桥,村干部与村民的心贴得更近了,大家伙儿一起努力,日子越过越好。

　　让村民感到变化的还不止出行的方便,人们发现水的味道和以前不一样了。以前的水含氟量很高,后来村里装了地下水除氟装置,1994 年,村里还购买了一辆东风牌汽车为村民义务拉送滦河水,村民喝水更方便,也更安心了。以前生活条件差,村民也没养成收垃圾的习惯,总是随手丢、随手扔。后来街上的垃圾少了,村里的空气也不再像之前总是有一股臭烘烘的味道,原来全村修建了 12 个厕所和30 个垃圾池。有了专门的垃圾桶和垃圾清运车,村民也不好意思再随手丢垃圾了,村里的环境也就越来越干净整洁了。厕所也不是以往的旱厕,减少了细菌和各种疾病的传播,人们身体越来越健康。1999 年,中河村被东丽区爱国卫生委员会评为区级卫生先进单位。

　　以前靠天吃饭的年景,忙完了地里的活儿,天一黑人们就没事干了。为了丰富村民文化生活,让村民有正确的、积极向上的思想,抵制那些不健康的行为,村里专门拨出 15 万元,为村民安装有线电视,定期举办消夏纳凉文艺晚会。广场舞兴起后,为了鼓励中老年人积极参加健身活动,村里将原来的市场场地改成水泥地面,还添设了各种健身器材和灯光照明设施。每天上午和晚上,村民们来到广场,在明亮的灯光下,跳着广场舞,锻炼着身体,心情特别舒畅。文化搭台,和谐唱戏,文明相处,群众的文化健身活动也日益丰富,中河村恢复了以往和谐稳定的面貌。

讲述人:范金发

张世忠

刘海潮

整理人:李绪民

王　静

中河村小学

中河小学是东丽区最早的一所小学,是高沛田于 20 世纪 40 年代建立的。高家是从河北玉田县迁过来的,最初为解决自己孩子上学的问题而雇佣私塾先生教书,后来为解决村里孩子的上学问题,逐渐扩建为一个学校,地和房子都是他们家的。窦家房子、泥窝村、邢家房子等村庄的孩子也都来这儿上学。他们家在玉田县做买卖。中华人民共和国成立后,他们全家就去上海了,把所有地和房子都留给亲戚了。

我 1954 年在中河小学上学,今年 78 岁。我父亲是这个学校的第一批学生,那时候没有自行车,大家都是走着去上学。当时一般都是八九岁才上学,20 岁高中毕业。中河中学主要也是为中河小学修建的,没有高级班。可惜后来中河中学没有建成,学生毕业后就去了四合庄中学,1958 年全村开始大炼钢铁,1961 年我高中毕业,此后一直在村里当会计。

日军占领天津时,新立街这一带,由日本人统一管理,种植水稻。当时,日本人在军粮城建设兵工厂,这里的村民就在码头、车站、货场扛麻袋生活,十分不易。1930 年日本人在军粮城又建立株式会社,不让农民吃稻米,收获的稻米要全部作为军粮交给日本人。

中河村有一个书法家,叫蔡胜美,是一个公务员,学习柳公权和何绍基的字。他还喜欢摄影、国画,原来画人物,后来画山水。他1972 年去世,曾经在海关工作过,天津刚解放时,东郊区(今东丽区)人民政府、党政机关的牌子都是他写的。

整理人:万鲁建

☆顾庄村

村情简介：

明永乐二年（1404）建村，曾用名顾家庄，"文革"时曾更名东升村。顾庄村有 636 户，1897 人，除汉族外，有回族 13 人。全村耕地面积 473 亩。顾庄村东至翟庄村，西至外环线，南至海河，北至津塘公路。2010 年 8 月 26 日，顾庄村被批准整体撤村，并于 2014 年 6 月启动拆迁工作，根据规划，村民将还迁至新立新市镇居住。

"老村"顾庄

东丽的村子有中华人民共和国成立后新设的,也有明代燕王扫北时就已经形成的聚落老村,顾庄就是其一。

老村如古寺,寺内若无古树,村寺便失去了真实与古朴,老村亦不再是老村。顾庄曾有一棵大槐树,为什么老村都有一棵老槐树呢?相传是因为大家从山西洪洞县分散到各地,为了便于日后相认,于是大家约定在村里种一棵树作为信物和标志。所以村里要是有这么一棵上千年的老槐树,那毫无疑问,这个村绝对是一个货真价实的老村。顾庄的大槐树历史绵长,树干中间有一个大树洞。小孩子们喜欢到树洞周围玩,个头小的甚至还能钻进去。槐身粗大,需四五位成年人展臂才能合围,槐树虽粗皮老鳞,虬根盘错,但枝叶茂盛,听着枝头的鸟叫声,看着喜鹊、麻雀穿梭其间,树下乘凉的人们十分惬意。

老槐树在顾庄人心目中,是"神"一样的存在。据村里人讲,每逢雨后,老槐树的树洞溢满了水,然后就会流出像血一样的水。如今看来,槐树流"血水"是树内腐烂物经雨水浸泡流出所致,因为有细菌,所以会导致人们生病,但是在当时人看来,这却是大槐树"显灵",于是村里人更加敬畏大槐树了。"四清"时,大槐树也面临被砍掉的威胁。当时村里人害怕砍掉大树,给自己带来噩运,没人敢去砍,最后村里只能派人去砍树。如果这棵大槐树保留到现在,也是顾庄名副其实的古树了。

除了有棵大槐树,说起顾庄的历史悠久,还得说一说顾庄的地。当地人有句谚语:"南至海河,北至塌河淀,东至日头升,西至日头落。"就是说顾庄耕地多。据说曾经有一张顾庄地契可以证明顾庄耕地之多,不过随着时光的流逝,这张地契也就不知去处了。

顾庄还有一个特殊的地方,就是整个村子建在一个大高台上,结果形成了村比地高的地貌。原本村里盖房都是在平地上盖,顾庄也是如此。随着时间的流逝,村里的人口越来越多,人们住的土坯房就得不断地翻修和重建。于是村里人经年累月地从村后取土盖房,慢慢地村后形成了一个深坑,人们习惯称之为"房后坑",而村里的地势也就越来越高。

如今旧城改造,老村民住进了高楼新居,但至今老槐树、广阔的耕地、大高台还留在老村民的记忆中,而这段历史是不能被忘记的。

讲述人:陈加明(68 岁)

刘树兰(60 岁)

王盛田(82 岁)

整理人:王 静

匪患难除

顾庄历史久远，经历的战事多，自然匪患也不少。民国之后，北洋混战，天津东郊地广人稀，野草水洼遍地，易于兵匪藏匿。当地为了维持治安，在顾庄驻扎了 20 名保安队成员，负责由东局子到排地一带的军警联络。村里曾建议当地村民修路，以防兵匪。

1924 年 12 月凌晨四点钟左右，忽然有顾庄几户村民敲巡长门报警，来者称是陈光远督军稻地所雇佃户，陈光远在顾家庄有土地两千余亩，原是荒洼之地，后租给农民垦荒而成为熟地。这些雇工报告说，一点钟的时候他们看见有八九名军人，身穿灰色军衣，手持长枪，腰挎手榴弹，喊叫官房之门。巡长听闻，马上率警员前往顾庄调查。来到顾庄后，巡长询问官房司事。司事回忆，一点钟左右，八九个军人敲开房门，拥进屋内声称追捕逃兵。当时这几个当兵的言语极为恭敬，行为举止也没有逾越之处。司事就放松了警惕，继续躺在炕上休息。没想到，这帮人趁司事不备，便在被子底下搜出护卫快枪一支，子弹 250 发，盒子枪子弹一排，并逼着司事从稻米中取出盒子枪。然而这些当兵的并未罢休，又将房内箱砸开，搜去现洋 56 元，铜子600 枚以及单夹棉衣不知细数。临走之时，司事在其威逼下，带路将他们送至京奉路。司事回忆说："其中有两个当兵的曾来过此地，当时让给做饭。吃完后，便走了。这次抢劫，估计是上回那两个兵匪勾来的。"这类抢劫，顾庄人是又恨又怕。不过根据村民回忆，当时到顾庄的土匪也害怕村里的某某，因为此人有枪，所以土匪也得绕路走。

（本文摘自《大公报》1924 年 12 月 23 日。）

整理人：王　静

村里来了日本兵

抗日战争爆发后,海河沿岸经常成为日军训练演习的地界。1932 年 2 月,日军驻山海关守备中队换防至天津。这支部队约有百人,到天津后马上就宣布要进行军事演习。当时大直沽、顾庄、张贵庄都是演习场。据村里老人回忆,那年他十岁左右,有一队日本兵住到了顾庄。一到村里,便五步一岗,十步一哨,大人孩子吓得躲在屋里不敢出来,有的胆子小还躲到了外面。每天有一个班的日本兵在外巡逻,一班十二三人。这些日本兵身上穿着黄军服,手里拿着长管枪,脚蹬大皮靴,踩在地上咚咚响,好像不这样不足以让村民害怕。后来保长把大家召集到一起,说日本人只要大家把大米拿出来给他们吃,不和他们作对,他们就不杀人。不过大家伙儿老远看到日本兵,就赶快绕道走,就害怕日本兵邪火上来,一家人就倒霉了。如果发现哪家偷偷藏了稻米,少则一顿暴打,重则可能就被枪毙了。顾庄人几乎都是军阀陈光远的佃户,当年陈光远和佃农立下佃约,佃租按三等交纳。一等地每亩佃租 2.7 元,二等 2.6 元,三等 2.5 元,而且不准增租夺田。20 世纪 40 年代后,陈光远勾结日本人把佃租增至年亩 8 元。不过在村民的强烈抗议下,经过诉讼陈光远败诉。败诉后的陈光远竟然把地卖给了日本人,改成近松农场。村民杨立达等人代表村民上诉,结果日本人竟将其绑去活埋,并把永久佃据掠去。

讲述人:陈加明(68 岁)

刘树兰(60 岁)

王盛田(82 岁)

整理人:王　静

房秀莹参加"集团婚礼"

　　国民政府成立后,社会各界倡导新生活运动,其中改进结婚仪式、举办集团婚礼颇为引人注意。集团婚礼其实就是现在的集体婚礼,因为形式新颖,花费较旧式婚礼节省,还有社会名人和政界要人为之证婚,所以受到了公务员、工商界人士以及新潮青年的追捧。

　　按照当时的规定,只要年满 20 岁以上者均可参加,费用只需缴纳杂费 5 元至 10 元不等,主要用于茶点、摄影、广告以及印刷等项目,至于礼堂租用与装潢都不用参加者花钱。当此广告一经大公报刊登,马上就有百十人来报社索要章程。20 岁的顾庄人房秀莹与丈夫赵梦祥商量后,也报名参加了由天津社会局主办的首届集团结婚活动。经过社会局资格筛选,最终确定了包括房秀莹在内的十四对新人名单。从照片上看,房秀莹国字脸,蛾眉杏眼,梳着齐耳短发,标准的女学生打扮。在正式举行婚礼之前,双方需要如实填写相关情况,比如为什么愿意参加集团婚礼、过去是否曾与其他男子解除过婚约、对未婚夫有无不满意之处、双方父母是否认可等问题。1937 年 5 月 22 日,婚礼正式在北宁公园举行。

　　婚礼当天,市长张廷谔和社会局长邓庆澜作为证婚人出席婚礼。男方穿中国礼服,为国产袍褂布料,女方以素雅旗袍为主。在音乐声中,房秀莹与丈夫各从左右出,步入舞台。由社会局局长颁发证书,新人向证婚人行鞠躬礼后下台拍照,婚礼结束。

　　（本文参考《大公报》1937 年 5 月 7 日。）

整理人：王　静

打跑了国民党

打跑了日本人,国民党重新掌握了对华北的控制权。解放战争开始后,顾庄成为进攻天津的重要外围防线,于是国民党便在顾庄驻军,修建壕沟。

最早在村里游荡的是一支散兵游勇,因为爱偷老百姓家的鸡吃,老百姓便戏谑称之为"吃鸡队"。后来国民党正规军也进了顾庄,当时国民党士兵比较多,几乎村里每家都有驻军。其中一家还住进了一位官太太。不过也正因为如此,这家很少遭到大兵骚扰,于是有些村民便躲到此处以求庇护。

国民党进驻顾庄后,在村北头的庙安排据点。当时国民党全军的美械普及率到达了28%,全日械普及率达到了50%,国械装备仅占22%,且多为三线守备警察部队使用。顾庄的国民党部队装备也不差,配有火力强劲的转盘机枪。为了满足国军作战所需,国军到处抓壮丁干活儿。因为一旦开火,打三炮就得挪一个地方,所以得用老百姓去扛炮弹。据村民回忆,当时他的父亲就被国民党抓了壮丁,去给国民党扛炮弹和小60炮。

平津战役后,东北野战军原来设想是打下塘沽后合围天津,结果塘沽国军依托大小河沟和东西长、南北窄的地形,负隅抵抗,东北野战军一时难以攻下塘沽。之后,东北野战军重新制定作战计划,即东西并进,拦腰斩断,先南后北,先打弱敌。西是杨柳青一带,东则是现在今东丽区这一块。国共双方在顾庄与翟家庄中间的刘家官房交了火,刘家官房属于顾庄地界,村民也就将这次交火称为"顾庄第一枪"。其中还发生了一段小插曲。两军交火后,解放军喊话让国军投

327

天津东郊村落文化留迹(下)

降,这边国军里有顾庄一个村民,心想打完这梭子就投降,没想到还没打完脸上就挨了一枪。此人之后一直生活在村里,直到去世。当时为了震慑国军,也为了保护顾庄人生命财产,解放军的大炮几乎都落在顾庄房后沟一块。房后沟在顾庄村后,是顾庄人经年累月取土盖房形成的一个大坑。

为了歼灭顾庄村里的国民党军,解放军从村东边的河沟潜入。当时正值隆冬,一人高的河沟里还有冰碴子。冒着严寒,解放军蹚水摸到了村里。国军一看见解放军进来了,立马调转枪口往回跑。

国军投降后,解放军住进了顾庄。村民王廷喜家宽敞干净,于是人们就传言说刘亚楼也曾在王廷喜家住过。据村民回忆,当时他还是孩子,在外面玩的时候正好看见在王廷喜家房顶上,有几个人拿着望远镜向远处看。因为距离太远,再加上有岗哨护卫,看不清房顶上人的脸。三天后,解放军准备向市里移动,王廷喜主动要求带路。后来人们听王廷喜讲述,他给解放军带路时,人家都是让他走在中间,左右两人保护。等他回来时,有人还告诉他,看见路上的小旗子就绕着走,下面埋着地雷。每次王廷喜提起这段往事,就忍不住伸出大拇指,称解放军不愧是人民的子弟兵。

讲述人:陈加明(68 岁)

刘树兰(60 岁)

王盛田(82 岁)

整理人:王　静

"百亩花园"

啤酒花在我国有着悠久的种植历史。啤酒花的品种也很多,仅黑龙江省尚志县一面坡公社啤酒花场就有十余种。啤酒花是一种多年生蔓性藤本植物,属大麻科。啤酒花因为具有特殊的香味,含有树脂和单宁酸等特殊成分,因此是酿造啤酒不可缺少的重要原料。它能使啤酒产生清香味和清爽的苦味,并有防腐、澄清麦芽汁的能力,能防止啤酒产生混浊现象。除了用于啤酒生产,啤酒花还有强心、健胃、利尿、镇静、杀菌等医疗效能。

合作社时期,顾庄与崔家码头村联合,顺着海河沿岸种植啤酒花。一棵棵啤酒花被村民用高高的架子撑起藤蔓,这样啤酒花就会绕着架子向上长,放眼望去,一片片的啤酒花就如同是一幕幕翠色的纱帐挂在田间。其景色之壮观,有百亩花园之美誉。走到花架下,翠色的啤酒花如风铃般挂在枝头,有点像绿色的火炬树。啤酒花很漂亮,可是树上却长着一种绿色毛毛虫,人要是靠近它,一不注意毛毛虫就会爬到身上,怎么抖都下不来,甚至还会把皮肤划破,划破的地方马上就会一片红肿。

啤酒花生长期间,要进行割根、施肥、立杆等作业。技术好的工人,不仅割根速度快,而且还能结合割根施一部分基肥,这样啤酒花秧能长到一米来高。接下来,就是给啤酒花秧架杆。啤酒花成熟后,村民要在短短几天内完成收割任务,否则时间一长,啤酒花就枯萎了。当时人们可没有大型收割机,只能靠村民夜以继日地去割藤蔓。完成收割后,再经过分拣、烘干和压缩等过程,最后用大车将一捆捆啤酒花运到城市,最后这些啤酒花经酿酒师的酿造,便可以酿出不同

天津东郊村落文化留迹(下)

风味的琼浆了。

顾庄啤酒花生产闻名四乡,当时国家领导和市里的领导经常来顾庄考察调研。不过与粮食生产相比,尤其是在 20 世纪六七十年代的缺粮时代,啤酒花的重要性并不高,因此,啤酒花种植也就慢慢退出了人们的视线。

> 讲述人:陈加明(68 岁)
>
> 刘树兰(60 岁)
>
> 王盛田(82 岁)
>
> 整理人:王　静

☆ 西杨场村

村情简介:

西杨场村属新立街道。明天顺年间建村,曾用名杨场、西杨场,"文革"时曾更名红太阳村。1951 年分属天津市管辖,1953 年建立天津市东郊区(今东丽区)西杨场村,1955 年更名为东郊区西杨场村,1966 年到 1976 年称为西杨场村革命委员会、西杨场大队,1984 年更改成西杨场村民委员会。

西杨场村东至东杨场村,西至翟庄村,南至海河,北至津塘公路,总面积 1.5 平方千米。西杨场村以张姓、李姓村民居住较多,因盛产水稻,也被人称为小稻村。

天津东郊村落文化留迹(下)

"河裕号"劫案

民国时期,各军阀忙于混战。东北军入关初始,由于疏于防范、水上警力不足导致海河沿岸各村匪患大肆猖獗。一般居民被土匪骚扰得日夜不安,四处逃亡,河匪猖獗,众商人视河道为畏途。西杨场村靠近海河边,持续不断的抢劫事件严重影响了村民的正常生产生活。为什么村民不去警所报告呢?那是因为乡村的一些警所根本就没有保护地方安宁的能力,只是一个收税机关。再加上警所做事敷衍塞责,经常是这边还没把消息传递出去,那边土匪已经收到情报,逃之夭夭了。所以村民都是抱着破财省事、息事宁人的态度,俯首忍痛,任匪宰割。

20世纪30年代初,西杨场村发生了一起劫船案。那是1931年6月20日,一艘内河航轮"河裕号"从咸水沽载客返津,途径西杨场地方,突然窜出六名匪徒。这六名匪徒乘坐一小船迎头拦截"河裕号",逼迫"河裕号"停船,然后抽出一块舢板,架于两船之间,六人先后一跃登轮。上船后,劫匪持手枪威吓乘客不准声张。众旅客无不吓得瑟瑟发抖,眼睁睁看着自己的银钱首饰尽被搜去。乘客当中有两名军人,一个是连长,一个是班长。当劫匪强行搜身时,这位连长的手枪竟被劫匪抢走,一旁的班长见状欲掏枪反抗,不料被劫匪瞥见,劫匪竟先下手为强,向班长鸣枪射击。班长两腮被枪击中,同时汽轮上一名售票员腿部被击伤、船上二副眼部也被打伤。一番劫掠后,众匪徒从舢板跳下船,分向南北两岸逃逸。此时船上众人才回过神,急忙向乡区二所报告。等这帮人赶到时,劫匪早已不知去向。

其实西杨场早几年还发生过一次大的劫掠案,那是法国轮船"义大号"。当时"义大号"被劫,众乘客毙命。短短时间内,西杨场附近经历了两次大的劫掠,时人无不发出"杨场真是多事的地方"的感叹。

面对天灾人祸,西杨场人艰难地挣扎于旧社会的囚笼,外无政府保护,内无力量支援,终于等到了解放,西杨场人才算真正过上了安稳日子,再也不用担心害怕了。

(本文参考《大公报》1931 年 6 月 22 日、1931 年 7 月 1 日。)

整理人:王　静

"海河之花"

评剧诞生于唐山,却是在天津兴盛发展的,这与近代天津水陆码头的地理位置有着直接关系。评剧原名莲花落,最初是几个人简单装束落地演出,观众也主要是平民百姓。民国以前,上层社会对"莲花落"是非常轻视的。民国之后,"莲花落"不断改良,并以"平腔梆子"戏在天津演出,逐渐得到了上至达官显贵、下至平民百姓的认可。"平腔梆子"戏多来自唐山及周边各县,无论是语言、音调还是演出风格上,都有浓郁的冀东地方特色,所以民间也称之为"唐山落子"。后来前清遗老吕海寰看完戏后,认为戏目有评古论今之意,建议把"落子"或"平腔梆子"改为评戏。之后,评戏在天津的影响力愈加深入人心。

中华人民共和国成立后,在党和政府"百花齐放"政策的鼓励下,原本就有评剧土壤的西杨场也开始组建本村评剧团。村里有喜好文艺的社员,有能唱能跳的社员,还有能拉会吹的社员,他们虽然出生在农村,也没有接受过正规的训练和名师的指导,但因为喜欢评剧,大家凑在一起创办了"海河之花"西杨场评剧社。

刚开始,为了置办最基本的行头,大家自发从家里拿来材料,有的贡献一些布料,有的贡献针线,有的还贡献出鼓、二胡、三弦等乐器。在大家都不宽裕的情况下,团员们自力更生,缝制了简单的戏服,制作了简单的舞台道具。那时候生产队生产忙,大家要挣工分养活一家人。为了不耽误生产,戏社的社员们白天在地里干活儿,晚上聚在一起编戏目、练唱腔、学乐器,大家互相琢磨,互相学习,慢慢地,"海河之花"在周边村小有名气。于是村里的社员,还有其他村的社员也被吸引过来,人们说,在"海河之花"不仅可以学新段子,而且忙了一天的农活儿,也可以放松放松。

村民最翘首企盼的莫过于"海河之花"的演出了。在村里的高台上,剧社搭上帷幕。随着帷幕徐徐展开,"海河之花"四个大红字出现在观众眼前。演出开始后,清唱和折子戏相互穿插,演唱的曲目也多为脍炙人口的选段,比如《杨三姐告状》《小二黑结婚》《兄妹开荒》等,有时社员们还会把村里发生的事编成剧目,逗得村民乐开怀。在繁忙的劳作中,能够听听戏,解解乏,还能了解一下国情大事,对村民来说无疑是件幸福的事情。

当年"海河之花"剧社的社员们都已经作古了,而如今人们的娱乐休闲项目越来越多,尤其是年轻人的各种娱乐方式更是新潮,但热爱评剧、传承优良村风的传统并未在西杨场村消失。

讲述人:崔衍江

李纪友

整理人:王　静

出口"青麻叶"

作为北方人过冬的主要蔬菜,秋菜是指七八月间播种,十月或十一月间收获的部分蔬菜,主要以大白菜、大葱、芥菜、蔓菁、胡萝卜等为主。虽然秋菜只有三个多月的生长期,但作为供应冬春蔬菜生产淡季的主要蔬菜,北方秋菜生长的好坏,直接关系到人们冬季是否有菜吃。尤其是 20 世纪 90 年代以前,市场的单调使得人们更加依赖秋菜的供应。

提起 20 世纪七八十年代哪里的白菜最好吃,人们就会想起西杨场的"青麻叶"。西杨场的"青麻叶"结球坚实、菜帮薄、菜质细嫩、菜叶经脉犹如核桃纹,水汽大,菜筋少,开锅就烂。用西杨场"青麻叶"熬出的菜汤味道醇厚,而且还带有一丝的甜味。"青麻叶"不仅好吃,而且还有较强的耐储性,一般可窖藏四到六个月,所以经济实惠、味道鲜美的"青麻叶"深受市民的喜爱。哪家不存上几百斤的"青麻叶",就不叫过冬。

西杨场的"青麻叶"不仅仅满足了天津及其周边地区的市场需要,而且还远销中国香港和日本、东南亚等地,是政府出口创汇的名特新优产品。"青麻叶"之所以成为天津名优产品,一是因为种子质量好,品种优,二是因为海河水的浇灌。每年市外贸局都会派专人到村里分发种子和指导种植。比如像大白菜容易得十字花科病毒、霜霉病和软腐病,针对这三种病害,村民在技术员的指导下,适期播种,增强大白菜的抗病力;消灭地下和地上害虫,消灭病源,同时合理密植,加强了田间管理,西杨场的亩产量不断提高。当时西杨场有一千亩园田。除了白菜,西杨场也种一些圆白菜、大葱和青萝卜。不过相比白菜而言,其他秋菜的产量因为市场需求量低,种植面积也相对小。

西杨场的"青麻叶"从来不愁销路。每年到上市的季节,西杨场的村民便按照出口要求,一棵白菜用一个塑料兜兜好,保证每棵白菜重量相等、干净,摆在餐桌上能够直接拿来吃。码好的白菜放在地头上,外贸局直接来人用车拉走。

海河水养育了西杨场村民。经过海河水浇灌的大白菜让人百吃不厌,经过海河水浇灌的稻米同样香味扑鼻,经过海河水养殖的鱼虾螃蟹味道鲜美。依傍着海河水,西杨场村民的日子虽不富裕,但也过得有滋有味。

讲述人:崔衍江

　　　　李纪友

整理人:王　静

☆四合庄村

村情简介：

四合庄村位于东丽区津塘公路五号桥段,毗邻东丽开发区,全村共8个片区,2274户,5194人。该村农业户籍约4000人,非农业1100多人。全村党员人数135人,村民代表87人。全村占地面积5000多亩,其中4500亩土地先后被开发区及东泰公司征用,1400亩为宅基地(津塘公路南宅基地600亩,津塘公路北宅基地800亩)。

"不给组织添麻烦"

　　战争年代,为了国家,许多杰出的将领与战士和敌人浴血奋战,甚至献出了自己的生命;在国家建设时期,这些曾经浴血奋战的革命军人,放下枪,转战在各行各业,不计功名利禄,呕心沥血,只为初心一片。在这样一群最可爱的人中,就有原四合庄中学总务主任沈振华。

　　沈振华是一位老革命。1925 年 12 月,沈振华出生于河北省肃宁县东泊庄村的一个雇农家庭,他自幼受苦,对党和人民军队有着深厚的感情。抗日战争爆发后,华北一带饱受日本侵略者蹂躏,人们生活在日夜担惊受怕的恐惧之中。有一天,沈振华和几个年轻人在村头帮家里干活儿,这时有一支部队正好从村边经过。有人看见沈振华等几个孩子,便问:"愿不愿参加八路军,打日本人呀?""当然愿意!"于是沈振华和几个年轻人一起参加了八路军,那一年是 1937 年 12 月。从此,沈振华便开始了他南征北战的军旅生涯。刚参军的沈振华年龄小,被部队安排当勤务员、司号员。虽然年纪小,但作战勇敢,冲锋号吹得铿锵有力,很快沈振华就被部队提拔为代理号长,并于1942 年 6 月光荣地加入了中国共产党。首长欣赏他作战勇敢,又看他长得精神且魁梧,就帮他重新取了名字,改沈焕锋为沈振华,寓意振兴中华。

　　抗日战争结束后,沈振华跟着毛主席继续英勇战斗。1948 年 12 月的锦州战役,沈振华勇敢率领全排战士歼敌两个多排,缴获重机枪两挺,轻机枪六挺,步枪三十余支,卡宾枪四支,俘虏敌人四十余名。经营党委批准,沈振华荣立大功一次,经师党委批准,受嘉奖一次。

天津东郊村落文化留迹（下）

南下途中,他积极团结同志,克服各种困难,吃苦在前。除做好本职工作外,他还主动抢抬担架,背病号,热情帮助炊事员做饭。宿营后,他亲自打水给战士们洗脚,保证了部队顺利南下,荣立艰苦大功一次。三年解放战争,从副排长到排长,再到副连长,沈振华不知经历了大大小小多少场战斗,也不知负过大大小小多少次伤,更不知多少次从生死边缘闯了过来,他身边的战友换了一茬又一茬,当年一起从村里出来的几个年轻人也只剩他一个了。全国解放后,沈振华又参加抗美援朝战争,任军事教员和连长。1956年,他再次因作战勇敢获独立自由奖章一枚,解放奖章一枚,为人民立下了赫赫战功。沈振华不记得经历了多少次战役,只知道大部队走到哪里,他就跟到哪里。飞机天上打,大炮地上轰,再苦再难,沈振华也没有掉队,也没有退缩。

身处和平年代的我们,即使看了很多战争题材的影视剧,也没法想象真正的战争是什么样子。"冬天蹚过冰冷的河水,敌机在头顶上轰炸,很多战友在身边倒下。""赶上急行军,有时候连续几天连滴水都喝不上。"后来沈振华每逢看到像《上甘岭》之类的电影时,总会悄悄地离开。战争的残酷,对战友的怀念,成为老人心底不可触摸的伤痛。

1958年5月,经中华人民共和国国防部批准,沈振华转业到教育战线工作。之所以坚持转业到教育系统,是因为沈振华深知文化知识的重要性。沈振华自小家贫,无力念书,后来随部队南征北战也没时间和精力学习,文化水平低始终是他心中的一件憾事。战友们都劝他留在部队,他还是选择转业到地方,希望为国家的教育事业贡献自己的一点余热。

在任学校总务主任期间,沈振华始终保持着艰苦奋斗的劳动人民本色。他和学校领导同志密切配合,领导总务处同志积极做好后勤工作,勤勤恳恳,不怕困难,为提高教育、教学质量,搞好教育教学工作,当好后勤兵。他关心学生,为了能够让贫困生继续上学,沈振华连续两次捐款,无私地帮助那些贫困学生。当这些贫困学生走上社会后,始终忘不了沈振华曾经的帮助,每逢沈振华生日,总有学生专程回来看望,而沈振华最后留给家里人的只有区区九十多块钱。他忠诚党的教育事业,严以律己。当时学校还没有宿舍,沈振华拖着病躯,每天从崔家码头步行到学校;后来搬到了学校附近,他也从未让家属从学校打过一壶热水。据他的子女回忆,沈振华的前胸后背满满都是伤疤,多年的积劳和枪伤后遗症引发了多种疾病,疾病缠身的沈振华始终不愿给组织添麻烦,自己拄着拐杖去看病,最后实在走不动了也不坐小汽车,而是让子女借辆小推车推着去看病。

无论在战争中还是在教育战线上,老人始终践行他一生的信念,"不给组织添麻烦"。可以说,老人的一生是革命的一生,是战斗的一生,也是为共产主义事业奋斗的一生。

讲述人:沈玉兰
沈大龙
整理人:王 静

排地与四合庄

清末，天津东郊区（今东丽区）一带荒草繁荣，没有人烟。同治四年，官员上奏皇帝，称此处有海河，可以挖渠，将来可以开垦成稻田。获得批准后，军粮城西边就开掘了三条河：东河、中河、西河，然后分地为排，一共是五十六排，称为排地，共计五百多顷。于是官府张贴告示，颁发龙票（垦荒执照），并以低租吸引、招揽各地农民到此垦荒种地。排地的范围东西向为军粮城以西，新立村以东，南北向为海河到赤土、贯庄子一带，中间以三条河为界。以中河为界，东边就叫东排地，西边就叫西排地。这个排地一共分为四段，小东庄一带称为一段，东大桥、流芳台称为二段，新兴村、大新庄称为三段，四合庄和中河称为四段。

最早到这一带的人们，来自附近河北的几个县，后来清政府允许个人随便开地，税也不太高，所以山东等地的人也慢慢聚集而来，形成了现在的村庄。四合庄这一带比较低洼，适合种稻子。各地的人们沿着西河，在河两边的高台上盖房。人多以后，为了区分，就以姓氏命名为刘圈、曹圈、毛台、白台、王台、邢家房子等，后来合一起就叫四合庄。

四合庄的老吴家是从黄骅迁来的，曾有老祖坟和祠堂，后来祖坟平了，20世纪50年代从黄骅到天津后，祠堂也就没有了。过去都是长子长孙守着老家，不是长子长孙的就出来投亲靠友。

四合庄的老吴家当时就是投亲，20世纪40年代，老家还有亲戚过来投奔他。老刘家的祖籍是静海，解放以前，刘树彦的父亲在市里一个酒厂打工，后来一家子过来就落在四合庄。四合庄的曹家圈，是属于大总统曹锟的一块地,他家在东丽务本村、城上村、卧河村有几千亩地。

四合庄的毛台,原来叫毛家沟,是毛殿臣的产业。此人是买办,平时住在天津,收租时派人来收。毛殿臣的儿子住在魏王庄,当年毛殿臣结完婚就到了天津,而后去上海、日本,并另娶了一房太太。中华人民共和国成立后,他想回来,但最终也未能回来,只留下孤儿寡母生活。四合庄还有个刘家圈,原来是傅作义副官刘佳鸢的地,后来以四千多大洋的价格卖给日本人。王家台是四合庄最大的地主王宏彬的产业。

自清末始,四合庄人就以种水稻为主。到日寇占领华北后,一个叫中野村的日本人控制了这一带的水稻种植,平时雇佣中国人种地,日本人充当监工,水稻丰收以后马上就被充作军粮。种地的中国人并没有稻米可吃,日本人只是发给他们一点豆子、玉米、豆饼果腹,只要饿不死,就得给日本人干活儿。如果一看有人家做饭,烟囱冒烟儿,闻见这家有米饭香,接到举报后就得枪毙。在日本人的淫威之下,老百姓提心吊胆地过着每一天。

有村民想出了一个好办法。收下稻子后,留一点和在泥里头,泥在墙上,看上去跟稻皮、稻草一样。等日本离远了,或者不在了,再弄下来,用水淘干净后,在土地上挖个坑,捣掉皮就可以煮粥或是蒸米饭。

四合庄有个大影壁,是当年奉军张作霖留下的靶档,是练习打靶、挡子弹用的,当地人叫它"大影壁"。四合庄附近也闹土匪,因为地势比较偏僻,易于藏身。有钱的人家,像东王台老李家,都有围子、有枪和武装保卫。

讲述人:吴照山(68 岁)
刘树彦(70 岁)
整理人:张 诚

中华人民共和国成立前的四合庄

中华人民共和国成立前的中国,生产资料都是私有,绝大部分土地都掌握在地主阶级、帝国主义和国民党手中,农民长期受到封建主义、帝国主义和官僚资本主义的压迫。

自从 1866 年清廷派军队在军粮城以西挖河三道、开辟排地后,大批外地和周边地区的百姓落户于排地,到 1884 年,这里已经形成村庄,农民开垦土地,以种植水稻、蔬菜、瓜类、棉花为主。民国初期本地出现了种地大户,也有农业资本家和军阀到这儿来购买土地,然后再租给当地没有土地的农户耕种,雇人管理土地,代管收租。由此形成了各有所属的地块,其中曹圈一带归曹锟所拥有;西南房子一带归当地的王洪彬和高家所有;毛家台一带归资本家毛殿臣所有;王家台东"化工厂"一带归王洪彬所有;吴家台西"日本河"南归吴家所有。"日本河"北至京山铁路,大影壁河西岸至新立村地界为"南四区",铁路北和新兴村土地相连,河西岸至宝元村地界为"北四区"。两区都归华北"剿总"司令刘家鸾所有。由家住本区于明庄的刘家鸾长兄刘世久在此进行管理。

1937 年 7 月,日军占领天津后,日本大资本家中野以 4.8 万元钱的价格从刘家鸾手中买下了南四区和北四区的土地,并在附近开设了农场,雇佣当地农民为他们耕种、管理。从此,当地人处于水深火热之中。在日寇统治下,水稻只能种,不能吃。这一带的农户在收获稻谷后,也有偷着吃米饭的,可一旦听说日本人来了,赶紧翻锅扣下,并用柴灰埋上,怕被日本人发现。一旦发现,轻的被灌辣椒水,重的有生命危险。但是,人们为了生存也想出了一些办法,就是在秋收时，把稻谷和在泥里，抹在墙上，到春天再刮下来用木棍打碎，筛出稻谷，在地上挖个坑，垫上麻袋，用棍捣去谷皮偷着吃。日本人每年发放豆饼、玉米作为口粮，让人们为他们种植水稻，并在王家台设有"统制会"，对当地所产稻米进行统一收买。到秋天收获后，稻谷全部交给日本人，一袋袋稻谷码得像山包似的，只给耕种人一星半点钱就算完事。

1945 年 8 月 15 日，日本战败投降，日军撤走后，当初被日本人侵占的土地，有的归还原主，有的被管理土地的农户占为己有，成了后来的种地大户。国民党统治时期，四合庄的土地，除了一部分掌握在一般农户手中外，大部分都归几个大户所有。他们家有骡马和大车，每年雇佣长工和短工，过着衣食无忧的生活。有的大户到秋天收下稻谷后，用大马车拉到天津市区，存入货栈，以二八粗米或三七精米，也就是 20% 或 30% 的米糠比例，随时碾，随时卖，卖了钱后吃喝玩乐，过着锦衣玉食的生活。而一般或没有土地的农户，只能到大户人家打工，也就是"扛活儿"，过着缺吃少穿的生活。

黑暗终究要过去，光明终究会到来。1948 年解放军来到这里，解放了四合庄。他们是一杆步枪扛在肩，一个被包背后边，粮袋子弹袋十叉搭两边，黄色的军装，每人一个伪装的草圈戴在头上。解放军用自带的小米和当地的村民交换玉米面，因玉米面做成饽饽行军打仗携带方便。村民纷纷拿出自家的玉米面，交换给解放军，支持他们解放天津的战役。

口述人：刘树彦（72 岁）

整理人：万鲁建

中华人民共和国成立后的四合庄

　　四合庄出好汉,有十多个去过朝鲜参加抗美援朝。他们原来属傅作义的部队,后来起义参加了解放军。张希同作战勇敢,每次打完仗就会得到一枚奖章,是真正的人民英雄。村里的赵亮,在民兵训练时,为了保护民兵而壮烈牺牲,后来被追认为烈士。吴照山是1969年当的兵,那时新立村公社才挑十二个,而且还要经过严格的政治审查。他们是导弹营,专打美国高空侦察机。

　　四合庄人能吃苦。中华人民共和国成立前,四合庄以种水稻为主,开始是自然灌溉,涨潮放水,落潮堵水,保持田里的水位。后来水少了,就用蒸汽泵,中华人民共和国成立后生产队还用电机水泵。浇地不算辛苦,辛苦的是种植过程。

　　先要将稻田整理好,将稻田里面的土都翻过来,然后还要加入一些水,关键是稻田里面的土壤一定要松,是那种很软的土壤,里面要是有石头都要捡走。接着就是将水稻用水清洗一下,然后再捂着,要用一定的温度捂着,太热的话是肯定不行的。等到水稻发出来芽的时候就能够种植了,要将稻种撒到稻田里面去,撒的时候一定要均匀。撒入之后就等着长就行了,很快就会长出来绿油油的稻秧,一尺高的时候,要将稻秧拔出来扎成一小束一小束的,然后再重新种植到另外一个大的稻田里面。不仅仅要忍受天气炎热,而且还要一直弯腰插秧,所以是非常辛苦的。

　　割麦子也是累活儿,在生产队的时候,夜里一两点钟到地头,光听"嚓""嚓""嚓""嚓"镰刀响,人们不抬头,都闷着,天亮一看全都来了。大家你比我,我比你,劳动生产积极性特别高。据吴文瀚的老伴儿说,一下地干活儿去,三个孩子一上午都锁在家里,中午回来开门一看,好家伙,大门后头睡着的,在炕边睡着的,弄得屋里乱七八糟,然后把孩子们叫醒了,赶紧做饭给孩子们吃,自己棒子面窝头,弄点儿咸菜。马上到点上工就走,那时候都无所谓,可是现在一回忆,真不容易啊!

四合庄村民还爱看戏。1958年国家号召送戏下乡,马连良、马富禄、张君秋等名角都来四合庄演出。那年正是夏天,村里在文化馆前边用木板子搭的台,周围村子的老百姓都上四合庄看戏,区长张福安致欢迎辞,马连良代表剧团也讲了话。他们演出的是京剧《四进士》,马连良演宋士杰,马富禄演宋婆子,张君秋演杨素贞,老百姓第一次看上这么好的戏,小孩们都上后台扒着席棚子往里看。天热,晚上还有蚊子,只看见马富禄光着膀子,拿着大扇子直扇。老百姓没见过名角也这么接地气,觉得很新鲜。

四合庄人积极响应党的号召。1963年天津闹大水,河东这边也加固堤坝,分配给四合庄的任务是在西河附近加固堤坝。人们到地里一看,八一闸附近的河堤被冲坏了好几处,形势十分险峻。大伙儿赶紧抢险,材料不够赶紧上村里运来,有的把自家盖房的檩都扛来了,有的把家里准备打棺材的木料也弄来了,最后保住了这一段河堤。村里还安置了别的地方受灾的居民,在村里吃住好几个月。

根治海河,生产队要出河工。1968年修大港水库,没有房子,就拿席子搭个铺,地上铺上苇子和稻草。早晨天亮一吹哨儿就得赶紧起来。起晚了,"站那儿,唱一首歌",遇上那个调皮捣蛋的,"唱歌,在这儿唱",所以大家都不敢晚起。吃饭的时候,有点儿半军事化,二两一个小窝头装在一层一层的破笼屉里,一顿吃三斤还不饱,还得跟家里要粮票。那时给的粮票不够吃的,几天就吃完了。挖东丽水库的时候,生活条件就好点儿了,有花卷和米饭,可以吃饱了,像馒头起码吃四五个,而且不用自己花钱,生产队队管饭。修泥窝水闸的时候,一开始就推那个独轮车,运石头、水泥、沙子,中午喝口水就躺那

天津东郊村落文化留迹(下)

儿。那个闸口是修完以后沉下去,水泥的,打好了以后,在里边挖,一边挖一边沉,那时不害怕,现在一提起来都后怕。

　　挖东丽湖水库的时候,以民兵为骨干,按照部队建制,编成班、排、连、营,同时包工到村,一个村一小段,谁干完谁先撤。有两人抬筐的,有挑筐的,还有力气大的,一锨下去得二三尺。施工现场旗帜飘扬,劳动竞赛场面热烈。进度快就有小红旗,那时候,人们也不图什么,有个小红旗奖励比什么都强。

讲述人:吴照山(68岁)

刘树彦(70岁)

整理人:张　诚

四合村的农家饭

　　夏季炎热的时候,家家户户都在院里搭一个临时的锅灶。当时,我无非就是帮助母亲抱柴火烧火做饭。不一会儿,一锅香喷喷的窝头就蒸熟了。母亲拿来自家种的土豆,自言自语地说:"要是放几只螃蟹串串味儿该多好。"我灵机一动,说了声:"您等会儿。"说完,我飞快跑出院子,很快就在河沟里摸到几只螃蟹。有人会问,螃蟹有那么多吗?其实那时候坐在河边洗脚,被螃蟹夹着脚也是常有的事。我把螃蟹在河水里洗了洗、涮了涮拿回家。恰好母亲把土豆切好了,再把螃蟹一分为二剁开。一会儿,土豆炒螃蟹就出锅了,虽然没有什么油水,但醇香的土豆被鲜香的蟹味一串,有一种特殊的味道。一家人坐在院中,围坐桌旁,吃得香甜可口,津津有味。

　　说起土豆炒螃蟹,自然又会想到至今难忘的"贴饽饽熬鱼"。

　　记得有一天,我在河汊的沟里,用踢网逮了些大小不均的鱼。母亲拾掇干净,我又去烧火。锅中放水烧开,把盆中的棒子面(玉米面)烫一下和好暂放一边。然后开始熬鱼,锅内放少许油,把鱼粘上干面粉撒到锅里。待煎到两面微黄,铲到锅中间,把事先准备好的调料,即葱、姜、蒜、醋、酱油、盐混合在一起,往锅里的鱼上一浇,就听"滋"的一声,立刻把锅盖盖上,稍入味,拿开锅盖,母亲很麻利地把饽饽贴到锅边上。此时,掌握火候很重要,如火小了锅不热,俗话说:"凉锅贴饼子,溜了。"但大火鱼汤容易熬干,饽饽却不易熟,所以要恰当。此后添上水,盖锅加火,一会儿热气腾腾,当听到锅内发出叽叽的声音,鱼汤不多了停火,等热气全消,锅盖掀开,鱼的鲜味、饽饽的香味扑鼻而来,立刻勾起我的食欲。出锅后,只见饽饽正面黄中带亮,反

天津东郊村落文化留迹(下)

面有一层黄褐色的嘎巴,脆而不焦,下半边被鱼汤沸浸又被热锅炽干。咬一口既有鱼汤的咸鲜味,又有饽饽特有的香味。加上那咸淡适口、鲜香味美的熬鱼,真是别有风味的"一锅出"。老人们说:"鱼是驮饭的驴。"一点不假。这顿饭能比平时多吃一倍的饽饽。

昔日的乡村,景色秀丽,土地肥沃,水源充足,河两岸无数的良田,盛产远近闻名的小站稻米。提起小站稻米,现在还念念不忘。如果熬稀饭,那稠稠的米汤呈蛋清色,上面飘有一层汤脂,大人们说:那是米中的油脂。喝一口香滋滋的,润滑可口。如焖米饭,掀开锅盖,热喷喷的米香味四处飘散,老远就能闻到香味,知道谁家做米饭。米饭盛到碗里晶莹透亮,像一粒粒的珍珠,硬而不散,软而不黏,入口滑爽,香柔味美,营养丰富,就是不吃菜也能吃上一碗。

口述人:刘树彦(72岁)
整理人:万鲁建

出工新地河水库工程

1977年9月30日,东郊区(今东丽区)委在我村四合庄中学操场召开万人大会,举行建设新地河水库工程大会战誓师大会。区委书记张贵祥做了动员讲话。会后各公社、大队纷纷投入劳动力参加水库建设。我村由生产小队派出男女强壮劳动力,由大队统一指挥开赴水库工地。工程是由各公社、大队分段包干,每天都是人抬车拉,用的是铁锹、扁担、大抬筐,同时利用推土机推土,并采用拖拉机做牵引,来回牵拉成排载土的小拉车,场面宏大,人山人海。

因工地在本区境内,附近有骑自行车到工地的,稍远一点的乘坐汽车或拖拉机到工地。我们大队由解放牌汽车来回运送民工,一天在去工地的途中,有一年轻妇女,因人多拥挤,不幸而亡,令人悲痛。她是一个非常勤劳善良的姑娘。

在学大寨的运动中,人们忘我地劳动,为了今后的幸福美好而奋斗。当时的经济条件不算很好,社员的粮食刚够吃饱,在军粮城一带,有的民工一边吃百家饭,一边参加水库工程建设,人们这种克己奉公、任劳任怨的精神不能忘记。人民群众是最可爱的、最伟大的。一年后,这里建成了我区最大的人工水库,即后来的"东丽湖"。库区面积7.2平方千米,蓄水深3米,共投入民工2万人。

口述人:刘树彦(72岁)
整理人:万鲁建

生产队纪事

1962 年进行了集体分家,一个村为一个生产大队,下设生产小队。从此,社员们生产、劳动、分配,都有了固定的组织。

1964 年毛主席发出号召,"全国农业学大寨"。各级领导和大队的领导干部先后到山西省昔阳县大寨大队进行参观学习考察,掀起了"学大寨"的热潮,学习大寨人自力更生、艰苦奋斗、改天换地的革命精神。

1972 年至 1975 年是我们大队学习大寨的高潮期,大搞农田基本建设,挑沟挖渠改方田,争取农业大丰收。当时全国人民都以粮为纲,备战备荒,我们大队成立了积肥队,实行集体积肥,各生产小队都有积肥员,家家户户养猪,我大队实行以个人、户为主,与集体饲养相结合的方法,饲料由集体拉运,统一分配,社员们每天早晨头一件事就是挑着筐到队部领取酱渣子。人人以队为家,没有个体和其他副业,唯一的"外财"来源就是养猪,既能卖到钱,又可以得到卖猪的奖励粮——玉米。因为都养猪,酱渣子发生了争抢,时任党支部书记的许文信通过各种关系,千方百计保住饲料的来源,也保住了大队的养猪事业。每到卖猪出栏时,有的妇女往猪身上泼一些清水,为的是以后养的猪水灵肥大,图个吉利好兆头。因为这笔钱是社员们盖房子、娶媳妇的主要经济来源。而且当时的粮食不够吃,卖猪的奖励粮可以弥补口粮的不足。全大队一年共养猪 3500 头,为国家和集体做出了一定的贡献。

最初,我村是以种植水稻为主,蔬菜为辅,所产水稻已经和"小站稻"融为一体。1960 年就已经号召种旱田,但因为我村属于稻田、园田兼种生产队，水稻、蔬菜双营。1972 年全部改种旱田，种植麦子、高粱、玉米，土地面积 3400 多亩。其中园田 1000 多亩，1976 年改为园田队，有 1900 亩改为园田，专种蔬菜，供城市所需。当时是计划经济，实行统购统销，所收获的蔬菜全部交给国家，然后国家再统一配给社员们返销的口粮，在自产自给的年代，这等于吃上了"皇粮"。

在学大寨的运动中，生产队还学习和实行了大寨工分制度，就是"自报公议"，自己能挣多少工分，首先自报，然后由大家评定。当时是男工 10 分，女工 8 分，但有三个条件：一是劳动强度，二是劳动态度，三是技术程度，三个条件具备，就能挣到全分。到年底，每个工分的分值几分钱到一毛钱，一年可挣到二三百块钱。平时的生活费用在队里支取，每个劳动者每月五块钱，有的年终出现了"红笔户"，就是一年的工分钱抵不上一年的生活费用，超支后欠队里的钱。1972 年以后，分值达到二三毛钱，一年能挣到五六百元工分钱，社员们就心满意足了。

早晨天一亮，生产小队长已从地里回来，查看了本队的农活情况，哪些需要间苗，哪些需要拔草，哪些需要翻地，做到心中有数。早饭后，社员们都聚集在房台的墙边或者桥头，队长分配农活任务，每个生产小组配有工分记工员。社员们下地干活儿，收工回家，就像工厂的工人上下班一样，都已经成为习惯。当时，男社员要担负重一点的农活儿，女社员一般安排稍微轻一点的工作。如果赶上出河工的时候，男社员们的劳动量就更大了。

当时河工现场的情景，那真是壮观。年轻气盛的小伙子们，大铁锹用脚一踩，肚子一顶，二三尺长的大泥块，一条一条地排满筐。抬的人也不甘示弱，两个人把扁担往肩上一搭，一使劲儿，抬起来就走。登高爬坡，你追我赶，争先恐后。到开饭的时候，馒头用筷子一插，一串两串地吃。晚间休息都是睡在工地的窝棚里，大伙儿谈古论今，有的人津津有味地说起山南海北之事，也有的滔滔不绝地提起多年往事，有时无拘无束地高谈阔论，有时无边无际地东拉西扯，乐在其中。

天津东郊村落文化留迹（下）

在生产队的年代里,有的时候凌晨两三点钟,就有社员趁黑来到承包的麦地里,弯腰低头收割麦子,想趁早抢先多割麦子,只有唰唰的割麦子声,瞧不见其他人,到天亮抬头一看,别的社员同样早早来到地里。那时,社员们的劳动热情和积极性都非常高。

1971年实行同工同酬,男女平等,年轻的女社员照样拿着大铁锹,挑沟挖渠,和男社员一样干农活儿,挣一样的工分。有家庭的妇女责任更大,不仅要下地干活儿,还要照管孩子。每天中午收工后,回家先做饭,而后把孩子照顾完了,走时把他们锁在屋里。有时来不及吃饭,就拿个饽饽夹点儿咸菜边走边吃,怕晚了上工的时间。那时候,很忙碌,也很劳累,但是很充实,经历过的人们永远不会忘记。

口述人:刘树彦(72岁)
整理人:万鲁建

金马驹的传说

传说在清朝年间,有一个姓柴的官家大户,要为已故的先人寻觅一处风水宝地。

一天,数辆马车由天津卫城区向东面一片茫茫的荒芜之地驰去。车上坐着柴家在朝为官的大人及仆人,还有一位聘请来的有名的风水先生。一路行驶,一面观察,走着走着,风水先生突然眼前一亮,发现有一匹金色的马驹在前面奔跑,风水先生兴奋不已,"好兆头,好兆头",他嘴里不停地说着,并叫车夫挥鞭催马,快速追赶。车上的柴家人听说后更是高兴万分。不知不觉追到了现在津塘公路南面丰年村地段,金马驹停了下来,马车赶到后,先生立刻命人定桩拴红绳,算是把金马驹给"锁"住了。

经先生勘查选址定位后,叫仆人就地挖坑,每个坑必须按先生规定的深度去挖。不料一个仆人粗心大意,竟然没有按照规定的尺寸去挖,而是往下多挖了一层,结果冲破了风水,金马驹呼呼地又向东面跑去。先生昂头望去,见金马驹跑到了曹家地界。风水先生若有所思,马上恍然大悟,自言自语道:"原来如此。"因曹姓的曹字上边有草,有草才能留住马。因为害怕担罪责,先生和仆人都没有声张。

这是一个带有迷信色彩的神话传说。不过,由四合庄曹家圈往东,大部分为曹锟的土地。而现在的东丽经济开发区确实处在一个风水宝地之中。

东丽区人杰地灵,身处经济发展的战略要地。东面有国家重点开发区之一的天津滨海新区,西联天津老城区,南依天津古老的母亲河——海河,北有京山铁路和天津滨海国际机场,海、陆、空四通八达。区政府高瞻远瞩,合理布局,招商引资,以科学发展、和谐发展、率先发展为指导,全区呈现出一片生机盎然、出处繁荣的景象。全区人民在这块得天独厚的风水宝地上,创造出了无数的财富,造福于人民,贡献于伟大的国家,贡献于和谐社会。东丽区就像一匹金马,奔驰在改革开放的大道上,闪烁着灿烂的光芒。

口述人:王芝明

整理人:刘树彦

☆宝元村

村情简介：

宝元村,原址位于天津市宁河县茶淀区,1953年迁到现址建村,"文革"时,宝元村曾更名永红村。宝元村东至驯海路,西至张贵庄村,南至铁路信号厂职工宿舍,北至津北公路。全村共有475户,1786人,除汉族外有朝鲜族52人,耕地1939亩。宝元村主要农产品有丰水梨、葱、桃子、莲藕、土豆、大芋头。

宝元村的来历

　　提起宝元村,上了年纪的老人们都会说,这个村子是从宁河茶淀地区搬迁过来的。20世纪三四十年代,日本人占领东北后逐渐向华北蚕食,妄图占领全中国。为了保证充足的军粮给养,日本政府授意企业策划和组织各种专门对华进行经济掠夺的机构,中日实业公司(1941年改名华北垦业公司)就是其中之一。1939年,该公司在宁河茶淀地区圈地并招募周边农民进行耕种。当时河北、山东一带的贫苦百姓和难民们,为了挣口饭吃,不得不接受日本人的雇佣。慢慢地,随着雇工人数的增多,逐渐形成了几个大的聚落。为了方便统治和管理,日本人分别将这几个聚落起名为宝元村、宝年村等。另外一种说法是,日本人为了筹备军粮,征集几千名善于种水稻的朝鲜农民,并将他们强迁到这里来开荒、洗碱、种水稻。

　　中华人民共和国成立后,在元宝村附近的一块盐碱荒地上,北京市公安部门建立"北京市公安局管训处清河劳改农场"。为了区别北京郊区的清河镇,北京人一般称这里是"茶淀农场",但官方名称仍是北京市公安局清河农场。1953年秋,因担心清河劳改农场会给宝元村村民的生活带来不便,天津市政府便决定将宝元村迁移至天津东郊区(今东丽区)现址,依旧保留原村名。据老人们回忆,现在宝元村的位置原来是日本的一个造枪所,中华人民共和国成立后曾有解放军部队驻扎过,部队旁边还有个专门用来关押劳改分子的大院子。清河农场建立后,这边的驻地便与农场附近的几个村子进行置换,宝元村便与其他村子一起整体搬迁至现址。宝元村村民分先后两批搬迁到新宝元村,第一批大概有十三户,转年春天又迁来两户。

新宝元村距离火车站有三里地,是个小村。村民们初来乍到,白手起家,其中辛苦非后人所能体会。当时国家百废待兴,人民群众的生活水平还很低,缺衣少食是家常便饭。宝元村村民正赶上寒冬凛冽搬迁,又冷又饿,房子也是冰冰凉。为了防止孩子冻伤,上年纪的老人就用衣服把孩子裹在腰腹中,靠自己的体温焐热孩子。就这样,宝元村村民克服了各种困难,终于落脚扎根在了新村子。

宝元村村民以种水稻为生,随着日子一天天好了起来,不断有河北、山东一带的农民落户宝元村,宝元村的规模也开始扩大。1956年成立初级社,1958年成立人民公社,组建了四个生产队,20世纪60年代后村民不断开垦周边地区,每个队都有十多亩园田,六七百亩稻地,全村共有2700亩地。

讲述人:王宝庆(70岁)
　　　　杨印岭 (61岁)
整理人:张　诚
　　　　王　静

宝元村里出木匠

　　宝元村虽不大,能人却不少,但最风光的要属木匠了。农村好多地方都离不开木匠:盖房子离不开木匠,门窗、房梁的活儿都要靠好把式来掌舵;做家具离不开木匠,以前人们不流行买家具,全是自己请木匠到家做。像当年流行的"连三桌子"(老百姓称之为"连三圆"或"连三元",取意"连中三元")、放置被子的格子架等,各式的农具也得靠木匠,基本上木匠是什么样的农具都会做,且不论简单的,像锄头、镰刀、铁锹等小件农具,还是复杂的大件农具,如独轮车、犁耙等都难不倒木匠。在 20 世纪五六十年代,要是木匠干活儿不收钱,以工换工的话,那就得按规矩一换三。木匠干一天的活儿,对方得帮木匠锄三天地才行。所以木匠这门手艺,算是老百姓活命的本钱了。

　　木匠是门手艺活儿。老百姓经常说,木匠这门手艺没深浅,有的人一点就通,也有十年学徒不成艺的。但在宝元村,不但学成手艺的人多,而且还出了一个传奇人物。据老人们回忆,村里的木匠有刘元凯、曹来、韩德龙、张庆龙、韩永发、胡梦亭、张秀河,还有两个赵姓木匠和一个马姓木匠,这些人早年有去东北谋生的,回乡后,除了种地,也靠着自己的独门手艺贴补家用。像曹恩来的爷爷做水车拿手,马金彪做马车拿手,做棺材就属赵木匠和张秀河了。要说这些木匠里面,最传奇的当属赵木匠赵云龙。

　　赵木匠赵云龙的故事颇为传奇。20 世纪 30 年代,赵木匠与同村几个木匠一块去东北谋生。此时日本人已在东北建立了伪满政权,老百姓要想谋生,只能给日本人干活儿。赵木匠一群人找到了一个日本人经营的厂子,这个日本人要看一看赵木匠等人的本事,于是拿出一个铁方块,要求赵木匠他们做一个木托,铁块放上去后,能悬空架在木托上。虽然是个小活儿,却对木匠的手艺要求极高。木托既不能卡死铁块,又得与铁块保持一定的距离,难度极高,结果只有赵木匠一人通过了考试。俗话说,艺高人胆大,赵木匠凭借着自己的一手好活儿渐渐在厂子站稳了脚跟,甚至成了厂子的技术骨干。虽然说是在日本人手下讨生活,但中国人的骨气却没丢。有一次,厂长的儿子欺负中国人,赵木匠看不下去,就揍了这个家伙。大家伙儿都劝赵木匠赶紧跑,日本人要是报复,恐怕连命都得丢了。没想到的是,日本人还得靠赵木匠的手艺,最后不得不低头又将赵木匠请了回去。

村里人学手艺是要拜师的。入行要拜师,要在师傅引导下学习。杨印岭老人当年拜的是机场的韩师傅,按照拜师的流程,在中间人的介绍下,杨印岭给师傅买了酒,然后鞠躬磕头,就算是正式入门了。韩师傅是八级木工,手艺精湛。比如他按照比例做的歼击机教学模型,刷漆后跟真的一样。还有发报盒子,卯榫严实,雕花生动,使人爱不释手。所以,韩师傅对徒弟要求也高。1979 年,杨印岭入门拜师,跟着师傅苦学了两三年才算出师。

再精湛的手艺,也有过气的时候。学木工又苦又累,现在年轻人不愿去受这份累。当年有个翟姓木匠就劝杨印岭:"你学点儿别的技术,学木匠受大累,推刨子又累又脏。"随着时代的发展,人们越来越喜欢款式多样、色彩亮丽的时髦家具,传统木匠活儿已经退出了历史舞台,大批的木匠纷纷专投其他行业,后来杨印岭也改行学电工了。手艺人的纷纷改行使得传统行业面临着消失的危险,如何保护传统行业、让宝元村的工匠精神得以传承是当下人们应该思考的问题。

讲述人:王宝庆(70 岁)

杨印岭(61 岁)

整理人:张　诚

王　静

坐飞机

坐着飞机去结婚,放在现在并不是什么新鲜事。年轻人盛行旅游结婚,节俭点儿的会在国内游,奢侈点儿的则会来一趟欧洲游、日韩游之类的。但是这件事如果放在 20 世纪 80 年代初期,那可就是一件新鲜事。据统计,20 世纪 80 年代初期,中国人均国民出游只有 0.2 次,坐飞机更是梦想了,而这一梦想却在宝元村实现了。

20 世纪 80 年代的宝元村,集体经济迅速发展,社员收入明显增加,许多社员家里有了余粮、存款。粮食平均亩产超过了千斤,农副业总收入达 180 多万元,大队购买了大型拖拉机、汽车等扩大再生产的农机具,集体家底越来越厚实,社员人均分配水平也大大提高了。年终分配以后,全大队 80% 以上的社员户有了存款,存款达千元以上的就有 40 多户。大队不仅有了彩色电视机,还新购置了电影放映机,社员们每周能看上一两场电影。日子富裕了,社员们提出想坐飞机上天看看,到北京去玩玩儿。

为了满足社员们的愿望,村干部瞄准了天津至北京的"子爵号"。"子爵号"飞机是中国民航从英国引进的第一款民航飞机,第二款就是大名鼎鼎的"三叉戟",这两款机型当时都常驻天津。据老人回忆,当时开通这条航线主要是想让天津人体验下坐飞机去北京旅游的感觉。当时天津去北京的火车票是两块九,要行驶两个多小时。坐"子爵号"飞机的票价是 10 块,飞行时间是 28 分钟。如果要搭乘航班的话,先要赶到民航在和平路上的班车站,然后乘民航班车到机场,整体时间反而较火车要长。不过大家伙儿图的就是一个新鲜,这点时间还是愿意忍的。经大队与天津民航局联系,民航局决定改变过去那种宁肯放空飞行也不降价的经营方法,对五人以上的集体乘客实行半价优待。当年一年,宝元村大队先后有300多名社员乘飞机去北京。

宝元村农民坐飞机到北京游览的喜讯一传开,郊区不少富裕社队的农民也纷纷到机场订购飞机票,有的大队还派汽车、拖拉机接送乘飞机的社员。飞机7点准时启航,28分钟即到首都机场。乘飞机的农民中有想到北京看看人民大会堂,到故宫、北海、颐和园游览的老年社员,也有不少是到北京"旅行结婚"的青年人。

这天,天空晴朗,微风习习。社员尹秀生和在公社玻璃厂当会计的姑娘钱店华登上了"子爵号"。这天还有其他四对准夫妇,也踏上了自费乘飞机到北京旅行结婚的航班。坐在飞机舱里的尹秀生夫妇心情十分激动,靠窗坐着的钱店华不时用手指着窗外飘过的白云,感到一切都是那么新鲜。之后,坐飞机出游的人越来越多,民航局的同志说:"看样子,还需要增加新班次。"

(本文参考《天津日报》1981年3月28日。)

讲述人:王宝庆(70岁)

杨印岭(61岁)

整理人:张　诚

王　静

☆ 东大桥村

村情简介:

东大桥村,曾用名四顷地,东至小东庄村, 西至穆家台村,南至中营村,北至向阳村。该村坐落在东丽区新立街津塘公路七号桥北,全村占地 3000 余亩,坐落于东大桥村的企业有 40 余家,主要以从事工业企业和运输业为主。全村总人口 3205 人,1200 余户,其中农业人口 2631 人,非农业人口 574 人。全村劳动力人口 2000 余人,党员 90 余人,村民代表 40 余人。东大桥村村民现已整体撤村拆迁。

东大桥的历史

东大桥建村有一百余年的历史,中华人民共和国成立前叫四顷地。因为此地有民国大总统曹锟购置的四顷地,所以民间称之为四顷地。

四顷地属于排地,从四合庄的西河、中河和东河,这三部分的灌溉范围都叫排地。过去排地分为四段:中河以东,铁路以南叫一段;中河以东,铁路以北叫二段;中河以西,铁路以北叫三段;中河以西,铁路以南叫四段。

过去说"排地出土匪",其实排地这块儿没有土匪,土匪都是外边来的,专门抢地主。就是有点儿粮食、有点儿钱的,这帮土匪也抢。中华人民共和国成立前,国民政府尚且自顾不暇,哪有能力剿匪呢?像以前村里一个姓王的,一个姓霍的,都让土匪绑架过,然后让家里拿钱、拿粮去赎人。赎票的也是村的人,姓王,过去跟土匪能搭上话。中华人民共和国成立后,老百姓认为原先的名字不雅,而且大家又住在东大桥附近,干脆把村名改为东大桥。东大桥是连接河两边村子的一座大桥,早先是老百姓自己搭的小木桥,人民公社时期,国家重新修建了木桥,就叫东大桥。以前村里没有道,只能走中营村的小道,而且一下雨大车就陷进去走不了。有的从中河走,当时经常有生产队的拉粪车从那儿过,人们也干脆绕道走了。修完桥之后,生产队的大车,经常在桥上拉着两三千斤东西来回过,木桥却丝毫不摇晃,够结实的。国家又从河东修了轱辘马,轱辘马是一种斗车,下面四个铁轱辘,是专门在铁轨上使用的人力车,大多用来运送砂石、矿材等重物,被人们形象地称为轱辘马。东大桥建村后,老一辈村民并不是

天津东郊村落文化留迹（下）

一块儿到的，今天姓张的来，明天姓李的来，就这么凑成一个村。入社后，中营、小王庄、郭家台、中河和小东庄都曾从东大桥分过地，所以现在的东大桥村面积减少了很多。

中华人民共和国成立前，村里的负责人叫保长，保长是吴凤年爷爷吴宝振，后来是左李和接任，左李和早年叫李佐和，后来他妈妈改嫁，他改成叫左李和。中华人民共和国成立以后，支部三年改选一届，东大桥的干部各怀奇才。第一任是赵金财，如今已有 96 岁的高龄了，他是抗美援朝的"老革命"。最后一任书记是孙玉成，他干了快三十年，在新立街比他干的时间长的可能没有几个。他给老百姓办事公平，比较得民心，顺民意。东大桥现在还以大队的名义，承包这几个园的物业。在东大桥人的管理下，这里没打过架，没闹过事，没拉过账，也没人搅和。

早先村里没集，只有每天的早市。小铺、商店、早点部、小饭馆都有，那时规规矩矩，人们到点买菜，到下午菜和酱油也有卖的，村里收点卫生费。

讲述人：曹景艳（67 岁）

孙玉岐（72 岁）

整理人：张　诚

东大桥的名人

东大桥人觉悟高,参加抗美援朝的战士也多。孙从德在解放天津时应征入伍,之后随军南下当了班长,后来又随部队进朝鲜参加抗美援朝,在第四次战役时光荣牺牲。此外还有赵金财、孙宝泰、陈敏航、杨向奎四人,除了赵金财,其他人都把宝贵的生命留在了朝鲜。

曹金波的工作属于核武器试验,具体干什么工作保密。老曹家当兵的有十几个,曹景艳所在部队驻守在内蒙古集宁,现在叫乌兰察布,董其武是军长。该地属于战略要地。

东大桥还出了两个好大夫,一个中医叫伊永禄,他们家过去是地主,但是他没有一点儿纨绔子弟的样子,非常同情老百姓的遭遇,特别是疾病痛苦。他毕业后在唐山医院,后来调到天津中医药大学第一附属医院急诊科。还有一个叫李景海,他小时候总得病,长大之后毫不犹豫地报名学医,毕业后在河东医院当外科医生,他学的是西医,挺有名的,东大桥的乡亲谁有病都上河东医院找他,李景海也是跑前跑后,特别热情。

东大桥早先就有秧歌队和文艺队,现在村民有的还自己搞些体育活动、文艺节目,后晌可以唱唱歌。

讲述人:曹景艳(67 岁)

孙玉岐(72 岁)

整理人:张　诚

东大桥的农业生产

　　东大桥自古以来就以稻田为主，可以称得上是鱼米之乡。刚迁到此地的外乡人，一开始不会种水稻。经过两三年的学习，从不会种到会种，最后也成了种地把式，一亩地最高时候能收 1200 多斤。东丽这儿的稻子好吃，因为用的是黄河水。日本侵略者占领了华北后，就在军粮城设机米厂，专门收稻米，碾完了以后都送到日本去了。日本人不允许中国人吃稻米，也不让家里存粮食，存稻米更不允许。

　　20 世纪 60 年代时，河水涨潮落潮，都是活水。一天两潮，四五点钟一个潮，到凌晨三四点钟又一个潮，天天随着涨潮、落潮两河水，螃蟹、鱼有的是。八月节前后正是螃蟹肥美的时候，只要有个小沟或在稻子底下，随便一划拉都能划拉一大桶。

　　东大桥这地，年年种稻子，净长好稻子，也不那么累，农活儿比大田轻松，就是插上秧，挠挠秧。插秧是个累活儿，收稻子是个累活儿。东大桥这地种园田不行，盐碱地种不出好粮食，也就种点儿茄子、辣子、豆角、黄瓜，而且最多种上两年，就得改地方，不改地就碱了。

　　从 1972 年开始，东大桥就开始缺水了。刚开始，铁道沟子多少还有点儿水，还能种点儿水稻。结果秧栽上以后，遇到缺水，收成不佳。等再把地晾干了，再接着种玉米。如果种 60 天熟的晚玉米还行，但要是种 90 天熟的，地上冻后，玉米全都毁了。1973 年，秧栽上又干死了。所以"一定要根治海河"。大家就出河工，开春一次，秋后一次，一年得出二三次，年年有，尤其是天渐冷之后，这一冬天都在外头。

　　1977 年 2 月修东丽湖水库，秋收完事后，生产队的活儿也少了，全东丽区的劳动力都去了,人抬车拉修水库。有的生产队条件差,社员们只能吃粗粮,棒子饽饽、窝头儿。东大桥的伙食还好些,能吃上稻米,这还得归功于大队。当年生产队虽说不种稻子,改种棒子、高粱了,但原来的土粮仓还存了点儿稻子。后来大米吃完了,就只能吃棒子面了。

东大桥村人口三千出头,人均不到二亩地,现在更少了,只剩了一千四百多亩。但总的来说,东大桥这地界还是不错的,知青来以后不会干活儿,生产队就安排做副业工作,这样离家近。

讲述人:曹景艳(67岁)

孙玉岐(72岁)

整理人:张　诚

☆ 泥窝村

村情简介：

泥窝村,明永乐二年(1404)建村,曾用名杨台,"文革"时曾更名文革村。泥窝村位于东丽区津塘公路六号桥南,毗邻东丽开发区,东至城上村,西至西河,南至海河,北至津塘公路。全村共 8 个片区,1104 户,2820 人,其中农业户籍约 2280 人,非农业 540 人。全村党员人数 71 人,村民代表 47 人,占地面积 1420 多亩,其中宅基地面积 960 亩,耕地面积 460 亩。

泥窝村的由来

早先,泥窝村养牛的人很多,人唤"牛窝"村。至今,村西头还有个叫老牛圈的地方。"泥窝村"名字的由来有很多版本,其中大家都认可的一种说法是这样的:

很久之前,很多外地人纷纷迁至此地定居。迁居来的新户中有个叫刘广继的外地人,他识文断字,能写会算,是个能耐人,可就是心眼儿小,爱嫉妒人。他看到村里的人们都富裕起来了,自己却很寒酸,心里很生气。于是,他把别人的热情也当作了对自己的讽刺挖苦,渐渐地,把全村人都恨上了,他心里盘算着,有机会报复一下村里的人们。

有一天晚上,他吃螃蟹着了凉,半夜闹肚子。起来上厕所,路过村西水塘时,只见水塘边有一堆金光闪闪的东西,把他吓得趴在了地上,他心里很纳闷儿:"这是什么东西呢?"他好奇地凑近仔细一看,原来是一头金牛窝在河边喝水。他悄悄地回到了家里,躺在炕上翻来覆去睡不着,终于悟出来了:"怪不得这地方风水这么好,原来这里藏着一头金牛啊!"他心中暗自高兴,报复的机会来了。

刘广继背地里在水塘边插了十二条鞭子,夜里金牛到水塘边喝水,被鞭子抽得哞哞直叫,牛的惊叫声惊醒了全村的人,人们看到一头金牛惊恐地往西方跑去了。从此,这个村子就叫牛窝村了。

说也奇怪,自从牛窝村的村名叫出来以后,村里开始不断死人,而且死的人中青年人居多,一时村里的人们都惶恐起来,村里有好事的人撺掇着请来了一位风水先生看了看。风水先生说:"海河的对岸有个村庄名叫'张嘴',张嘴必定吃牛,这是'犯地名'。"有人说:"张

天津东郊村落文化留迹(下)

嘴吃牛,不一定吃泥,咱不如把'牛'字改成'泥'字,看它还吃不吃。"这样,牛窝村变成了泥窝村。

[本文由万鲁建选自天津市东郊区民间文学编委会、天津市东郊区文化馆编:《中国民间文学(天津卷·东郊分卷)》第二集。]

泥窝窝里的"渔光曲"

　　据说在清朝同治年间,泥窝的名字就有了。泥窝村子不小,中华人民共和国成立前有三四百户,现在有一千多户,三千多口人。"泥窝"这个村名很特殊,很早以前并不叫泥窝,而是叫牛窝村。一种说法是在村西北有块地界叫老牛圈,这老牛圈就是牛窝。因为中国人讲究谐音,牛和泥很接近,所以慢慢地,牛窝变成了泥窝。还有一种说法是,牛窝黏土多,尤其夏天雨季,进了庄就陷进了泥里,拔不出脚来。再加上牛窝不好听,也就慢慢地改称泥窝了。

　　泥窝有三个"老刘家"。一个是北宋时期从大刘台子过来的,老祖是刘亭;另一个是从北程林过来的,老祖叫刘全来,是明朝跟着燕王扫北来的,老祖的坟那时就在村西,现在没有了,祠堂也没有了,但是家谱还有。两个老刘家都是本地人,到泥窝也得有四五百年了。还有一个是从山西洪洞县来的,燕王扫北以后,天津这一带人口少,他们就是那时移民过来的。

　　泥窝村靠着海河,过去有个说法是"张嘴吃泥窝"。怎么叫"张嘴吃泥窝"呢?泥窝村有一段地形就像弯曲的胳膊肘,海河水来了以后,海水不断冲刷形成淤泥,泥窝在拐弯的里面,河水经常是先刷泥窝,再刷对面,就像张着嘴等着吃泥。中华人民共和国成立后,国家在泥窝垒坝、楔桩,用大树枝绑,把海河水挡在了外面。

　　泥窝村里也有打鱼的人家,比如双摇带小挎子(一种侧置边车结构)的渔船,这种渔船上的人打鱼都是下"丝挂子"(一种丝网)。他们一般在河中间下网,下游有人拉着往回搜,大概有半里地,再拉上来。船上没有带罾的,扳罾都在岸边上。扳罾指的是网具敷设水中,

天津东郊村落文化留迹(下)

待鱼类游到网的上方,及时提升网具,再用抄网捞取的一种敷网,是拉罾网捕鱼。所以,通常是在涨落潮时扳鱼。一涨潮,海水就顶过来了,顶进来以后水大,一落潮往回走,人们就把这个罾下到河边上扳鱼。

赶网分大小,小赶网子都是在稻地,在垄沟里逮泥鳅,有时也赶点儿鱼。河边的螃蟹根本用不着赶网,炒菜时炝完锅,突然想来点儿螃蟹,趁着油温不高,一个来回就能捞几只螃蟹。稻地要是近的话,家里一点灯,螃蟹就爬到了坑边。河边是芦苇地,一涨潮,这芦苇地就淹没了,然后一落潮,人们用钩子挨窝捅去,一捅准有螃蟹。还有在大沟里下螃蟹篓的,一层一层地下在沟里,螃蟹爬进去出不来。下缸也是一种逮螃蟹的方法,不过要在天冷的时候,找一个稍微小点的缸搁里头,水上来了后就用笊篱捞。

钓螃蟹一般在八九月份,八月节前后,拴个钓钩,里边拴上饵,弄个蛤蟆腿儿钓螃蟹去。傍晚拴好饵,晚上十来点钟就能钓一大桶。第二天一早趁新鲜的时候卖,最贵的时候能卖一毛三一斤,一般时能卖七八分钱。1954年的时候,也有收螃蟹的,收螃蟹的是村里人,他骑"铁驴"上市里卖去,那时津塘路没这么宽,也没这么多车。如果卖不出去,弄个螃蟹篓就到津塘公路马路边上卖去。

讲述人:刘印华(78岁)
整理人:张　诚

泥窝里看轮船

　　泥窝临着海河,以前海河闸都没建,海轮来了直接到解放桥。轮船一般是三五千吨,民主八号、民主十号、民主十一号等客船是三千吨。漕船直接到小刘庄浮桥。一般像两三千吨的海轮直接就可以进来,不用领航。当年日本的各种船没有超过五千吨的,都是直接进来。因为日本船都写有一个"丸"字,老百姓看见了就说,"日本船满完"。英国的船,像哈尔捷森,还有湖南、湖北的轮船都是五千吨以上,需要水上部门派领航。一般到泥窝交界的地方领航,这块地势复杂,有领航人,到地方一摸,水有多深,这个轮船吃多深的水就知道了,然后领着走,轮船跟着。

　　以前冬天冷,地都冻裂了,冰硬得像路面,小孩子们在上边跑蹦都没事。冬天大轮船过不去了,怎么办?那时有闯凌船(破冰船),闯凌船,一个是清凌,一个是没凌,一个是开凌。一般冰冻得有一尺多厚,就得用闯凌船了。有时候赶上天气特别冷,即使是一尺以内厚度的冰也没办法破。破凌船是双烟筒,视情况看是开凌、没凌还是清凌。前头有开道的,然后它在中间走一趟,两边凌就"哗"地破开了,声音特别响,小孩们就在边上看着,一到跟前就往后退,有的船轮子往里吸水,小孩们赶紧就跑了。

　　泥窝有个百年老渡口,从东郊区(今东丽区)到南郊区(今津南区)去得过摆渡。渡口是老黄家的,有一只坐十几二十个人的船。再早开始摆渡是对面张嘴村的,一百多年前人家不干了,泥窝这边姓黄的就买过来。2008年以后,摆渡变成集体的了,改成铁船轮渡,上边有柴油机,汽车可以开上去,由两家经营。村里把这个渡口承包给他

天津东郊村落文化留迹（下）

们,用这渡口可以,但是自己的船自己负责,每年交大队三千块钱,剩下的都归承包人。2018年国家停渡,船成废铁了,街里给了23.3万元的补偿。

　　早年海河里有小火轮,坐这个小火轮可以上市里,一天一趟,泥窝这儿是一站。要是赶着上这船,到渡口得掐着点。小火轮靠岸时,船上人扔绳子,这边就哗哗缠到木桩上,船速度减慢,熄火靠岸,人上去。"你上哪儿去呀?""上卫。"没人说"上市里",只说"上卫"。"去哪儿了?""这不刚从卫里下来了。"人家说"加火了",船就开走了。小火轮就一个烟筒在里头,也用不多大劲儿,就一层,大概长20米,宽五六米,前面还有操作舱。小火轮就到小刘庄,船就停那儿。往回走有时间,那时交通不方便,公共汽车也没有上市里的,自行车不能上小火轮,能捎点儿东西,不要钱,但是大件的没有。民主八号、十号、十一号,也都是客运,是到外地去的。

讲述人:刘印华(78岁)

整理人:张　诚

解放战争时期的泥窝村

1948 年冬天，村里来了几个卖东西的，小孩儿们都围着看，赶集回来手里还攥着糖，家里问糖是哪儿来的，小孩儿们就说："是卖东西的给的。"家里又问："你认得他们吗？"他们说："不认得，以前没来过。"村里的人就觉得有点奇怪。

过几天这几个人又来了，有人就问："你们是哪儿的？"他们说："我们是从外地来看亲戚的，顺便做点儿买卖。"后来他们就不上泥窝儿来了。

后来有一天晚上，人们听说村子里进来兵了，吓得人们赶紧藏起来，以为国民党又来了，小年轻怕被抓兵，赶紧跑到村外边苇子地里藏起来，妇女都把锅灰涂在脸上，黑不溜秋的，扎上老太太的发髻，关了灯也不敢睡觉。

第二天一亮，有的胆大的老头儿们就上外边看去，一看这些兵都是戴着狗皮帽子、穿着大皮靴，他们还有马，后边拉着小钢炮，大家更是吓坏了。后来听他们解释，才知道原来是东北过来的解放军，其中就有前些日子过来卖东西的，他们是提前过来侦察的，这样老百姓才放了心。

解放军住在村里不骚扰老百姓，还给老百姓挑水、扫院子，逐渐地和老百姓就建立了感情，后来他们临走前，老百姓还给包了饺子。有个王排长和刘大爷关系很好，临走前王排长还留下一张照片，以后差不多每个月刘大爷都能收到王排长的信。

泥窝村参军的很多，也有参加抗美援朝的，孙纪元是汽车兵，第一批进朝鲜的，吕永彩也是汽车兵，还是副班长，主要负责运输粮食、

天津东郊村落文化留迹(下)

弹药和服装,后来他们遭到敌机轰炸,牺牲了。去朝鲜的还有宋永祥、张云禄、王洪山等,他们都为国家做出了贡献。

讲述人:刘印华(78岁)
整理人:张　诚

打嘎儿

　　小时候的时光是最难忘的。打嘎,天津市里叫打彩,或是打木头,是孩子们最常玩的一种游戏。打嘎儿,要是打输了,就得给对方块木头。那时就是树枝,有种木头钩子,木头有个大叉,还一个小叉,孩子叫囊(nàng),这种树枝最好了。嘎儿底下垫点儿东西,也垫木头,拿着这个棍子敲这一头,这一敲,嘎儿就跳起来了,"啪"一打,这嘎儿就起来了,然后再去拿这个棍子。打多远都得去拾,拾完再回来,看谁打得远,你要打得近,你就输了,输完不就给块木头嘛,这是打嘎儿。"玩儿吗?""玩儿!"画好了印就开始打,对方"啪"地打过了印,这块木头就归人家了,如果你没过,这木头还是人家的。各处玩儿法不一样,但大致都是这个意思。

　　刘印华说:"当时我小的时候,玩儿得少。在哪儿玩儿,他们都欺负我,不愿意玩儿。人家的囊,那叫厉害,一打准打走,到晚上抱着就回家了。我在那儿抱着棍子:'你看这棍子,可行吗?'一打,准得输给人家,白给人家了。"说这话,到现在得有七十来年了。

　　还有就是跳房子,玩的时候,只需要一块相对平整的地面,一个粉笔头或者比较硬一点的、能在地面上画出痕迹的东西,比如小瓦片或石块、砖块等。游戏开始前,先在地面上画出大小适中的方格状或飞机状等形状的房子,区分出方格和半圆之间的轮廓。大家猜拳排定跳的顺序。"子儿"可以是石头、瓦片、沙包、木块、小铁盒子、压扁的易拉罐,也可以用线将纽扣、贝壳或田螺壳、柿子核等串绑起来,便于用脚控制。"跳房子"游戏有单人跳、双人轮换跳、多人轮换跳和多人分组跳等多种形式,没有参加人数的限制。再有就是弹玻璃球。

天津东郊村落文化留迹(下)

在地上画线为界,谁的玻璃球被打出去就输,叫"出纲";或在地上挖五个小圆洞,谁先打完五个洞,就变"老虎",然后打着谁,就把谁的玻璃球"吃"掉,这叫"打老虎洞"。男生大多热衷这类技术性的游戏,在玩时彼此之间还常互相攀比谁的弹球较多,对他们来说,那可是一笔值得炫耀的财富。

孩子们玩儿得高兴,即使是大冬天,风嗖嗖地往棉袄里灌,冻手冻脚也要玩儿。棉裤里面也没秋裤,猛一穿上去总是凉飕飕的,禁不住要打几个冷战。那时都是家里自己做,"五眼儿"砸扣儿,还是挺暖和的。

讲述人:刘印华(78岁)

整理人:张　诚

人民公社时期

　　泥窝早先就有个小学校，一共有四间教室，一个年级一间，还有两间老师备课室，连摇铃的大爷都有一间传达室。学校有三个老师，教国文、算数、体育、音乐。这三个老师岁数最大的是刘志杰，他过去是教私塾的先生，谁不听话就打手板儿，可厉害了，小孩儿们都怕他，但是都爱听他弹风琴，脚底下踩、上边按的那种风琴。教体育的刘增林，毛笔字写得特别好，还负责教学生写大字。小学校里有个操场，村里有什么事就在这里开会。当年一贯道在泥窝骗了不少人的钱财，公审会也是在小学校开的。

　　村里原来有戏台，就是拿砖垒的一个台子。"文革"期间，这个戏台上演过话剧《夺印》。剧本还是我改编的，道具、布景也都是他布置的。我也是从泥窝小学毕业的，中学毕业后就在村里当会计，采用的是复试记账法，有增有减，哪笔合理，哪笔不合理，都能给队里把好关。1982年，农林局办了两个公司，我进入了事业单位，一干就是二十年。

讲述人：刘印华（78岁）

整理人：张　诚

☆ 新立村

村情简介:

新立村,1937 年建村,曾用名陈家圈、中野圈。该村有 1986 户,5115 人,除汉族外有回族 228 人,满族 2 人,耕地 508 亩。该村坐落在东丽区政府东北,津塘公路三号桥至五号桥两侧,东邻四合庄,西邻张贵庄,南靠顾庄村、翟庄村、西杨场村和东杨场村,北依京山铁路。2000 年成立新立镇小城镇建设指挥部,一期建设居民楼 21 万平方米,目前已有 572 户、1543 人搬入新居。

中华人民共和国成立初期
新立村的粮食生产

　　新立村位于张贵庄车站东南,距离海河二里半,原为常年积水的大洼,1940 年开始大量垦殖,共分七段,在行政上原属四合庄,1949 年中华人民共和国成立后改称为新立村,辖一、二、三、六段,为国有土地,属张贵庄区农场新立村分场。20 世纪 50 年代,新立村播种面积为 6602.1 亩,其中水田 6444.9 亩,旱田 175.2 亩。全村有 298 户,1256 人,男 612 人,女 644 人,每人平均土地 5.27 亩。当时有小型电力机 31 台,装设 82 架龙骨水车,另有 6 台畜力扬水车。全村有房屋 517 间(其中 45 间为国有),是当时天津县二区比较富庶的村庄之一。

　　1937 年之前,该村原称西大洼,有农户 21 户,日本占领天津后迁来 86 户,国民党统治时期增至 133 户。日本占领时期,农民靠每亩配给豆饼 100~150 斤、肥田粉 20~25 斤耕作,收获后日军以土豆、豆饼渣、稗子等强价交换(稻谷比市价低 50%,配给物按市价计算),严禁农民吃大米,农民愤恨,常常将肥田粉变卖,将豆饼食用,产量低。据该村 58 户统计,每亩平均产量为 363 斤。解放战争时期,国民政府只负责收租,并不帮助农民生产,95% 的农民都需要借“稻包子”来耕种土地,忍受“借一还二”的高利贷剥削,借不到的只有靠天吃饭。根据该村 82 户的统计,平均产量 372 斤。当时每亩生产成本(包种子、肥料、水电、短工费)为收获量的 54%(家庭劳动没有计算在内),除了纳税、地租、高利贷后,所剩无几,难以维持基本生活。可以说,农民年年种稻年年穷。

天津东郊村落文化留迹(下)

中华人民共和国成立后调整土地,取消了中间剥削,举办农贷,农民精耕细作,1949 年亩产已经达到 480 斤,1950 年全村平均亩产达到 575 斤,比 1949 年平均亩产量高 19%,较 1948 年增加 54%,较 1944 年增加 59%。随着单位面积产量的提高,每亩生产成本占每亩产量的比数,较中华人民共和国成立前减少了 8%。根据该村 25 户的统计,生产成本的主要项目为种子 9 斤、水电费 22 斤(按 20 度电计算)、工资 59 斤(家庭劳动工资 61 斤在外)、肥料 152 斤,共计 242 斤。其中肥料一项占每亩产量的 26%。

新立村在日伪统治时期,107 户中有 49 户为"飞户",解放战争时期,133 户中,"飞户"及逃亡户占 51 户,1950 年"飞户"仍有 36 户。此后修改房屋,迁居该村一些劳动力。中华人民共和国成立后人口增加 165 户,其中雇农 111 户,小商人 13 户,其他职业 14 户,都是中华人民共和国成立后分得土地的人,其余 27 户为外迁入户或本村分居者。1951 年该村还有雇农 8 户,贫农 177 户,中农 59 户,佃富农 18 户。雇农数量逐渐减少,贫农数目仍大。

根据调查,1951 年该村有 41 户装置了小型收音机,约占全村 298 户的 14%,农民白天生产,晚上收听收音机学习。

中华人民共和国成立后,家禽的数量增加了两三倍,戴洪奎 1950 年冬拾菜帮子 2000 多斤,利用米糠调和,养猪 3 口,平均每日积肥一筐。还有养鸭子、编苇帘子的,农民的副业生产也得到了发展。

在生产过程中也开展了合作,采取自愿结合的原则,规模小、户数少、土地面积也小,组织比较完善健全。以王桂林合作组为例,合作组共 3 户,土地相连,面积相等,均为 29.8 亩,每户评工记账,遇事大家商量,秋后按劳分红。全村到 1951 年发展到四个男合作组、两个女合作组,共计 28 户,水田 438.6 亩,占全村总面积的 8%。男女劳动力 57 个,占全村劳动力的 9%。为鼓励妇女劳动,由村农会扶持妇女合作组,除耙地、插秧需要换工外,其余耕作全由妇女负责。拨工互助组有 39 组,205 户,占全村的 68%,土地 4271.4 亩,占全村的

64.6%。据调查,单干时掘地每亩平均雇工需 0.8 斤稻谷,除了单干户外,互助组的面积 4271 亩均已拨工互助,共节省 3417 斤稻谷。农民对组织起来互助合作,认识足,信心高,认为能够提高农业技术,增产粮食。为提高改良农业技术,村里还成立了以王桂林、陈宝锡等 18 人的农业技术研究组,研究耕作技术,指导田间作业,提高了作物的亩产量。

(本文由万鲁建根据《渤海农垦》第 12 期《张贵庄新立村农村经济情况调查》改写。)

丰产模范王桂林

中华人民共和国成立初期，新立村有一位家喻户晓的丰产模范王桂林。他曾参加在北京召开的劳动模范代表大会，还得到中央领导人的接见。

王桂林原籍河北省青县，年轻时在津南小站靠做小买卖维持生活。中华人民共和国成立前，王桂林的儿子王星元在新立村给地主扛长活儿，每年只能挣到 50 多公斤粮食，勉强维持生活。

中华人民共和国成立后，王桂林随儿子在新立村落户，分得土地30亩，从此他积极参加农业生产劳动，并敢于创新，在种植稻米积肥方面取得了一些经验。王桂林的先进事迹有两项：首先是拾粪积肥，早年天津东郊区种水稻的农户都是到市里买大粪当肥料，价格较高，品质无保证。见到这种情况，王桂林决定自己买粪筐拾粪，在他的影响下，全村由五六户到 104 户，"马车带粪兜，家家盖茅楼"。从 1949年冬到 1950 年春，五个月的时间，他积累十大车粪（1950 年春季，解放军部队在新立村垦荒，牲畜大车增多，粪比较好拾）。他把拾来的大粪积存在土炕里，垫上碎草和废土，并浇上污水，一层一层地堆起来。到春天转暖，再从炕上起出来，堆在地里，连着翻动几次，每次用铁锹打碎成细粉后再使用。30 亩水田用同样的施肥量和管理方法，20 亩用买来的大粪积肥，10 亩用自己的积肥进行试验。秋收后王桂林在自己的积肥地里，每亩收 700 斤稻谷，买来的粪每亩仅收 500 多斤稻谷，而且还省下 800 斤大米的粪钱（每车大粪花大米 80 斤）。其次，试用紫穗槐肥效大。1949 年冬天，天津农垦局召开扩大干部会议，王桂林作为农民代表出席。他听到王心田局在长报告中提到紫穗槐可以当肥料用,回村后钻研试用紫穗槐肥。1950 年春天,他把自己地头上的紫穗槐割了三次。第一次是在清明节,第二次是在谷雨,第三次是在小满,一共割了 100 斤。每次用铡刀切碎,搬到地里用三齿镐掘起,施在面积约一分大小的地里。插秧后在挠第二遍秧的时候,地变黑,发出了臭气,后来秧苗长得非常旺盛。用了紫穗槐肥的秧苗叶大色青,比别的地里秧苗高出五六寸,每墩分蘖到 30 棵(但施用量过多,发生茎叶徒长现象)。他的做法,使新立村农民改变了重视化肥、轻视有机质绿肥的错误思想。

王桂林的积肥经验成为典型,在天津农民当中广泛流传。1951年,他被评为天津县积肥模范。1951 年,他带领村民走合作化道路,成立王桂林互助组,种水稻 73 亩,亩产 525 斤。因为水稻高产,贡献较大,1952 年 5 月 24 日王桂林被农业部授予"爱国丰产模范"称号,并荣获奖状、奖章和奖金。同年 10 月 25 日,王桂林光荣地参加了在北京召开的劳动模范代表大会,受到中央领导的接见,并合影留念。1955 年,他积极参加防汛,因表现突出被评为天津市防汛模范。1957年 7 月王桂林因病逝世,享年 70 岁。

整理人:曲振明

妇女合作带头人王先峰

合作化运动中,新立村六个生产合作组中有两个妇女合作组,其中第一个妇女合作组是由王先峰发起的,在天津的农村中颇有影响。

王先峰,原为津南小站佟小庄人,家境贫寒。1944 年,他就来到新立村落户,主要靠给人看稻地房子维持生计,1949 年天津解放后,分得了土地。那时王先峰也就 30 岁,追求进步,积极参加和完成党和人民政府布置的工作,1950 年任村妇女主任。1951 年,为贯彻市农垦局下达组织起来发展生产的方针,她首先动员村内 12 名妇女,本着自愿结合的原则,组织了 16.6 亩稻田的农业合作组。在她们的影响下,村里又产生了另一个妇女农业合作组。

旧社会,妇女下地干活儿的很少。王先峰带头成立妇女农业合作组后,遭到一些男子的轻视。这些男子认为她们是胡闹,无技术、无经验,怎能把庄稼种好呢?但她们以坚强的毅力,经受了考验。许多妇女第一次下地,正逢春耕掘地,组员刘新会磨破了手还咬牙坚持干,张玉英伤了脚趾也不休息。她们请来了农业技术研究组陈宝锡学习技术,掘地、拉荒、育苗、施肥、挠秧都是自己动手,只有耙地雇了两个人。为了提高耕作技术,她们专门留出一亩地,专供组员学习。其余雇了 6 个人插秧,从整个生产过程看,雇工费花了 12 万元(合人民币 12 元),但她们替别人挠秧又挣回来 15 万元(合人民币 15 元),事实证明妇女并不比男子差。她们的行动证明了妇女能顶半边天,也使一些轻视她们的男子改变了看法。

她们率先走合作化道路,下地种田,也带动村里妇女纷纷走出家门,当时全村 70%的妇女参加了掘地、放水、挠秧等田间工作。适逢

春季造林,王先峰带动妇女参加,完成 6000 株植树任务。为了坚持
造林、护林工作,王先峰还订立了护林公约,发动妇女按时浇水修剪,
使造林成活率达到 95%,此外,还发动妇女积极捐献,捐献额达 1 亿
元以上。

　　王先峰的农业合作组制定了第一年亩产超千斤的目标,为此她
们在钻研耕作技术、秧苗育得健壮,深耕厚耙很平,插秧后灌水,然后
分期施肥,中耕两次,提稗子三遍,在施肥时仔细巡查漏水与否,防止
肥料流失,从此稻子长得旺盛,秋季评比产量,平均每亩达到每亩千
斤以上的目标。王先峰在抗美援朝期间积极响应上级号召,动员全
村妇女捐款,支援前线,妇女共捐款 130 万元(合人民币 130 元)。
1952 年,王先峰代表全村妇女出席了在北京召开的全国妇女代表大
会,受到国家领导人的接见并合影留念。1977 年,王先峰因病逝世,
享年 57 岁。

整理人:曲振明

新立村早年经济情况

　　新立村位于张贵庄车站东南,距离海河二里半,早年为常年积水的大水洼,1940年开始大面积垦殖,共分七段,行政管理上原属于四合庄。中华人民共和国成立后改称新立村,村辖一、二、三、六段,张贵庄农场新立村分场。

　　新立村原称西大洼,有21户农民。日本占领天津时期,迁来86户,抗战胜利后达到133户。村内农田播种面积6602.1亩,其中水田6444.9亩,旱田175.2亩。日本统治时期,实行米谷管制,每亩稻田配给豆饼100—150斤,肥田粉20—25斤。收货后,日本以土豆、豆饼渣、稗子等强行交换(稻米比市价低50%,配给物资按市价计算)。农民愤恨,常将肥田粉变卖,豆饼自己食用,导致稻田产量低。当时该村58户,每亩仅产363斤。国民党统治时期,政府仅收租,不帮助农民生产,95%的农民依靠借"稻包子"来耕种土地,这种"借一还二"的高利贷,使得大家忍气吞声。82户农民,平均产量372斤。稻米的生产成本比较高,其包括种子、肥料、水电和短工费,这些占水稻收获量成本的54%。1949年中华人民共和国成立后,经过土地调整,取消了中间剥削,举办农业贷款。农民劳动热情高涨,1950年每亩产量达到575斤。其中人口与劳动力变化也很大,1944年有农户107379人,145个劳动力,房屋143间;1948年有农户133户,588人,252个劳动力,248间房屋;1950年有农户298户,1256人,751个劳动力,472间房屋。其中在日本占领时期,107户中有49户"飞户"。国民党时期,133户中有51户"飞户"。1950年,298户中仅有36户"飞户"。中华人民共和国成立后增加165户,其中内雇农111户,小商人 13 户,其他职业 14 户,这些都是中华人民共和国成立后分得土地的人。其余 27 户为外迁入户和本村分居者。

从牲畜与农具方面看,日本统治时期,有牲畜 44 头,犁、耙等 70 件,铁锹 158 件,三齿铁叉 54 把;国民党统治时期,有牲畜 48 头,犁、耙等 88 件,铁锹 266 件,三齿铁叉 65 把;解放初期有牲畜 58 头,犁、耙等 146 件,铁锹 472 件,三齿铁叉 299 把。三齿铁叉的推广应用,使土地得到深耕,产量提高。

在从事农业耕作以外,新立村人还从事副业生产。中华人民共和国成立后家畜家禽增加 2—3 倍,农民戴洪奎拾菜帮子 2000 多斤,利用米糠调和,养了三口猪,平均每日积肥一筐。李景荣养鸭,产鸭蛋,最大的 5.6 两。郭凤梧用特殊饲养法,把鸭子体重由四五斤,提高到七八斤。此外有编苇帘子农户 8 户。全村有电力磨坊 1 座,10 辆胶轮车,18 辆铁轮车,大家利用农闲搞运输。

中华人民共和国成立初期,新立村的农民开始尝试生产合作运动,村里当时有 4 个男互助组,2 个女互助组,共 28 户。同时农民积极改进农业技术,提高粮食产量。

整理人:曲振明

新立村的蔬菜

新立村种稻子出了名。其实除了稻子，新立村还种了麦子、玉米、高粱、黄豆、黑豆以及花生、棉花、芝麻等。除此之外，还种了许多种类的蔬菜。

1958年，新立村开始园田生产。蔬菜的品种十分丰富，有瓜、菜等作物的种植。这些蔬菜除本村自产自销以外，每年还要上交，供应市民。蔬菜品种主要有大白菜、圆白菜、青萝卜、白萝卜、旱萝卜、胡萝卜、水萝卜、心里俊（紫心萝卜）、菜豆角、弯豆角、柳条青、辣椒、茄子、西红柿、土豆、黄瓜、甜瓜、冬瓜、西瓜、菜瓜、韭菜、芹菜、菠菜、香菜、茴香、生菜、菜笋、葱、洋葱头、红白大蒜、紫菜头、芥蓝、蔓菁、芥菜、雪里蕻、平菇、凤尾菇、天鹰椒、藕等。另外，在庭院种植的还有倭瓜、丝瓜、西葫芦、吊瓜、葫芦等。

早年只有大白菜，后来建立蔬菜大棚后，种植品种逐渐丰富。天津青麻叶大白菜为天津四大名菜之首，新立村二队的大白菜更是享誉津门。农业生产负责人沈炳珠、倪凤鸣对该品种倾注了相当的心血，该品种属中核桃纹青麻叶，叶片多、薄，色绿，开锅烂，抗盐碱，不但深受本市市民欢迎，而且远销日本、韩国、东南亚。区种子公司和新立村乡农科站，在新立村经过精心选育，培育出津东839和津研新中纹两个优良品种，成为天津市青麻叶的换代品种，这两项成果曾先后被市政府授予科技进步二、三等奖，为天津乃至全国的农业做出了贡献。

白果强丰西红柿是新立村乡农业科技工作者在农业实践中选育出的优良品种，新立村科技队担当了该品种的全部系统选育过程，该品种早熟、肉厚、抗病强,1990 年获市科技进步成果三等奖,区一等奖,配套栽培技术推广获市科技进步推广三等奖。

讲述人:刘长智(62 岁)

杨志刚(61 岁)

整理人:曲振明

新立村的新故事

　　在津塘公路四号桥与拐向天津机场的驯海路交汇处，有一个经历不凡的村庄——东丽区新立村。41 年前，它因中央领导人亲临视察而名扬全国。斗转星移，岁月如梭，新立村如今发生了巨大的变革。

　　村里当过三十多年支书、现在退休在家的孟繁兴老人向我们介绍，20 世纪 50 年代，新立村从土改到初级社再到后来的高级社，社员的生产积极性空前高涨，粮食产量逐年递增，到 1957 年，水稻单产已逾千斤，上交国家优质稻谷六百多万斤，名列全市前茅。

　　改革开放犹如一夜春风，使久睡的大地苏醒了。新立村旧貌换新颜，该村已完全改变了过去田园经济的旧模样，农业和二、三产业齐头并进，集体经济实力由弱变强。如今，村工业集团公司下设康达、隆源、海丰等 6 个分公司、21 家企业，并且从 1992 年成功引进了 3 家韩国企业之后，又相继引进外资企业 15 家，吸引外资 1200 多万美元，在全区率先建成了村办外资工业小区。1998 年，全村实现总产值二亿多元，固定资产增至 6200 多万元，村民人均收入达到 4800百元。

　　在村办公楼里，现任村党总支书记刘义然向我们介绍说："随着经济的迅猛发展，村民的生活条件也发生了巨变。昔日满目皆是的土坯泥屋，早已被错落有致的砖房取代，全村 1400 多户、4300 多口人已成了它们的主人。"说话间，刘书记来到窗前，指着一大片新楼告诉我们："这是村里统一规划为村民兴建的 15000 平方米的花园式楼房，已经按成本价卖给了村民。年内总共有 200 农户将喜迁新居。"

　　走进村民家,只见居室、客厅装修考究,纤尘不染。舒适的席梦思软床,替代了几代人曾睡过的土炕。取暖做饭的大锅土灶,早已让位给了天然气。房间内彩电、空调、VCD、音响一应俱全。听刘书记介绍,目前,全村65%的农户装上了电话,家家看上了有线电视,喝上了甘甜的滦河水。过去老辈人,想也不敢想的事,而今成了现实。

　　新立村人现在是真高兴,高兴的是党的好政策使他们实现了历史性的跨越,高兴的是自己的小日子越过越富足,高兴的是新立村真正变新了。

整理人:曲振明

阳光温暖残疾人

2008 年秋,一件喜讯在稻地村传开来——政府出钱要给聋哑人刘顺起翻盖新砖房了。

刘顺起自幼聋哑,已近花甲但至今仍孤身一人。由于身边无人照顾,常年体弱多病,而且丧失了劳动能力,刘顺起的生活陷入了极度困难中。有一年 7 月,暴雨骤起,一夜未停。刘顺起居住的两间房屋在暴雨的侵袭下,房盖塌涌、房体开裂,一夜之间,他这两间房成了危房。村党支部书记赵益森发现后,立即把刘顺起先安置在村委会院中暂住,然后把情况向街党委如实汇报。在街党委关怀下,街领导胡金亮主任、残联负责人刘永山、王小宏亲自来村察看,认定危房后当场做出决定,由新立街出面上报东丽区残联和天津市残联,申请资金,给刘顺起翻盖新砖房,几天后就接到了同意的批示。

从购买建筑材料、检查建设质量,到新房落成购买生活用品、家用电器,酷暑时节,天气闷热潮湿,然而胡全亮、刘永山、王小宏三位领导忙前忙后,没在村里喝过一杯水,吃过一顿饭。左邻右舍的村民看在眼里,记在心中,对这样的好领导充满了敬意。

爱心工程完成后,刘顺起住进了温暖的新家。崭新的新家处处洋溢着党的关心和爱护。房间里摆放着电视机、洗衣机、电饭煲;新床上铺着新被褥,还配着崭新的被面;屋顶安了新顶灯,照得整个房间亮堂堂的。为了方便刘顺起的起居生活,街领导和村支书还专门为电器安了保护器和入冬的取暖设备。如今刘顺起已搬入新居,享受着党的温暖。

整理人:王　静

☆ 新兴村

村情简介:

新兴村,清光绪十年(1884)建村,曾用名义和庄。该村有1423户,3760人,除汉族外有回族1122人,总面积4200亩。新兴村东邻中心庄村,西至西河,南至京山铁路,北至津北公路。2012年与区政府签订撤村协议。2013年4月,西减河西400余户村民因清水工程项目拆迁。2014年12月,西减河东剩余900余户因航空产业园区工程项目拆迁。

新兴村的十种人

新兴村同治四年（1865）建村，是西碱河开河以后才有的村。村民来自全国各地，山东、河北的较多。我们家来自沧州海兴赵毛陶，海兴旧属盐山，孙氏家族以翰林孙葆元为代表，是盐山八大家之一，祖父开始到新兴村，到我这辈是第三代，已经超过一百多年了。孙家人在村里现在也有百十来口人了。

新兴村沿着西减河盖房子，俗话称"羊拉屎村庄"。西河东有三里半地，东西有一里多宽。河西邻近京山铁路线，宽 2000 米。旧时大家都是在较高的土台居住，主要是地台子老王家，张家台老张家，小张家台回民张家。早年新兴村有土地 4200 亩，现在有 1340 多亩。

20 世纪 30 年代，日本侨民在这里种水稻，留下一个扬水站，人们称老康堂电力站，3 根三四十米长的管子浇灌 1300 亩地。当时新兴村农民主要给日本人种水稻。抗战胜利后，国民党河北垦业局又修了新康堂扬水站，2 根三四十米的管子浇灌 1000 亩地。那时再加上张家台、小张家台的土地，全村大约有 4200 亩土地。

村里除了种稻子，还种玉米、棉花，香瓜最有名。香瓜是从河北南皮引进的品种。香瓜即甜瓜，皮上分成若干瓣，皮薄肉厚，吃着又脆又香甜。后来四合庄、穆家台、流芳台都种，对外号称排地香瓜。每当收香瓜，瓜农将瓜用大队漕运到东浮桥奥国市场出售，从河堤上跳板往船上运时，有时掉下一两个，我们小孩就抢几个，真好吃。

1945 年日本投降之后，遇到灾荒，老百姓家家挨饿。其中村民刘鹤麟一家，在荒草坨采来苍子，用磨磨成面，与旱萝卜和在一起，结果吃完后中了毒。我们那时吃山芋面、挖白毛菜，先从中野圈西边，后到宁河宝元村,都去挖野菜。

中华人民共和国成立后,我们村经过四年合作化运动,搞了高级社联兴社,后来成为人民公社。在办高级社过程中,村里人编成顺口溜,说"一等人办大社,坐吃擎穿;二等人当会计,能写会算;三等人当队长,小腿跑断;四等人去放水,扛锨围着田间转;五等人赶马车,能吃能赚;六等人是社员,地里打滚满头大汗;七等人是妇女,飞机场拉大轴干劲冲天;八等人南大桥搞副业,骑车往返像火箭;九等人化工站卸火车,撕皮摞肉破衣衫;十等人饲养员,喂了牲口凉扇扇。"

"四等人去放水,扛锨围着田间转",是指种水稻的农民。"五等人赶马车,能吃能赚",赶马车拉菜拉货,从中可以得到好处。"七等人是妇女,飞机场拉大轴干劲冲天",这是指那时正逢张贵庄飞机场建设,村里派出许多妇女去平地。"八等人南大桥搞副业,骑车往返像火箭",搞副业的人工作在南大桥,每天往返时间很紧,骑车赶回家如火箭。"十等人饲养员,喂了牲口凉扇扇。"说明那时饲养员是个好差事。以上所说的十等人,仔细理解一下,并无等级之分,实际上是十种人。这个叙述,合辙押韵,通俗易懂,反映高级社时新兴村所从事的不同职业。

讲述人:孙金标
　　　　王松有
整理人:曲振明

张贵庄街

☆ 张贵庄

村情简介：

张贵庄村,明洪武二年(1369)建村,"文革"时曾更名东风村。该村有 1427 户,4355 人,除汉族外有回族 29 人,耕地 1554 亩。张贵庄村东至外环线,西至程林街,南至京山铁路,北至津北公路。2006 年 12 月 25 日,张贵庄村被批准整体撤村,于 2008 年 1 月开始拆迁。2013 年 10 月启动一期还迁工作,2015 年 11 月启动二期还迁工作,村民将统一还迁至汇海里小区居住。

张贵庄的军事工程

张贵庄位于城郊接合部,依傍京山铁路、津塘公路与外环线,自古以来就是军事要地。早年间张贵庄有飞机场、火车站,是兵家必争之地。

张贵庄过去都是平地,由于容易积水,村里便开始垫地,形成一个个高台,在台子上盖房子住人。早年全村共有四个台,即西台、东台、后台、杨台,台基很高,进了张贵庄从北到南看,到处都是高台。由于地势重要,历史上有几项军事工程都在张贵庄。

在日军侵华时期,日本人在张贵庄东台内修了四个飞机修理厂,也称飞机机窝。大约在1940年开始修,从村东台挖半地下的机窝,那时东台被拦上了,日本人在这里种稻子,也把东台的老百姓迁走了。刚修完一二年,就停工了。1948年冬天,解放军攻打飞机场,也就是日本时期的军用机场。

日军当时还修了一条小横道从张贵庄经过。因为张贵庄南边是火车站,北面是飞机场,修建这条小横道方便运输。当年日本一些军火器材,包括坦克以及飞机器材都从这里经过。目前这里还保留了历史遗迹,火车站的站房仍然保留,还规划修建新立郊野公园。

几十年过去了,过去遗留下来的工事碉堡、地道依然保留着,成为那一段历史的见证。

讲述人:王志民(68岁)

整理人:曲振明

张贵庄谈往

张贵庄建村于 1369 年,早于天津城。其规模在新立街所属 12 个村子中排在新立村后,位居第二。撤村前有 2000 多户,5000 多人,2500 亩地,土地合一人半亩地。建村时只有张、王、陈、刘四大姓,后来发展 30 多个姓,我们王姓这一支,从爷爷到现在一共五辈人。

张贵庄种水稻历史较早,日本统治时期比较普及,有稻田 39148.78 亩。1947 年 2 月,农垦局将日本人所有的稻田收回,当时张贵庄有稻田 35166.49 亩。1949 年天津解放后,张贵庄时有稻田 19131.13 亩,并有大量水电灌溉设施。

张贵庄 1920 年开始种棉花,原来的棉田比稻田还多,其中以稻碴地种植为好,每亩产籽棉 180 斤左右。而旱田的薄碱地,每亩仅 100 斤。那时的稻种为大红芒、大白芒,每亩产量仅二三百斤,农民认为种棉比种稻有利。日本占领天津时期,受米谷统制制度约束,开始将大量的棉田改为稻田。后来水稻种植技术改进,产量提高,水稻亩产提高,而棉田仍维持亩产一百七八十斤,为此种稻子的农户多于种棉的农户。根据农民的经验,大面积的水旱轮作,会使地下水位降低,排水良好,如果改用棉种,产量可以提高。

张贵庄早年也种植蔬菜,其中以种黄韭、芹菜有名。这两种蔬菜根据土壤、种子不同,种植方法独特。早年间,冬天也有种植,挖沟糊棚形成地窖。张贵庄的黄韭菜白茬占一半,腰宽、叶长;从冬天到夏天共收割三茬,除供应市区外,还远销外地。除韭菜外,张贵庄村大白菜青麻叶核桃纹也很有名,而且产量较大。张贵庄大队还成立科技组,培育多种蔬菜,后来建蔬菜大棚,蔬菜品种丰富了。

天津东郊村落文化留迹（下）

张贵庄还有几个值得书写的大事,首先是下水道。原来村中污水自由排泄,污染环境。1958年开始,张贵庄修下水道,从村南修到村北,将近两里地,下水道截面积为1.5×1.8米,顶子为拱形,全长1000米,下水道一直修到污水口,治理了环境。这在东丽区可能是最早修建的下水道。张贵庄建的社区最早,汇海里社区是全区第一个社区。全区第一个联办企业,即地毯十六厂、东方地毯厂、地毯染纱厂也在张贵庄,大约1980年建成的。东丽区第一个中外合资企业,中日合资兴业有限公司也在张贵庄,该公司开始生产咸菜,后来生产瓷杯。

2006年12月,张贵庄被批准整体撤村,并于2008年1月开始拆迁。2013年10月启动一期还迁工作,2015年11月启动二期还迁工作,村民统一还迁汇海里小区居住。

讲述人:王志民(68岁)
整理人:曲振明

☆ 崔家码头村

村情简介：

崔家码头村于明永乐二年(1404)建村，"文革"时曾更名人民码头。该村有 1200 户，3751 人，耕地面积 978 亩。崔家码头村东至外环线，西至詹庄村，南至海河，北至津塘路。

崔家码头的由来

以前我们村有两户人家,一家姓崔,一个姓林,这两家是表亲,是从山西过来的。以前这个地方属于退海之地,这两家来到这里以后,此地还与海河通航。这两户人家在此落户,开荒种地。此时附近也已经有了人家,相互之间为了联系方便,就在这里弄了一个小摆渡。经过长时间的发展,我们村就形成了一个码头。过去的村名一般都是以大姓为主,那时候崔姓人家多,于是村庄就叫崔家码头。其实这个码头并不是他们家自己的,而是整个村庄的。当时,吴嘴村也有一个码头,泥窝村也有一个码头。

这个码头一直使用了很长时间,当年度荒的时候,我们村很多人还从这个码头乘坐渡轮去威海等地方,当时的小火轮,也可以从这里上下船。从山东过来的大排船,也能够在这里停靠,补充供给和水等。由于是码头,当时村里及附近村庄的货物,如羊毛等都在这里装卸,颇有些名气。那时候,我们村还建造了一艘大船,河两岸的村民都从这里坐船,摆渡过河。当时村民出海、返航都在这里乘船。村民外出都使用这个码头,我们这儿属于东郊区(今东丽区),如果去南郊区(今津南区)等地方,或者去镇上上班,都使用这个码头。一年从头到尾都没有断过。船是公家的,也就是村集体的,但是由崔家负责经营。自从修建二道闸以后,客轮就难以停靠,对码头影响甚大。1985年由于修建外环线,因距离我们这儿非常近,码头就失去了作用,遂逐渐废弃了。

崔家码头对面是张贵庄火车站,车站对过儿就是跃进路,现在都没有了。其实,渡口就在这附近。这条路通往张贵庄,有个车站,以前不叫跃进路,就是一般的乡村公路,1976年才建成跃进路。那时候这里还有摆渡,大家来回渡河。那时候河两岸没有桥。以前去天津市里,如果不坐火车,不走津塘公路,就只能坐船,我们这儿有渡口,而且有时间点,固定时间来船,每天至少有两班,上午和下午,是小火轮。上午一趟,下午一趟,摆渡船能坐一二十人,坐到河中心,然后再转乘小火轮。需要将摆渡船和小火轮绑靠在一起才能上去。过去这一带,只有小轮船,没有公交车。公交车只能到大直沽、二号桥、张贵庄,最多到二号桥,而且还不说二号桥,说"农业到了""工业到了"。摆渡就一只船,专门有两个人负责,村里给他们开工资,一直干到退休。干这个的都是年轻人,上岁数后就换年轻的,总共换了三四拨。摆渡过河,人满了就过去。对面如果有人,就会喊摆渡,然后就过去接人。来回摆渡,早晨五六点钟就开始,一直到晚上七八点钟,一天时间。一趟大约需要半个小时。有时候也会带点东西。

讲述人:苏卫江

孙惠华

整理人:万鲁建

崔家码头往事

以前我们村有一个大庙,供奉的是释迦牟尼壁画,画的是他从人变成佛的过程。这个大庙,"文革"时当过铁厂,有正殿、偏殿,占地多达十几亩。后来大庙改为企业,里面还有磨面的。大庙大约是在1981年村庄改造的时候拆除的。

崔家码头不怎么种粮食,翟庄子以上村庄都是种蔬菜,翟庄子以下村庄主要是种粮食。我们这儿种蔬菜,国家供应粮食,有粮本,一个人多少粮食,多少大米、面粉都是有数的。我们种的主要是黄瓜、豆角、西红柿、韭菜等,供应天津市民,我们有任务量,有专门的蔬菜公司下达任务,指定某个地方种什么蔬菜。一年交多少大白菜、土豆、韭菜,"三辣"也要保证,"三辣"就是大葱、大蒜、辣椒。这些都得种。夏天种西红柿、黄瓜、茄子等。我们有十一个生产队,八百多亩地,都种蔬菜。崔家码头最初只有几百人,现在有四千多人。

20世纪70年代以后,村子里也开始搞副业,做插篮子,搞小五金,给人家加工。当时也招商引资,韩国的富春电机、冰箱都曾在这里建厂生产。还有我国台湾的立昌工艺、织毛线等公司。我们村还有一个华北地区最大的地毯加工厂,成立于1988年,和很多港口都有联系,从进口原毛到加工都涉及。这是村里的集体企业,1988年投产,可惜1992年就停产了。后来又引进了一个韩国的鞋厂,他们给的租金多,村里只是出租房子。我们村是附近村办企业比较多的,铁器加工厂、减速机厂、针织加工厂、两个服装加工厂,村里自己经营,村委会下派厂长,当年效益还不错,1976年时还建了一个砖厂,负责农村改造。这一农村改造工程获得全国农村住房改造三等奖。

当时村里就安装了路灯、天然气和上下水道。自来水、天然气是1985年前后改造的,村里自己出钱。自来水则是自来水公司来装,挖沟什么的是村里人自己干,上下水道都是自己挖。住宅之间只有三米距离,节省土地,总共有十六排,全部集中在一起,成为农村样板楼。

我们村平房改造后成为样板村。20世纪80年代全村都安装了闭路电视,每天定点播放电影等。我们村的电、水等费用不需要个人交,全都由村里缴纳。以前全村都是臭水坑,改造以后道路宽阔整洁,变成了美丽乡村。

讲述人:苏卫江

孙惠华

整理人:万鲁建

当兵往事

　　我们村还有几位抗美援朝的老兵,我二大爷、林桂田、张玉梅立过一等功。张福清,国家发给过他一个功臣奖章。我父亲也立过这些功劳,他参加过解放战争、抗美援朝,有退伍证,立过特等功一次,三等功好几次,是中华人民共和国成立前入党的老同志。

　　村里1949年前当兵的有六人。1971年至1977年当兵,是潜艇兵。我在海南岛服役,当了七年兵,后来去生产队干活。1978年当生产队长,四年后又当了村支书,一直干到退休。当时,车站军人优先。村里有一百多人当兵,有海军、陆军,也有空军,还有武警。我去的是海南岛,也有去东海的,还有到内蒙古的。我们在潜艇里生活,每次需要一个多月。潜艇里温度高,非常热,当时在里面只穿一个大裤衩。我们平常吃的都是罐头、压缩饼干,也有鱼和虾。出海时带着淡水,洗脸、刷牙只能用半茶杯水。回来以后腿疼,肠胃也不行,需要恢复身体。新兵要先在潜艇干两年,如果工作认真,一年后就会送到士官学校学习,回来后转为职业兵。出海的时候我们必须跟着海洋图走。走多少海里,走到哪里,如何转,都需要非常专业的知识。

讲述人:孙惠华

整理人:万鲁建

辉煌篮球队

我们村以前有一个篮球队,参加过农民运动会,半专业性的,拿过一届冠军、一届亚军,1986 年拿的是亚军,1987 年拿的是冠军。我们还赞助过天津男篮三年。他们住在我们这儿,在东丽区篮球馆训练,有人专门给他们做饭。我们以前的马书记,非常喜欢篮球,看到天津篮球训练条件差,同时也想请他们帮助训练一下我们村里的篮球队,就给篮球队提供了一些赞助。1986 年至 1988 年,天津篮球队在我们这里管吃管住,他们则带着我们的队员一起打球,提高技术水平。

我们村 1966 年以前就有篮球队,男篮、女篮都有,一直持续到 20 世纪 90 年代。我们村不但建有篮球馆和篮球场,还有乒乓球队。我们篮球队参加过天津市的比赛,天津市搞农民运动会时,我们就参加了,还在天津市拿过奖,有一面墙都是奖杯。

我们村还自己主办过一次篮球赛,叫天津市三环杯篮球赛。体委的负责人关风来过这里,王丽处长和总教练也都来过。那时天天练习,各单位都有固定的队员。赞助男篮的时候,有教练指导,平常则是马书记指导,甚至有时候马书记还会上场。我们村篮球队和其他村、税务部门、工商局的篮球队都举行过比赛。当时举办过两届全国农民篮球邀请赛,一届在昌平举办,一届在江苏举办。我们代表天津市的农民比赛,江苏省参赛的是南京队。当时,马书记还坐火车专门去现场观看。拿到冠军后,回来开庆功宴,东丽区委书记和天津市体育局领导都来了,给大家接风。还有一次是八一电影制片厂来拍片,当时的市委书记一起前来,一个区委宣传部的人陪同,这位同志

天津东郊村落文化留迹(下)

讲话的时候说:"由八一电影制片厂摄制组某某……"他将"摄"念成了"niè",引起了一阵哄笑。

马书记退休后,村里不再重视篮球队,加之比赛也少,村民也都忙碌起来,我们村的篮球队慢慢就解散了。

讲述人:苏卫江

孙惠华

整理人:万鲁建

☆ 东杨场村

村情简介：

东杨场村,明天顺年间建村,曾用名杨场、东杨场,"文革"时曾更名红太阳村。该村有 448 户,1474 人,耕地 1737 亩。东杨场村东至邢圈村,西至西杨场村,南至海河,北至四合庄村。

使用排灌工具较早的地区

　　东杨场村早年以种水稻为主,为了便于灌溉作物,也在村中修建水渠。传统的排灌机具有辘轳、桔槔(提斗)、龙骨水车等。清道光二十四年(1844),宁河县知事乔邦哲为辖区境内引进人力龙骨水车。1920年,刘台村一工匠仿制成功畜力龙骨水车,当时为区内先进的提水灌溉工具。1930年,东杨场、西杨场、邢圈地段已开始使用以柴油机为动力的灌溉机具。1939年,日本帝国主义入侵,占领了军粮城开源垦殖公司,相继建立了垦业、民生、大安、兴农、瑞穗等杨水站,设有电动机12台,动力534千瓦,有水泵12台。日、韩侨民又强夺张贵庄附近土地,开垦种稻,设大陆、中野等农场,设变电站、扬水场18处,有电动机32台,动力129千瓦。1940年,务本村一富户购义聚成产柴油机3台,动力16千瓦,用于灌溉。区境内虽出现了机械电力灌溉,但却掌握在日伪及富户手中,广大劳动人民仍使用古老笨重的传统灌溉工具从事生产。中华人民共和国成立后,人民政府把农田灌溉置于优先发展地位。1950年,天津市人民政府给予流芳台村贷款3341万元(折稻米16295公斤),兴修水利,实行电力扬水灌溉。20世纪50年代初,由于电力不足,村里仍以人力和畜力龙骨水车为主,1953年发展到896套。随着农业合作化的发展,实行了柴油机、电动机、水泵、畜力龙骨水车并举发展农业灌溉的措施。1962年,全区有排灌机械1869台,动力6218千瓦,水泵142台,从20世纪60年代中期开始,电力变得比较充裕,排灌基本上以机电动力为主,辅之柴油机动力,畜力灌溉逐渐消失。原提水工具的龙骨水车、解放式水车逐渐被低扬程轴流泵、真空泵、多种离心泵、混流泵、水轮泵代替。20世纪90年代,机械排灌水平已达100%。1995年,全区有农用排灌动力机械5229台,57715千瓦。

（本文由万鲁建根据东丽区地方志编修委员会编著《东丽区志》整理。）

☆ 上翟庄村

村情简介：

上翟庄村，明永乐年间建村，曾用名翟庄、翟家庄、翟庄子，"文革"时曾更名东方红村。该村有 385 户，1426 人，耕地 673 亩。上翟庄村东至西杨场村，西至顾庄子村，南至海河，北至昌乐里。2010 年 8 月 26 日，上翟庄村被批准整体撤村，2011 年 11 月 5 日启动拆迁工作，根据规划，村民将还迁至新立新市镇居住。

1939年翟庄大洪水

1939年,天津大旱,全年降水量375.7毫米。今新立村一带更是旱情严重。6月中下旬,西河两岸、中河两岸、中野圈、陈家圈、曹家圈、排地四段的许多稻田干硬龟裂,秧苗枯死。但是,进入7月后,河北省连续三次降大暴雨,海河上游各支流洪水暴涨,堤岸溃决。7月上旬,永定河决口,洪水在武清县(今武清区)境内漫过京山铁路,使京山线瘫痪。7月中旬,大清河洪水汇合永定河洪水冲毁千里堤,进入文安洼。7月底,天津外围的东淀、文安洼、贾口洼已成泽国。8月1日,子牙河大红桥上游左堤漫溢。8月2日,北运河左堤溃决,西沽被淹,日西河右堤决口,洪水从杨柳青附近越津浦铁路,直奔天津西站。8月7日和8日,侵华日军炸开了杨柳青附近的桑园、马庄南运河右堤,企图使洪水漫流入海。但是,洪水却流向天津西南洼地。8月19日,市区南大堤陈塘庄以西500米处坍塌,洪水冲进了市区。

海河水位暴涨,海河沿岸的翟庄、顾庄、崔家码头等村的村民,经常发现海河河面上漂来驴、羊、狗等家畜的尸体。很多村民到河边上去打捞灾区冲来的房檩、桌案、板柜等漂浮物。8月30日中午,翟庄村的程洪仁(当时8岁)和几个伙伴到村西土地庙河边上去捉小水鳖。忽然他们身后的堤岸裂开一道一米多宽的豁口,一只又一只小水鳖顺着水流冲下了大堤。翟洪仁兴奋地用手中的竹竿去挑,只听"呼隆"一声,豁口坍成了几米宽,洪水吼叫着涌向堤外。翟庄群众听到洪水吼叫声,纷纷携儿带女逃上高台。不到一小时,决口扩大到十几米,翟庄村被洪水淹没。这时,顾庄、崔家码头等村响起敲打铜锣和铜盆的报警声,许多人家哭成一团,一片慌乱。当日傍晚,决口扩

天津东郊村落文化留迹(下)

大到几十米,水流湍急,吼声震天,新立村一带一片汪洋。西杨场(当时称"小稻地")的大谷制钢所厂房全部淹没,只有两根大烟囱孤零零地矗立着,脚手架上也爬上了躲洪水的灾民。

决堤前几天,翟庄村村民韩恩元曾带领部分群众护堤抗洪。决堤后,翟庄村村民赵德存献出一只"大对艚",供无家可归的人存身。

讲述人:刘景忠(67岁)

宋文海(67岁)

采访人:尹树鹏

整理人:万鲁建

☆邢家圈村

村情简介:

邢家圈村,清光绪八年(1882)建村,曾用名邢家圈,"文革"时曾更名革命红村。该村有 214 户,520 人,除汉族外有回族 4 人,耕地 587 亩。邢家圈村东至西河,西至东杨场村,南至海河,北至四合庄村。

村名的来源

清光绪八年(1882),海河裁弯取直,将南郊邢庄子部分土地分割到海河北岸,为方便耕种,部分邢庄子村民便迁入此地建村,行政区划仍旧隶属邢庄子。

1951年,南郊邢庄子为天津县一区,该村为二区。1952年,如今的四合庄曹圈与该村合并,定名为邢曹圈村。1953年,新立村乡政府成立,该村又被划分,曹圈归四合庄管辖,该村归杨场村管辖。1956年又变更为海河之花高级农业社。因为该村姓邢的比较多,土地又与邢庄子混合,遂在1960年起名为邢家圈村。"文革"时期曾经改名为革命红大队,1967年后又改称邢家圈村。

讲述人:邢维福(66岁)

董长起(89岁)

采访人:尹树鹏

整理人:万鲁建

船户邢安亨运稻遇"河匪"

邢庄子人邢安亨一直以驶船为业,1931年11月4日夜间,他先在排地张化善家装稻米三十九石七斗五,又在邢庄子刘四家装三十石,总计有稻米六十九石七斗五,本拟运往天津市特别一区德国闸同义成卸货船销售。但是,行至海河冯家口地方,被驻守在小刘庄水上公安局分所巡船拦截盘问,因为言语沟通不畅,加上运销手续等有诸多不符,迅即由该局于、孙两位督察员,会同该局所长金丽生,带领警士六名,到船上进行检查。当时由于情况不明,该船户怀疑警局人员为河匪十大恶人要上船抢劫,遂在恐慌之余,投河上岸,呼喊陆警。正好有乡区五所警士杨某在该处值岗,得到报案后即向粮船上的水上官警开枪射击,船上的水警此时方知有误会,不好还击,以免双方发生冲突。因此,水警遂将船靠岸,以口令暗号表明身份,而陆警一直射击二十余发子弹才停止,同时命令水警一一登岸,解除枪械。不久,附近驻防的保安第一分队郭队长及乡区五所陈所长,听闻后相继率队赶到,方才知悉系双方误会所致,遂将解除的枪械如数发还,并饬该陆警归所听候查办。船户邢安亨则由水警带到所里查办。经过调查,方才知道由于船户邢安亨在与水警相遇时,由于未能看清情况,惊慌之余误将水警视为河匪十大恶人,才跳河上岸呼唤陆警,并没有损失稻米等物。最终双方达成谅解,乡区五所陈所长也给水警道歉,并解释误会。

[本文由万鲁建根据1931年11月6日《大公报(天津版)》第7版《水陆警察发生误会》改写。]

华明街

☆ 华明街

　　华明街原为天津市东丽区华明镇,1958 年属新立村公社,1962 年设立荒草坨公社、赤土公社,1983 年改荒草坨乡、赤土乡。1992 年撤销赤土乡设立赤土镇,1994 年撤销荒草坨乡设立华明镇。2001 年 10 月,撤销赤土镇,并入华明镇。2006 年 8 月,正式撤销华明镇,设立华明街道。2016 年,华明街道辖 14 个社区居委会,15 个行政村。

　　华明街现面积约 150 平方千米,北环铁路、津汉公路贯穿东西,外环线、杨北公路、东金路南北并行,东与东丽湖街道接壤,西与金钟街道及河东区鲁山道街道办事及河东区东新街道及万新街道毗邻,南靠天津滨海国际机场及天津空港经济区,北连宁河县造甲城镇及北辰区西堤头镇。华明街距市区约 10 千米,距天津港约 35 千米。

☆ 永和村

村情简介：

永和村始建于1918年,曾用名裤裆河子村,"文革"期间改名为红星村。该村地处东丽区东北部,北靠金钟河、永定新河,南靠北塘排污河,西邻京津高速、津汉线,全村人口数为1669人,共约590户。拆迁安置后,大部分村民住在华明禾园、厚园,还有一小部分村民分布在其他园区内。

村子的故事

宋辽对峙时期,在辽国境内有一个塌河淀。塌河淀是海侵海退形成的大泽洼淀,后据道光年间《津门保甲图说》记载,该塌河淀东西长约二十里,南北宽二十余里,北至芦新河,南至大毕庄,东南到刘快庄,西岸至刘安庄。这片大水洼子荒草杂生,但胜在有鱼有虾,于是四野逃荒的人陆续迁到此处以捕鱼为生。

话说有一对无儿无女的老夫妇,不知是哪里人氏,也不知具体是什么时候搬到这里谋生的。老夫妇天不亮就要出河打鱼,辛苦劳作一天仍吃不饱饭。有一天家里突然来了个南方人,借住在这老夫妇家里。南方人平时也不和其他人来往,每天就是沿河边溜达,也不知要干什么,夫妇俩也不多问,反正他就这么粗茶淡饭,饥一顿饱一顿地吃着。这个南方人住了四十天,看夫妇俩老实善良,慢慢地跟这俩夫妇也就越来越熟稔了。有天,南方人跟夫妇俩说:"你们一天天老了,现在还能干活儿,将来老了以后,无儿无女没人照顾,你们怎么生活?"夫妇两个没说话,心想能把眼下的日子熬过去就不错了,哪里还想着将来。南方人看两人没作声,接着说:"为了你们将来能养老,我给你们指一条财路吧。""什么财路?""这个淀里有个金钟,金钟上拴着金链子,你们把金链子砍下三段卖钱,就够你们将来养老了。"说完,南方人还告诉他们明天如何找到金钟。

第二天天色微亮,南方人早早地下到水里等着夫妇俩。夫妇俩按照南方人的指点,摇着小船也来到金钟附近。一会儿的工夫,水面翻滚,河中冒出一段金链子。夫妇二人看到金链子就使劲往船上拽,刚开始还是一节一节地往下剁,后来贪心一起,忘记了这一行的古训，"渔不能太满，要留有分寸；凡事不要太贪心，才能收获满满"，也忘了南方人临走前对他们的嘱咐，二人竟然将金链子一股脑地全部往船上拽。金钟是有灵性的，带着金链子顺着河淀就往东海跑，金钟所经之地便发了大水，链子划出的沟就成了今天的金钟河。

后来聚集在此地的人们越来越多，村落初具规模，村民觉得应该给村子取个名字。可是迁到此处的人大多数是目不识丁的老百姓，如何取名呢？村民认为金钟河是他们赖以生存的根本，没有金钟河就没有他们的生活，于是村民便根据金钟河和村子的位置，发现村子正好处在金钟河和支流的交叉处，就像裤子的裤裆，于是就有了"裤裆子河村"的名字。生产队时期，村与村之间经常聚在一起开会。每逢开会点名时，大会主持人就喊："某某村来了吗？某某村有人吗？"一到裤裆子河村，有时为了省劲，直接喊："裤裆来了吗？"喊上几次，村里人脸上挂不住了，这名字太不登大雅之堂了。于是村里有文化的人一合计，改名"普太河村"，寓意"普天之下太平"。后来又改名"永和村"，取意"天下永远和平"。从此，"永和村"的名字便一直沿用到现在。

永和村虽然于民国建村，但住户并不多，一直到中华人民共和国成立前，总共也就有十户左右人家，最早到此定居的是村里的曹三爷。村子非常穷，大部分村民的房子就是地头一间窝棚，约一人高，有时连大人都得猫腰进出。窝棚用树枝当房梁，四周用席子围起来，屋顶用芦苇铺盖，冬天冷得像冰窖，夏天热得像蒸笼，漏了就用泥堵。中华人民共和国成立后，永和村民有了自己的土地，生活逐渐能够自给自足。国家经济困难时期，陆续有些外乡人逃荒到永和，时间一长就不走了，20世纪六七十年代清查户口时，小小一个村的村民竟来自全国十七个省市。

讲述人：王汝红（73 岁）

整理人：王 静

勤劳的永和村民

20 世纪五六十年代是一个激情燃烧的年代。刚刚迎来解放的中国人民意气风发、干劲十足地投身于社会主义建设中。可以说，全国上下形成了吃苦耐劳、无私奉献的良好社会风气。

中华人民共和国成立前，永和村是一个佃户村，村民吃了太多没有土地的苦，"三大堆"就是当时老百姓生活的真实写照。什么是"三大堆"呢？永和村村民都是宁河付台子地主家的佃户，这个地主有六个儿子，为了防止儿子内讧，争产夺地，地主便将地平均分为六块，按照数字顺序依次分给六个儿子，永和村种的是三、四、五、六号地。按照地主家的要求，村民每年打下来的粮食得分成三大堆，一堆上交地主，一堆给政府纳税，剩下一堆才是自己家的。所以辛辛苦苦一年下来，除了上交的粮食，也就所剩无几了。分田到户后，有了自己土地的村民干劲儿十足，真正有了当家做主的自豪感。

很快村民就发现了新问题，大多数村民连最基本的农具都没有，只能靠肩挑背扛。在国家鼓励下，永和村开始实行互助组。刚开始是由几户或几十户人家组成初级合作社，大家以劳力交换帮工的形式开展互助生产，你帮我几天忙，我帮你干几天农活儿，尤其是农忙的季节，大家靠着这种互帮互助的形式共渡难关。再到后来村民又先后组建了高级社、人民公社，这时候大家不仅是劳力交换了，而且把自家的生产工具，如牛、犁耙、筐等上交公社所有，村民共同劳动，共同生活。生产队时期，村里有匹骡子就相当于机械化了。后来村里有了两台东方红 75 拖拉机，人们的生产条件才有了很大的改善。

以前的日确实是太苦了。改土治碱之前，永和村的地多为碱滩

天津东郊村落文化留迹（下）

和荒地，为了弥补吃粮的短缺，村民也以卖苇草养家糊口。到苇子地割苇草，并不是一件轻松的农活儿。芦苇很硬，要割苇草必须弯很深的腰才能使上劲儿，一会儿工夫人就直不起腰了。况且打苇也是个"危险活儿"，锋利的芦苇茬子能把鞋穿透，普通的布鞋根本就下不了地。再加上当时人们生活不富裕，没闲钱经常买新鞋。为了省钱，村民只能割一块四方形的牛皮，两边穿上绳子，包在脚上当鞋穿。这种"牛皮鞋"，当地人叫"牛皮大绑"，也有人叫"腿子"。穿上"牛皮大绑"不怕下水着凉，也不怕挨芦苇茬子的"扎"，但时间一长硌得大脚趾头疼。"脚穿牛皮大绑，手持怀镰大钐"，道尽村民割草之辛苦。

20世纪五六十年代，永和村流传着这样一句话："食在地，住在洼，任务不完不回家。"据老人回忆，当年他的父亲在生产队干活儿，有一天舅舅来家，对他说："去——把你爸叫回来，舅舅跟你爸唠唠，一会儿就回家。"他听完舅舅的话就赶紧往地里跑，去喊爸爸回来。没想到，跑到地里一看，生产队的干部们围成圈在地头开会，大家还穿着一样的帆布衣。打眼一看，根本就分不出谁是谁。他绕着大人转了几圈，还是找不着，心里一急，放声大喊："谁是我爸爸？"众人这才抬头，看着小孩哈哈大笑。怎么连自己的爸爸都不认识了？原来，他那时也就三四岁的样子，每天早上，孩子还没醒，爸爸就到生产队干活儿了；晚上十一二点才回家，孩子早就睡觉了，孩子一天天根本就见不着爸爸的面。尤其是改土治碱、抬土垫洼的时候，大人们几乎吃住都在地里。怪不得连自己的孩子都不认识自己的爸爸了。

老人们一边回忆，一边讲述，让人感觉到那时候的他们是快乐的。

讲述人：王汝红（73岁）
整理人：王　静

汀苇渔歌

靠山吃山,靠水吃水。中华人民共和国成立初期,永和村地处洼淀。为了解决吃饭问题,永和村民便把洼淀开垦出来种植粮食。但由于低洼盐碱,村的粮食产量并不高。考虑到村子农业生产的实际困难,1958 年左右,村民在水产局的指导下开始发展渔业,专供市民消费。靠着丰富的河流、洼淀、河沟以及稻田等自然资源,永和的河螃蟹不仅产量高,而且味道鲜美,销路自然也不错。每到河蟹上市的季节,水产局就会来村定点采购,每次一般 60 包,每包能装 150 斤左右的鱼虾和螃蟹。然后水产局以每斤 1.5 角的价格,以现金或粮票的方式收购。粮票在物质缺乏的年代可是硬通货,永和村民能拥有粮票,十里八乡的人都非常羡慕。

永和村民主要是坑塘养鱼,以鲤鱼、鲫鱼以及梭鱼等淡水鱼为主。养殖方式是肥水养鱼,所谓肥水,就是把鸡屎、牛粪之类投放到水里,促使水中的植物或浮游生物快速生产,以满足鱼类养料摄入。这种养殖方式虽然在一定程度上对水质有所污染,但因为就地取材,节约了成本,因此一度被视为有效的养殖经验而被普遍推广。早春时节是永和村民最忙碌的时候。早春乍暖还寒,村民们从车上端下装有鱼苗的盆子,小心翼翼地将鱼苗放流到水中。金秋是收获的季节,也是大家最快乐的日子。一网网下去,鱼虾螃蟹满载而归。

大人们忙着养殖,小孩子们也找到了玩耍的天堂。河河沟沟、洼洼淀淀里都是小鱼、小虾和小螃蟹。据老人们回忆,每天放学回来,招呼上一帮孩子,挽起裤腿就下河捞鱼虾。捉鱼比较容易,孩子们利用涨落潮的时间差,涨潮前在河沟里前后放下两块细眼竹片,退潮后

天津东郊村落文化留迹(下)

鱼儿自然就被堵在河沟里,这时候一抓一个准。相较之下,虾就不好捉了。虾个头小且灵活,下网不准的话就会被水推跑了。孩子们捕鱼虾纯粹是为了玩,有时候带着渔网出去,傍晚回家时才发现一条鱼也没有网到,反倒是衣服裤子全湿了。大人一问,原来打水仗了。这时候,孩子们自然免不了大人一顿责怪。可转天再出去玩的时候,大人还是睁一只眼,闭一只眼。不过更让孩子们惊奇的是,每年到冬天的时候,河沟里都冻上了冰,有的甚至露出了冻土,只留下一些芦苇根。孩子们都觉得来年肯定没鱼没虾了。结果转年河沟有水的时候,鱼虾不知道又从哪里钻了出来。孩子们百思不得其解,觉得是芦苇根生的鱼。

1964 年之后,金钟河水质逐渐被污染,永和村村民慢慢地也不再养殖鱼虾了。回想起小时候下河抓鱼的场景,虽然是简简单单的快乐,但那是农村孩子才有的童年乐趣!

讲述人:王汝红(73 岁)

整理人:王　静

金钟沉船

历史上的天津是河海交通要塞,南来北往的民船、商船、货船穿梭在大大小小的河道上,不可胜数,一片繁忙景象。然而天有不测风云,难免会发生一些意外。

据老人回忆,中华人民共和国成立初期,村民开荒时,发现有一块疑似船板的木头露出地面。大家伙心里嘀咕,莫不是地下埋着宝贝?于是大家一合计,决定往下挖,看看地下到底埋的是什么。这一挖就挖了七米深,直到一艘沉船的骨架露出来。当时村民都看傻眼了,好大的一艘船!大家伙估摸这艘船得有五丈长,相当于现在的十七米左右。即使是后来,北辰出土的沉船也只有十三米长。

挖出大船后,只发现了一些破碎的饭碗、盘碟以及零散的生活用品。本来识字就少的村民也没有什么保护意识,大家伙绕着船看了看,发现只有船板还有用。于是大家伙拆的拆、卸的卸,把船帮木头拿回家当房梁、做床板和烧柴火了。现在想起来,村民无不惋惜,后悔当时没有把沉船保存下来,要不然这也可能是一件有价值的文物了。

讲述人:王汝红(73 岁)

整理人:王　静

☆ 贯庄村

村情简介：

贯庄村，明永乐二年建村，初建时以边、柳、杨、宋姓为主，其中边姓居多，故当时村名为边家寨。后迁入贯、魏二家，改村名为贯儿庄、贯庄子，后简称贯庄。1966年，"文革"曾改名长虹村。1971年又恢复原名贯庄，该村占地面积约30平方千米，其中土地面积约42000亩。该村位于津汉公路以南，杨北公路以西，东郊农牧场以东，村东边是山岭子村，南邻大东庄，北依赤土村，西为赵庄村。全村人口总数近万人，籍贯以山东、河南、河北居多。2007年4月贯庄村启动拆迁工作，于2008年5月撤村，村民统一搬迁到华明家园居住。

贯庄治蝗

民国时期，每到夏令，防蝗便是贯庄的头等大事。为了防治蝗蝻，天津县组建了多支治蝗分队与各村联合治蝗，贯庄也成立了治蝗分队，由村长任队长，闾长为指导员、邻长为队员，共同进行防治工作。每天治蝗分队都要在本村范围内调查两次，每五日向县总会呈报一次情况。如果发现蝗蝻，随时呈报总会并依法捕治。

关于治蝗，贯庄有三大方法：一种是利用火烧之法。在发现蝗蝻的地方，村民把铡过的柴草铺洒在蝗蝻之上，然后点火焚烧。焚烧过处，蝗蝻尽死。此法屡试不爽。一种则是利用蝗蝻的习性捕杀。村民们发现蝗蝻喜向顺风跃行，而且沿着水道飞行，因此在捕杀时先看风向，如果是南风就在北面掘坑，如果是东风就在西面掘坑，坑两旁用苇子编成的帘子遮成雁翅形，人在其余三面包围，持物拍打。合围之后，慢慢地从三面向坑的方向前进，动作越慢越好，随着合围的范围越来越小，幼蝻被迫飞到坑内，然后人们迅速将苇席铺盖在坑上，点火焚烧。这样既不损害田苗，人也不觉费劲，事半功倍。还有一种是利用黄雀捕食的方法。村民发现有一种类似麻雀的黄腹鸟，这种鸟数量多且喜食蝗蝻，往往集聚式捕食。于是村民对这种鸟刻意加以保护，利用这些鸟来防治蝗灾。有时候上百只小鸟跟着蝗虫走，蝗虫到哪里，它们就飞到哪里。贯庄的治蝗方法实用有效，之后天津县还在全县蝗灾地区进行推广，也取得了一定的效果。

[本文参考《大公报（天津版）》1930 年 5 月 25 日、5 月 29 日、7 月 3 日。]

整理人：王　静

贯庄劫案

　　民国时期,处于天津、宁河两县交界处的贯庄(当时称贯家庄)分属两县管辖。管辖权属的混乱,导致治安疏于防范和治理,境内劫匪时常出没,百姓叫苦连连。天津县也曾派驻警士王致荣、王致平以及乡丁丁万顺维持治安,同时配给毛瑟步枪一枝和铁板开斯步枪一枝以壮声气。不过国民政府的官员人浮于事,自然不会牺牲自己去为老百姓办事。

　　1935年10月27日,贯庄境内发生了一起重大的绑票案件。那天晚上十点钟左右,两名警士像往常一样到村里溜达了一圈,然后就回警所休息了。二人刚躺下,突然听到猛烈的撞门声。还没等二人醒过神儿,屋内闯进四个蒙面大汉,每人手中一把"自来得"手枪,威吓二人。这两名警士吓得不敢吱声,缩在炕角一动不动。劫匪们抢走两条大枪,然后走到屋外,朝天鸣枪数声。枪声划破了村里的宁静,顿时犬吠不停。这伙劫匪窜至村民宗万顾家中,宗某刚被枪声惊醒,看见劫匪破门而入,顿时瘫软在床上。劫匪一边举枪威吓,一边翻箱倒柜,将其藏于立柜里乡公所的一支大枪抢去。这时已经半夜十一点了,这伙劫匪并未罢休。他们越墙进入魏姓人家中,一番抢劫后,也许没达到劫掠目的,竟然把该宅主人魏万生以及其南邻住户孙治福二人,一并架走,向西南方排地北窑一带逃窜。

　　事发后,该区第一区分局长杨秀春闻讯,急率局员刘韵铎及警士等,并会同宁河县警长等人寻方向追赶。此时距离劫匪绑人已经五六个小时,匪徒早已不知去向。尽管警方在排地北窑二段三段各小房子一带大举搜索,但毫无结果。11月23日,津沽保安司令部鉴于案情重大,要求各方尽快了结这宗劫匪绑票案,并缉拿劫匪。结果不但人没救回,劫匪祸乱反而有增无减。

[本文参考《大公报(天津版)》1935 年 10 月 27 日、11 月 23 日。]

整理人:王　静

贯庄的厚家底

贯庄历史悠久,虽说是在明永乐年间建村,但其实早在元末就已经有村民在此安家落户,当时村子还叫边家寨。几代之后,随着贯姓人和魏姓人的增多,村民便把村名改为贯儿庄。时间一长,村民一来觉得中间的"儿"字不好听,二来也为图省劲,就把"儿"换成了"家",最后干脆把"家"字也去掉了,于是便有了如今贯庄之名。

贯庄人脑子比较活,擅长做买卖。元代开通海运漕粮,在大直沽设立漕粮接运厅,大直沽日渐繁华。民国时期,贯庄人陆续来到大直沽做买卖。为了彼此有个照应,慢慢地大家逐渐聚集在一起。据老人回忆,一条街上大概有四五家贯庄人开的买卖。从街头往里数,第一家是魏家,小名臭豆子;第二家是吴家;第三家是老陈家,专卖直沽酒,买卖做得大,大家见面尊称一声"陈三爷";第四家是刘家,开了一间卖米面粮油的"同兴号"杂货铺。除了在直沽,天津市区也有贯庄人的大买卖。比如做子母扣的魏向会,当时全国生产子母扣的厂子只有两个,一个在上海,另一个就是魏向会的厂子。不过魏向会的厂子并不是以机器生产为主,主要还是靠手工。还有南马路的吴滑新,主营皮货加工,产品有皮带、皮鞍子等。这两家的买卖做得也非常大,在津城商界占有一席之地。后来随着国内局势的不稳定,两家的买卖也就败落了。

中华人民共和国成立后,当家作主的贯庄人重新焕发活力。20世纪 50 年代,国家还处在困难时期,不像现在国家有专门的贫困户补助金,社员能不能过上好日子,全靠生产队自己的能力。头脑灵活的贯庄人,开始想辙解决社员吃饭问题。于是一个个小工厂开始出现，到 20 世纪 60 年代，贯庄已经有了毛巾、针织、拔丝、制钉等二十几个小工厂。虽然规模都不大，但胜在工厂福利好。工厂有能力给工人安排宿舍，凡是招工到厂里的工人，厂子都会问是单身还是成家了。如果单身，就分给单身宿舍；如果成家了，就分给家属宿舍。这在当时住房急缺的年代，可是件了不得的事情。在贯庄人的精心经营之下，工厂为村里挣下了厚实的家底。

有了厚实的家底，贯庄人底气十足。当年村里老年协会的建筑屋顶全是琉璃瓦，漂亮极了。村里甚至还修建了大剧院，为村民提供文娱休闲活动场地。空港建设时，贯庄面临着集体搬迁和还迁的大问题。如何安置还迁后的村民？盖楼房。从图纸到建筑，贯庄人亲力亲为。首先楼间距一定要大，其次不建高层，只盖五层。这是为什么呢？据老人讲，贯庄人是 1976 年唐山大地震的受害者，唐山地震后，地震波先到贯庄，然后到二号桥，最后才传到市里。所以贯庄受灾最严重，砸死了村里好几十人。正因为劫后余生，贯庄人坚决不住高楼。

贯庄人的家底厚，还在于地多。贯庄一带是退海之地，人烟稀少。贯庄人来得早，跑马圈地后，贯庄的土地面积远较其他村大得多。据老人回忆，当年他骑着自行车给村里办事时，北到范庄子，南至军粮城，东至塘沽火化场都是贯庄的地界。因为地多，20 世纪 60年代的时候，贯庄不仅帮助解决知识青年上山下乡的问题（一个队最多的时候接受了五六十名知识青年），而且还为市里的企业解决用地问题，当时像医药公司、信托公司都迁到了贯庄，最多的时候贯庄一共有 27 个国企。天津钢铁厂还专门派人到贯庄开荒种地，解决工人吃饭和吃菜问题。

凭着贯庄人辛勤劳动攒下的家底，贯庄人的日子过得比较舒服。每月有一定的养老补助，还能带着老人出去旅游，有些老人说："没想到有生之年还能去趟北京！"其实早在 20 世纪 80 年代，就有村民收入提高了，带着自家老人乘飞机去首都旅游了一趟。虽然贯庄人有

天津东郊村落文化留迹(下)

家底,但也不随意挥霍。有些村民不理解,认为当年工厂挣了那么多钱,现在应该都分给老百姓。与村民的想法不同,村里把钱按月分发到每个村民手中,因为大家伙都知道"由俭入奢易,由奢入俭难"的道理。

讲述人:尚文武(79岁)

整理人:王　静

阎三锨

　　20世纪五六十年代的农村以生产队为单位,大家过着集体生活,每个人赚工分,工分的计算一切都得听从生产队队长的安排。所以生产队长不仅是人民公社时期农村基层组织的一个干部,而且必须要"根正苗红"。当时贯庄的副队长阎春玲(男),雇农出身,任劳任怨,而且具有丰富的农业生产经验。

　　阎春玲干生产队长那几年,总是吃苦在前,享乐在后。那时的人很实诚,有多少力气就使多少力气,都非常积极。无论是去哪儿,到什么地方干活儿,总是大家一起去,共同努力把任务做完,谁也不会喊累。闫春玲斗大的字不识一筐,虽然没有文化,干庄稼地的活儿却是一把好手,像挖沟、挖渠、引水、插秧、挠秧、收割稻子等都是内行,没有不会干的。贯庄有一万五千多亩地,到了农忙的季节,阎春玲领着各队男女老少忙前忙后。为了赶时间,阎春玲靠着自己的一把力气,三锨一筐土,后来人们索性称他为"阎三锨"。

　　现在回想当年热火朝天、争先恐后、你追我赶、笑语欢声的劳动场面,真是一道靓丽的风景线。虽然五十多年过去了,但当年"阎三锨"带领大家一起劳动的情景,在世的老村民们仍历历在目,不能忘怀。

讲述人:尚文武(79岁)

整理人:王　静

抗战民谣

日本——日本——离不开中国人，
造成特务一大群。
进了村，又打又骂，又灌凉水，为的是大洋。
叫老乡赶快把兵当，
你不出人，我不出人，
无人打仗会亡国。

讲述人:贯福龙(87岁)
整理人:王　静

☆ 南坨村

村情简介：

南坨村,明永乐二年(1404)建村,曾用名黄草坨、荒草坨、张旺村、南荒草坨村,"文革"时曾更名红旗村。全村 588 户,1421 人,原有土地 4663 亩。该村位于北坨村南,赵庄村北,西邻李明庄,东南为贯庄,西减河东侧。2007 年启动拆迁工作,村民们统一搬入华明家园居住。

多灾多难的荒草坨

老百姓经常把大土堆或高地称作坨,荒草坨顾名思义就是一个长满荒草的大高地。秋风瑟瑟、荒草萋萋,人们印象中的荒草坨就是一个荒凉、贫瘠的草甸子。

据说,最早来到荒草坨的是一杨姓农民。他在一个高台上盖了土坯房,为取"羊(杨)有草吃"之意,把这块高台命名为荒草坨。之后陆续又有人迁到此处谋生,原来的土坨住不下了,就在其他土坨上盖房,于是就有了南坨、北坨之分。因为荒草坨的村民择土坨而居,哪里有高台就在哪里盖房,村民住得很分散,也就有了"稀稀拉拉荒草坨"的说法。随着人口的增多,南坨、北坨后来逐渐各自成村。

南坨成村后,村民备受水灾、蝗灾以及疾病的折磨,村民生活困苦,挣扎在生死边缘。频繁的水灾使得村民保种不保收,天津东门外三岔河口本是众水回旋汇集之地,每逢汛期,水势泛滥,影响附近数十村庄。南坨附近有一塌河淀,该淀为泄河归淀入海之区,但自明清以来该处水利失修,因此每当上游发生水患,塌河淀至七里海就会变成汪洋一片,南坨自然也不能幸免。此外,金钟河也时不时漫溢,造成河两岸决堤,殃及南坨。比如1929年发生的水患,当时入夏之后东乡连日阴雨,低洼之地积水甚至达到了两三尺之深,南坨几成泽国,秋收无望。屋漏偏逢连夜雨,入秋播种晚禾,又遭遇秋雨绵绵,一年收成转眼泡汤。为了抵抗洪水侵袭,保护农田免遭水灾,居住在这里的百姓,每年出尽人力、物力去加固河堤,但还是无济于事。

除了水患,干旱以及蝗灾也威胁着南坨村民的生计。1917年,南坨久旱不雨,村民联合程林庄等十一个村代表奔赴天津县署,请求减免赋税并赈灾救济。春季无雨,不仅田间禾苗尽数枯死,村内的洼地也易滋生蝗蝻,结果导致早春种植的禾苗多被蝗蝻啃食。

旧社会的南坨村,如同近代中国百年沧桑一样,可谓命运多舛、多灾多难。中华人民共和国成立后,南坨村才有了发展的生机,即使是在百般艰难的情形下,坚韧的南坨人仍能砥砺前行。

(本文参考《大公报》1917 年 5 月 20 日、1917 年 8 月 7 日、1929 年 8 月 28 日。)

整理人:王 静

南坨的往昔今生

据说明代燕王扫北时，南坨还是一片杂草丛生、水洼遍布、渺无人烟的荒草滩。大军途经这里，燕王目睹此处之荒凉，认为不利扎营，于是号令三军越过这片荒草坨方可安营扎寨。后来明清政府推行垦荒政策，各处逃荒难民开始聚集在此地垦荒谋生。慢慢地，这片荒凉之地有了生机。民国之后，海河、金钟河的河水泛滥，再加上连年战乱，南坨村民的生活依然处在水深火热之中。

中华人民共和国成立初期，南坨村民靠种高粱为生。高粱种子可以当粮食吃，脱穗后的高粱头还可以做扫帚，甜甜的高粱秆还能给小孩当零食吃。对于南坨村民来说，高粱秆可以当柴火，因为卖柴火也是村民主要的经济来源之一。当时天津市区还没有普及煤火，主要是靠烧柴火做饭。南坨离市区不远，农闲的时候，村民靠着两条腿，挑着柴火到市里卖，以维持生活。小孩子们也不能闲着。据村民回忆，他小的时候，大概有七八岁吧，每天得到河边拾柴火。地里的干柴火都已经被别人捡走了，孩子们只能蹚着水去捡湿柴火。湿柴火不能直接拿回家，得放在高台上晒干后，才能背回家。现如今七八岁的孩子，哪能受得了这样的累！

1957 年以后，南坨村开始种水稻。当时专门从南郊请来水稻专家，发放优良种子，指导村民种植水稻。南郊的小站稻，以其白里透青、油光发亮、粘香适口、回味甘甜的特点远销日本、东欧和东南亚等国家和地区。南坨引进小站稻种子后，村民过上了鱼米之乡的好日子。村民不仅能自己吃饱饭，还能请客吃饭。那时候稻田里鱼虾螃蟹多，家里来客人或是自己想吃了，便叫孩子端上脸盆到地里舀。一会儿工夫,孩子就能端上一脸盆螃蟹回来,转眼间,螃蟹就端到了桌上当下酒菜。

20 世纪六七十年代是南垞村重要的发展时期。当时国家处于困难时期,一些市民吃不上饭,于是曾在市里谋生的村民开始返乡。刚开始这些返乡的村民就是为吃饱饭,令人想不到是,70 年代南垞村在他们的带动下却走上了机械加工的发展之路。原来这些返乡的村民大多数都在河北三条石一带的铁工厂帮工,他们掌握了最基本的锻造和锻打技术,能够利用旧铁器加工生产一些诸如钉子、榔头、农用工具等铁工具。在他们的带动下,南垞成立了东郊第一家村办企业。刚刚起步的加工厂既没有大型设备,技术也属于初加工,而且手中资金不够,只能从三条石拉些下脚料来加工铝锅铝盆,所以人们戏称为"花子炼"。

虽然工厂硬件条件差强人意,但并未阻止南垞村民发展的愿望。在"一村一品"政策的鼓励下,村民成立了"南垞机械加工厂"。加工厂的成立不仅整合了分散的手工作坊,而且可以集中技术优势生产加工新产品。此时的加工厂不再局限于加工铝锅铝盆了,生产范围扩大到机械加工、电器维修、电器控制设备等领域,开始了工业化的第一步。随着改革开放的进一步深入,一些有魄力的村民开始从村办企业中分离出来,以承包的方式自己单干。为了支持这些个人企业,也为了让一部分人先富裕起来进而带动全村人共同富裕,村里从各方面为企业提供方便,比如企业刚起步,村里就减免了企业三年租金;企业耗电量大,村里主动与供电局协商,给予优惠,还把村里的四个变压器优先供给企业使用。在村里的大力扶持下,企业越办越大,厂房越建越大,产品越来越具有竞争力,尤其是生产的开关柜垄断了整个华北市场。之后,南垞村建设了一个占地五百多亩的工业园区,该园区聚集了七十多家中小规模的企业,企业规模从 30 人到上百人不等。南垞村民不必背井离乡去外地打工,在自己家门口就可以打工养活一家人了。

天津东郊村落文化留迹(下)

  如今的南坨早已不再是曾经那个荒草萋萋的高台子,充满干劲儿地走在奔向小康社会的幸福之路上。

讲述人:姜炳泉(73岁)

胡正华(71岁)

整理人:王 静

"一层楼"

"一层楼"不是我们现在住的"一层楼房",而是特指中华人民共和国成立初期南坨干部组织管理的一元化结构。简单地说,南坨的领导机构分为村长和排长两级,村长负责村里所有的大事小情,由村长统一安排后,再由负责各生产队事务的排长分别落实。

村民分田到户,南坨干部觉悟高,对党的工作和政策以不折不扣的革命态度去落实、去完成。南坨村子小,人口也不多,在机械化落后的自然经济时期,青壮年劳动力显得尤为重要。如果村里劳动力少了,集体经济肯定会受到影响。但就是面临这样的实际困难,为支持国家征兵政策,村干部仍积极动员村里的小伙子去参军当兵。最多的时候,一年能参军十来个。

人民公社时期,村里土地归集体所有,公社社员共同劳动,实行工分制。村长号召大家把各家的家具、生活用品和粮食都搬到队里,大家一起劳动,一起吃饭,所有的东西都要平均分配。村民们认为这样的日子就是进入了共产主义社会,于是大家伙胸戴大红花,敲锣打鼓地到乡里去报喜,说南坨村实现了共产主义。其实当时南坨的经济状况出现了一些问题,比如有一年腊月二十八,眼瞅着就要过农历新年了,可是大家手里一分钱也没有,大队也没钱分。没办法,村干部们一合计——只能借钱了。据老人回忆,当年队里派他去关系单位借1.8万元解村里的燃眉之急。那天,下着大雪,他坐着车,把借来的钱放在书包里,挂在脖子前面,一刻也不敢打瞌睡,终于在年关前把钱分到了每户手中,靠着分到的这十元钱,村民才算是过上了年。

天津东郊村落文化留迹(下)

"一层楼"是在特殊时期产生的,特定的时期,"一层楼"的领导工作作风能够集中力量办大事,但随着社会形势的变化,"一层楼"也容易出现问题,后来市里还专门成立工作组对"一层楼"进行工作整改。

讲述人:姜炳泉(73 岁)

胡正华(71 岁)

整理人:王　静

厚道的南坨人

南坨村子小,村民之间相互熟稔,亲戚套亲戚,淳朴、善良的民风让南坨村民的厚道远近闻名。

南坨人的厚道讲究的是不图回报。据老人回忆,当年生产队的时候,经常是一家有事,家家帮忙,而且帮工不吃饭,图的就是大家心里高兴。泥房是每家每户的大事,土坯房如果不定期修补,来年下雨就会漏。如果有村民拉了一车土开始和泥了,那这家肯定是要泥房了。这时候其他人看见了,回家拿着铁锨就去帮忙。一般情况下,泥房需要经过和泥、脱坯、立坯、拉坯等工序后才能开始正式泥房。所以泥房是个辛苦活儿,也是个技术活。泥完房,主人家过意不去,通常会请大家吃顿饭以示感谢。在南坨却不存在这种情况,忙完了活儿就各回各家,好像是自己家的事一样。大家从来没有在心里算计一番,把人情当生意,宁愿自己吃亏,也让对方得到更多的好处。

讲述人:姜炳泉(73岁)
　　　　胡正华(71岁)
整理人:王　静

☆南于堡村

村情简介:

南于堡村,明永乐二年(1404)建村,曾用名南渔堡、于堡,"文革"时曾更名为万代红村。全村有 662 户,1761 人,原有土地 4787 亩。该村地处金钟河南岸,是航运的驿站,后又形成南北两村,因村位于南部,故名南于堡。2007 年启动拆迁工作,村民们统一搬入华明家园居住。

"药圣人"

南于堡村历史长,自明代燕王扫北就已成村。几百年来,村民过着普通农家生活,平时以小麦、高粱、玉米为主要农作物。农忙时节,村民辛勤劳作以求五谷丰登,来年有个好收成;农闲时节,村民挑着柴火到城里卖,以补贴家用。

话说村里有个头脑不太灵光的人,也学其他人挑着柴火到城里卖。来到城里,人家问他:"柴火怎么卖呀?"他回答:"三毛一捆。"后来人家问:"一元钱买你三捆柴火行吗?"这人却回答:"就三毛一捆,别的不卖。"后来人们都说他傻,他也不以为然。其实这个人是有故事的。

这人的爹是村里的名人,姓孙,专门为别人看风水、祛百病。据说他爹当年在天津城也很有名,人送外号"药圣人"。"药圣人"的拿手绝活是点香,每次看病时,"药圣人"点燃一炷香,口中念念有词,口诀一念完,一炷香也点完了,这时"药圣人"手中便生成了一颗药丸,病人口服后马上药到病除。久而久之,"药圣人"的大名便在四乡传开了。随着"药圣人"的声名远播,天津城里的大户小姐和太太们也知晓了他的大名。

天津为水陆通衢之要地,南北客商熙熙攘攘,城内富商大贾聚集而居,尤以"八大家"最有名。"八大家"的小姐太太们也听说了这位"药圣人",于是遇到什么疑难杂症都要请"药圣人"看一看。久而久之,有的小姐们便认"药圣人"为干爹。但真正让"药圣人"扬名津城的是他给曹锟的姨太太治病。

一天,"药圣人"在家休息,突然听到急促的敲门声。他拉开门一

天津东郊村落文化留迹(下)

看,门外站着几个大兵。这几个大兵也不客气,对"药圣人"说:"曹大帅(曹锟)有请,请您赶快进城为姨太太治病。""药圣人"一听当即拒绝,治好还罢,治不好那是会惹大麻烦的!这些当兵的可不是善茬儿,他们拿起了枪,没办法,"药圣人"只得进城给曹锟的姨太太治病。没想到,几服药下去,姨太太的病竟治好了。"药圣人"不仅得到了丰厚的酬金,而且还认了曹锟的姨太太为干女儿,"药圣人"的名声更大了。据老人们回忆,当年"药圣人"在小树林过大寿时,各种牌匾几乎摆满了整个院子。后来合作社的时候,大队使用的菜板都还是用当年"药圣人"留下来的牌匾做的。

讲述人:于春杰(63 岁)

黄亚民(44 岁)

整理人:王　静

神奇的水坑

南于堡村的地理位置比较特殊,村子正好位于津芦线和七里海大道的夹角之内,整个村子的地形就像一个大牛头。村东西方向有两个村里日常吃水的大水坑,村民根据方位称之为东坑和西坑。每个水坑大概有两间屋大小,而这两个大水坑就正好位于牛的两只眼睛上。说来也奇怪,这两个大水坑本是一潭死水,但无论全村人怎么挑,这坑中水始终没有少过。尤其是人们经常挑水的东坑,即使是旱年,水量也不见少,村民都觉得很神奇。有人说南于堡村之所以能够人丁兴旺、安居乐业,过着安逸的农耕生活,全仗着这牛眼地。

因为这两个水坑很神奇,有关它的传说令人听起来就更加有趣。据老人们讲,当年有个村民在东坑挑水,怎么挑也挑不满自家的水缸,他也不死心,就一直挑啊挑啊,水缸始终不满。这时从老于家跑来一个管家,冲着这位村民就喊:"别挑了,再挑就把家淹了!"原来这家村民水缸里的水都跑到了老于家。老于家的水缸不仅都满了,而且屋里的锅碗瓢盆和各种物件也被水冲跑了。

传说归传说,这两个大水坑能够给村民带来财运和福气是没有科学依据的,但对村民来说,这些传说至少给他们带来了一份祈求安顺的心灵寄托。

讲述人:于春杰(63 岁)

黄亚民(44 岁)

整理人:王 静

☆北于堡村

村情简介:

北于堡村,曾用名北渔堡,"文革"时曾更名前进村。有 878 户,2464 人,原有土地 9069 亩。北于堡村位于赤土村西北 2.2 千米,西南为范庄子,邻村有贯庄村、海丰村。该村处于金钟河南岸,北靠金钟河。明永乐二年(1404),有于姓人家由河南迁此,在荒草芦苇中择高地盖房,后来住户渐增,形成村落。因北于堡村地处金钟河南岸,是航运的驿站,故名于家堡。后又形成南北两村,村位于北部,故名北于堡。2007 年启动拆迁工作,村民们统一搬入华明家园居住。北于堡村主要农产品为莲藕、洋萝卜、豌豆苗。

码头北于堡

北于堡是个老村,按老人的说法,其建于永乐年间。老于家是从河南来的,老黄家是从浙江绍兴来的,来到以后,他们在荒草芦苇中选高的地方落脚,逐渐形成村落。之后,河南、河北、安徽和山东也陆续迁来不少移民,其中又以河南最多。北于堡是按姓氏建村,于、黄、魏是村里的三大姓。最初村子叫于家堡,后来分成南北两个村,这个村因为是在北边,所以就叫北于堡。

北于堡的地理位置好。天津有两条河,一条海河,一条金钟河。金钟河是从市里新开河一直到北塘,北于堡是距离金钟河最近的一个村。这里不仅是一级河道,而且还是潮流落水之地。

中华人民共和国成立前,背靠金钟河,北于堡村成了远近闻名的码头村。金钟河渡口有两棵大槐树,堤面比别处高一块儿,那时候还有一个断碑,于是便有了"溜坡山,两头尖"的顺口溜。金钟河以北是宁河县,那边村庄都有人员和货物往来,使得这里特别兴旺繁荣。沿着金钟河往上走是欢坨,该村的码头主要用于生产;往下走是赤土,也是一个生产渡口。相比之下,北于堡的运输码头就兴旺多了。

除了水路以外,北于堡的旱路也很方便。到市里都是走金钟河大堤,就连东南方向两公里的赤土,他们去市里河北区都得走北于堡这里,直接从大堤一直到欢坨、大毕庄、民权门,这是唯一一趟道。

于堡村是个好地界,鱼米之乡,在周围是比较富裕的。房前就是沟,房后头就是苇塘,掏个螃蟹,弄点儿小鱼,这就是菜。

讲述人:于海东(74 岁)

整理人:张　诚

459

中华人民共和国成立前的北于堡

北于堡村过去有一个土地庙,里边供着土地爷。由于这里地势低洼,海水经常倒灌,土地盐碱特别严重,所以人们上土地庙烧香,求风调雨顺。一到初一、十五,人们自然地就到庙前边,赶集、庙会、烧香,到了六月初六"土地爷"生日,庙前边还会唱戏,附近有会的还上这来耍会,什么秧歌啊、杂耍啊都有,敲锣打鼓的热闹极了,卖东西的也多,但是这个庙后来因为年久失修也就日渐破败了。

北于堡村子虽小,但也出了三个秀才。一个是于万九,一个是黄金顶,还有一个就是魏茂谦。因为能识文断字,村里有事都是请他们出来主持。北于堡村还有一个有名气的人,叫于琼选。此人名气大,家大业大,人缘也比较好,对老百姓也比较好,他虽然不是保长,但在民间有威望,人人都得敬他三分。村里发生民事纠纷了,他就帮两家调解。如果村与村发生了纠纷,他代表一个村去,一打官司准赢。

抗日战争后期和解放战争期间,宁河是解放区,北于堡是敌占区,赤土附近是拉锯区,县大队、区小队在此地活动频繁。当时北于堡村有个从事地下工作的民兵队长,叫于宝发。贯庄子有个人叫吴世奎,是还乡团剿匪司令,他有一个反动武装叫"义勇壮丁队",无恶不作。于宝发暗中领导村民抗拒征粮,还率领民兵伏击"壮丁队",成了吴世奎的眼中钉。后于宝发因被人出卖,负伤后被捕,在北于堡村头壮烈牺牲。20世纪70年代,于宝发被追认为革命烈士。此外,还有朱兆祥和常会,他们也参加了解放战争,是师团级干部。

讲述人:于海东(74岁)

整理人:张 诚

北于堡的生产状况

北于堡是一个自给自足的村子。因为出海口就在旁边,北于堡以渔业为主。打鱼的多,差不多三分之一的村民靠打鱼为生。剩下的务农,种地,靠着水,种菜、种园子。做买卖的也有,但是少。

逮鱼的船一般都是小船。扳罾(bān zēng)、行罾都在船上,扳罾指的是网具敷设水中,待鱼游到网的上方,及时提升网具,再用抄网捞取渔获物的一种敷网,是拉罾网捕鱼。当时,各式各样的渔网很多。有时在河中间下张网,张网是一个纱筒子,口大,下边是网梢儿。一般是在河流最湍急的地方下网,一长溜,一头宽,张开网。等鱼进来后,船家在上头提网梢子,一会儿工夫就鱼满舱了。鱼多的时候,得需要两个小伙子才能提上来。除此之外还有粘网。一直顺着金钟河往下到北塘,人们用粘网粘河刀鱼。金钟河周围的村,只有北于堡有这种网,能抓大刀鱼。

抓大刀鱼是个技术活儿,需要许多的船配合才行。每年春、秋两季,西郊灯笼船以及白洋淀、静海的渔船停靠在渡口等着捕刀鱼。大伙儿把整条河插上渔网,时机要拿捏好,要趁着涨落潮的时候,鱼一撞头,有的往前,有的往后赶,交汇地界,捕个上千斤也是有可能的。

北于堡的妇女人人会做网。出渔归来,一张张渔网挂在岸边,女人们就开始补渔网。早先没有胶丝、尼龙丝,只能用线补。当然她们也会织网,织好网后拿去卖,以贴补家用。

中华人民共和国成立前,北于堡有五六家搞运输。没解放时,北于堡属于宁河县管,归芦台航运公司,运输船能绕到蓟运河。鱼贩子们也都上金钟河堤趸鱼,趸鱼往市里卖。时间长了,打鱼的和贩鱼的

天津东郊村落文化留迹(下)

就建立关系了,之后形成了供销关系。村里也有市场,但没有集中的市场。打鱼的,如果剩下了就在村里头卖点,赚点小钱。中华人民共和国成立后,组建人民公社,卖鱼的就少了。改革开放以后,每个生产队都有几条船,队里组织一部分船上外头打鱼,卖了增加收入。再有所谓的副业,就是卖劳力,打工去。当时家家都有园子种菜,冬天以种大白菜为主,夏天种点青菜。

中华人民共和国成立初,北于堡的生产日趋稳定,现在有八百多户,两千四百多口人。1955 年,大兴水利,改造河道。村里的劳力都去挑沟,修减河,青年人以土方活儿为主。1958 年,修扬水站,正式改旱田为稻田。后来为防止海水倒灌,1966 年建闸,一直没有怎么淤堵,尤其是下游这块,还都是老底子。

改革开放以后,北于堡包产到户,按人均分地。一开始是三十年的承包权,后来村民把地都租出去了。随着城镇化,人的思想发生了转变。年轻的都上班,四十岁以上的中年人,只要愿意上班,都能找到工作,一个月五六千块钱,而且还会交各种保险。不管怎么说,自打还迁到现在,大家的生活水平还是提高了。

讲述人:于海东(74 岁)

整理人:张　诚

北于堡的文化生活

20 世纪 50 年代，北于堡有个群众自发组织的评剧团。从服装到道具，全是大伙儿捐助、捐赠的。那时候区里有汇演，评剧团经常跟着唱，能演整出戏。有一回在赤土演戏，赤土演的《杜十娘》，北于堡评剧团演《秦香莲》。那场演出获得了巨大的成功，当时北于堡的《秦香莲》是整本戏，扮演包公、陈世美的村民无论是唱功还是舞台表现，那叫一个好，完全看不出是村里的戏班子。还有演员韩琦，唱功更是一绝。北于堡最拿手的戏就是《刘巧儿》，在东郊区还得奖了。

北于堡专门盖了大戏台。有了固定的戏台，每年从初一到十五，连着唱大戏，家里有亲戚朋友的都接来看戏，特别热闹。这些演员不光在村里演，还与其他村定时交流，比如说山岭子上这边演来了，一演就演好几天。还会去市里观摩交流，一般就去一两个演员。北于堡剧团是土生土长的村剧团，演员都是本村人，唱出名后，天津评剧团的院长、演员都会来北于堡合演。后来剧团散了，没有了组织者，行头整个包在箱子里了，没人动，"文革"以后，原来的老人都上岁数了，也没精力继续组建评剧团了。改革开放以后，倒是有不少爱好者，但都是清唱。过去办戏装，都是整个大箱子，现在的年轻人唱戏，一般都是居委会组织，主要唱《向阳商店》《夺印》等。

除了评剧团，北于堡的京剧团在区里也有名，现在那些老人们跟市里的京剧团、京剧院都还有联系。

讲述人：于海东（74 岁）

整理人：张　诚

☆ 赤土村

村情简介：

赤土村位于张贵庄北 25 公里,金钟河南岸,北环线铁路南侧,面积 1.15 平方千米。明永乐二年(1404)建村,该村有村民 3518 户,9925 人。除汉族外,还有回族、满族等民族。村落呈梯形,住宅多为砖平房和部分楼房,自来水入户。建房经统一规划布局,房屋排列整齐,道路笔直平坦,纵横交叉排列,形如棋盘。富民路两侧有派出所、小学、卫生院、敬老院、粮店、邮局等单位。

赤土村的由来

赤土村最早叫风云岭,也曾命名为凤凰村、赤碱滩,老百姓为了顺口,索性也称"沉滩"。解放战争时期,因为这里是红色堡垒村,所以就正式更名为赤土村。

赤土村建于明代燕王扫北,两位祖先魏铨和魏朝从山西洪洞县大槐树搬迁于此。他们先到河南卫辉府,在滑县停留了一阵,当时跟随他们的还有小弟弟魏钟,过黄河的时候,就把魏钟给留下了。二人过了黄河到了河北又到了天津。他们先到的军粮城,后来又到了赤土,就在金钟河畔选址立村。刚开始这个地方没名,兄弟二人就以铲滩命名,后又改为风云岭。雍正年间海水倒灌,成了一片盐碱地,人们就叫这个地方赤碱滩。之所以称之为赤碱滩,因为过去这边都是盐碱地,太阳一晒地皮都发皱。过去俗语说"黄须船儿,熬小盐儿",就是人们在庄边铲些碱土,然后抬到灶上,在大锅里泡好了以后再过滤一遍,剩下的就是咸水。咸水再用大锅熬,最后熬出的盐特别白。

兄弟二人在此分为两门,为南门和北门,后来繁衍生息人也多,南门辟出一门是东门,北门辟出一门是西门,成四门后都是老魏家。赤土的外姓,都是跟老魏家有表亲关系的,他们要么是投亲的,招姑爷的,要么就是过继的,外姓日渐繁多。赤土过去有一个叫李家台儿的地方,那是个老房台,虽说称之为"高万丈",但其实就是比一般的地高。传说李家来得早,但是没有记载。

讲述人:魏占凤(55岁)
整理人:张　诚

日据时期的赤土村

赤土是革命老区,过去是拉锯村,日寇、国民党一来,区小队撤到金钟河北去了,等他们走了,区小队就又回来了,这就叫拉锯。

1945年,东丽第一个党小组就产生在赤土村,小组成员是魏贤琪、魏鹤尧、魏申里三人,是区党小队的魏申才介绍他们加入的共产党。赤土村还成立了抗日三十二委员组织,成员有保长、甲长等。赤土的魏义才和魏国亮也都加入了共产党,同时也都参加了区小队,和日寇打游击。

日军扫荡时,听说赤碱滩藏着八路军,便把村子围了个水泄不通,路口都架着机枪,挨家挨户地搜,最后把老百姓赶到村火神庙的前边,让老百姓交出八路军。当时老百姓们谁都不吭声,把日本人给气坏了,他们把赵子良和魏惠元两个人拉出来,问他们知不知道八路军在哪儿,严刑拷打后这两个人还不说,当时日军就把两个人杀了,这件事被称为"赤土惨案"。日寇一看问不出来,就抓了三十个人走,临走还放了一把火,烧了几间房子。

解放那年,由天津市人民政府批准,把原来赤碱滩的名字改成赤土村,就是褒奖这里是红色土地的意思。

讲述人:魏占凤(55岁)

整理人:张　诚

解放战争时期的赤土村

过去赤土一带也闹土匪，就是以贯庄吴世奎为首的恶霸土匪还乡团，还有个驻扎在排地大东窝的国民党劳营长，不是正牌军，总往这儿扫荡来。

那时县大队的大队长叫武宏，下边区小队长叫魏国亮，他们主要是在宁河活动，上赤土这边拉锯来。有一次区小队得到情报，说宁河县保安大队长要押送几十艘苇子船上天津，于是他们就打伏击，放火烧了这些苇子船，保安队纷纷跳水逃跑，打死打伤敌人百十号，得到了军分区的嘉奖。1995年，武宏退休后还到赤土访亲问友来。他在承德警备区时是个大校，正师级。中华人民共和国成立后，魏国亮在宁河县粮食局工作，离休后过着朴素的生活。

赤土魏义才也是区小队的队长，他曾带领游击队袭击程林庄的警察所。他亲自化装成鱼贩子进警察所里侦察，晚上带着民兵翻墙进了大院，活捉了里边十一个国民党伪警察，还缴获七支步枪。1947年，他还带人在军粮城先后三次炸毁国民党运送粮食的火车。他们还袭击过张贵庄飞机场，后来随着县大队一起参加解放军，进了四野，一直到全国解放后才回到赤土。

建夫区长牺牲在了赤土。建夫是他的化名。那时他们正在开碰头会，结果被国民党包围了。突围时区财粮助理李愚牺牲了，魏国亮冒死突出重围，建夫区长则跑进村里，正好建发家盖房，他就在那儿搬坯，假装跟着忙活，国民党没看出来，等过了一阵儿，他一看以为没事了，结果一出村就被埋伏在村外边的国民党打死了。

有一次，国民党到赤土扫荡，踩上了解放军埋的地雷，当时炸死好几个。这个国民党连长就把赤土人抓到火神庙,架着机枪威胁问:"地雷是谁埋的?"这时黄思齐老爷子站出来了,他是个老光棍儿,当过国民党兵。他说:"地雷是国民党埋的。"那个连长问:"你怎么知道?"黄老爷说:"我给你刨地雷去。"黄老爷子到地方后,就把地雷刨出来给国民党看,说:"你看这地雷,还打着号儿了。"那连长一看确实是国民党的,这才作罢。黄老爷子救了一村人。中华人民共和国成立后,有一年孩子们摸鱼还摸出个炮弹来,结果没抱住掉了,当场炸死十三个。

抗美援朝期间,赤土还出了魏向林哥儿俩。他妈妈是妇联主任,送两个儿子参军赴朝,而且参加了上甘岭战役。因为炮弹震坏了身体,后来都回赤土了。

讲述人:魏占凤(55岁)
整理人:张　诚

赤土村原来有三座庙

赤土村里有三座庙。

一个是火神庙,火神庙在赤土的正中心。火神庙寄存着赤土人祖先的家谱,解放以前,人们年年放炮都上火神庙那儿去放。这个庙有三层殿,里边供着火神,面相极为凶恶,还长着八只手,各拿法器。旁边还有四个小神,长得各式各样,脸也是不同的颜色。后来供销社占了火神庙,里面的神像不知所终。当时里面还存着硫酸等物资,要不是坛子碎了,人们也不知道里面是什么。1961 年,村里正放露天电影,人特别多,有的站着,有的拿小板凳坐着,还有的小孩、老太太,坐在戏台里头看银幕反面。不知哪个老太太抽烟,无意识地一扔火柴,噌地一下银幕就着了,结果把这个庙就给烧了。村民们赶紧都去抢救人,抢救小孩,来了十二辆救火车才把火扑灭,所幸没有人死伤,但是整个庙也都塌了。

另一个是土地庙,在村外离护城河不远。护城河南边有一座大石桥,桥上有七块护桥的石头,土地庙就在桥上。庙里边有一个判官、两个小鬼儿,判官手拿着腰牌,小鬼儿提着铁链子。过去村里有人去世,都得先上土地庙去。

还有个娘娘庙,也在护城河外边,传说是鲁班修建的此庙。娘娘庙门前有一块匾,上边写的是"南海大士",旁边是"福如花面春风暖,杨柳秋稠高露香"的对联。前殿里有四根大柱子,据说原来都是蟠龙立柱,后来靠里边的两条龙没了,就剩下门口的两条龙了。一进门就能看见这两条龙,那个大龙头漂亮极了。大殿里有三个娘娘,彩绘很漂亮。正中是观音菩萨骑着望天吼,一手攥着耳朵,一手指着前

469

天津东郊村落文化留迹 (下)

方;东边是仰光娘娘,西边是送子娘娘。谁家要是没有孩子,就到那儿抱个小娃娃,到时候还愿,比如说愿意给大哥留着,就留着,不留就还送那儿去,送子娘娘底下好多小娃娃。娘娘庙的东西墙上有两幅大壁画,东墙上是"二十四孝"的故事,西墙是《西游记》中唐僧取经的故事,一共九九八十一难。

中殿里供着佛祖释迦牟尼,后殿供着地藏王菩萨,还有个魏大奶奶。后院还有好几棵老槐树,大家都说是神树,还有个神话故事。可惜 1964 年赤土要建人民公社,选址就选在村南边的这个观音寺,结果就把庙拆了。

此外,赤土还有座民国时期的玄帝庙,解放初期改为小学校。村里还有个永乐年间的大铁钟,两米多高,1958 年"大炼钢铁"的时候被炼铁了。

讲述人:魏占凤(55 岁)

整理人:张　诚

赤土村的老地契

　　赤土老魏家还保留着一张乾隆年间的地契。乾隆年间，地方买卖土地和房屋都需要地契，他们家一直保留着这件老物件。从乾隆年间到土改时期，总共有几十张地契。魏占凤爸爸临死时对他说："咱屋里有个小铁盒子，里边有点儿东西，你得看好了它啊。"后来魏占凤就想翻出来看看，一看是张民间地契，虽然无法兑换了，但收藏价值却极高。写地契的这张乾隆年间的宣纸也是一件宝贝。庄户人不懂得保存，也不懂如何防潮，就一直放在铁盒里收着，纸竟然没坏。地契是用小楷书写，左邻右舍都写得清清楚楚。上边写着老魏家的祖先魏守正，他们那个房左面是魏盛龄，右邻叫楚方氏，水浇田多少亩，旱地多少亩，旗地多少，包括老窑都写得十分清楚。

　　老魏家还有一张解放时的土改证，上边写着"贫困户"以及分多少土地、分多少荒地，有区长翟新的蓝印和人民政府红方章。

　　　　　　　　　　　　　讲述人：魏占凤（55 岁）
　　　　　　　　　　　　　整理人：张　诚

天津东郊村落文化留迹(下)

中华人民共和国成立后的赤土村

中华人民共和国成立后,赤土村人口增长很快,全村一共有三十个生产队。赤土村在 1959 年安了电灯,结束了点煤油灯和洋蜡的历史,而且还办了第一个现代机械化的"万头猪场"。猪场里有小火车道,可以用轱辘马送猪食,猪食用大锅熬完上传送带,上料拿大漏斗。当年天津市的领导都来参观这个"万头猪场"。赤土共青团还造了"青年号"轮船。

度荒那年,赤土地域范围大,有的是草籽儿弄来充饥。还有人去现在的静海团泊洼,采黄须籽、稗子籽和野菜充饥。人都吃不饱的年代,原来的猪场倒闭了,猪也饿死了。1960 年,赤土村打了第一眼人工机井。1961 年下半年,生产开始基本好转。1963 年人们就能吃饱饭了,但又赶上闹大洪水。赤土村全民奋战,在金钟河围堤筑坝,堤上再筑堤。有一部分人在金钟河下游打坝,结果坝让洪水给冲塌了,当时村民魏正荣正在坝上抢险,结果被洪水卷走,后来政府授予其烈士称号。1964 年大丰收,赤土村吃上了商品粮。1965 年赤土大丰收,光是为国家卖"光荣粮",就卖了 1200 万斤。那时赤土是名副其实的鱼米之乡。天津市的驳船队到这运粮,靠河边的生产队也拿驳船,有门路的用运输三厂的汽车,都往这儿运粮来。1970 年是最后一年种稻子,那时用的都是农家肥,收的籽粒饱满,也好吃。1971 年开始改旱田,产量低,才收三四百斤。20 世纪 80 年代改革开放后,赤土人的生活越来越富裕。

讲述人:魏占凤(55 岁)

整理人:张　诚

赤土村的文娱活动

赤土村是个有一万人的大村,有着丰富的文化底蕴。赤土村原来都是土坯房,村里有三条大街,中心街是南北向的胜利大街,西边大街叫建设大街,东边为东兴大街。

那时赤土庄子大,孩子也多,于是在村西建了一个学校。当时南、北于堡孩子少,大家都在赤土上学。这个学校比较简易,学校门前也是土道,一到雨雪天,满路泥泞,孩子们上下学特别不方便。后来,又在村南公社前边重新盖了小学,三年级以上的学生就搬到南边新建的小学了。那时候里边还有赤土中学两个班。

赤土曾经有个评剧团,一共有 36 个人,俗称"三十六友",当时在东丽、宁河很有名。演员们热爱唱戏,唱功也了得,戏服也很出彩,都是南方江浙的绣品,据说是天津市评剧二团给的。评剧二团与赤土评剧团有着很深的关系,1965 年,评剧二团曾由团长筱月乔带队来体验生活。小仙灵霞排《社长的女儿》时也在赤土。另外,赤土还有高跷队、腰鼓队、霸王鞭等社团。

东丽第一个篮球队也是诞生在赤土,叫海燕篮球队。村里还有乒乓球队,都是自发组织的。

讲述人:魏占凤(55 岁)
整理人:张　诚

改革开放后的赤土村

1983 年开始改革开放,赤土村由生产队改成作业组,隔了一年多,又包产到户,当年可以让一部分人先富起来。根据指示,有一部分人开始跑业务,逐步改变观念,搞副业。村里开始有了个人拖拉机。

赤土建了四个集体经济性质的水库,一库、二库、三库、四库,四个水库都养鱼,那时水库都是集体的,不承包给个人。

1986 年之后,赤土的拖拉机开始升级成汽车,不过老百姓购置的都是旧车,像解放、小翻斗、东风等,还有德国产依发卡车。再后来大半挂、大排子车、黄河、江淮等汽车也都普及了。人们守着渡口开始搞运输。20 世纪 90 年代开始集港、疏港,1996 年运输达到最高峰,赤土村养车达到四百七十辆,经济主要是靠运输。不过随着各种运输工具的普及,赤土的汽车运输在 2000 年以后就开始衰落了。

2003 年赤土土地整合,登记在册有一万八千亩地,经过规划,地里有道,道两边有树,地都是方田,有道通村。当时村里还制定了口号——"改土治碱,方田化",这在当时是比较先进的。

2007 年建华明新市镇,东丽区所有的机关单位都驻扎在赤土。搬迁那年,赤土村人口是 8300 多人,加上跟村镇没关系但是在赤土住着的,加起来有一万人。

讲述人:魏占凤(55 岁)

整理人:张 诚

赵成林的赤土扣肉

"隔村一望千百里,千出半步却闻香。"是什么让大家闻香止步？是什么让美食者必享为快？是什么让食客品尝后竖指长赞、流连忘返？这就是赵成林亲手制作的赤土扣肉。赤土扣肉现已成功进入天津市级非物质文化遗产名录,成为文化保护的品牌。

一、赤土扣肉的历史起源

赤土扣肉,来自一个叫赤土村的村庄。赤土村有着六百多年历史,现已撤村,整合到国家扶持的全国样板试点——美丽富饶的东丽华明小镇。赤土的美食文化被美食大师赵成林以申报中国非物质文化遗产的方式,永远地记录了下来,在东丽区文化局的大力支持下,赤土扣肉已在 2009 年申报成功,成为天津市级非物质文化遗产项目,载入史册。

赤土村的原来名称是叫赤碱滩,此村因为明代燕王扫北时期土地盐碱化、寸草难生,故而得名。抗日战争和解放战争时期,赤土村成为兵家必争之地。中华人民共和国成立后,赤土村被评为革命武装的红色根据地。时代在发展,去旧更新。赤土扣肉作为一道老百姓公认的美味被保留了下来。据赵成林已故的师傅魏邵起说,该菜是传承于清朝末年的一道宫廷大菜。后来赵成林查阅了 1957 年版的文化技术保密文献资料,其中确有记载,赤土扣肉已有 130 余年历史。

赤土扣肉源于清代慈禧太后六十大寿的生日宴席,御膳房的一位大厨为讨好太后,自己独创了一道菜肴,其以精湛刀工把方形五花肉一侧不断地转至内心,切成一个篆体的"万"字,其含义为万寿无疆,再用各种调料长期腌制,腌好后整齐地将皮面向下放入碗中,再用笼屉蒸至软烂取出,扣上菜碟再反扣过来,五花肉皮面向上,色泽红艳,香味扑鼻,"万"字清晰可见,慈禧兴高采烈食之,赞不绝口,之后赐名为"万字扣肉",御膳房制作万字扣肉的厨师赏四品顶戴。

二、从宫廷大菜到赤土村第一代大师的传承

封建的清王朝被推翻了,御膳房的厨师流落他乡,将其万字扣肉的手工技艺无意间传授给在赤碱滩为老百姓操办红白喜事宴席的土厨师张友林。

当时的赤碱滩经济落后、百姓贫穷,可红白喜事一辈子只办一次,好歹也得宴请本村乡亲和邻居。虽然宴席简陋,但也还是要有。食材虽然不多,也少不了把为婚事养了一年多的肥猪杀了,作为宴席上的主要大菜。乡村宴席标准为每七个人一桌,张友林师傅别出心裁,把五花肉均匀地切成一寸半见方,七块一碗,模仿宫廷的腌制和蒸制的技艺,熟后扣入碗中上席,每人只享受一块方肉,其他碎肉放入调料,搅拌成馅儿,做成水熘丸子,但由于当时调料稀少,张友林大师只在剁碎的肉馅儿中加入盐、葱、姜和酱油,放入清水中熘制。不想恰到好处,煮熟的丸子弹性十足,又兼得好味之汤,可谓一举两得,参宴者赞不绝口!可是当时赤土村旧俗,但凡家族参宴者,必须是本家和其中一个家庭辈分最高的男性长辈,妇女和未成年人在当时是无资格参宴的。有特殊原因长者不能赴宴的(比如外出办事,或卧病在床),那只得由本家妇女或儿媳代表赴宴,但参宴的女性不能在席间直接食用每个人分的扣肉丸子,只能吃一些副菜和拼数上桌的低档菜品,最后再把分得的那块扣肉和丸子打包带回家,给不能参宴的长者食用。那时没有打包工具,只能用一块大白菜的帮子包好,捧回家去孝敬老人。

三、第二代传承人对赤土扣肉的改良与发展

中华人民共和国成立后,成立了合作社,村民的生活条件一天一天好了起来,副食产品也随之丰富多了,农村的婚丧嫁娶随之也多了起来,宴席上的菜品从过去的每桌四道菜增加到六至八道菜,扣肉丸子还是被当作宴席上的一道主菜,第一代万字扣肉师傅年岁已高,就收了本村喜爱厨师技艺的年轻人魏邵起为徒,让他把扣肉技艺更好地传承下去。魏邵起头脑聪慧,对师傅传授的扣肉技艺做了改良。

魏邵起在赤土村为本村村民无私地奉献厨艺,不计报酬,更是把旧时期的参宴人数从七人一桌改为八人一桌。将村里的旧俗妇女不能上桌改为人皆可入席,扣肉丸子不分份儿,带不带回家随意。更重要的是,他把师傅传给他的扣肉技艺在刀工上加以大胆的尝试和改进,把原来的七块方肉改变成"一字横刀"。由于社会的进步,副食调料也丰富了起来,万字扣肉在用调料的基础上又添加了新的种类,并把烹制程序改为五花肉先不腌制,直接用水煮至八分熟再捞出晾干,擦上自己炒制的嫩糖色,再下到一百八十度左右高温的油锅里,炸到皮面出现以泡核桃纹状的金黄色,然后把整块的五花肉按一字横刀的方式切成片状,把皮面朝下放置碗中,直接把自己调制改进的混合调料浇到碗内切好的五花肉上,放入木质的笼屉,用木柴火大火蒸制、小火燉,出笼后的扣肉上到席间,色泽艳丽,香味扑鼻,入口即化,肥而不腻,前来赴宴的食客无不咂舌竖指齐赞!

魏邵起对扣肉技艺的不断钻研和努力,在赤土村内外获得了极高美誉,每逢乡内婚嫁的月份,十里八乡请其操办酒席的乡亲络绎不绝,很多时候人们都排不上队。

赤土扣肉好吃,可在经济落后的年代,它并没有明确的名字。乡亲赴宴时的流行说法是"吃肉疙瘩去啦"。第一代传人张友林时代对扣肉和丸子的统称"肉疙瘩",到了魏邵起时代,原来的方肉改成一字横刀,乡亲们赴宴又说"去吃条子肉啦"!

四、赤土扣肉的偶然得名

经过社会长期发展，从中华人民共和国的成立到改革开放，农村有了巨大的改变，村内大小饭店相续开放，其中每个饭店内的招牌大菜还是那道远近闻名、百吃不厌的扣肉，由于饭店都是本地厨师掌灶，他们大多都受过魏邵起的点拨影响，模仿的作品也不至太逊色，每每都有外地游客闻讯"去赤土吃扣肉去"，也有本地招待外地的业务客户和亲朋说："来我们赤土村尝尝绝味的扣肉。"受村子的名称影响，"万字扣肉"不经意间就被叫成了赤土扣肉。

五、第三代传承人对赤土扣肉的改良与发展

20世纪70年代，厨师魏邵起年岁已高，有些力不从心，想收个徒弟把他的技艺更好地传承下去。本村生产队中的赵成林（赤土扣肉的第三代传承人）与魏邵起的儿子是发小，头脑聪慧，对魏邵起的厨艺一直很崇拜。魏邵起对其人品和好学的态度有所欣赏，就想将他收为徒弟。那个时代经济落后，大多数人的生活条件都很艰苦，一年也吃不到一点猪肉，跟在师傅屁股后面干点儿杂活儿，能蹭点儿吃喝，闻点儿荤腥，赵成林也就高高兴兴地答应了师傅。赵成林从18岁跟随魏邵起学艺，自己辛勤、刻苦，魏邵起很是看重这个聪明能干的徒弟，把第一代扣肉传承人张友林传授给自己的宫廷扣肉制作技艺和自己的一字横刀的扣肉技艺都毫无保留地传授给了赵成林。转眼就是三十几个春秋，由于赵成林对厨艺的喜爱和勤奋，赵成林和他的师傅在十里八乡内声名鹊起，尤其家有红白喜事、生日贺喜的主顾都来聘请他们操办宴席，师徒二人的品德优秀，有时候还不计报酬，十里八乡人人称赞。后来魏邵起因年迈去世，赵成林也就挑起了本村承办宴席的大梁，成了赤土扣肉的第三代传承人。

六、赵成林的独立传承和发展

20世纪90年代,赵成林的赤土扣肉在各界已小有名气,他对从师父那儿学来的技艺大胆地加以改造和更新,对赤土扣肉的工艺做了更进一步的改良。为了满足各界食客的需求,他创办了赤土村唯一生产扣肉的作坊,起名赵记扣肉。

他对天然酿造的各种适合扣肉新口味的经典调料进行了大胆地添加和试验,为了满足北方口味和天津口味,创建了自己独特的调料配比秘方。在原料的制作基础上,赵成林独创了18道工序的制作流程,坚持传统的柴火蒸制,制作出了工艺复杂、火力急慢并举、耗时漫长的佳肴,一碗成品赤土扣肉需耗时24小时。一盘完美的赤土扣肉出笼后色泽红亮,肉香扑鼻,"酱香浓郁、肥而不腻、入口即化、口味无穷"。

赵成林又遵照绿色食品的理念,不放任何防腐剂和食品添加剂,并以真空小包装的冷冻形式将赤土扣肉投入市场,满足各界对传统食品的美味需求。他还打造出中国传统的节日礼盒,赤土扣肉成为馈赠亲友、便于携带、经济实惠的时尚产品。

七、以传统的手工技艺申报非物质文化遗产的过程

由于认真对待扣肉原料和加工的细节,赵成林生产出的扣肉产品很受食客欢迎,也得到了其他城市顾客的青睐,还其中既有远道慕名而来的采购者(如广东、广州、北京等),还有把赵记扣肉送给国外的亲朋好友(如新加坡、美国)的美食爱好者。

1996年,各地政府筛选各类非物质文化遗产项目,天津市东丽区文化局副局长孟广喜带领几个文化局成员,直接找到赤土扣肉的第三代传承人赵成林,考虑把传承多年的美食文化工艺进行申报。赵成林大师积极配合区领导的工作,收集有关历史材料,追忆第二代传人讲给他的第一代扣肉传人的言证,积极地撰写论文,以自己独创

的以 18 道工序技艺为主题,加上区领导拍摄的纪录短片,一并向世界非物质文化遗产管理机构申报,但限于当时条件,未能申报成功。可赵成林和文化局领导并未气馁。

2009 年,赤土扣肉终于受到市级领导和专家的重视,成功入选天津市级第二批非物质文化遗产项目。同期申报成功的还有天津狗不理包子、十八街麻花、耳朵眼炸糕等百年老字号。天津各界媒体进行了多次采访和宣传,赤土扣肉还代表天津市级的饮食文化作品,多次参加全国和市级、区级的非物质文化遗产展示会和代表会。

八、第四代传承人赵宝峰与"汇香源"的诞生

到了 2003 年,赵成林的赵记扣肉作坊已不能满足各地的购买需求,赵成林下决心,和他的儿子赵宝峰作为法人代表,创办了国家 QS 认证标准食品工厂车间,起名"天津汇香源食品有限公司",并确定赵宝峰为第四代赤土扣肉传承人,注册了以赵成林本人头像为标志的"赵成林赤土扣肉"的知识产权商标。

创办汇香源食品有限公司的过程也是非常艰难的。因为赤土扣肉是传承老一代的宫廷秘制的扣肉制作工艺,和现代食品安全 QS 认证的生产流程有着很大的区别,比如:原来是大锅大灶蒸制,采用古老的木制笼屉,用火是原始的木柴火,用大火将水烧开,把笼屉的温度烧到一定高度,到了一定时间就不再给其灶内加工木柴,让灶里木材慢慢烧尽,木柴余碳再慢慢褪尽,慢火将肉的脂肪慢慢逼出,达到一种肥而不腻的效果。可现代技术为了环保,是不能烧木柴的,现代的食品工艺流程跟原始的工艺有着较大的区别,做出来的味道也不同,这下可把赵成林愁坏了,但聪明又不服输的他开动脑筋,自己构思,自己制图,独创了一套既能保留住原始的古典风味,又能符合现在环保工艺的有效设备,聘请了本市最有能力的制作厂商和北京有名望的食品机械制造商为其精细订制。现代工艺流程制作出的产品效果,口感与古典风味并无两样。

九、"赵成林赤土扣肉"的理想与目标

时代在飞快地发展,人类思想在不断地进步,现代人追求时尚、快捷、方便,古典饮食文化不断流失,古老的传承工艺保留更是举步维艰。赵成林的理念是:保护和传承古人的经典技艺,不是为了能赚更多的钱,也不是为了彰显自己能力,而是坚持让更多的人去了解非物质文化遗产的宝贵性质,让人们永远都能享受到古典文化饮食的特色,把"赵成林赤土扣肉"送上千家万户的餐桌,让人们深入地了解中国古老的传统美食,让更多的人知道:我们的前辈留下来的珍馐美味是无与伦比的。

(本文由东丽区政协文史委提供相关资料。)

水漂铁钟的传说

现在的赤土村早先叫赤碱滩,距村南半里之远有座石头小桥叫南道桥,桥下有座娘娘庙,庙里有座半人高的大铁钟,每天早晚都有人撞击它,钟声传遍临近的村庄。关于大铁钟的来历还有一段传说。

很早以前,一天,狂风大起,电闪雷鸣,天降倾盆大雨,顷刻间,水没膝盖,大雨整整下了一天一夜方才停止。风平浪静后,清晨人们隐约听出在村南有铁钟撞击声,倾耳细听,仿佛在说:"铛,铛,你留庙里,我去娘娘宫……"

水退之后,村南娘娘庙前果然出现了一口大钟,这就是大水不知从何地冲来的,而另一口则不知去向。后来,有人去天津娘娘宫焚香求愿,发现了一口钟,与本村那一口钟一样。据说这两口钟是雌雄一对,雌钟留在赤碱滩,雄钟就顺水漂到了娘娘宫。

[本文选自《中国民间文学(天津卷·东郊分卷)》。]

讲述人:魏本珍

整理人:万鲁建

☆李场子村

村情简介:

李场子村始建于 1912 年,"文革"时曾更名东风村。村子位于东丽区东北方向,北临金钟河,南靠东丽湖,西接赤土村,东邻胡张庄村,人口 1075 人。2007 年 4 月,李场子村启动拆迁,2008 年 4 月撤村,在政府的迁村并点号召下,95%以上的村民迁到了华明家园,"三改一化"后,转非居民户数共计 350 余户,950 余人,现主要分布在华明家园通园、畅园、旭园、紫园、翠园、岭盛里等。

一位老"移民"的回忆

中国人讲究安居乐业、落叶归根,然而在天灾人祸、外敌入侵面前,为了求生,老百姓不得不背井离乡,远赴异乡。对大多数逃荒的灾民而言,危机四伏的逃荒路无疑是一条向死而生的"希望之路"。他们携家带口,忍受饥饿、躲避战乱,走西口、闯关东,甚至走进戈壁和沙漠。"山河不移,移民似水"。可以说,这些经历了生离死别的逃荒灾民走出了近代史上可歌可泣的"移民"路。

"七七事变"前,刘兰江老人一家在沧州青县靠租种他人耕地养家糊口,勉强度日。1937年9月24日,日军攻陷沧州城。在沧州一带烧杀劫掠,不断制造惨案,老百姓惶惶不可终日。为了养活一家人,刘兰江的父母听说汉沽有开垦的农场,在那干活儿可以有口饭吃。尽管是日本人的农场,但对于挣扎在死亡线上的一家人来说,已经没别的选择了,他们决定到汉沽去谋生。

那一年,刘兰江只有三四岁,儿时的记忆早已模糊,他只记得父母带着孩子们,一家七八口人担着衣服被褥从青县出发,直奔汉沽。当时那片地都是外乡逃荒人,为了方便管理,日本人便以他们修建的锅炉为地标,将农场分为中、东、西锅炉三个区域,刘兰江一家住在西锅炉。安顿下来的一家人,开始了在异乡的谋生之路,一直到中华人民共和国成立。对于逃荒的人,每一次奔逃都不堪回首,他们所经受的身心折磨,是没有经历过的人永远无法体会的。我们能做的,只有记住这段历史,懂得先辈的艰难,过好当下的生活。

平津战役后,解放军接管了这片土地。中华人民共和国成立后,按照国家的统一计划,居住在汉沽的农民开始向天津市流动。其中,中锅炉的部分老百姓搬到了现在东丽的宝元村和永和村,西锅炉的老百姓则搬到了贯庄和宁河裴庄,剩下东锅炉的老百姓仍留在当地。当时刘兰江一家并没有随着西锅炉的人们搬到裴庄,而是在1951年来到了现在的李场子村。李场子村本为一荒地,相传是李姓地主跑马圈地形成的李家农场。那年冬天,刘兰江全家六口人挑着几担口粮继续踏上了移民之路。不过这次的移民之路,不同于战乱时期的逃荒,而是在国家和政府的规划下进行。刚到李场子时没房没地,一家人暂时住在"官房",官房是中华人民共和国成立前地主盖的房子。暂时安顿下来的一家人等着来年春天开荒,种自己的地,修自家的泥房,过自己的日子。

刚到李场子时,村民收入勉强糊口,但耕种的是自家的地,人们心中有奔头,肯下力,到20世纪60年代,村里的人开始告别夯土泥房,住上了泥坯房。这种泥坯房虽然还是土房子,但与夯土房不同的是,它的承重墙是用土坯或泥坯和泥砌墙,房架和屋顶承重也开始使用木料。随着人们生活条件的提高,山东泰山、河北、东北、河南等地的老百姓或是投亲靠友,或是逃荒,外地人口开始陆续迁入。为了方便耕种,人们便在自家地的旁边修房居住。哪里有可耕种的地,哪里就有人居住,久而久之,一个村分成了南头、李场子、大份、小份四块地,分散的居住环境成了李场子村特有的景象。

平时居住分散的村民,一般都是在村里的小土地庙举办集体活动。土地庙在农村很常见,李场子村的土地庙规模不大,石砌木建的小小土地庙里面供奉着土地公、土地婆。据老人回忆,这个土地庙虽然规模小,但香火还是比较旺的。一来是因为农村人以务农为生,靠山吃山,靠土为生,一年四季种植五谷杂粮,村民都希望每年有个好收成,开开心心过日子,供奉土地神,代表了人们祈求每年风调雨顺的愿景。二来是因为有一些北京人慕名到此烧香求医,甚至有些虔诚的信徒将庙里的泥土视为治病良方。这种说法自然不可信,但对于当时贫困落后的村民来说未尝不是一种安慰。不过村里的小孩子们并不在乎香火是否旺盛,他们更在乎的是庙前的那棵大杏树。一到夏天,孩子们撒欢似地在树上爬上爬下,累了就坐在树杈上嬉笑吵闹,很是惬意。

改革开放后,人们的日子越来越好。20世纪90年代,村民们不仅住上了砖房,实现了集中居住,现在李场子村又修建了公路和村民饮用的深水井,建起了小学校,彻底告别了以前居住分散、往来不便的历史。

讲述人:刘兰江

采访人:尹树鹏

整理人:王　静

李场子人吃苦耐劳

　　李场子位于东丽区的边缘,与宁河县相连。早年的居民以青县、静海县逃荒的农民为主,中华人民共和国成立后还有十多户青海返津的居民。这些人来到李场子居住,主要是看重这里的自然环境。这里生长着茂盛的草,冬天柴火充足。这里耕地也多,粮食产量多,不会挨饿。李场子依傍金钟河,附近沟渠也多,到处是鱼虾。早年间,村里有土地一万多亩,只有八九百口人,人均土地十多亩。由于土地多,人口居住并不集中,村民多在耕地附近盖房,早年流传一句俗话"大份小份李场子"。

　　李场子的人十分勤劳,一年四季都闲不住。早年依靠河水种植水稻,春夏季节在稻田里插秧、育苗、收割,日子过得比较红火。李场子到处是荒草,每年 5 月份、8 月份,利用农闲时节打春草、打秋草。人们拿着耙子去搂草,坐地收割垛起来,把草集中卖给军粮城及海河以南的村庄,为那些养牲口的农户提供方便。这里遍地是苇洼,随着天气转冷,寒风吹掉了苇子毛,人们开始利用冬季打苇子,将割下的苇子绑好后送到大场。李场子人不编苇席,割下来的苇子,粗壮的主要是供应河北青县一带,用作盖坯房的苇把子。细长的毛苇也称纸苇,用马车送到灰堆天津造纸总厂,为工厂提供造纸用纸浆原料。平时打完稻子剩下的稻草,农户们都编成草绳,为捆苇子提供方便。

　　金钟河是海河的支流,早年河水多由海河注入,储量很足。1973年以后,由于气候变暖,由海河流入的水变少,金钟河就逐渐干涸了,水稻种植难以继续。那时,李场子大队共有六个小队,公社让每个小队打一口井。打井使用土办法,下水泥管,外面包着棕绳,周围填充泥球。那时家家户户搓薄泥球,晾干了填到水泥管周围,待泥球回软以后,稳固水井的地基。打井的时间大约是 1974—1975 年,那时一口井约能灌溉五十亩稻田,六个队共三百亩稻田。后来水田转为旱田,李场子便主要种植小麦、玉米、高粱等农作物。

那时,农民十分辛苦,劳动时间长,清晨出早工,四点多下地,七点多回来,吃过早饭后八点多下地,十二点左右回家。吃过午饭后,再到田里干活儿,天黑再回来,一天差不多都在田里。那时一个壮劳力一年到头,刨去刮风下雨,出工三百三十多天,也就到手四百多元钱。

改革开放以后,农村施行包产到户,大家的积极性上来了。村里的粮食收得比以前多了。到了 20 世纪 80 年代末期,村里人开始有买汽车跑运输的,有干个体企业的。随着改革开放的深入,李场子村建了一座金属结构厂,主要生产水循环的采暖炉,由大队出资兴办的。此外还有焖盒厂、除氧气厂等。各生产小队也向外面揽点活儿,主要是水暖维修安装。再后来有了个体户,但没有出现大户。

随着城市向外拓展,位置偏僻的李场子土地,也充分利用起来了。20 世纪 80 年代,东丽湖附近打了一口地热井,随着地热经济带动土地开发,向李场子征集了五六百亩地。2000 年以后,随着东丽湖度假村区的建设,又征走了 5700 亩土地,其中东丽湖占了 3000亩;东丽湖船楼、旁边的河沟加宽占了两千多亩土地。2004 年余下的土地,由华明镇征用。2007 年 4 月,李场子村启动拆迁工作,于2008 年 4 月撤村,村民统一安置到华明镇新市镇家园居住。从此,李场子村民告别了农村生活,成为城镇居民。

讲述人:刘继忠(68 岁)
整理人:曲振明

李场子村民的生活变化

李场子村位于金钟河南岸,东丽区的边缘地带,与宁河县(今宁河区)接壤。早年这里闭塞,人们外出道路主要是金钟河大堤。那时去河北区王串场,骑着水管自行车,要花费三个多小时。早年河堤自然形成,坑洼不平,后来铺了一层山坯土,路就好走多了。村子里都是土坯房,路都是土路。

那时盖房子叫泥房,都是大家帮忙。建筑材料就地取材,土坯所用的泥里面大部分掺有稻草,讲究的是用马绊草(马绊草有摽劲,坯不容易裂),泥不取自碱地。脱坯使用坯磨子,在生产队时,一个劳力一天要脱 140 块坯。房梁都用苇把子,苇子都是从苇洼割下来的。

那时谁家儿子结婚,都要盖一套房,一个院连三间,一明两暗。窗户都是三块瓦(三块玻璃)的。坯房就怕下雨,一下雨村民都往家里跑,看看家里房子漏不漏。1976 年地震,村里房子受损比较多,许多房子都塌了,主要是地震时颠的,没塌的房子也都是大裂缝。因为担心有余震,大家都不敢住在坯房里了。不久,国家发了救灾物资,家家都在外面盖窝棚。再后来,国家又给各户发钢筋,一家多少米,用铁板焊上加固。开始大家都害怕,时间一长各家各户都回去住了。我住的坯房是 1971 年盖的,1976 年结婚住进去。由于是新房,损失不大。但 1978 年又重新翻盖了。

早年间村里没有自来水,都是吃井水。后来村里有了电,就是简单的电灯,每个星期或一三五或二四六停电。早年间,也没有电视,天一黑就关灯睡觉。村里孩子多的人家,大多是靠借款的"红笔户",每年欠着生产队的钱,年底扣除借款所剩无几。那时很少吃白面,富

天津东郊村落文化留迹（下）

裕人家一星期吃一顿面,大部分人家都吃高粱面、棒子面。每年队里分下来的棒子、高粱,拿到生产队磨坊碾成面。最难吃的是高粱面,刚出锅还软,中午就硬了。记得我们上午到地里干活儿,中午回家用酱油泡高粱面饽饽当午饭。那时,我们第四生产队周大姑省吃俭用,每次和棒子面后,将粘在手的面都用水冲干净,留起来用作下次和面。做面汤,菜比面多,不放盐,放腌咸菜的卤水。那时火柴两分钱一盒,很少有人买,但有河北赵家场的人用洋火换柴火灰。那时家家养鸡,大家都用鸡蛋换一些生活用品。逢年过节,亲戚们也不聚会。有人家结婚,头天结婚,喝一顿酒。那时猪肉凭票,鱼是自己在沟里逮的。酒席的菜以素菜为主,其他都是炸虾片、炸老虎豆、拌白菜心,生活好一点的有果仁儿。村里人也都随份子,20世纪70年代,大家都送镜子,一家一块多钱。亲戚朋友送布料、暖壶、痰桶等。主家将好东西招待娘家人,香蕉都切一段段的,酒用天津直沽高粱酒。参加婚礼的村里人都喝军粮城的稻香酒,还有的喝东堤头的橡子酒。虽然如此,大家也不埋怨。那时村里没有饭馆,掌灶的都是村里人。20世纪80年代,村里有了一家小饭馆,人们开始喝蚌埠白酒,酒菜多为橘子罐头、水果罐头等。

改革开放以后,村里有了路,土坯房都换成了砖房,家家买了汽车,生活逐渐富裕起来。我盖的砖房带院二百平方米,才花了七万多元。后来城市化改造,分给两套房,起码价值二百多万元,而且电水气全有,特别方便。现在村里卖地分的钱,一年分一些利息。大家还有一些养老金,享受农村合作医疗。大家过得很好,知足了。

讲述人:刘继忠(68岁)

整理人:曲振明

刘大泡遭劫

1946年,赤土乡李场子村有个三十来岁的壮年汉子,名叫刘启程。此人外柔内刚,遇事能够随机应变,善于软磨硬泡,人送外号"刘大泡"。有一天,刘大泡去天津城买驴,归来时骑着新买的小毛驴从塔儿道上往家走。走到飞机场附近,天色已晚。正走着,突然从路边窜出一人,叫道:"别动!把牲口放下!"黑洞洞的手枪口对准了刘大泡的胸口。刘大泡见状,急忙跳下小毛驴,满脸堆笑对那人说道:"哥们儿,得啦,得啦,庄稼人不容易,高抬贵手吧。""少废话,把牲口留下!再啰唆我就开枪啦!""要么说,那就把牲口给你呗。新买的小毛驴,哎……"刘大泡将驴放下,唉声叹气地往家走。刚走了几步,刘大泡又折回来,对那个劫道人说:"我的驴就这么给你,太简单了。哥们儿,怎么着也得让我听个响儿呀?""你以为我的枪是假的吗?"劫道的人说着,"砰"的一声朝天空放了一枪。"得了吧,哥们儿,你枪里就这一颗子弹,把驴还给我吧。"刘大泡说着,抓起驴缰绳就走,同时回头观察劫道人的动静。本来刘大泡只是试探,可说也是奇怪,劫道人枪膛果真只有一颗子弹。只见他垂着持枪的手,呆呆地站在那儿,眼巴巴看着刘大泡把驴牵走了。

[本文选自天津市东郊区民间文学编委会、天津市东郊区文化馆编:《中国民间文学(天津卷·东郊分卷)》。]

讲　述　人:李有来

搜集整理:李支柱

选　　编:万鲁建

☆ 胡张庄村

村情简介：

　　胡张庄村建村于清光绪二十三年（1897），"文革"时曾更名建设大队，又名建设村。村址位于金钟河南岸，南临北塘排污河，东靠永和村，西邻李场子村和东丽湖。截至 2000 年底，全村 362 户，人口1082 人。胡张庄是传统农业特色村，全村拥有 2000 亩葡萄地、2000亩鱼池和 300 亩闲置鸡场羊圈、冷库农用房。2007 年启动拆迁工作，村民们统一搬入华明家园居住。

黑猪河上的匪影

近代天津是华北重要的水陆码头，界内河道纵横，码头商船往来如织。很多商人看到了其中商机，或是在河两岸建立货栈招揽生意，或是驾驶客货船来往渔利。看着能发大财的码头，一些地痞流氓动了歪心思。据当时老百姓说，天津有一个"十大恶"的土匪组织，这伙人有的"吃大轮"（在火车上行窃），有的"吃小轮"（在电车上行窃），还有的专门在沿河各码头抢劫船只和过往旅客，俗称"吃水路"或"吃轮船"。话说在黑猪河，就有这么一帮打劫来往客船的匪贼。

黑猪河是清末开滦矿务局所开的一条运煤用的人工河，其中流经东郊一带的河水因河道偏僻，经常有匪患出没。民国时期，匪患猖獗，当时属于宁河县管辖的胡张庄村，因靠近金钟河和黑猪河也深受其扰。这帮匪徒操着海河口音，大概有二十来人，全副武装，每人一把匪枪，在胡张庄村明目张胆抢劫，所经船只一一难逃。轻者损失数十元，重者数百元，有人甚至因为拿不出钱财被吊打，伤亡者不计其数，即使来往客船结伴而行，也无法逃脱这伙匪人的抢劫。

盛夏深夜一时左右，有五家船户从天津载货到河北丰润各镇买卖。因为早就听说津东胡张庄一带河道不安宁，经常有劫匪出没，所以这五家为保自身安全结伴出行，并且得到了西河海河船业协会的保护。本以为可以逃过一劫，没想到突遇一小股土匪。这伙人有的手持明亮尖刀，有的手持匣子枪，黑洞洞的枪口直对着船工。这伙人跳上船，一边将船伙计赶进货舱，一边口中大喊："我们是水上十大恶，你们船停在这儿，没有别的，赶快把洋钱、毛票、铜子拿出来！"一会儿的工夫，除了将货物搬卸大半外，还抢走了棉被两床、棉花一包、

天津东郊村落文化留迹(下)

洋线二包、褥子一条及袜子等物,损失财物千余元。临行时,一匪人瞥见该船守夜人身着长袍,便强令脱下,往西逃逸。

除了专抢船只的匪贼,胡张庄一带还经常遭到其他土匪的劫掠,尤其是聚集在海河排地的土匪。这些土匪不仅人数众多,达到两百余人,经常深夜结队四处抢劫各村庄,绑架人畜;而且还自行在村里挖掘战沟、昼夜设岗侦防,胡张庄以及附近的李家场深受其害。可以说,中华人民共和国成立前的胡张庄村民饱受战乱与匪乱,兵连祸结,民不聊生。

[本文参考《大公报(天津版)》1929 年 6 月 24 日、1931 年 8 月 4 日。]

整理人:王　静

"撂地求生"

"撂地"是江湖艺人的一种行话,说的是艺人在庙会、集市和街头空地上演出,走到哪里就到哪里演出,没个准地儿,也称是撂地摊儿。清末民初,天灾人祸交加,兵灾、匪灾、旱灾、水灾、火灾等无不威胁着老百姓的生存,于是逃荒年年发生。天津周边一带的乐陵、沧州、黄骅等地的老百姓实在是活不下去了,一家人挑着全部家当开始了逃荒要饭。兵荒马乱之中,一家人逃到哪里也不清楚,只能走到哪里算哪里,哪里的土能活人就在哪里住下,这不就和江湖艺人撂地一样吗?就这么着,金钟河畔的胡张庄村虽然是一片杂草丛生、遍地积水、土地贫瘠的洼淀,但在逃荒人眼中,这块地挨着金钟河,有大片可以开垦的荒地,还能给周边地主当佃户扛活儿挣口粮食,于是人们撂地搭窝棚,住了下来。

据老人们回忆,胡张庄村原本是以胡、张两姓为大姓,传说有个在河南当道台的胡姓官员来到了村子里,买田置地。道台公务繁忙,于是把田地交给胡、张两位管家打理。在胡、张二人的精心管理下,村子越来越兴旺,人们便把这块地称为"胡张庄村"。然而随着时间的推移,胡张庄村里的姓氏越来越杂,其中原因就是出现了各地逃荒到此撂地求生的灾民。村里陆陆续续出现了孔、田、朱、林、姚、崔、曹和鲍等 83 个姓氏,胡、张两大姓氏的人反而慢慢减少了。一直到1938 年,胡张庄村从最初的二十来户发展到 64 户、301 人。之后村子历经日本侵略者和国民党腐朽统治的蹂躏,甚至还一度成为国民党的军事无人区,到中华人民共和国成立前,全村只剩下 23 户 120多口人了。所以说,每个村有每个村的故事,只不过世事茫茫,很多

天津东郊村落文化留迹（下）

人连同他们的故事一起淹没在了漫漫长河中。

中华人民共和国成立前，摽地求生的各地灾民，家底薄，每逢灾变则路有饿殍，疮痍凋敝，挣扎在死亡线上。中华人民共和国成立后，四处逃荒的村民陆续返乡，人口增加到了66户、259口人，但是由于村子远离城区，周围都是芦苇荡，村子破，村民穷。周边人提起胡张庄，都说"芦苇荡、盐碱地、土坯房，有女不嫁胡张庄"。曾经从山东嫁过来的姑娘，一提起当年的往事，就说原本想象中这里有成垛的米粮仓，结果来了才发现是一片盐碱地和茫茫芦苇荡。尤其是在20世纪60年代，除了上交国家和集体外，地里刨食的村民根本就吃不饱，草籽、稗子、红薯干、野菜，甚至树皮都成了家常便饭。

既然把全副家当都摽在了这个地方，就不能再四处逃荒摽地了，得想办法从这片土里找活路。在国家的鼓励下，1963年之后，村民开始拓荒，在自己的自留地上开始种点粮食和蔬菜，慢慢地，人们解决了吃饭的问题。后来河北省水利厅到村里开地，还帮助村里打了一口井，有了这口井，胡张庄村民成了周边村里第一个喝上井水的村子。当时打井时还发生了一段小插曲，原本河北省水利厅只负责打井，安管子则由村里自己解决。可是胡张庄村没有钱呀，为了省钱，村民打造了木质管子。时间一长，木管子就可能发生严重的漏水现象，以及钢箍拉断、管板破裂等事故。最后还是由水利厅出资改成了钢管，这才彻底解决了村民喝水的问题。之后，为了扩大灌溉面积，村里六个队每个队各打了一口井，平均每口井能浇水百十亩地，解决了春旱问题。

既然是在土里刨食，那种什么呢？按理说，胡张庄村大部分村民来自河北和山东的小麦产区，对种植小麦有丰富的经验，但对于盐碱严重的胡张庄村来说，人们的小麦种植经验却无用武之地，只能种高粱、玉米和棉花。其中，棉花种植在胡张庄村可谓历史悠久。中华人民共和国成立前，佃户种地时，地主分配佃户种棉，由地主官房收购，全村植棉面积达60%以上。日本侵略中国以后，为了在中国的土地上掠夺资源供日本制造火药、开办纱厂等,在军粮城建立植棉公司,迫使这里的农民大批种植棉花。中华人民共和国成立后,政府在塘沽区中心庄建立收棉站,以质论价。农民种棉的积极性得到很大的提高。村民赵秀宽种棉,亩产籽棉 250 公斤,被评为宁河县植棉能手、劳动模范。一时胡张庄成为产棉村。1956 年农业合作化以后,集体播种棉花 300 多亩。

改革开放后,为了打破集体经济,生产队进行了资产拍卖,鼓励村民自主创业。据村民回忆,当时大队有三辆汽车、四台拖拉机,小队有马车,还有牲口。有的村民分到了一匹马,有能力的村民则拍到了车。随着生产队的解散,村民们开始了自主创业。从 20 世纪 90 年代开始至今,胡张庄村走过了风风雨雨,实现了葡萄种植的大发展,村民也过上了好日子,老人有养老补贴,部分村民还有城镇居民养老保险,每个村民都享受医疗保险。

如今,胡张庄村逐渐实现了人口城镇化、农业现代化与服务均等化,成为浓缩版的乡村振兴典范,也成了名副其实的"幸福村庄"。但不管怎么,正如村民所说的,"老一辈人讲落叶归根、重土难迁,虽然我们迁入了社区居住,过上了城市人的生活,但土地是我们的命根子,是得以长远发展的传家宝,要世代传承"。

讲述人:姚恩仟

王云岭

采访人:尹树鹏

整理人:王　静

☆ 于明庄村

村情简介:

于明庄村,明永乐二年(1404)建村。曾用名于家庄,俗称于庄子,"文革"时曾更名工农村。该村有 670 户,1850 人,原有土地 5032 亩。该村位于李明庄南,朱庄村北,赵庄村西南,西减河西侧,外环线东侧。村落沿跃进路东西两侧分布,有连村路接津赤路。2010 年 10 月于明庄村启动拆迁工作,于 2014 年 12 月撤村,现村民统一搬迁到明珠花园居住。

一坑一庙

　　一坑一庙说的是于明庄村曾经的一个吃水坑、一个火神庙。

　　于明庄村原名为小刘岗庄,刘姓是村里的大姓。传说刘氏始祖于明永乐年间由山西洪洞县迁至于此地建村,故名小刘岗庄。据老人们口口相传,当年迁至此地的刘姓兄弟共有三人,分别为刘青、刘洪、刘汉。后来刘青、刘汉又辗转逃荒到了东北,只留下刘洪一支在小刘岗庄,如今村里的刘姓人都奉刘洪为先祖。后来明末征兵,村里有个姓于的年轻人代替村里人出征,村里人为了纪念这位年轻人,便把村名改成了现在的于明庄村。

　　刘氏先祖移居至此地后,虽然有大片荒地可以开垦,暂时能吃上了饭,但盐碱地的水却是又苦又涩。人们为了解决日常吃水问题,便在村东挖了一个大水坑以蓄雨水。从此,小刘岗庄的村民们便在此地生根繁衍。勤劳的刘氏先祖靠着辛勤劳作,日子一天天好了起来。到了清朝,村民开始有余力修建寺庙。村里修的庙是火神庙。至于为什么修火神庙而不修土地庙,随着老辈人的不断离去,这些都已湮灭在了历史长河中。后来这座庙的规模不断扩大,不仅有了自己的庙产,而且庙里的和尚也乐善好施。村里人有去世的,便提供义地埋葬村民。到清末,村里的刘三爷集中全村力量,重修了火神庙。

讲述人:刘全江

刘文洋

刘士山

采访人:尹树鹏

整理人:王　静

土坯房、供销社和水塔

十几排土坯和砖的平房,一条窄窄的小公路,周围都是盐碱滩、芦苇荡。夏秋蚊子肥大,人们戏称"闭眼抓一把,能炒一盘菜";冬天、春天北风一刮,黄土满天,人们出门先蒙头,进门先洗脸。20世纪六七十年代,于明庄村民就是在这样的环境中艰难地生活。而今村民住在花池和草坪相映的小区,享受着便利的银行、邮政、交通、商贸等服务设施,昔日盐碱滩变成了繁华闹市区。虽然乡村渐渐失去了往日的一样貌,但在于明庄村民印象中,土坯房、供销社和水塔仍然是挥之不去的记忆。

从土坯房搬到砖房是于明庄村民的一件大事。这一切还得从中华人民共和国刚成立的时候说起。1949年、1950年,于明庄有村民一百二十户,当时旱涝灾害频繁,十年九灾,人民生活困苦,只能在零星的园田种植着大白菜、豆角和黄瓜等蔬菜维持生计,甚至还得到地里去找点野菜贴补生活。1954年组建生产队,1956年引排污河水试种水稻,水稻种植面积陆续扩大到两千多亩,村民生活开始有了新变化。老人回忆起1964、1965年,都说那是村里一段最好的光景。粮食卖上了好价钱,一个工分有两毛五分五,生产队还能分米分菜。老百姓平时有个头疼脑热的,或是长了大疖子,就找村里的刘全书大夫看看,他自己配置的土方对治疗疖子有特殊的疗效。刘大夫不收费,村民只得逢年过节备上点心以表谢意。后来市里还来了派驻医生,当时一共是三位大夫,以赵庄为办公地点,主要负责治疗朱庄、赵庄、于明庄三个村的病人。要是病得比较严重,村民拿着三联单就可以到市里的长征医院看病,回头到村里报销,这是同时期其他村羡慕不来的。所以那个时候,胜芳、南皮等地的姑娘都愿意嫁过来。

吃饱了肚子,人们开始琢磨改善自家的居住环境了。农村的房屋一般都是祖辈传承下来的,房子陈旧,甚至随时会倒塌。1964年,生活红火了的村民自发翻盖土坯房,村民有了遮风避雨的居所。之后到20世纪80年代,村民又自发营建砖瓦房,在村干部的统一规划布局下,一排排一明两暗的砖瓦房林立在田间。住房上,于明庄村民实现了从窝棚到土坯房,再到砖瓦房的三级跳,从此房子不再是简单的遮风挡雨之处,更是温馨的避风港湾。

20世纪60年代,供销社是解决一家人吃穿用度的地方,也是孩子们心中的圣地。中华人民共和国成立前,于明庄曾有一个字号为"中立兴"的杂货铺,铺子不大,主要是从郭庄子采购些糖、酒之类的食品来卖。不过那时候采购都得用肩挑,徒步去市里上货,天不亮就得出发,赚点蝇头小利来维持生活。中华人民共和国成立后,这个杂货铺也就关了。为了在物资短缺的年代解决老百姓的吃穿用度,国家在村里建立了供销社。虽然只是一排平房,但大到化肥、农药、种子,小到小孩喜欢的糖块和饼干,再到柴米油盐酱醋茶和肥皂、毛巾、针、线、布料,还有烟、铁锅、鞋等日常用品都能在供销社买到。不过当时这些东西是按人限量凭票供应,并非有钱就能买。在人来人往的供销社里,大人们看着货品,不动声色地精打细算;小孩子们盯着五颜六色的糖果,迈不开腿。特别是有的售货员坐在高高的台子上,头顶有若干铁丝拉到各个柜台,钱和票夹在一个木板子上,"唰"的一声推给了收银员,孩子们看得惊奇又羡慕。

东郊盐碱地多,烧开的水味很大,1961年村里打了一眼深四百米的水井,解决了村民生活用水问题。不过随着地下水的时断时续,村里又修建了一座砖制水塔,这样可以在供水不足的情况下,起到调节补充的作用。曾经的水塔是村里最高的建筑物,如今已年久失修,外侧的砖都开始风化了。人们都希望这座水塔能够保留下来,不然留给子孙后代的就只剩下老人们的讲述了。

天津东郊村落文化留迹(下)

　　一路风雨,且行且歌,村民用勤劳的双手开垦贫瘠的土地,用辛勤的汗水挖掘致富的源泉。他们是社会的建设者,也是时代变迁的见证人。

讲述人:刘全江

刘文洋

刘士山

采访人:尹树鹏

整理人:王　静

想方设法奔致富

如果说 20 世纪 60 年代初是铭刻在于明庄人心中的第一段幸福时光,那么家庭联产承包责任制的推行则是第二段具划时代意义的幸福时光。至今于明庄村民说起今天的好日子,无不认为没有七八十年代改革开放后的那段创业夯实下的基础,今天就无从谈起。

20 世纪 70 年代,村办企业的发展是村民摆脱计划经济、开始寻找致富路的第一步。其实于明庄村民骨子里天然涌动着创业的热情。中华人民共和国成立前,当大家还在土里刨食的时候,就有头脑灵活的村民办了杂货铺,虽为小本买卖,但靠着用心经营也能买田置地。中华人民共和国成立后,当大家埋头种植萝卜、白菜等大路菜时,有的村民就开始尝试韭黄种植。20 世纪 70 年代发展集体经济时,村民不仅组建工程队到市里给各个工厂盖房,像闻名遐迩的飞鸽自行车厂,还有五一化工厂等五六个厂都有于明庄村民盖的厂房。那时村民出去盖房,每天有两毛五的补贴,村里又相继发展了制瓶厂、电镀厂、车床厂、铁厂电气焊等副业,尤其是铁厂电焊这一块的技术顶呱呱。说起铁厂的技术,就不得不提起王乃玉(音)。当时全国备战备荒,王乃玉全家由市里下放到于明庄村。此人原本在市里工作,有技术。到村后,他和张洪发(音)一起发明设计了一种球形减震抗拉力装置。这种球形减震装置可以在任何一个地方受力,并把力向四周均匀分散,从而起到承受巨大压力的作用。20 世纪 80 年代初,民园体育场大修时还采用了这项技术,后来这项技术经过不断改良,被广泛地应用到汽车加油站、机场等地。略微可惜的是,当时老百姓没有专利保护意识,要不然这也是一笔不菲的收入。

天津东郊村落文化留迹(下)

  20世纪80年代真正激发了村民致富的热情,这也成为日后于明庄村民的精神底色。自1979年起,村民乘着国家农村政策改革的东风,开始在村里尝试着把一小队一分为二成一队和六队,尝试着打破集体经济,自我发展。试点成功后,1980年村里把剩下的四个生产队也一分为二为,分八个队,加上之前的两个小队,全村共有十个队。将生产队精细化,并把生产队辖域渐渐过渡到村民生产小组,这为下一阶段实行家庭联产承包责任制夯实了基础。1983年,各小队开始资产作价拍卖,实行"包产到户"。据老人们回忆,当年队里公开拍卖资产,不仅有拖拉机,还有桑塔纳、日产等车型。可以说,从此之后生产队成了历史名词,村民们开始"八仙过海,各显神通"。

  还迁后,于明庄村民的日子过得舒服又舒心。2012年,于明庄全面完成三改一化工作,并成立明昊资产管理有限公司。乔迁新居,村里给各家发放房屋分配调剂款;退休村民,村里给发放14个月的养老金,另外村民每人每年可分红利万余元;村里的孩子上学的学校,也早已不是当年的破庙了,而是统一划归到华明小学和李明庄小学就读。经过几十年的奋斗,于明庄村人真正过上了安居致富的好日子。

讲述人:刘全江

刘文洋

刘士山

采访人:尹树鹏

整理人:王　静

☆赵庄村

村情简介：

赵庄村,明永乐二年(1404)建村。曾用名赵家庄,俗称赵庄子,"文革"时曾更名向阳村。全村 861 户,1966 人,原有土地 7365 亩。赵庄村位于于明庄东北,南坨村南,贯庄村西,大新庄村北,西临西减河,津汉公路南侧,有连村路接津赤路、津汉公路。2007 年启动拆迁工作,村民们统一搬入华明家园居住。

天津东郊村落文化留迹（下）

出大力，本分过日子

赵庄是个老村，村民老实厚道，自明永乐年间建村后，村民们一直本本分分地过日子，靠着一双勤劳的手和舍得卖力气的精气神，大家从土里刨食，勉强挣得温饱。中华人民共和国成立后，村民有了自己的土地，种田出力的精气神就更足了。

刚解放，农村干活儿全凭一把子力气。春播秋收，锄草施肥，拉耙卖柴、铡草喂驴，一辈子与庄稼打交道，村里的人轻轻松松百十来斤上肩就走，如果没把子力气还真扛不下来。当年村里有个李姥爷，1939 年天津发大水时，李姥爷独自肩挑二百多斤的帆布从现在的河东复兴庄走回村里，三十多里的泥巴路就靠着一双脚走回来。后来生产队时期，生产队收的高粱、棒子和大白菜也都靠村民肩挑着往市里送。年底村民家养的猪，村民也是靠手推车送到三号桥。20 世纪60 年代北大港修闸，村民出工管饱但不管工分，上工的村民没房住，就在河堤旁边挖地窖子，垒上土墙，搭个顶，凑合着歇一歇。每当村里的老人跟年轻人说起曾经出大力的岁月时，年轻人无不惊叹。可就是靠着这股干劲儿，村民们度过了一个个艰难的岁月，迈过了一道道的坎儿。

20 世纪六七十年代，各小队有了三四辆骡马车，每个小队也有了自己的拖拉机。庄稼地里的活儿轻松点了，但老百姓却闲不下来。邻居要是有难处了，特别是在泥房的大事上，大伙儿不计报酬地帮忙。据老人们讲，为了帮邻居泥房，一个月最多的时候得有 15 天去帮忙。白天脱坯泥房，晚上挖土，即使白天刚铡完稻草，累得腿都站不起来，但听说要帮忙，大家毫无怨言。甚至初一拜完年，连着三天都要去帮忙泥房。大队干部也如此,干部人少,村里的事多,有的干部忙完了村里的工作,还得帮着队里拉磨,干杂活儿。

在赵庄,大伙儿都认为只要肯下力气,就能挣出好日子。因此改革开放之前,与周边村相比,赵庄生产队的收入还是比较高的,赶上好的时候,一年能分五六百元,而且村民平时吃菜吃粮不花钱,所以日子也渐渐红火了起来。平日里唠唠嗑,或活动活动筋骨,聚在一起喝上几杯,日子过得舒坦且满足。邻里有需要帮忙了,谁家来借东西,"拿走用去"是村民的口头禅。虽然如今村民搬进了小区,离开了曾经的土地,村民也早已意识到,仅凭出大力已经跟不上形势发展了,转变思想才能谋未来发展之路,然而本分过日子的村风却是永不褪变的底色。正如村里老庙门前的三棵大槐树,时光荏苒,纵然世事变迁,依然树冠如盖,郁郁葱葱。

讲述人:魏国亮(68 岁)

魏国猛(65 岁)

采访人:尹树鹏

整理人:王　静

☆ 流芳台村

村情简介:

流芳台村,清光绪十年(1884)建村,曾用名刘家房台,"文革"时曾更名胜利村。该村有 580 户,1586 人,耕地 1862 亩。流芳台村东至向阳村,西至中河,南至双合村,北至津北公路。2006 年 11 月,流芳台村因空客 A320 项目占地而撤村,于 2010 年 11 月启动拆还迁工作,村民搬迁到华明新市镇香园、馨园、悦园、敬园、慈园、芳园、锦园、润园、乔园居住。

流芳台的由来和名人故事

同治年间,崇厚在军粮城"开渠三道,分地为排。"山东无棣、庆云、河北盐山、沧县、青县、静海还有宝坻一带的老百姓前来开荒,之后又有些投亲靠友的,逐渐聚集成村。同治十年,于明庄的地主刘光锡在此置地数百亩,广招难民们开荒种地,并在一个高台上建房数十间,用来安置难民,放置农具和牲口,人们就把这里叫作刘家大院,就把这一块地方叫刘家房台。后来村子越来越大,人也越来越多,刘家房台也变得越来越小,再用他来命名这个村子显得不合时宜,于是就将村名改为流芳台,一直沿用至今。

幺六桥乡就一户姓季,因为不是本地人,所以叫单门独户。季东晨爷爷叫季维堂,老爷子长得浓眉大眼的,个儿比较猛,秉性比较耿直,特别善良,说话大嗓门儿,特别热情。季维堂原来是江苏督军李纯的贴身护卫,李纯的官比较大,他跟人合伙在天津南市买了东兴大街两条街,南市东兴大街两侧十几条胡同,数百间的房产,都是李家的。还有河北区好几处房产,也是李家在天津置的。南开文化宫以前叫李家祠堂,就是李纯在北京买了一个没落王爷的宅院,整个给拆下来了,运到这儿重新建的。

李纯特别信任季维堂,后来看他年龄大了,就说:"我家在天津这么多房产,你给我管起来吧,这些房产,还包括一些别的都归你管。"结果,季维堂当了李纯的管家。于是季维堂广交朋友,结识了好多的乡绅,后来连平民百姓都往他那里去。以前交通不方便,到了那里天就黑了,人们回不来,就住在季维堂那儿。他有好些房子,就跟大车店一样,谁去随便住,还有四菜一汤,大米饭管够。

天津东郊村落文化留迹(下)

流芳台还有个人叫黄德兴,天津快解放的那年是他的本命年。有一天,他系着红裤腰带,还穿着红裤衩到市里去。过了小半个月,家里人问:"怎么说上市里去,十来天还没回来呢,人跑哪儿去了呢?"有些乡绅说:"我给你问问老季,给你打听打听。"结果季维堂一打听,才知道黄德兴让国民党天津警察局关起来了,说他是地下党,穿着红色是接头暗号。人关在国民党的警察局,不死都要剥层皮。黄德兴的家人央求季维堂到市里跑跑关系,最后季维堂掏了将近二十块大洋才把他赎出来了。在那年头,拿钱能赎人。后来黄德兴一到季家去,就对季维堂的孙子说:"没你爷爷我活不到现在。"

季家对人特别热心、热情。刘金铎、刘金凯哥儿俩,因为流芳台这边上学没有高中,结果就投奔到季维堂那儿,一住就住一年,天天有吃有喝,后来刘金铎说:"我把老季家筷子都吃细了,他对我有恩啊。"

中华人民共和国成立以后国家没收官僚资本,把李纯的房产都给没收了,季维堂也没事干了。这帮乡绅就给他出主意:"你待着也没事儿,房无一间,地无一垅的,你干脆上流芳台来吧。"季维堂一家就到了流芳台,村里给他置换了十亩地。季维堂的儿子上过四年私塾,写的一手好字,但是就不乐意干农活儿,村里给他弄了二三十头羊放羊。

季家当初来的时候也没有房子,今天住老何家,明天住老邢家,过两年又住老何家,都是住这些朋友家里,后来慢慢又有了孙子,就融入流芳台这个大家庭里头了。现在老人们一提起来就会说:"哎呀,季大爷、季大奶奶人好啊。"虽然季家单门独户,但是没人欺负。

张毓林老家是河北盐山的,他的祖辈从盐山到了天津,落户流芳台。他早年经人介绍到天津三条石一个铁厂学徒,三年出师后当上了厂里的师傅,中华人民共和国成立后张毓林随着工厂并入解放军的兵工厂,迁到大山里试制新式武器,在研制一种高射炮炮弹的时候,因为突然发生爆炸,在试验现场光荣牺牲了,后来遗体被运回流芳台,部队和村里给他开了追悼会,遗体最后迁葬到天津烈士陵园。

流芳台的小学老师刘金铭,中华人民共和国成立后考入了华北人民革命大学,毕业后参加了南下工作团,被分配到广西一带工作,既要发动群众"土改",还要配合解放军剿匪。后来刘金铭担任宜山县农林局的科长,发明坩式水稻插秧机之后,调到广西农机研究所,又研制出广西761型机动插秧机,两次获得省级先进工作者和农业部的奖励,离休后回到流芳台。

流芳台的老王家原来是山东庆云的,王在富的爷爷是先到天津的,他父亲在老家早先是地下党,在村儿里管点事儿,后来就带一家人出来投奔他爷爷来了,那是1955年,条件还比较艰苦,就两间小破房子还是租的,后来慢慢地生活条件好了,就盖了两间房,远道而来的亲戚,不管是做小买卖的还是要饭的,都在他家住过,他父亲人缘好,凡是沾点儿亲的上这儿来,来了就接待,这个传统一直保持到现在,他父亲常说:"别说打亲戚旗号,就是来个要饭的到门口,咱们也不能说不管,更何况是自己老家的。"

流芳台的老刘家来这儿可能有一百多年了。老刘家在河北黄骅东方寨算是个大户,但是遇到灾年照样逃难,刘连起他爷爷亲哥们儿五个就都出来了,大爷和二爷到了流芳台,三爷、四爷、五爷去了哈尔滨。过去不都是那边儿的人嘛——山东、河北,逃荒过来的弄个房子,包点儿地种。那时没吃的,到河里打草、弄黄须,就吃那个杂草,稻草面儿。要是弄点儿高粱面子吃,也算是不错的。后来条件好了,吃过一回豆腐丝儿,也是生产队的下脚料,都弄得跟刀裁的小条似的,还分过点儿大油,回家做萝卜馅儿吃。

老一辈人吃不上、喝不上,到老了身体都不好。刘连起的老爹老娘现在都九十多岁了,兄弟姐妹八个轮流伺候,虽说老人自己都能自理,但是大家照顾也挺好。老爹务农受一辈子累,老娘从年轻时就要照顾这么多孩子,能不累吗?到现在改革开放,生活条件那么好,尽量让他们多享受几年。刘连起跟父母说:"您多活几年,就多享受几

天津东郊村落文化留迹(下)

年。您过去吃不上、喝不上,吃糠咽菜的,还那么累,您现在好好活着,把身体保养好,别的什么都不用想。"

讲述人:季东晨(56岁)

王在富(63岁)

刘连起

整理人:张　诚

战争年代的流芳台

抗战时期,日本侵略者为了更好地统治中国人,实现所谓的"大东亚共荣圈",便在各地成立维持会。

日本人到了流芳台,第一件事当然就是成立维持会。听说日本人来了,村里的妇女和孩子都跑到高粱地躲起来,小年轻也牵着牲口跑到北洼避风头,为了防止毛驴叫,村民们还在毛驴的尾巴上栓了秤砣。后来日本利用欺骗的手法,将当时不配合的乡长骗到军粮城杀害了,还把流芳台的许玉田也给杀了,这样才成立了维持会。

日本人不让老百姓吃大米,他们在军粮城建了机米厂,成立米谷统制会,逼迫老百姓给他们种稻子,收了之后一律运走当军粮。有一次日本人和汉奸来到流芳台,到李玉升家里搜查,李玉升刚做完饭,一看日本人来了,赶紧把饭藏到水缸里,盖上盖,上边还压上个大木盆,里边也倒上水。他媳妇就赶紧往锅里撒点棒子渣子,蹲在那儿烧得烟火缭绕,日本人一进来,看看这看看那,没看出毛病,便走了,差点儿没给李玉升的媳妇吓死。

日本人在各个路口要道站岗设卡,强化治安,盘查来往的乡民,严禁携带煤油、火柴、食盐等物资,一经发现立即被抓,轻则打一顿没收,重则严刑拷打或者处死,人们路过卡口都要严厉搜查,还要给他们敬礼鞠躬,稍不留神就被他们打得鲜血直流。有一次流芳台的温玉顺路过飞机场附近的卡口,被好几个日本兵轮流打了好几个耳光。流芳台的丘树清老家是山东无棣的,早年逃荒到这里投亲,一直靠在外头跑单帮做生意养家糊口,他经常冒着生命危险,躲过日本人的盘查和搜索,给乡亲们弄来生活必需品。

天津东郊村落文化留迹(下)

排地出土匪人人都知道,特别是军阀混战的时候,散兵游勇到处都是,好多都落草为寇,当了土匪,打家劫舍,抢夺民财。其中有个叫大萝卜的王秀亭,还有个叫小萝卜的王秀义,还有个叫大老太的刘宗臣,还有赫赫有名的刘四歪脖子,还有宋大嘴儿、吴四吊子、刘九宫等一系列出名的土匪。这些个土匪们少则三五成群,多则十几个一伙,抓人绑票敲诈勒索,那时也没人管。排地最出名的土匪就是张保廷,他把这些个土匪都收编了,当了最大的土匪头子。

讲述人:季东晨(56岁)

王在富(63岁)

刘连起

整理人:张　诚

村民变市民

　　流芳台村子征地，是从 2006 年开始的。天津引进了空客 320 的组装项目，为了发展该项目，政府原计划征地两千亩。但为了更长远的规划，政府想借此发展一个航空产业区，招商引资，还计划发展空客 380。最后，就把附近五个村子的地都给征了。

　　流芳台一共不到 1600 口人，2800 多亩地，人均分了 9.6 万块钱，到了 2010 年开始搬迁，房子几年前就盖好了。搬迁前，流芳台就成立了投资公司，因为流芳台不复存在了，得有个集体取而代之，传承党的事业。以前的行政管理职能，现在都以公司形式出现，给人们把保险上了，把房子也给盖了，成立公司后还要解决人们的就业问题。

　　公司成立后，区委书记、区长都来了，祝贺加鞭策，解决了空客五个村的困难群体，尤其是"4050"人员就业问题，他们没有文化，也没有技能，为了生存，尽量安排工作，让村民有收入来源。

　　物业公司现在已经有 700 人了，46 个项目，辐射到居民区、企业、机关、学校，跨区的也干，像宝坻啊、蓟县都有项目，经济年年都有增长，老百姓年年有分红，每人一年分几千块钱，独生子女的，分红、股份都给增加，从此老百姓心里有底了，基本生活能够有保障了，区里、市里也给了很多荣誉，什么全国文明村，法制村，包括北塘、西青也来学习产权制度改革经验。

讲述人：季东晨（56 岁）

王在富（63 岁）

刘连起

整理人：张　诚

诚信公民

流芳台村人素质比较高,大环境起了很大作用。改革开放头几年,流芳台人头脑活,跟形势跟得紧。村里有一家最早开始经商,也就是后来俗称的"下海"。这家的老爷子刚开始以钉木箱子起家,后来发展到跑汽车运输。总之,别人还没想到的,老爷子就已经干起来了。在老爷子的经营下,家里的条件一天比一天好,没想到的是这家的姑爷喜欢折腾,老爷子原来还跟着一块儿帮忙,后来实在吃不消,压力也比较大,结果落下了病根。从那儿以后,他们家条件渐渐不行了,厂子也让银行给抵押没收了。没有经济来源,老爷子就把车卖了,找这儿借一千,找那儿借两千的,王在富也借给他3.5万块钱。由于家庭条件不好,这些欠账也就拖了下去,大家伙儿也不抱什么还钱的希望。迁村并点儿之后,生产队分点儿钱,人家老太太就挨个儿打听欠谁的钱。可能一共是欠了十几万块钱,最后老太太全部还清了。王在富本来就不抱希望,老太太送钱来时说:"你什么话也别说了,我有能力还,没能力不还。"王在富在回忆这件事时说:"我挺感动的。这么大岁数了,家里还有残疾人,她能把这个钱还上。"通过这件事教育了好多人,因为这事书记也特别重视,颁给老太太诚信公民的光荣称号,区里开大会还发了奖金,老太太也挺感激村里的。

讲述人:季东晨(56岁)

王在富(63岁)

刘连起

整理人:张　诚

☆范庄村

村情简介：

范庄村,明永乐二年(1404)建村,俗称范庄子,曾用名范家庄,"文革"时曾更名东方红村。该村有 3193 户,8366 人,原有土地 25223 亩。该村位于北坨村北,欢坨村南,赤土村西,南何庄村东,东减河西侧。津赤路南北穿越全村,杨北公路傍村东而过。2007 年启动拆迁工作,村民统一搬入华明家园居住。

范庄评剧团

范庄评剧团不仅在范庄有名，而且在东丽区也闻名遐迩。这个剧团成立了几十年，培养了一大批民间业余演员。他们的演出不仅丰富了农村的业余生活，也传承了中华民族的传统文化和社会主义精神文明。

范庄评剧团成立于1953年，是在崇善高跷、同善法鼓、引善音乐花会的基础上组建的一支群众文艺队伍。剧团原名范庄业余剧团，首任团长刘春田、范巨生，导演储义贤。剧团最初有评剧和京剧两个剧种，后来以评剧为主，因此更名"范庄评剧团"。

农村成立剧团属于新生事物，村里给予了大力支持。当时村长储仁喜、杨恩沛等积极协调场地，将村中心"会所"翻建后，划归剧团使用。在物资匮乏的时代，剧团只能白手起家。由于群众建团情绪高涨，演员不仅不要报酬，反而有钱出钱，无钱出力或出料，不到一个星期，具备演出条件的大戏台就搭建完成。

解决了演练场地，但还缺帷幕道具，文武场乐器也不配套，戏装亦严重损失。团长与村干部身先士卒，慷慨解囊。演员们也纷纷捐钱捐物。后来移居城里的储礼金等数十人闻讯后，也踊跃赞助，很快解决了剧团的演出问题。

业余演员白天生产，晚上练习。每日下工后，晚上不约而同地涌向剧团，坚持练功、排练演目。大家情绪很高，有时为了一出戏，一排练就是一个通宵，从不叫苦叫累。老演员刘长奎、储福生、储达礼、侯来云、杨义禄等背台词、排练、演出一丝不苟。他们的行动为青年演员做出了表率，一些评剧爱好者踊跃参团，鼎盛时期演员曾达六十余人。不同时期,剧团分别排演了歌剧《兄妹开荒》《白毛女》,评剧《艺海深仇》《刘巧儿》《小女婿》《孔雀东南飞》,京剧《文昭关》《女起解》《打渔杀家》等传统剧目。在演出过程中,老生演员左同顺、阎德生、黑头演员刘长奎、青衣演员杨家荣、老旦演员范立昆等受到了观众称赞。评剧《刘巧儿》主演孙洪福、《借红灯》主演张家福等,在唱腔和表演上各具特色,给观众留下较深的印象。由于演员在舞台上表演朴实认真,当地人称范庄剧团是大家的"群众剧团"。

20世纪五六十年代,范庄剧团在东郊、北郊具有一定影响,经常出村义务演出,先后应邀赴南坨、北坨、朱庄子、赵庄子、于明庄、李明庄、欢坨、赤土村、程林庄、张贵庄、大东庄、信号厂、东郊礼堂以及北郊区刘快庄、西堤头、芦新河等地演出,所到之处大受欢迎。

20世纪60年代初期,评剧团曾先后演出了现代戏《夺印》《红色联络站》等剧目。同时涌现出一批声望较高的演员,如刘凤玉、范有元、陈明凤、商淑琴等,在东郊区文艺汇演中,他们分别获得一等奖、二等奖和优秀奖。60年代末,一些演员受到"文化大革命"冲击,剧团宣告解散。

1992年3月6日,在村党总支、村委会关怀下,范庄业余评剧团重新组建,并将老年活动中心作为剧团晚上排练场地。张家福、储志树继任团长,孙洪福等为导演。剧团重建后,得到镇、村及所属单位和个人的大力支持,他们先后赞助现金共11323元,为剧团添置了戏装、道具、乐器等。

1993年1月4日,在村党总支书记胡福全等领导的支持下,剧团进一步健全了组织,增补了范有元、储志家、左同孝为团长,产生新的理事会,加强了领导,订立了制度。为充实剧目,提高艺术水平,剧团采取"走出去"的办法,向市、区评剧团取经学艺,组织演员赴市学习、观摩。在市评剧团支持下,演员们边学习边录音,还聘请了名师做现场指导。学习归来,根据本团现实情况,剧团重新排演了大型古装剧目《借红灯》《秦香莲》《井台会》《茶瓶计》《三节烈》等。通过排演,

天津东郊村落文化留迹(下)

涌现了一批新秀。

1995 年,剧团排演了《包公赔情》《乾坤福寿镜》《回杯记》《牧羊圈》《珍球衫》《刘翠屏哭井》等历史传统剧目,为乡村春节联欢充实了内容,增添了气氛。1996 年,范庄业余评剧团再次应邀赴华明镇、东丽区礼堂、刘快庄等地巡回演出。同年夏季,剧团应邀赴赤土镇,连续演出古装评戏《回杯记》《凤还巢》《乾坤福寿镜》和《刘翠屏哭井》等剧目。此外,剧团在东丽区纪念毛主席《在延安文艺座谈会上的讲话》发表五十四周年文艺演唱会上获得文化艺术团一等奖,评剧演员陈明霞荣获一等奖,歌唱演员陈明风荣获一等奖。

[本文由曲振明根据何智发《范庄文史》(2013 年 12 月华明学校印)改写整理。]

范庄武术

范庄武术历史悠久,早在清嘉庆年间,范庄武术创始人范长卫的名声就传遍大江南北,当时被誉为北方武术一代宗师。范庄武术延续了七代,培养出许多武术人才。

范庄武术第一代传人范长卫自幼习武,后经河南少林寺云侠大师弟子李健仁(绰号短辫子李二)真传。当时,李健仁得知范长卫精通武艺后,来到范家庄,暗访范长卫。范长卫久慕李健仁大名,遂磕头拜师,学习少林拳术。从此少林拳在天津传播开来,范长卫也成了少林寺功夫在天津的传人。

说到范庄武术第一代,除了范长卫外,还有他的同门师兄弟四人、即本村的左堂、阎传耀,大毕庄的毕爽和荒草坨的杜振儒。范庄武术第二代为闫国润,第三代为范德昌,第四代为张祥发。从第五代起范庄武术开始兴盛,第五代传人铁筋腾刘六(刘兴泰)收徒多人,门徒有张广清、张广斌(绰号一撮毛)、杨恩锡、孙振方、储仁喜、孙庆田、袁传荣、董殿发、闫富祯、王廷汉、田景云、储礼青、储礼其、冯孝顺等人。第五代还有革新派,建立了西拳房,教练刘兴安(刘兴泰胞弟,绰号刘七),亲传弟子刘长魁、储记礼、范立俊、李鸿儒、刘华云、刘华林、储礼发、储礼毅、储行礼、李义平、李万通等。

范庄武术第六代继续兴盛,成立了东兴国术社,教练王廷汉,师弟有储德谦、储德云、田瑞昌、范巨生、张恩奎、田景诚、左同顺等。王廷汉亲传弟子袁志广、王廷文、左同孝、黄德祯、黄德福、储智家、储智国、储智斌、储智方、杨树华、孙士汉、闫贵才、刘彦博、石荣祥等。革新派的西拳房教练李鸿儒,师兄弟有范立俊、李万通等,亲传弟子李

天津东郊村落文化留迹(下)

金波、范百青、刘春青、李金河以及刘金翠(女)等。

历代传人还有应邀赴周边村庄及外省市任教者,如:刘长魁应邀赴北辰芦新河和东丽于堡等地授徒;储礼发先后赴魏王庄和李七庄等地任教多年(亲传弟子于志有、陈有瑞等三十余人);王廷汉去宁河芦台北任教多年;孙庆田在天津大直沽后台任教多年(亲传弟子贾伴生、王运达、吴树生、李文珍〈女〉、郭玉树、杨竹田、王敏〈女〉等二十余人)储记礼、刘华云分别亲传门徒储智忠、储智云、李文斌多人。闫富祯在欢坨任教多年,收徒二十余人,在范庄小学教两年,先后指导学生七十余人。孙绍武在刘快庄任教多年,收徒二十余人。袁传荣在塘沽任教数年,收徒多人。张广斌在1949年以前,周游天津、沈阳、哈尔滨等地,他身手不凡,传奇故事甚多,尤其在东北影响不小。李义平在哈尔滨也当过武术教练,中华人共和国成立后李义平回乡,亲传李文斌等数人。

第七代传人于永顺、孙士汉等,在老教练闫富祯、储礼其的指导下,于1991—1994年在范庄小学任教练,培训学生刘荣娜(女)等七十余人。第七代传人还成立了当代武术指导队,主教练先后为储智忠、范金良(西拳房)、储百林、孙志河(东拳房),培训对象以学生为主。教练项目:(1)拳脚功:正踢腿、外摆腿、里合腿、后踢腿、十二趟弹腿等。(2)拳路:少林拳、操拳、四门拳、八卦拳、风暴拳、拦路拳、埋伏拳、十三太保拳等传统拳路;(3)兵器:刀有单刀、六合刀、八步刀、闪单刀、连环刀、断门刀、春秋刀等,枪有花枪、伍子枪、梅花枪、断门枪、太极枪等,剑有青龙剑、太极剑等。

范庄是武术之乡,各代武术教练培养了一批习武之人,既强身健体,增长技艺,也传承了中华民族传统文化,丰富了农村的业余生活。

[本文由曲振明根据何智发《范庄文史》(2013年12月华明学校印)改写整理。]

范庄忆旧

范庄是天津东郊的一个大村庄,历史悠久。早年村内有当铺、公善水局、石家瓦房(杨柳青石家房子)和振兴号肉铺等。范庄子有许多富户,如天津大棉布商范竹斋就是我们村的,1939 年天津发生水灾,他还在村里施舍过粥。我们胡家原为山东人,先辈胡军到此与本地孙家姑奶奶结亲,到我这第五辈,有二百多年了,我们与孙家为姑表亲,辈辈亲。

范庄早年在村支书闫福先、闫德森等带领下走合作化道路,取得显著成绩。范庄大队最初分为六大片、21 个生产队,后改为 29 个生产队,"文革"时村里有插队落户知识青年 540 人,疏散户几十户。

20 世纪 70 年代,我担任村支书时,正逢大搞农田建设,改土治碱。农田由东西条改为南北条,要求地平如镜,水利工程畅通,旱能灌、涝能防。我们建立了污水扬水站,将旱田变成水田。种水稻,首先要解决水的问题,村里开始扩大污水扬水站。抽水机最早有一台 600 千瓦的,一台 900 千瓦的,后来增加到三台 900 千瓦的,两台 600 千瓦的,扩大了水利灌溉能力。再后来村里将国家所属排水六站(排灌站)买过来了。1975 年又在金钟河上(二线河)修了扬水站。

为了增加农田耕作面积,按照上级规定,我们提出"死人火葬、党员下放(政治队长)",即每个队增加一名政治队长,开展平坟扩大农田耕作面积工作。为促进这项工作,村领导全部下小队巡视。推行火葬,区领导要求从范庄子开始推行。增加农田耕作面积,需要将原来的坟地平掉,老坟深埋。作为村支书,首先从我家开始。当时种水稻优于种棒子、高粱。生产队也开始养大车跑运输。村里还成立科

天津东郊村落文化留迹(下)

技组,开展杂交水稻、杂交高粱试验,还鼓励农民编篮子、洗编织袋、扎帘子,从事副业生产。此外,还大兴养殖业,鼓励村民养猪、养孔雀、养水貂等。

在发展农业生产的同时,我们还积极开展副业生产。我们村成立了凯悦公司等村办集体企业12家,合资企业有容线缆公司。有容线缆公司规模最大,与中国台湾、中国香港企业合资。这样村办企业达到13家,个人企业达到18家,大小总计30多家。为此在村西划出300亩地建立工业区,将工厂集中在这里。

有容线缆公司是当时村里最大的企业,1992年组建。这个项目谈成实属巧合。当时我们为办企业,要求村民走亲访友,找关系。我们找到老乡,天津第一中心医院泌尿科大夫范玉忠,他帮我们找到灯塔油漆厂技术员王有贵。由他介绍认识港商戚会军、台商吴廷贤。范庄投了10万元,戚、吴二人投资30万元,用工600多人。那时铜为计划内物资,材料来源就很难。我花了三天三夜的时间写出可行报告,然后将我们的情况向区里反映,得到区计委的重视,经研究,批准了该项目。有容线缆公司总经理由村里委任,副经理为张慧敏(女),村里还从线缆厂挖来一些技术工人。公司引进瑞士线缆设备,从台湾购买。公司委托张慧敏负责购买,花了360万元。激素机则从西门子公司引进。这些在当时都是比较先进的设备,产品主要供应华为公司。投产后,企业效益十分可观,每年分红3000多万元,有容线缆公司成为东丽区的重点企业。其他如糕点厂、食品厂、高分子厂也有盈利。那时村里还购置了四辆汽车,村里每年每人分红4000元。

副业生产的利润反补村里,使得村容村貌都发生了极大变化,全村都盖了青砖瓦房,街道胡同实现了土地硬化,修建了上下水道,打了四五眼水井,安装上下排20台变压器。同时村里还兴修水利,扩大农机使用。2000年,村里投资260万元,教育局投资180万元,在范庄小学盖了三层教学楼。集体经济发展了,村里每年对老年人发放一些补助。

　　后来有容线缆公司台商撤股,公司便不再经营。华利公司、鑫裕公司等私营企业后来也都搬到了华明工业园区。撤村时,全村有3193户,8366人,原有土地25223亩。2007年启动撤村拆迁工作,村民统一搬到华明家园居住。

讲述人:胡福全(83岁)

杨春林(76岁)

整理人:曲振明

范庄子私塾与小学

范庄子虽然属于农村，却出过不少名人，这些人早年在范庄子成长，接受了良好教育。范庄子早年还有几家私塾，私塾先生都是本村人，如褚先生、何先生、孙恩瀛先生。上私塾的孩子比较少，多数孩子想上学，但因经济原因，大都上不起。那时私塾还开设冬学，即利用冬三月农闲时间开办。我在孙恩堂先生的私塾上了冬学，学习《百家姓》《三字经》《弟子规》《中庸》《大学》《论语》等。我们上学时，私塾设在孙恩堂先生家里。孙先生的正房两间住人，暗房两间为私塾教室，上冬学的有四十来人，其中还有三名女生。我在那里开始学习《中庸》。冬学上私塾时整天都有课，早晨上三节课，下午也有课。三个月过后就基本能识字了，中华人民共和国成立后我直接上了小学二年级。

除了私塾，范庄子还有小学。早在清代光绪十六年（1890），范庄三元庙内就已设立公立小学堂，教师人称霍七先生，有学生二十余人主要以学习《百家姓》《三字经》《弟子规》等蒙学读物为主。

光绪二十九年（1903），范庄小学设官办初等小学堂，校址仍在三元庙内，教员已有两人，学生26人。清政府投入经费二百四十两白银，试行学堂与私塾并进式的教育。宣统三年（1911），范庄初等小学堂为天津县全境89所公立小学之一。校址依然坐落在三元庙内。教师一人，学生40人，课程以国文习字为主。1927年，范庄小学开辟三元庙后殿、东耳房为教室，有教师三人，学生四十余人。1944年，范庄小学何恩泽、王刚（字椿年）教师分别兼管两个复式班，除国文、算术外，分别开设英语、日语等课程。在校学生八十余人。1946年，范庄村设立天津县范家庄保国民中心小学,校长纪景声、校董孙来学,教师储礼纯、裘文儒、刘宝礼等,还有职员储礼贵。随后张磐山、侯维民、宋漱石等接替前任教师工作。当年宋漱石作词,张磐山谱曲,写了一首《范庄小学校歌》:"渤海滨,范家庄。三元旧址,中心学堂。忧时读史,罢日读经,莘莘学子乐洋洋。歌声嘹亮,满园桃李芬芳。先天下之忧而忧,后天下之乐而乐,任重志远,来日方长。"这首歌传唱几十年。那时全校学生124人,每个年级含两个大复式班。课程有国文、算术、历史、习字等。1949年1月天津解放,范庄小学是全区第一完全学制小学。学制教材尚属过渡学段试行教材。行政区属天津县二区正式完全小学,有一至四年七个教学班、五、六年级合为一个复式班,校长梁鸿儒,教师郎砚波、韩忠、陈耀英、杜家贤等。村委会沈洪湘、王福堂、石凤样等进驻学校,负责日常管理。1949年底,校长梁鸿儒为七名应届高小毕业生颁发了毕业证书。

1951年,范庄小学由教导主任李文梁兼管校务,教员有李学敏、李金钟、陈耀英、王学志等。学生人数增至243名。同年,开设农民夜校,由村派教员储礼纯、储义贤、杨恩树、朱世昌以及小学毕业生储智发、储智家、王冠芳、杨树华为农民夜校的义务教师。小学教室部分被占用,作为夜校课堂。每天村里十七八岁至六十几岁的文盲近二百名,大家自备煤油灯、书包,一到晚上,就从四面八方涌进校门,群众学文化热情很高。1953年,范庄小学迅速发展,学生增至三百四十八人。校长李精业,教导主任李文梁,教员有杨培芝、王学志、储智发、储智国、王冠芳、李松岩、赵燕江、窦瑞贺以及代课教师李润源等。同年,开展破除迷信运动,一举拆除三元庙前殿及娘娘殿。

1972年,东郊区教育局、荒草坨公社、范庄村投资,从第六生产队拨园田24亩地,兴建新校舍,增设初中班,落实九年义务教育规划,范庄小学成为一所超千人的学校。改革开放以后,范庄小学发展很快,2000年范庄村投资260万元,东丽区教育局投资180万元,拆除旧校舍,改建为现代化的三层教学楼,建筑面积4000平方米,教学

天津东郊村落文化留迹(下)

设施属于一流。2007 年,因土地整合,村校拆迁,学生陆续转入华明
学校上学。

[本文参考储智发《范庄文史》(2013 年 12 月华明学校印)。]

讲述人:胡福全(83 岁)

整理人:曲振明

名医王郁文

王郁文原名王秉礼,1879 年 1 月 15 日出生在天津东乡范家庄的一个农民家庭。他自幼好学,聪敏过人,童年就读于村内一所私塾,练就一手好字。他对学习十分感兴趣,不仅专心攻读四书五经,而且勇于探索,获取新学知识。这种求学的精神,经常博得师长好评。

清光绪十四年(1888),王郁文因母病重,求医心切,多次登门求医,均遭拒绝,扫兴而归。刚刚十岁的他深知求医之难,便横下心来,攻读医学。翌年,经亲戚介绍,考入天津医学堂深造。

1921 年,时任阎锡山所属晋军独立骑兵团团长、同乡孙庆书将他招募为该团随军医生。在长期的行医过程中,王郁文积累了一些经验,1923 年,与同乡、好友孙祥麟合著《绘图针灸传真》。1925 年,王郁文投奔东北军张学良部,也为骑兵团医生。后被任命为利商转运总局总务科二等科员。

王郁文还为《绘图针灸传真》作序,全文如下:

世之学医者,往往精研方剂,而不悉针灸,或专讲针灸,而不悉方剂。若是者均不得谓为良医也。盖针灸方剂,未可偏废。开气血之壅滞,通诸邪之闭结者,莫若针;存脏腑之阴液,逐肠胃之实邪者,莫若药;阳气下陷,升阳驱寒者,莫若灸。治病无定法,在审其病情何如耳,独是开方服药。古书记载极详,无师可通。为针灸自岐黄真诀失传后,人各异法,学各异术。杨继洲针灸达成一书,胪列虽多。而学说分歧,故医者每病其难焉。辛酉春,礼从祥麟先生驻防雁门,得与赵辑庵先生交。先生精针术,亦得自祥麟先生,因与之参互考证,编订《针灸传真》书八卷。有疑仍以质诸样麟先生,经营两载,稿脱而付之梓,受志数语,以叙其事之始末焉。

从序文中看,王郁文主张学医者,要兼通方剂与针灸,因为二者互为补充。从序文中可见,其在驻防山西雁门关时,与当地名医赵熙相识。赵精通针灸,使王郁文受益匪浅。后来,他与同乡孙祥麟研习两年,编出《绘图针灸传真》八卷。这部书为孙祥麟、王郁文、赵熙三人合著。1923 年 6 月,该书经孙庆琨、赵杰、韩树桐、李作楫校对,彭述祖绘图,山西代县城内亨利石印局印刷并发行。该书印成后在社会上颇具影响。绥远中医改进研究会于 1926 年 8 月 26 日致信王郁文,聘任其为中医改进研究会名誉理事。同一天,王郁文收到绥远警务处处长兼警察厅厅长严惟全颁发的行医执照,称其经本厅考试中内针科医术列入甲等,应即准予行医。

1926 年底,王郁文自西北归来移居北京,住在西城府佑街。他参加了京师警察厅的行医资格考试,于 1927 年 2 月 21 日获取京师警察厅行医执照,称经本厅考核,允准行医。

1928 年,王郁文返回故乡天津东乡范家庄,并获得直隶警察厅颁发的行医执照,经本厅查检资格,尚无不合。除予注册外,合即发给证书,准在津埠行医。直隶警察厅勉励王郁文"务于学理,精益求精,要慎诊治,以重生命,是为至要"。

王郁文住在范家庄坐南朝北的一套房屋,开设中药房。他为乡人针灸诊脉治病,直到晚年。

[本文由曲振明根据何智发《范庄文史》(2013 年 12 月华明学校印)改写整理。]

范庄子带头人闫德森

闫德森曾为范庄党总支书记，1917 年出生于范家庄一个诗礼之家。祖父闫振亭，青年时期与严修同期应试，考中秀才未署名，而落得"赐名却未提名"的结果。当年，闫氏家族生活富有，有园田数十亩，收获季节，闫家"西场"大囤流、小囤满。

闫振亭的长子，先天生就一张豁嘴，家人为之自惭形秽，连其本人也因自卑而离群索居。后人对其原名无人知晓，只知道绰号——"缝爷"。闫振亭之次子闫毓藻，自幼聪颖好学，五官端正，讨人喜欢。闫家望子成龙，将其作为重点培养对象。闫毓藻人到青年，不负众望，学有所成，尤其书法造诣颇深。闫振亭的弟子石文会来拜谒恩师，发现闫毓藻书法功底非凡，赞不绝口道："毓藻书法大有青出于蓝而胜于蓝之势。"后来，闫毓藻继承了先父教书育人的事业。

闫德森为闫毓藻的长子，受先辈的影响，也热爱书法，幼年在私塾馆里，练出了过硬的书法基本功。但是到了闫德森这一辈，闫家走入末路。闫德森年轻时千方百计创业维生，1945 年才成家立业。

1948 年 9 月，天津解放前夕，解放军及工作队进入范庄。闫德森积极参加农会活动。他与孙玉成、储礼庆、王福增、储美喜等贫雇农成立首届农会，并担任范庄村治安委员。闫德森有文化，知书达理，了解党的政策，带头开始农村合作化的尝试。他最早与村民田致富、孙恩彤、杨同和、冯孝顺、王金府结成互助组，最初是六户，后来褚礼运退伍回乡后互助组变成七户。1954 年村里成立了四个初级社，不久结成高级社，即钢铁社。1953 年范庄子开始党的活动公开，闫福先为首任党支部书记。1954 年闫德森加入中国共产党，1956 年担任

天津东郊村落文化留迹（下）

村总支书记。同年6月，闫德森兼任荒草坨管理区副书记。

1958年，掀起"大炼钢铁"高潮，闫德森组织发动村里群众，紧跟形势，投入其中。当时家家户户都献计、献策、献钢铁。全村以生产队为单位，抬着大抬筐，入户收敛铁器，不少人积极奉献，把家中日常生活必备的铁锤、铁钻、镐头都奉献出来。全村收上来的烂铁堆积如山，由"积肥组"组长孙洪禄负责管理。同一年，村里兴修水利，先后建起东、西、南、北扬水站，还有拖拉站、养猪场、酿酒厂等。闫德森提倡"大造声势，发动群众"，在范庄中心大街和供销社前街中心，搭起醒目的过街牌坊。闫德森亲手题书楹联："猪多肥多粮食多，多多益善；国富社富村队富，富富有余"。接着，人民公社、公共食堂相继搞起来，那时全村21个生产队，划分以片或小队为单位建立大食堂。

成立人民公社后，闫德森任新立村公社党委委员，荒草坨公社工委副书记、范庄大队党总支书记。1959年，闫德森任荒草坨管理区党总支副书记、范庄党总支书记，直到1964年。1964年开始"社会主义教育运动"，随着"四清"工作队进村后，闫德森因所谓"腐败"问题受到党内外处分。1965年，闫德森回到范庄第12生产队当社员，后来到荒草坨公社打井队，任指导员工作。1975年，闫德森在荒草坨公社管水利，任海河工程党支部书记，不久任公社养猪场场长。粉碎"四人帮"以后，闫德森得到平反。1981—1984年，闫德森任东郊区养护队荒草坨道班班长。闫德森爱好书法，艺术精湛，人到晚年病魔缠身，依然喜欢舞文弄墨，曾为范庄中医大夫王冠吉题书："山不在高，有仙则灵；水不在深，有龙则名。"1987年，闫德森病情几经反复，终因医治无效，于当年10月30日与世长辞。

[本文参考何智发《范庄文史》（2013年12月华明学校印）整理。]

讲述人：胡福全（83岁）

杨春林（76岁）

整理人：曲振明

☆ 李明庄村

村情简介：

李明庄村，明永乐二年(1404)建村，曾用名倪家台，"文革"时曾更名红卫村。全村 2135 户，5898 人，原有土地 17737 亩。该村位于西减河西侧，于明庄之北。李明庄村东至西减河，北至北环铁路，南至北塘排污河，西至河东万松太阳城，是华明街唯一的城中村。2008年 4 月，李明庄村撤村，2014 年 10 月启动拆迁工作，村民们统一搬迁至李明庄还迁小区居住。

李明庄与外环线规划

  李明庄原有土地 17737 亩,东至西减河,西至北月牙河,南至津汉公路,北至南淀,全村面积很大。随着城市化改造,村子面积不断缩小。

  李明庄第一次土地变化是修外环线。外环线是天津市的一条环城公路,全长 71.34 千米。该环线北至北辰区引河桥,南至津南区郭黄庄,东至东丽区张贵庄,西至西青区姜井村。环线距市中心平均约 10 千米,路基宽 50 米,路面宽 36 米。外环线承担货运交通,截流和减少穿越市区的车辆,改变了天津道路"南北不通,东西不畅"的状况。外环线设计上征用了李明庄的土地,而且穿村而过,对当时村内的整体面貌形成了巨大的改变。当时村领导班子既顾全大局,也要保证村民利益,做了许多艰苦的工作。

  首先是规划的调整,原外环线的规划,村台大部分划到外环线外,这个规划不利于村里的长远发展。适逢东丽区计委到村里调研,村党总支书记张文江与区领导沟通,说明了李明庄的情况,得到了理解。

  其次是积极协调市内各部门调整计划。当时李明庄有一位下放本村的领导干部王志,他曾参加过抗日战争,与李明庄村民有一定感情。得知村里遇到这种情况后,王志亲自出马,与村委会一同去到各委办局进行协调,每天王志乘着村里的雁牌双排载重车,奔走有关部门。当时的副市长刘晋峰是王志的老上级,经了解原因,李明庄得到了理解。通过多方协调,市有关部门达成共识,重新修正了规划。新的规划即保证了外环线的正常竣工通车,又兼顾了村民的利益。

　　三是积极做好搬迁工作。村里领导班子提出不向国家要条件，积极做好村里的拆迁工作。在国家政策补偿的基础上，村里掏出一部分钱追加补偿。由于工作力度大，得到全村理解，在上级要求的时间内完成拆迁任务，保证了外环线的正常施工。此后万松规划区、太阳城居民征地划走许多土地，李明庄土地面积越来越小。

　　改革开放以后，李明庄有了很大的发展。特别是村里领导班子换届，遗留下 630 万资金。这些资金为村里发展副业起到了极大的作用。村里看准锅炉旋压封头（锅炉的堵头）这个项目，1987 年建设旋压封头厂，1988 年建成，1989 年投产，这是当时北方最大的旋压封头厂。当时有工人七八十人，选派部分工人赴杭州氧气设备制造厂学习半年，同时引进意大利设备。投产以后，经营顺畅，获取了可观的经济效益。除了集体经济，李明庄的个体经济发展很快，涌现出许多能人，主要从事土方工程、水泥厂和水泥搅拌站等工作，在市内比较有名。

　　2004 年李明庄撤村，2014 年 10 月启动拆迁工作，村民统一搬迁至李明庄还迁小区居住。

讲述人：韩景章（89 岁）
张文江（80 岁）
整理人：曲振明

李明庄人养苇子

　　李明庄于明代永乐年间建村。早年村民是来自山东、山西、河北的移民，由于此处有一个一眼望不到边的芦苇淀，于是人们在此安家建村。这块芦苇淀由于地处金钟河以南，人们俗称其为南淀。据说早年的南淀比现在宁河的七里海还要大两倍，村民们依靠它为生。

　　所谓南淀，实际是一块湿地，多数都是半米多深的水洼。由于这里水源丰富，到处是水洼，洼里长出一丛丛的芦苇，矮的刚刚没过小孩子的头顶，高的到两米以上。到了秋天，苇叶和苇秆发黄，芦花盛开的时候，轻风吹过芦苇丛，苇叶之间相互摩擦，发出沙沙的声响，苇絮随风飘扬，犹如万千蝴蝶在风中起舞。

　　李明庄人早年就以养苇子为主，以种植旱田为辅。20世纪50年代初成立初级社、高级社，养苇子成为集体事业一项重要产业。芦苇是一种多年水生植物，它适应性强、繁殖速度快、栽培管理简便。割苇子要适时，一般在芦苇叶片干枯、茎干脱水变硬、苇缨成为白色时即可收割，时间一般在霜降开始。割得过早，芦苇秆含水量大，容易折，堆放后也容易发霉变质；收获过晚，淀里容易发生火灾，造成损失。那时养苇子分为春秋两季，特别是冬天，从一九至三九打苇子，从三九至六九一直到春天投苇子（分苇子）。打苇子的好手，速度快、割的苇茬低、捆的芦苇把子不容易散。苇子也分品种，不同品种的用途不一样。铁杆苇子比较硬，主要用作"苇把子"。"苇把子"制作过程是：刮去芦苇的叶子，切掉苇秆前端的苇花以及苇秆较细部分，放在碗口大小的模具里，用细铁丝绑扎好。这种细铁丝也称之为"苇腰子"，每隔二三十厘米一道腰子。然后按照要求做成需要的长度后，

"苇把子"就算制作完成了。那时的"苇把子"主要用于盖房使用,使用单位多为天津市的工厂和仓库,作为厂房和库房房顶的建筑材料。那时以生产队为单位,专门有业务员在市里跑业务,"苇把子"主要由妇女来做。铁杆苇子除了做成"苇把子",还制作成苇帘子,一是门帘,二是苫盖,用于固沙、防沙。

席苇也称白皮苇,杆高笔直,骨节小,皮薄色白,苇质柔韧,是编席子的上等原料。编出来席,即农村火炕用席。织炕席,要对苇子粗加工,一是选择粗细均匀、色泽好、苇质柔韧一致的芦苇。二是破苇片,将一整根芦苇劈开为2至5片,揭出的芦苇篾片粗细均匀,编织出的苇席平整,不凹席心、不翘角。三是浸水,把破开的芦苇篾片洒上水浸泡,一般头一天晚上浸水,第二天早晨起来进行碾压。四是碾苇,把经过充分浸泡的苇篾翻压两次,直到把苇篾压得像皮子一样。五是投苇,即分苇,按苇篾的长短分别成捆,织席时,各等苇篾均有其不同的使用部位。

编织苇席,主要分踩角、织席心、收边三个步骤。这三个步骤全部是手工制作。还有一种毛苇,也称纸苇,秆高、茎粗、壁厚,是造纸厂用于制作牛皮纸和新闻纸的纸浆原料,每到收苇子的季节,都要将这些纸苇送到灰堆天津造纸总厂和咸水沽天津板纸厂做成纸浆。

苇子是李明庄人的财富,由于养于南淀的苇子面积大,五千多亩地,成为村内的规模经济。那时由生产队安排,家家户户编织苇子,成为村内集体支柱产业。20世纪60年代,我们村年收入达到四万八千元,苇子为村民带来丰厚的效益。70年代,气候变暖,水洼减少,冬天打苇子的时间也缩短了。80年代,开始"苇改稻",苇田变成了稻地。

讲述人:韩景章(89岁)

张文江(80岁)

整理人:曲振明

☆ 北坨村

村情简介:

北坨村,明永乐二年(1404)建村,曾用名黄草坨、荒草坨、张旺村、北荒草坨村,"文革"时曾更名东风村。全村有 1061 户,2488 人,原有土地 11352 亩。村址位于范庄村西南,南坨村北,西减河东侧。2007 年启动拆迁工作,村民们统一搬入华明家园居住。

北坨村的土地改革

天津郊区的土地改革开始于 1949 年春天,主要任务是消灭封建土地占有和消灭地租剥削制度,将土地收归国有,然后再将土地分给农民耕种,以促进农业生产和城市建设与发展。1949 年 3 月,天津市颁布了《市郊农田土地问题暂行解决办法的决定》,4 月 10 日,天津市人民政府又公布了《解决土地问题办法》,主要内容就是:没收地主所有土地,废除地主中间剥削,其雇工耕种土地不动。富农自己经营的土地不动,其出租土地征收。但是,当时有些地主和旧式富农为了逃避土改,采取假分家、虚立堂号或假分给农民土地的办法。也因此,天津市又于 1950 年初对郊区进行了第二次土地改革,1950 年 3 月 10 日发布《关于解决市郊农田土地遗留问题的说明》和《关于解决市郊农田土地遗留问题补充决定》等,对于经营地主的土地全部没收,分配给地主的土地与一般农民相同;将富农、富佃农租种之公地调剂一部分给农民耕种。土改时期,对于定成分问题,一般按照拥有土地的多少、雇佣劳动力的多少、剥削程度等进行划分。解放时期,北坨村有四百余户,八百多人,其中有不少光棍。土地改革之后,农民分到了土地,实现了耕者有其田,生活逐渐变好了。土改的时候,对于地主还是进行了斗争。一方面是启发群众,防止地主破坏土改,另一方面也对地主讲明政策。当时我们村地主、富农一共有十多户。1956 年农村合作化后,吃饭是没有问题的,1958 年大公社化以后,人们普遍冒进,这一时期,北坨村的农民生也出现了饿肚子现象。

讲述人:杜云立(81 岁)

整理人:万鲁建

北坨村忆旧

我小学是在北坨小学上的，1954 年毕业后进入初中，在第三十八中上学，当时还没有程林庄中学，我们村里有三个人在那儿上学，不过不在一个班。上学要从家里步行到学校，一旦遇到大雨，道路泥泞，河沟纵横，难以行走。当时，我和本村的另外一个同学一起走着去，有几十里路，太远了，因此后来就住在了学校，一个星期回来一次。每次去学校都带着高粱面的饽饽当主食。我觉得太艰苦了，上了一个月就不去了。学校动员家长让我继续上学，但是我没有去。此后便在家务农，后来当了大队长，一直到退休。

1956 年实行公社化后，由于缺乏积极主动性，大家都不怎么干活儿，也不好好耕种。结果到了 1960 年前后，因为中苏关系恶化，出现了挨饿现象。

北坨村早年以种高粱为主，以五谷杂粮为辅，1956 年开始种水稻，是公社种的。农业合作化后，由于大锅饭造成的粮食浪费问题愈发严重，加上 1960 年前后出现了灾荒，大食堂就解散了。不过，那时候土地还是集体的，到 1978 年还是集体所有，1982 年我从外地回来时土地就分产到户了。包产到户后，就不交公粮了，1983 年改为水稻，此后一直都是种植水稻。后来天津市有规划，不再让种水稻，遂改为旱田，主要是种玉米，因为我们这地方不太适合种小麦。20 世纪 80 年代以后，可以用大米换其他杂粮，类似于物物交换，当时有做小买卖的生意人，会带着面粉来村里，一斤面粉可以换一些稻米，还可以换西瓜、山芋，我们这儿不怎么种其他农作物。1978 年改革开放后，大部分人开始出去打工，主要是去天津市区，还有附近的一些村庄,因为这些村庄有地毯厂等工厂,距离家不但近,而且方便。这些企业都是租用当地的土地,或者是村办企业,主要就是雇佣当地的农民。企业有木材厂、棉麻厂、地毯厂、二轻局工厂。因此,村里的农民去市里打工的就不算太多了。农民大多是临时工,主要是农闲的时候去工厂打工。棉麻厂临时工比较多,大多是跑业务的。

我们村里有一个荒草坨中学,这是公社的中学,1965年建立,当时范庄、李明庄、赵庄子、南坨村等村的孩子都在这儿上学。学校刚成立时,由贫下中农管理校务,主要负责政治方面的工作。当时天津市里的学校主要是工人管理,业务工作主要是校长负责。我记得学校成立时的校长叫马雨真,他是进城干部,是党员,河北省井陉县马庄的。马雨真早年参加革命,在华北局工作,后来在边区的晋察冀银行工作,是一个有学问的干部。1949年天津解放后,他跟随军管会人员进入天津,在银行系统工作。1965年荒草坨中学成立后,他调入学校担任校长。我当时在村革委会工作,主要负责军宣队、农宣队,管理政治,负责对老师进行外调核实。马雨真调入学校担任校长时,也去他的老家马庄调查过他的家庭成分,了解他是如何参加边区银行工作的。经过调查,发现他没有政治问题。他的老婆是一名大夫,在东北黑龙江工作,要他跟着一起走,于是马雨真就在1967年11月去了东北。此后,王泉接任校长。后来,军宣队走了,农宣队也走了,其相关组织撤了,我就又回到队里了。

我们村男女婚嫁对象主要都是附近邻村的,以自由恋爱为主。以前嫁过来的外地人居多,主要是河北省的,青县、沧州、盐山、庆云等地的。现在的孩子由于大多是独生子女,结婚时男方要准备房子,也要买车。送给女方的彩礼大部分都会带回来。我们是2007年搬到现在居住的小区,现在居住的房子一般需要一百万元左右,人均三十平方米,不够的话,政府会补助。

讲述人:杜云立(81岁)

整理人:万鲁建

当兵忆旧

　　我小学是在北坨小学上的,1973 年考初中,这一年正好发生了张铁生"白卷事件",该事件在全国造成很大影响,使得很多学校不敢要高分学生,录取者多是成绩平平或成绩中下者。或许是因为如此吧,当年初中考试显得很简单。1976 年初中毕业后,我在家务农。

　　1979 年,我 20 岁时外出当兵,那时是义务兵。我服役的部队在杭州笕桥机场,工作是空军地勤,主要是负责机场的后勤保障。笕桥机场属于南京空军军区管理,归属于空军第四军。当时我们这一批天津去了 102 人,我们村一共去了 5 个人。这是笕桥机场过来招的。此后每年都会招兵,但是去的地方不一样。有一些是基建兵,主要负责盖房子、盖楼,类似于现在的建筑队。我们这儿也有当兵后升为干部的,有一个叫王幸福的,他 1965 年到安徽蚌埠当兵,后来升为政委,正师级别。转业后当蚌埠市的审计局局长,后来又升为副市长。

　　空军是三年义务兵,我超期服役一年,1983 年从杭州笕桥机场退役回家。当时,每月都发放津贴,第一年是每月 6 元,第二年每月 7 元,第三年每月 8 元,最高的时候是 14 元,就是超期服役那一年。当时的生活比较艰苦,有的战士一盒牙膏能用三个月,洗衣服的胰子都由部队统一发放,不过洗脸用的香皂则需要自己购买。我当时在警卫连工作,主要负责站岗,一般都是在油库、飞机、营门、弹药库等地方站岗。超期服役一年后,领导不让回来,说是可以解决组织问题,后来我还入党了。复员后我在附近的工厂打工,那时候生产队已经解散了,当时有驾照的都出去开车了,在军队没有学到技术的回来就外出打工。

我工作的机场,士兵们干啥的都有,地勤是修飞机的,后勤是管理飞机场的。军官都是当兵表现好的转干。我们连队的排长就是从普通士兵提拔上来的。

当时,飞机降落在机场跑道以后,并不直接开到停机坪,而是需要用车牵引过来。那时候的飞机是小飞机,不大,也不重。当时军民两用机场有两个,一个是天津的杨村机场,另一个就是杭州的笕桥机场,对外国开放。笕桥机场是军用机场,有时候有外国代表团来访,还会举行飞行表演。平常主要是训练。和我一起去的几个同村当兵的,一个在汽车连工作,一个在有线连工作,就是机场的后勤保障工作。当时,我们的住宿按照班排居住,平常工作时大家没有时间见面,周末大家可以聚会。当兵时,三年才能回家探亲一次,服役期是四年,因此四年当中只回来一次。

当兵的时候不能谈恋爱,但是可以抽烟,放假的时候可以出去玩儿,大家也可以聚餐。军队补贴的钱只够自己花费,甚至有时候还需要家里资助一点。郊区当时要比外县的生活要好些,家里能够资助一些。外出当兵时,大队里给每个人80元钱。当时是自愿当兵,需要体检、挑选。只有政审没问题、身体素质好的才能当兵,也就是择优选择,一是看家里情况,看在政治上是否有问题,同时大队也要研究。如果家里只有一个孩子的,尽量不去当兵。如果家里孩子多,就尽量让他去。在杭州当兵的时候,有时候出去玩儿,也会租一个相机拍照,回来自己冲洗照片。我有个老乡就专门做冲洗照片的工作,因此我们游玩拍照的照片,都是由他进行冲洗。

讲述人:杜洪石(61岁)

整理人:万鲁建

金鸡

古时候的赤碱滩,人家不多,占地面积也不大,但地名却不少。

村后有一块凸起的地方,四周长满了酸枣树,中间有一座小庙,这就是北坨。靠北坨有一块方圆十几亩的水坑,人们都叫它北大坑。

相传北坨庙里有一只金鸡,每天清晨都为百姓们啼鸣,催促着人们下地劳动,洪亮的叫声传遍村落,不过人们却从来没见过这只金鸡。

每年三月,村里都要唱几天大戏,戏班子唱戏,需要桌子、椅子、板凳等。每到这个时候,人们只要头天晚上到北坨小庙去烧香磕头,求神鸡帮忙,转天早晨在庙门前就会看到摆满了所需的桌子、椅子、板凳。用完之后原数送回,下次再用再求,非常灵验。可是,有一次,一个贪财的人自己留下了两条板凳没还,神鸡生气了,以后人们再求就不灵了。虽然求不来东西了,可是神鸡仍旧还会在每天早晨啼鸣。

有一天,一个南方人从这里路过,发现了北坨这一宝地,他围着北坨转了整整三天,准备"憋宝"。随后他找来本村一个青年帮忙,答应事成后给他白银五两。于是两人就干了起来,他们买来许多红头绳、红布条,在酸枣树上缠了一道又一道,把小庙围得严严实实,然后开始"憋宝"。不知道他施了什么法术,片刻之间,神鸡扑打着翅膀,不停地叫着,从小庙里跑了出来,眼看就要到南方人手里了,正在这时,只见北大坑里波浪翻滚,窜出两条鲶鱼精,身长八尺开外,张开两只大分水翅,直奔两个"憋宝"人,两人见此情景,慌忙逃跑了。

从此以后,人们再也没听到庙里的金鸡啼鸣。

(本文由万鲁建选自《中国民间文学(天津卷·东郊分卷)》。)

万新街

☆万新街

　　万新街道位于区境西南部,属东丽区辖街道。该街道辖 20 个社区、12 个行政村。1958 年设万新庄管理区,属新立村公社。1962 年设立万新庄公社,1983 年改万新庄乡,1993 年改程林街道。万新街面积 27 平方千米,人口 3.5 万人,辖 12 个行政村和工业区一村、二村、三村等 16 个居委会。

东局子曾有飞机场

位于成林道的解放军军事交通学院曾是天津机器局东局所在地,这一代俗称东局子。1900年"庚子事变"后,东局子变成法国兵营。1924年,这里开辟了军用飞机场,几经变化,这里一度成为天津军用与民用的航空基地。

第二次"直奉战争",奉军的飞机在榆关战役中发挥了巨大作用。奉军入关后,少帅张学良认为"飞机乃战争上唯一之利器",决定在东局子设飞机场。当时组织部队在东局子法国兵营附近修筑了军用机场,奉军东三省航空队有飞龙、飞鹰、飞虎三个大队,每队15架飞机。

1924年11月飞机场竣工,这里停候15—20架飞机,这些飞机承担奉军在战争中的侦察与轰炸行动。直奉战争平息后,紧靠这里的法国兵营的法国人却动起了脑筋。1926年法国飞机来津,就以东局子军用飞行场为降落地点。

1928年,国民政府航空处向美国瑞安飞机公司购入瑞安B-5型5座单翼飞机水陆型各一架,陆上型命名为广州号。同年12月1日,航空处长张惠长偕三名飞行员,驾广州号自沈阳抵达天津东局子飞机场降落,时天津警备司令傅作义、市长崔廷献到机场迎接,并向张惠长敬酒慰劳。张惠长在津备受欢迎,《大公报》《益世报》《北洋画报》进行跟踪报道。其中北洋画报还出了一期《欢迎广州号飞机专号》,轰动一时。

由于机场受法国人控制,这次活动备受掣肘。市政当局以事关中国主权为名,特向法国驻津总领事提出交涉,拟收回东局子飞机场。

1930 年,中国航空公司开辟南京至北平的京平邮航,最初选择东局子机场经停,由于安装无线电台,遭到法国兵营的反对,后改在北站农林试验场。随后中国航空公司沪平航线开通,依然选择东局子飞机场。1931 年 3 月 5 日,中国航空公司监察兼机航组副主任聂开一等四人,乘天津号飞机,由济南抵达天津,在东局子机场降落。在津期间,聂开一会见了法国总领事梅礼葛,就借用东局子飞机场问题交换了意见。几经交涉,法国人允许使用东局子机场,但要求飞机不要经过法国兵营上空。这一点遭到天津市政当局的拒绝,其认为这是中国的领空,法国人无权干涉。但考虑中法之间的友谊,不在兵营上空低飞。最后中法双方达成一致意见,当年沪平航线正式开通,每星期一、二、四、五、日对开一班,由上海经南京、徐州、青岛、天津而达北平,从此东局子机场繁忙起来。

"九一八事变"后,日军不断侵扰华北地区。1932 年,商人李伟阁与日本人内山春吉在临近东局子的月牙河边开设万国跑马场。1935 年,日本关东军航空队占据跑马场及其房屋,随后日寇多架次侦察机在此降落。同时在跑马场北强行占地十三顷四十亩,修筑军用飞机场。同年 11 月,日本华北驻屯军在此举行平津秋季演习,关东军航空兵六大编队飞机共六十余架参加演习。此间,河北省政府责令津沽保安司令部和天津县政府进行交涉,日军同意使用两个月后交出。

1936 年 8 月,日本军强行在东局子跑马场附近建筑营房及飞机场。10 月,日军与华北冀察政务委员会订立了《中日华北航空协定》,成立了日资操纵的所谓"中日合营"的惠通航空公司,开辟以天津为中心,联通大连、北平、承德、张家口的航线。惠通公司购买了六架中岛式巨型飞机,这里变为惠通机场。当时东局子除了惠通外,还有中国航空公司机场。随着 1937 年"七七事变"爆发,日军占据天津,中航与惠通机场成为日本军用机场。

抗战胜利后,东局子日本兵营被美国军队占用,当时除了东局子

天津东郊村落文化留迹(下)

机场外,附近还有李明庄和张贵庄机场。1948 年,国民政府民航局计划在天津建设国际六级航空机场,为中国民航大型机场之一,最初计划改造东局子机场,修建 1900 米的跑道及停机坪、候机楼,以备大批飞机停降。工程由天津市政府负责土方,民航局负责地面建筑及设备。但在土地测量中,发现地势低洼、易遭水患,遂调整计划,停止建设。

(本文由曲振明根据相关历史资料撰写。)

☆ 杜庄村

村情简介：

杜庄村,明宣德四年(1429)建村,曾用名杜家台,"文革"时曾更名工农村。该村有 1237 户,3469 人,除汉族外有满族 1 人,回族 268 人,耕地 537 亩。杜庄村东至潘庄村,西至天津钢厂,南至天津中板厂,北至冯口村。2009 年 10 月,按照东丽区政府对杜庄村的规划,原来的村庄被拆迁,村民于 2016 年 6 月陆续搬迁到海颂园居住。

杜庄村的变迁

　　杜庄子原名杜家台,明宣德年间,杜姓从河北滦县一带迁到此地,杜家族长杜子勇看好此地,决定留下来。杜家最初有老哥三,后来陆续来了徐、吴、夏三大姓人家。我们老徐家分东西两家,东边徐家是财主家,西边徐家是穷人家。杜庄子吴家也是财主。除了这杜、徐、吴、夏四姓外,郭家也很出名。郭家出文人,如老干部郭立沙。还有教育家郭锡章,其早年出国留学,学成后归国,在杜庄子办了一所小学,后来在河东贾沽道小学任校长。杜庄子有土地庙,青砖瓦房,每月初一、十五上香。有东佛堂一间房,西佛堂两间(由我们徐家管)。

　　东边徐家住两个四合院,两院分前后,俗称徐家大院。这里曾做过天津第二疗养院,主要是抗美援朝归国志愿军伤员在此养伤。这部分军人在天津成家的不少,有的在杜庄子居住下来。2019年,一位当年在此养伤的志愿军老战士到村里来,看到徐家大院,发现格局没有变,老院还有。他印象中有一个拱形大门依然保存,据说这批志愿军伤员在杜庄子居住了半年多。

　　杜庄子紧靠天津钢厂(以下简称天钢),村子的发展与钢厂密切相关。1970年,天津钢厂召了一部分来自塘沽新城的工人,这部分人多数为回民,为此征用我们村里的地,建立了天钢回民宿舍。此后村里还被一些单位征收土地盖宿舍,如天钢贸易部宿舍和东郊区供销社宿舍。因此村里居民中,有相当一部分是附近企事业单位的员工,这些人户籍关系和社会管理都在杜庄子。

　　1983年,东郊区公安局在杜庄子征收五亩地,建了万新派出所。

万新派出所在杜庄子一直到 1991 年。这块地由天钢高速线材厂占用，并由天钢出钱，在其他地方又建了新的万新派出所。后来天钢贸易部宿舍改为天钢中板厂宿舍，有居民 49 户；天钢回民宿舍归第二炼钢厂所有，居民 80 多户。东郊供销社改为商业局，产权没变，有居民 50 多户

由于大多数土地被附近工厂征占，按照征地规定，村里许多人进了工厂，其中有天津钢厂、毛条厂、工程机械厂、第一机床厂。1980年，天钢中板厂在杜庄子征了一部分地，按照协议，村里还承担中板厂一部分劳务维修。

杜庄子虽然属于郊区，但处在城郊接合部，周围都是工厂，村里又有三处企事业单位宿舍，而且由于征地，每家每户都有工人，为此杜庄子好似城内的工人新村，与真正意义的农村存在着很大差别。

村里早年是土路，1984 年与冯口联合修连村公路，起初是土地硬化，后改为柏油路。再后来国家修变电所路，通海河边，使得村里出行更加方便。

2009 年根据东丽区政府规划，原来的村庄拆除，当时杜庄子有1257 户，3469 人。村民于 2016 年陆续搬迁到海颂园居住，全部成为城市居民。

讲述人:徐宝河(60 岁)
整理人:曲振明

杜庄村的农副业生产

　　杜庄村位于城郊接合部，虽然属于农村，但附近都是工厂。受特定地理环境影响，杜庄子在发展农业的同时，副业也十分兴旺，其农副业生产反映了区域位置的特质。

　　杜庄村在 1958 年以前属于天钢公社，1960 年才划归万新庄，还有一段划给新立村。杜庄子土地比较分散，大部分土地在庄子周围，崔家码头、京山线铁道北、染化八厂旁边也有地。区里在村外分了一块地，人称"北大荒"；还有一块地，俗称加边。早年村民到这些地方耕作，村里有马车，拉着大家去上工，后来自己都骑自行车。

　　早年村里以种植稻米为主，海河没裁弯取直前有老河道，日本统治时期建了扬水泵站。20 世纪 70 年代，我们"冯杜潘辛"搞了连村泵站，泵站建在冯口，六村中吴嘴和詹庄子没参加。泵站工作人员来自各村，都由村里出工分，当时各家各户都有水车。

　　后来村里开始以园田生产为主，种植蔬菜，品种有土豆、大白菜、黄瓜、西红柿。大白菜为青麻叶，品种分大小核桃纹，早年还出口日本。

　　之后村里建了大棚，蔬菜的品种更多了。早年海河是御河水，使用河水有指标。后来发展蔬菜生产，扩大水源，又在"北大荒"打了两眼井。1983 年包产到户，分地的只有二百多人，"北大荒"的地男的分得两亩，女的分得一亩半。

　　杜庄子共有六个生产队，各队收入不一样，有的每工八分，有的每工分两毛，其中一队、四队、六队搞得好。每月发工资，年底找齐。

　　1980 年土地承包分散，没社员了，自己育苗耕种，一直到城市化改造,农田还有五百多亩。此外还有不在册的飞地。早期村里无论种稻还是种菜都不行,干一年还欠生产队钱,后来村里发展副业,建集体企业,情况有很大改善,

杜庄子最早建立了铁厂、铸造厂、开关厂、津门减速机联轴器厂、色腊纸厂。有的干不长,都是村办企业,1985年,村里与天钢配套,成立储运公司,主要将炼钢厂的钢坯子和中板板材厂的板材,放在我们仓库里储存、转运。当时有三十多辆半挂车、仓库吊车八辆,运行吊车一辆(二十吨),三个库共一百二十亩,到1992年结束运行。1992年原铁厂厂房改造为韩国捞阳工艺品公司,做工艺镜框。这个公司在2013年结束,厂区改为汽车修理厂。后来搞厂房租赁,铁厂最初在村里,之后迁到村外。在建村办工厂的同时,村里还组织过农户为合成洗涤剂厂做包装,即洗衣粉分代袋加工。

随着东丽区城市化改造规划实施,杜庄村撤村,结束了农副业生产。以往的经历,成为人们的记忆。

讲述人:徐宝河(60岁)
整理人:曲振明

☆冯口村

村情简介:

冯口村,明永乐二年(1404)建村,"文革"时曾更名为红旗村。该村东至辛庄村,西至天津钢厂,南至海河,北至杜庄村。从 2009 年 10 月至 2013 年 12 月进行拆迁工作,2016 年 5 月启动还迁,村民搬入海颂园居住。

孙氏兄弟遭难

20世纪30年代,华北地区匪患猖獗,既有外来的土匪,又有本地的土匪。这些土匪仗着手中有枪,拦路抢劫、绑票杀人,无所不干。凡被绑票的家庭,轻则一贫如洗,重则家破人亡。

冯口村有孙瑞、孙奎两兄弟。这两兄弟以务农为主,靠着勤俭持家,两家人的生活蒸蒸日上,在十里八村都是有名的富户。尤其是孙瑞家,其家道尤为殷实。坐拥万贯家财自然引起匪徒的觊觎,排地一带的劫匪都打着孙瑞家的主意,想大捞一票。在这个兵荒马乱的时代,孙瑞、孙奎二兄弟为求自保,也买枪自卫。

1930年6月,天气刚入夏。孙瑞这几天身体有所不适,染疾卧床不起。孙奎一家吃过晚饭,也早早地闭户休息。天色逐渐暗了下来,村口出现了几十个人影。这些人分两拨摸进村里,一拨有十几个人,负责四处巡视,打探消息;另一拨有二十余人,押着一位老者向孙瑞家走去。据后来的调查,这个老者是外村人,因孙奎与孙瑞家仅一墙之隔,结果误将劫匪引至孙奎家。本已休息的孙奎听到门外急促的敲门声,仔细一听,发现是一群劫匪。孙奎本想鸣枪吓退一众匪徒,没想到这反而激恼了匪徒。众悍匪叫门不开,于是四个匪徒持枪破门闯入,五六个人跃上屋顶,剩余十来个人守在门外。进了院子,匪徒们痛下毒手,向屋内开枪射击,窗外子弹如雨射入。孙奎的孙子孙永宽顽强抵抗,后寡不敌众,胸部和腹部被子弹打穿毙命,孙永宽媳妇脸腮亦被弹片击伤,所幸并无大碍。但是孙奎的妻子和外孙女却没有那么幸运,两人因头部被土匪打中毙命。孙奎因躲在门后幸免于难。激烈的枪声惊醒了驻村警察,当警察鸣枪赶来时,众劫匪害怕

天津东郊村落文化留迹（下）

难以脱身,匆忙间未来得及抢劫财物,只用手电四处乱照后便向院外撤退。逃跑前,一无所获的劫匪不但一把火将堂屋鸡笼及屋外干柴点燃,而且还把孙奎的四岁外孙劫掠而去。

等警察赶到孙家时,孙奎早已昏卧于地,孙瑞听闻此事后也因恐惧过度,病情加重。孙奎另外三个儿子与妻子因住在他处逃过一劫,这三个儿子性情诚愨,不能办事,孙家所有后事全赖族人合力帮忙,死者才入土为安。

[本文参考《大公报(天津版)》1930 年 6 月 10 日。]

整理人:王　静

稳稳当当奔小康

什么是小康生活？每个人的认定标准是不尽相同的。在冯口村,大多数村民对小康生活有着朴素的理解:稳稳当当的家庭生活、稳稳当当的社会治安环境,以及老百姓能够稳稳当当地过日子,能够实实在在地抓住自己的未来。

冯口村村民家庭生活稳当,村民们安居乐业。什么样的人最有幸福感？大家都觉得收入比较稳定、生活比较富裕的人群幸福感最强。冯口村虽不像某些村年收入能达到千万以上,但也不是贫困落后村,村子整体经济水平处于中间状态。20世纪五六十年代,村里依靠返乡的太原老工人建立了铆造厂,后来铆造厂发展成铆造机械厂,解决了村里一部分劳动力的就业问题。随着村办企业的发展,冯口村又添设了开关盒厂,同时从市里聘请技术员来厂进行技术攻关。此外,村里还陆续开办了家具厂和橡胶厂等诸多小型加工厂。这些小加工厂虽然规模小,但因为是定点加工产品,比如专为天津钢厂加工零部件,因此有比较稳定的收入来源,而且还能为村里解决大部分劳动力。村民能够在自家门口有一份额外稳定的收入,自然也就没必要跑到外边去打工。

除了村办企业,20世纪50年代,天津市企业占地设厂也解决了一部分村民农转工的问题。据老人回忆,1958年冶金局、纺织局到村招工;1976年左右,东丽区政府又进行了一次统一分配;到1984年,天津第四塑料厂对口又安置了一部分村民。按照当时的政策,一亩地应解决三到四人的就业问题,这样村里有一半的村民实现了农转工。村民由农民转成国家工人,不仅吃上了商品粮,而且每月还有

天津东郊村落文化留迹（下）

固定的工资收入。那时村里几乎家家都有工人，村民整体生活水平都差不多。一家人不愁吃，不愁穿，家庭生活自然安逸稳定。村民间也不存在太明显的贫富差距，村民关系和谐，村子自然也就稳定。仓廪实而知礼节，在冯口村民心中，维护村子治安人人有责。村里要有个风吹草动，只要大街上喊一声，大家都会出来帮忙。至于抢劫或偷盗之类的事情，中华人民共和国成立后村里几乎没有发生过。

冯口村之所以一直都稳稳当当的，还有一个原因，就是充分发挥了村民主人翁的作用，树立了贫下中农的威信。早在平津战役时期，为支援前线作战，冯口村民成立了约二十人的支前委员会。解放天津期间，他们出色完成了为部队号房、征粮草、推磨、买菜等后勤保障工作，以及战时为部队送水送饭、抬伤员等支前工作。1964 年天津"四清"工作组进村后，依靠贫下中农，肃清了村内的敌特反坏分子，提高了贫下中农的威信。冯口村的土地分布很零散，海河两边都有地，这儿一亩，那儿两亩，甚至东西杨场村还有冯口的四亩地，这就给了一些敌特分子可乘之机。所以刚解放时，冯口的敌特分子比较多。比如当年村里有个叫李永发的贫农，因不满地主的剥削经常带头与地主对着干，地主对李永发是恨之入骨，最后竟然逼得李永发在菜窖上吊身亡。工作组了解这一情况后，专门为李永发平反。

经过十几年的发展，村民家庭生活稳定、村子社会治安稳定以及村民威信的树立都保证了村子能够稳稳当当地向前发展。改革开放后，村里经济有了很大的发展，为了让村民都享受到改革红利，村里提出"口袋富不算富，脑袋富、精神富才算真正富"的发展目标。村里为村民置办了电视机，吃完晚饭，村民便聚集到村大队，围着电视机观看节目。前面几圈挤满了小孩，有坐地上的，也有站着的，目不转睛地盯着小小的电视屏幕；上了年纪的老人坐在中间，虽然看不懂什么剧情，但也沉浸在快乐的气氛中；后面则是年轻人，时不时窃窃私语，发表一些观感。如果电视信号不好了，年轻人还得负责到房上转一转天线杆子。直到片尾曲响起时，大家才心满意足地回家睡觉。

第二天,大家接着精神抖擞地去种田、上班。后来村里条件更好了,村里不仅定期举办文体活动,像乒乓球赛、秧歌队表演等,而且还加大了村容治理,成为文明村,村民纷纷表示:"现在村里卫生、环境、经济、基础设施等方面都比以前好得多,大家都感谢党和政府的好政策!"

2014年还迁之后,村民从原来阴暗潮湿的平房,搬到现在采光充足、通风良好的住宅楼。"原先在村里住,环境脏乱差,道路不平,出入也不方便,家里冬天没有暖气,就得靠买煤、点炉子,屋里总是烟熏火燎的,不干净。现在搬进了新楼房小区,配套设施、健身器材齐全,楼道每天有人打扫。物业管理好,电梯有点故障,马上就来修。道路四通八达,特别方便。"一些村民搬进海颂园小区后很高兴:"我们搬进了新楼房,环境好了,生活条件提高了,我们很满意。"

中庸之乐其实就是人生的大智慧,冯口村民始终能够平和地面对生活。也许只有保持这种淡定知足的心境与态度,才能稳稳当当地与现实和解,才能达到"有滋有味"的境界。

讲述人:刘广久(80岁)
整理人:王　静

☆ 南程林

村情简介：

明永乐二年（1404）建村，曾用名程林庄，"文革"时曾更名革命村。南程林村在南大桥东北方向、跃进路东西两侧，东临外环线，西至公交四厂，南隔津北公路与张贵庄为邻，是万新街面积最大的村，也是人口最多的村。2010年11月，南程林村开始拆迁工作。

巡官贪利被捕

民国初建,各路军阀为争地盘不断挑起内斗,老百姓叫苦不迭。20世纪20年代,各路军阀中以直系和奉系力量最为强大,两派人马为争夺国内最高统治权,相继发动了两次"直奉大战"。1924年9月,已经控制了北京政权的直系军阀,积极推行武力统一中国的政策。盘踞在东北的奉系军阀,也欲一洗前耻与直系重新争夺中央政权,于是两派爆发了第二次直奉战争。

有战争就有人想发战争财。当时程林庄设有警察第一分局,其中有个巡官叫蒋慎修。这个人平时品行不端,老百姓对其恨之入骨。直系大败后,溃军逃至程林庄。毫无军纪的直系溃军开始在程林庄抢掠村民,没想到被当时驻扎在程林庄的法国兵士击退。仓皇败退之余,直系军官遗弃盒子枪三支、步枪五支和高大战马一匹,共计价值约五六百元。蒋慎修发现后占为己有,先是派亲信巡警将军马骑走,又私下亲自把盒子枪和步枪转移,并寻机高价出售。

蒋慎修私卖军火和马匹的事,被村长程联彩、村佐刘思宸、村民张广甲和程思弼等人发现。在蒋慎修准备将枪支和马匹转移的时候,村民群起阻挠。有村民跑到张贵庄车站,将蒋慎修一事报告给了镇威军司令部。司令部当即派人下来调查,刚开始蒋慎修还想抵赖,不肯将盒子枪交出。兵士们不管三七二十一,将警察局上上下下搜了个彻底,在地坑内发现了蒋慎修私藏的枪支,并把蒋慎修押送到司令部听候处决。正所谓:多行不义必自毙!

[本文参考《大公报(天津版)》1924年11月14日]。

整理人:王 静

快乐"甲子"足球队

　　天津有着深厚的足球文化传统,且不说天津第一支足球队诞生于 1902 年,至今已有百余年历史,现在的南程林足球队,一个完全由村民自发组织的业余足球队也已走过了"花甲"之年,这支业余球队共培养出了三代足球队员。南程林的村民们对足球有着一种特殊的感情,用他们的话说,就是"我们都爱踢球,这是我们村的传统"。

　　提起南程林的足球传统,还要回溯到 20 世纪 50 年代。1956 年,国家足球白队领队、教练和队员落户天津,创建了天津足球队,并由此在天津掀起了足球热潮。1957 年,一些在津门足坛刚刚崭露头角的年轻运动员,像张亚男、崔光礼、张业福等人恰好到南程林学农劳动,当时村里的老书记也是一个足球迷,因缘际会之下,南程林足球队便成立了。为了解决球队训练、比赛场地的问题,村里把村边的一整块土地改建成标准足球场,提供给队员训练。当时村里共有八个生产队,在村书记的动员和组织下,每个生产队都组建了自己的足球队。农闲的时候,大家互相切磋球技,再加上有专业球员的指导,很快南程林足球队便在四邻八乡闯出了名头,周边没有一个村能与南程林足球队媲美。

　　20 世纪 80 年代是南程林足球队的一个里程碑,也是南程林最辉煌的一个时期。这一时期,凭借过硬的技术和队员的凝聚力,1987年,球员参加全国第二届农储杯比赛,获得了第八名。1988 年,全国第一届农民运动会上,他们又斩获第三名。南程林足球队在全国农民球队中逐渐声名鹊起,曾有"南有深圳梅县队,北有天津南程林"一说。其间,南程林足球队不仅代表东丽区和天津市参加了各类农民足球联赛,取得了优异成绩,而且还为地方输送了优秀的足球队员,像老河北队的孙恩柱、曾经泰达队的王曙光,等等。

如今这支有着六十多年历史的草根球队,仍然活跃在绿茵足球场上。他们是最有默契的一支球队,场上他们是队友,场下他们是街坊邻居,平日里大家对彼此的脚法和习惯动作早已了如指掌,不用太多的言语,一个动作便心领神会。他们也是最有凝聚力的一支球队。俗话说:打仗父子兵,上阵亲兄弟。在南程林足球队,祖孙同场踢球早已见怪不怪。如果场上有人喊:"姥爷,把球传过来!"观众们听了也都是会心一笑。他们又是一支"伯伯"球队,球队中很多队员都是五十岁上下的年纪,球技没问题,体能却没法和年轻人比,一场球踢下来喘得厉害,即便如此,也丝毫不影响他们对快乐踢球的热情。

虽然东丽新市镇建设使南程林不少村民已经迁居,但队员们仍保持着紧密的联系。队员们通过微信群互相联络,共同训练和比赛;队员也不再局限于南程林村,而是扩大到了邻村。他们是一群因喜爱足球而走到一起的人,他们为了心中最简单的快乐而走到一起,而这一走就坚持了六十余年。在这六十余年间,这些草根运动员虽然没有轰轰烈烈的足球生涯,也没有多么辉煌傲人的成绩和过往,但他们始终坚持一件事,并跨越了装备、场地以及年龄的限制,以发自内心对足球的热爱坚守着自己的初心。

这份初心不仅是对足球运动的坚持,也是对南程林足球文化的传承。当年跟在父辈后面跑的孩子,如今也带着自己的孩子奔跑在足球场上。正如村民所说的,南程林足球队给他带来好身体的同时,也留下了很多美好的记忆。

讲述人:张凤华(80 岁)

张金柱(63 岁)

整理人:王 静

村里的老庙

在农村,稍微有点历史的村子都会盖一座庙,有土地庙、关公庙,也有海神娘娘庙,至于盖哪种庙一般都与村子的风俗习惯、历史有关。

中华人民共和国成立前南程林也有一座庙,据老人们回忆,这座庙是为了纪念村里的大善人孙恩桡所修。村民塑其像,并将他供奉在土地庙,尊为土地爷。这座庙当年香火十分旺盛,村里的人逢年过节都要来上香,祈求保护村里的财气,保佑村民人丁兴旺。然而不知从什么时候开始,有人发现,每隔三年村里就会有一个人去世。村民都不知道是怎么一回事,百思不得其解之下,在村民中间流传开一种说法:是庙的位置不对才给村里人带来了厄运。慢慢地,传言越来越真,不少村民都认为,这座庙修在了村子中央,村民的房子因为盖在了庙后面,屋主也等于领受了拜佛者的跪拜。普通人是难以消受拜佛人的敬意的,因此便有"折福"的可能。既然庙不应盖在中间,那就得想办法挪走。

中华人民共和国成立后土地改革时期,穷苦农民翻了身,为破除封建迷信思想和统治人们的封建神权,国家推行拆庙打神,改庙院、寺院为学校,令僧道还俗的政策,村里的老庙自然也未能幸免。于是老百姓搬走了泥塑菩萨,把老庙改成了小学校。

人民公社时期,各个生产队都要成立公共食堂。"吃饭不要钱,老少尽开颜;劳动更积极,幸福万万年。"南程林响应党的号召也要办公共食堂,村民看重原来老庙的位置,老庙又改建成了公共食堂。男女老少全都到食堂吃饭,一大院子里人声鼎沸,大家大快朵颐,谈笑风生。在那个"跃进"的时代,老百姓的吃饭热情是增加了,可很快碗里没了饭,锅里没了菜,1961年食堂烟消云散,老庙也恢复了昔日的宁静。

一座庙一段历史,这座土地庙最终也难逃被拆毁的命运。如今人们再提及这座庙,除了对昔日历史的唏嘘,更多的是对那座古庙的惋惜,而今我们也只能从老人们的回忆中去感受历史的印迹了。

讲述人:张凤华(80岁)

张金柱(63岁)

整理人:王　静

☆北程林村

村情简介:

明永乐二年(1404)建村,曾用名程林庄,"文革"时曾更名兴无村。该村有960户,3190人,除汉族外,有回族7人,耕地面积2000亩。北程林村东至外环线,西至西杨台,南至杨台草站,北至程林庄路。主要农产品有胡萝卜、洋芋和西洋菜。

老村北程林

北程林村历史比较长,传说是与天津建卫筑城同一年建立的。话说燕王扫北时,燕王麾下有程姓二兄弟,解甲归田后,两兄弟想寻找一块世外桃源建房开田,过普通老百姓的生活。最后二人寻得北程林这块宝地,繁衍生息,此地终成村落。也有传说,最早来到这块地的人姓程,名林,燕王扫北后定居于此,于是便有了程林庄的名字。

刚有村子的时候,因为村小,村里也没有像样的道路,只有一条东西向的水沟将村子分割成南北两部分。老百姓为了方便,就以沟为界,南边叫前台,北边叫后台,后台也就是现在的北程林村。台是东郊一种地形,因为东郊为退海之地,为了躲避涝灾,老百姓便把房屋建在高台上,所以东郊以台命名的村非常多。

北程林有韩、张、程三大姓。张氏一族自明永乐年间从山东单县或章丘迁徙到此,始祖张国荣。由于老人大多已过世,现可知辈分为德、宝(金)、恩(福、振)和玉,其中德字辈在世者已不多。程氏一族也有十几代,后辈不少,一般都埋在程家坟,最大的一座坟据说是程林的坟,也被程家人视为祖坟,后世程家人也都埋骨于此。除去坟地,剩下还有十多亩荒地,一般也都由程家后人种着。除了程家坟,村里还有一个"鬼家坟"。据老人们回忆,在他们小时候,那片坟地经常有火球,大人们就吓唬小孩,说地下有"狐狸炼丹",总"闹鬼"。其实后来人们明白了,那是磷火。

北程林村东头还有一座古庙,名为兴隆寺。一说起此庙的来历,老人们神采奕奕。东郊是退海之地,传说此地住着一条恶龙,经常出来为祸乡里,百姓苦不堪言,于是请来一位道人(也有人说是一位高

天津东郊村落文化留迹（下）

僧)为民除害。道人与恶龙一番恶斗,终于将龙赶到了巢穴,并在恶龙的巢穴上盖了一座大庙,以示压制。不过现在的兴隆寺早已是废墟一片,红褐色的庙墙几近倒塌,庙里没有碑,也没有旗杆,就是用柱子顶着的一个三间屋的小庙。庙里的大石狮子和佛龛也蒙上了一层厚厚的土,仿佛好久没人打理。

其实这座庙也是中华人民共和国成立后重修的,原来的老庙早已拆毁了。老人们小时候经常到庙里玩儿,常常爬到佛像身上。究竟是什么佛,老人们也不知道,只记得那尊佛是一个泥塑的佛,四周还有几个泥塑的小佛。小孩子不懂保护,平时在佛身四周上蹿下跳,就连洗澡也到庙里去,结果庙的佛缺胳膊少腿。庙墙上还有些佛教壁画,都是表现传统道德礼仪的内容。高级社的时候,一阵大风把庙刮倒了,社员们便把柱子拆了挪到了学校。学校是中华人民共和国成立后建的,因为上学的孩子多,教室不够用,只得拆庙里的砖。大点儿的孩子就爬到院墙上拆砖,小点儿的孩子就排成队,一个接一个地运砖,最后才把学校一点点建了起来。现在回想起来,老人们都觉得可惜,兴隆寺要是保存下来也是文物了。除了兴隆寺,国民党统治时期,村东头有个自卫团,西头有个派出所,过去叫局所。局所的位置原来是个尼姑庵,国民党警察把尼姑赶跑后强占了庵。

中华人民共和国成立后,村里成立初级社。刚成立初级社时,村里有 250 户,分为健康社和福兴社两个初级社。据老人说,福兴社取名于王锡福和张振兴二人。1956 年成立高级社,两社合并为一个红升社。之后成立人民公社,老百姓的日子一天比一天红火,户数增加到了 800 户。

讲述人:许家树（87 岁）

张玉田（82 岁）

整理人:张　诚

王　静

名人"二张"

北程林有两个名人,一位是日伪时期的"大善人"张立堂,一位是抗美援朝时期的战斗英雄张宝富。

张立堂原名张宝廷,是村里的富户。日伪时期,日寇控制了华北地区,烧杀掳掠。有一次,日寇在北程林抓人放火烧房,有村民瞅着自家房被烧,想救火反而被日本兵枪杀了。有一次,张立堂也差点被日寇杀了。据老人们讲述,当年排地也有个叫张保廷的,因为袭击过日本人,日本人便让特务带路来找张保廷。一进村,正好看到一个伙计模样打扮的男子,特务喊住此人,问:"张保廷人呢?"没想到此人正是张宝廷的伙计,姓徐。徐伙计回答说:"我是给张宝廷干活儿的。"结果这句话引来了杀身之祸,日本人一听是张保廷的人,当场用刺刀挑死了徐姓伙计。张宝廷得知老徐被害以后,出钱雇人安葬了老徐,然后改名张立堂,搬到了天津租界。1939 年天津发大水,瘟疫流行,不少人得了天花。天花传染性强,一旦感染致死率非常高。日本人当然不会免费给中国老百姓打疫苗,他们要么烧死病人,要么就是活埋。已经改名张立堂的张宝廷听说程林庄也开始流行天花,个人花钱买来疫苗,并雇大夫给程林庄村民种牛痘。张立堂的这种善行,直到今天仍然被村民铭记,并称之为"大善人"。

还有一位名人是张宝富。解放战争时期,国民党为了补充兵源到处抓壮丁。有一次到村里抓壮丁,保长按花名册集合村里的年轻人抽签。抽上谁,谁就得去当兵,结果张立兴、刘宝才、张宝富三人被抽上了。这些被抽上的年轻人先被送到了天津,然后根据命令坐上火车转运到前线。大伙儿坐在火车里,脸上愁云一片。张立兴趁人

天津东郊村落文化留迹（下）

不备跳下火车,但他不敢回家,后来就在天津谋生了。张宝富则在中途参加了解放军,据老人们讲,张宝富人老实,说话还磕巴,但是打仗特别英勇,在朝鲜第五次战役的时候,任六十四军 190 师第 569 团第九连任副班长。他炸毁一辆坦克,以一人之力消灭了几十个敌人,被授予一等功,还有一个二级英雄称号。战争结束后,转业到地震局工作,后退休。

讲述人:许家树（87 岁）

张玉田（82 岁）

整理人:张　诚

王　静

老炮楼

　　提起炮楼,在影视剧和军事题材的小说中,是"出镜率"很高的军事设施。通常,炮楼是一种四周有枪眼儿,可以瞭望并射击的"高碉堡"。原来村西南角就有个国民党时期的老炮楼,中华人民共和国成立后,大伙儿还到炮楼里面,一探过究竟。

　　与影视剧里的炮楼一样,北程林村的炮楼是警察局雇李姓土木工程师所建,该楼由红砖砌成,大约有十几米高。炮楼呈圆柱形,第一层和第二层的外墙上布满了密密麻麻的机枪眼和观察口,从观察口往外看,可以直接观察周围情况。炮楼的最高处是瞭望台,不仅可以监视周边战情,而且还可以居高临下进行射击。走进炮楼,可以看到整个建筑分为三层,层与层之间以木头盖分隔,里面的士兵通过梯子上楼。国民党撤退时,并没有炸毁炮楼,所以炮楼内部结构完好,沿着木梯子可以登上最顶层的瞭望平台。

　　警察局修建炮楼可不是为了保护这一方老百姓。当年负责北程林这一片的警察所负责人姓张,人送外号张扒皮,这外号听上去就知道他绝非善茬。张扒皮的姐夫据说是天津的一个大官,所以此人在乡里横行霸道。除了张扒皮,村里还有保长、甲长,负责维持治安和缴纳钱粮赋税。一般只有富裕户才能当保长和甲长,像张宝理当保长时,家里就有胶皮轱辘车和"美国骡子"。

　　村里还有个大地堡。20世纪六七十年代,"备战、备荒、为人民"的口号在中国家喻户晓。为了深挖洞、广积粮,村里专门修了洋灰地堡,临近地面的位置还有射击孔。后来村里还在附近建厂做鱼竿,如今这个碉堡形的人防设施藏身于一片杂草丛中,斑驳的墙体诉说着曾经的过往。

讲述人:许家树(87岁)
张玉田(82岁)
整理人:张　诚
王　静

无名烈士墓

　　扫除外围作战是平津战役"天津方式"的重要组成部分。外围作战于1949年1月3日开始,此时辽沈战役已胜利结束,解放军攻克了傅作义集团西撤绥远的必经之地——张家口和新保安地区;淮海战役也进入了第三阶段,华东野战军对杜聿明集团实行围而不打,形成了对北平傅作义集团南北夹击的有利局势。因此从整个华北战场看,外围战的顺利推进不仅关系到天津城及华北全境的顺利解放,而且也影响华北、东北解放区联结与整合。

　　解放天津城战斗打响前,国民党天津警备司令陈长捷依仗城防工事负隅顽抗,增加了解放军攻城难度。陈长捷还在天津城郊坚壁清野,制造了一个数里长的开阔无人地带。为减少伤亡,保障囤积部队与兵力运动,解放军指挥部制定了以肃清敌方外围据点、改造地形、逼近前沿为核心的作战方针,为攻城做足战斗准备。1948年12月30日,解放军各攻城部队陆续向集结位置移动,形成了对天津的包围阵势。其中第七纵队集结于天津市以东李明庄、程林庄、贯儿庄地区。据老人们回忆,当年老百姓的家里住满了解放军战士。战士们为了不打扰老百姓,就地铺上木板,直接睡在上面,有的甚至就睡在地上。老百姓心里过意不去,于是拆下门板让战士睡上面。解放军部队纪律严明,住在老百姓家里不拿一针一线,休息的时候还忙着给村民挑水,打扫院子。

　　天津解放后,有些战士修整后继续南下,而有些战士则永远长眠于天津,北程林就有一片无名烈士墓。老人讲,天津解放后,从天津来了一辆大车,大车用毡布覆盖,车上都是牺牲的战士。老人回忆,

天津东郊村落文化留迹(下)

当年战士的遗体运送过来后,全国战事还未结束,部队条件有限,于是请求保长找一些能够安葬战士的箱子。村民们便把自己家的"大油箱"拿出来,那箱子大概有两米长。因为牺牲的战士多,村民的箱子根本不够用。没办法,部队在大寺庙的东边挖掘了大坑,安葬了牺牲的战士。

部队走得匆忙,也没留下任何有关烈士的信息,后来大家就把这片墓地称为"无名烈士墓"。战争期间,像这样的无名烈士墓可谓数不胜数。这些为了解放中国而洒尽热血的烈士,生前英勇战斗,死后不留名。他们其中有的是儿子,有的是父亲,有的是丈夫,如今天津解放了,他们却永远留在这里。

讲述人:许家树 (87 岁)

张玉田 (82 岁)

整理人:张　诚

王　静

村里的那条土道

土路是农村的一个标志。对于长期生活在农村的人来说，土路代表着农村原汁原味的生活。不过遇上下雨天，这些土道就会变得非常泥泞，一走过去，脚下的鞋子都沾上了厚厚的湿泥，令人十分烦恼。

刚解放时，北程林土道纵横。走进村子，南北有三条土道，东西有两条土道，村民沿着这些土道可以走遍整个村子。这些土道并不是人们想象中的羊肠小道，而是大约有 4 米宽，这样迎面而来的两辆车可以同时通过，不用挪车等待。

村里的土路是村民的主要交通要道，也是孩子们玩耍的乐园。以前的小孩与现在的孩子不同，既没有手机，也没有玩具，只能就地取材捡一些树枝、石块来玩儿，所以能够与伙伴们在大街上跑着玩儿就是最快乐的事，哪管它尘土飞扬。就算挨上家长一顿数落，不玩儿到天黑也不回家。玩儿累了，坐在路边石头上看来来往往的大车也是一件惬意的事。路上走的大车有两种，一种是胶皮轮的铁马车，一种是木头轱辘的木马车。铁马车并不是整个车身都是铁制的，而是指木头轱辘的外圈套着一圈儿铁，防止日晒雨淋后木头轱辘散架。拉车的牲口有马、骡子和驴，每当大车过路时，调皮的孩子要么逗逗牲口，要么学大人吆喝上几句，还有胆子大的，趁大人不注意拿树枝抽打几下牲口。大人发现了，孩子们就一哄而散，大人也没辙。不过这些有大车的人家，一般大门都比别人宽，晚上睡觉的时候，就可以把车推进院子里，防止丢车。

中华人民共和国成立后，随着生活条件的改善，土道变成了水泥

天津东郊村落文化留迹(下)

道。村民们不仅告别了"晴天一身土、雨天一身泥"的日子,而且"条条大道通罗马",村民们可以快捷地去市区、万新庄、飞机场和张贵庄了。

讲述人:许家树(87岁)

张玉田(82岁)

整理人:张　诚

王　静

☆詹庄村

村情简介:

明永乐三年(1405)建村,曾用名詹家庄,"文革"时曾更名光明村。詹庄村东至崔家码头村,西至潘庄村,南至辛庄村,北至津塘路。随着城中村改造,2009年至2013年12月,詹庄村进行拆迁,2016年5月开始,村民们陆续搬迁到海颂园小区居住。

詹庄往事

詹庄与崔家码头、军粮城、大毕庄、泥窝以及吴嘴是东丽成村较早的村庄，相传为明朝燕王扫北时所建。村民大部分由南方迁移而来，经过垦荒、屯田、发展农业生产而渐成村落。

詹庄靠近海河，历史上饱受海河泛滥之苦，村民生活贫困。1910年初，经天津县同意，詹庄人开始在海河旧河滩上垦荒种粮，照章纳租。虽然条件艰苦，但依靠微薄的收成尚能勉强维持生活。农民只要手中有土地，心里便不慌。就在村民指望这几亩薄田度日时，海河工程局以治理海河为由，将淤滩内外詹庄所种青苗尽行刨毁，遍栽树木。海河工程局是清末中外共建，专门治理天津海河的官方机构，主要掌管疏浚河道、修建堤坝、兴建码头等事务。虽然是中外共建，但实质上却是由外国人掌管一切事务。眼瞅着来年收入化为乌有，而且村民为之已耗费了大量的人力和财力。如今一切都泡汤了，村民怒火中烧，联合起来将海河工程局所种之树全部拔去，重新种上粮食。然而，农种节气已过，收成远不如往年。更雪上加霜的是，夏季海河水泛滥，秋禾补种也未能赶上节气。村民收成歉薄，年关临近，地租无法缴纳，生活陷入困境。为了帮助村民度过年关，村正王世珍等人除了向天津县府请求豁免地租外，还向赈抚局申请救济，希望为村民发放棉衣和玉米面。在村正的努力下，济生社向詹庄捐助了铜圆四百七十六吊和八套棉衣棉裤。

詹庄人的贫苦日子一直延续到1949年。中华人民共和国刚成立时，詹庄村里资产只有三辆大马车和一个库房。为了家里少张吃闲饭的嘴，村民们小小年纪便下地干活儿。能吃顿玉米面，一家老小便心满意足了。据老人回忆,每当吃饭的时候,家里的男孩子负责烧水,女孩子则负责摊点玉米面贴饽饽。没有菜,只有虾酱。吃完虾酱,嗓子被盐齁得一整天都不舒服。后来生活条件好点了,吃上了土豆、白菜。到20世纪80年代,虽然有了铁厂、保险柜厂等村办企业,但大多数村民还是以农耕为主。经过十年发展,詹庄村有了很大的变化,村民开始过上了富裕的日子。

老詹庄人生活虽不富裕,但詹庄人却十分重视教育。早在清末改革之际,天津的社会名流,像严范孙、林墨青等人便在天津试办现代学校,发展教育。1903年,清政府向当时的东郊地区投入教育经费2002两白银,共设小学堂6所,教职员16人,学生245人。其中,詹庄开设民立三十五初等小学堂,经费352两白银,共有3名教职员和56名学生,远远超过了同时期其他村开办的学堂。比如像范家庄小学堂学生有26人、李明庄小学堂有学生41人、吴嘴村小学堂和大毕庄小学堂共有61人。

[本文参考《大公报(天津版)》1910年1月26日,1910年1月31日、1911年12月11日。]

讲述人:李绍敏(67岁)
整理人:王 静

从詹庄走出来的糕点大王

　　1984 年,天津最大的大沽路副食商场敞开经营大门,个体户和集体企业的名特优产品进驻商场,与闻名全国的国有企业产品同场竞争。在糕点柜台,人们发现,著名品牌"起士林"的旁边是来自一个东郊小厂的产品。就在人们暗暗为之担心的时候,这个小厂的产品竟然出人意料地卖出了一天一千个大蛋糕的惊人业绩。人们纷纷打听这个名不见经传的小厂,后来才发现,这个小厂是天津东郊宏光食品厂,而且早在当地闯出了名声。

　　提起宏光食品厂,就绕不开厂长李万祥。1937 年,李万祥出生在詹庄一个贫苦的农民家庭。父亲是一个老实巴交的菜农,母亲在家操持家务。虽然父母斗大的字不识一个,但对身为长子的李万祥寄予了厚望。李万祥到了上学的年纪,父亲省吃俭用供他上学。小小年纪的李万祥,每天往返二十几里路去河西志成学校读书,虽然很辛苦,但勤奋好学的李万祥十分珍惜能够上学的机会。只是由于家里实在是太穷了,李万祥上到了六年级便不得不辍学回家,帮父亲承担起家里的重任。俗话说,吃得苦中苦,方为人上人。小时候的苦难经历成了李万祥人生路上的财富,日后当他接手濒临破产的食品厂时,永不停步的奋斗精神便化为宏光食品厂精神,成为食品厂迅速起飞的驱动力。

　　17 岁时,李万祥为了解决家里的负担,到村里的供销社当上了售货员。这是他第一次接触商业经营。李万祥努力钻研业务知识,好学上进、工作认真仔细,不久便被调到区商业局秘书科工作。之后,李万祥屡次被安排到不同岗位上接受锻炼,业务能力不断提高。

1982年区供销社成立宏光食品厂时,组织上立即想到了李万祥。接手宏光食品厂,当上了村里人人羡慕的厂长,可李万祥的心里却高兴不起来。宏光食品厂是由糕点厂、调料厂和机修加工厂合组而成,亏损额已达38万元。如何才能扭亏为盈,解决职工的吃饭问题,党交给的任务沉甸甸地压在了李万祥的心底。

詹庄人是不服输的,也是不怕苦的!走马上任后,李万祥首先打破落后的人事管理制度,启用勤奋好学、实干巧干、敢于管理和善于算账的能人。其实在李万祥的心里还有一个标准,就是选出来的干部不能怕老婆,不能顾家。经过选拔,27名有事业心、责任感的中青年干部走上了领导岗位。事实证明,这批人成为厂子发展的中流砥柱,当年厂子便盈利12.3万元。其次,李万祥推行车间承包制,打破大锅饭制度。通过对干部职工实行联产计酬、连销计酬的办法,调动了干部职工的生产积极性。再次,李万祥重视人才培养。通过"走出去,请进来"和"外学内创"的措施,组织一线职工到先进食品厂取经学习,输送有文化的干部职工到大专院校进修,举行技术练兵活动,提高职工整体素质。此外,主动适应市场需要,研发新产品是宏光食品厂持续发展的动力。比如1985年的儿童节,食品厂通过市场信息反馈,专门为孩子研发了十二属相裱花蛋糕,大受市场欢迎。1986年厂里引进无锡植物奶油生产技术专利,1987年生产出天津市第一代人造植物奶油。之后厂里又引进了英国乳化设备,生产出质优价廉、可替代天然奶油的基础原料,到1989年,宏光食品厂创利润80万元,1990年创利105万元。

在宏光食品厂,职工心里舒坦,干活儿卖力,而这源于李万祥的表率作用,以及他对职工发自内心的爱护。李万祥身体不好,时常犯心脏病,可是为了工作,他豁出了命。他告诫厂里的干部:"只许职工坏,不许当头的坏,只许职工错,不许当头的以错治错。"他从不把犯错的职工推向社会,反而帮助了不少犯错的职工重新做人。他关心每一位职工,谁家有困难了,找李厂长准没错。职工过生日,厂里也会送上蛋糕以示祝贺。

　　一切正如宏光食品厂的厂歌所唱："今日相聚祝贺厂庆,宏光暖在我心中!当时领路人,回顾十年的路程,改革开放的东风,艰苦创业并肩战斗,同志们胜利手足情!展翅腾飞头脑清醒,前进路上竞争不停。啊!群策群力齐行动,众志成城勇攀高峰!"

　　(本文参考:《天津市宏光食品厂》,《食品研究与开发》1989 年第1 期。《人民日报》1984 年 10 月 19 日。韩武喜:《拥有这片空间》,中国社会出版社 2008 年版,第 132 页。)

整理人:王　静

☆ 吴嘴村

村情简介:

吴嘴村,明永乐二年(1404)建村,曾用名吴家嘴,"文革"时曾更名红卫村。现有 1390 户,3364 人,除汉族外有回族 14 人,村庄占地 266 亩,村办企业占地 733 亩,合计 999 亩。吴嘴村地处城乡接合部,是东丽区最西南的一个村庄。村东与杜庄村相连,村南跨过天津钢厂与海河相接,村西过月牙河与河东区张达庄相邻,村中津塘公路属河东区界。随着城市化进程的推进,吴嘴村 2009 年 10 月至 2013 年 12 月启动拆迁工作,2016 年 5 月村民陆续还迁至智慧城海颂园小区居住。

吴嘴风土情

　　吴嘴自永乐年间建村,之所以叫吴嘴,是因为最开始是老吴家哥儿俩最先移民到这里,这个地方正好在海河的 U 形处,就像一张嘴。

　　吴嘴村的老邢家曾出过一个官,官至黄河道。后来此人回村后,在村里组织了一个花会,并捐给村里一台轿。现在这个雪栎木的轿杆还在吴嘴,大概有十多米长,中间没有一个节儿。后来村里成立法鼓会,村民在这根轿杆的基础上又做了一个轿子。吴嘴老郑家,在市里南马路开了一间正华绸缎庄,他们家比较有钱。吴嘴村老韩家以租小轿为生,谁家娶媳妇,就用那个人抬的小布轿。老秦家是干勤行的,谁家有个婚丧嫁娶,做个饭都找他们家。据说他们家祖传的四喜丸子手艺还在姑奶奶手里,逢年过节,供不应求。

　　吴嘴早先有个菩萨庙,里边供着观音,门口有一根老大的旗杆,老远就能看见。人们常说:"看不见庙杆就找不到家。"一到年节,人们就在这个桅杆上挂上幡,还有九连环的灯笼。庙前边还有个影壁,上边画着画,不过年头太长了也看不清画的是什么内容。每年阴历二月十九菩萨生日,庙前边法鼓、吹会特别热闹,还有做小买卖的、看热闹的,人挤人。到了晚上,还有锣鼓、镲、吹唢呐和吹箫的。庙里还供着个药王,一到四月底、五月初,大伙儿就抬着药王出巡,近的去过大直沽、土城,最远还去过西青区的峰山药王庙。这个庙最热闹的时候,就是盂兰盛会,家家都在庙前边的小河里放河灯,烧法船。

讲述人:赵宝民(65 岁)
整理人:张　诚

吴嘴村的黄韭菜

天津卫有三宝,银鱼、紫蟹、黄韭菜。东浮桥菜市的韭菜很重要,没有吴嘴村的黄韭菜就开不了市。

吴嘴村为什么能种出黄韭菜呢？它是先养韭菜秧,然后再种韭菜。上来得先养秧,秧子大了以后,到夏季的时候捆成小把儿进行栽种,一畦可排五六撮韭菜。到冬天过年以前,为了不冻伤地里的秧芽子,村民们就把草帘子和稻皮儿覆盖在韭菜秧子上,后来村民还用新出的稻糠盖。这样是让温度保持在27℃左右,促使青韭变黄,从而形成黄韭。那时候,有人说吴嘴种韭菜用锯末盖,其实用锯末不但价钱高,而且当时也没有。据说有的地方还弄成罐韭菜,拿罐子套上,那也是一种方法,但吴嘴没那么复杂。

吴嘴种韭菜还有一个窍门,那就是粪肥。俗语说,庄稼好不好,全靠粪当家。当年村里有一位刘姓村民,就靠卖粪赚钱,这也是一个行当。生产队时期,队里承包了中山门、大直沽五个厕所,有四五辆粪车,天天派人淘粪供给生产队。还有的村民种地用煤球灰,也是在郑庄子、中山门定点去拉。后来村民种地还有用硝灰的,这种硝灰是老百姓家里烧大锅积攒下来的灰。当时为了要这个老肥,有的人就以免费盘炕为由回收硝灰,吴嘴有人专门干这个。后来村里提倡养猪、养鸡,于是生产队也用猪粪和鸡粪来积肥。

吴嘴也种土豆、白菜,因为有海河水浇灌,质量也很好,但与黄韭菜相比,其中的利润就没法比了。所以吴嘴村是家家种韭菜,尤其是冬天韭菜价钱最高的时候。最有名的是一队的齐之来大爷,他种的韭菜在六个生产队里比较有名。等到过年的时候,吴嘴的韭菜有红

587

天津东郊村落文化留迹(下)

根儿绿叶的,还有白根儿黄叶的,味道特香,卖的价也高。现在的韭菜,都没过去那种红根儿绿叶的了。

吴嘴村种完菜,送菜的人们都是顺着海河撑船往市里走。村里原先有养小船的,大伙儿一般都坐船,也有挑"八根绳儿"的,八根绳儿就是挑大筐,前边四根,后边四根,一共八根绳儿;也有推"飞行车"轱辘马的,飞行车有两种,有独轮儿的,也有双轮儿的,拉家带口连拉带推地往市里送。听老人说,东浮桥有一帮赶阳的,就是趸完你的菜,他再加价卖去。赶阳嘛,就得赶在阳光出来以前趸菜卖菜的意思,现在叫批发。

讲述人:赵宝民(65岁)
整理人:张　诚

战争时期的吴嘴村

抗战时期日军占据天津东郊的时候,一部分住在北资仓库(新仓库),一部分住在中山门。有人说,吴嘴、杜庄子是"张着嘴吃人"、连日本人都顶不住,这些害怕被吞进肚子里去。其实并非如此,日本兵经常袭扰吴嘴村民。吴嘴紧挨着新仓库,日本人在此地设了一个关卡对来往行人严格盘查,而且还得给他们鞠躬。有一回,村里的刘大爷从那儿过,正赶上日本人嫌热,都上旁边树荫里凉快去了,他一看关卡没人就过去了,让日本给追上了打了一顿。后来日本鬼子投降了,新仓库也被炸了。

解放战争期间,为了防止解放军攻打天津,国民党要放火烧村。保长一接到烧村的信,就赶紧跑回村子通知大伙儿:"国军要来放火啦,大伙儿快跑啊!"村里的人们前脚拿着干粮和钱刚跑,后脚国民党就举着火把进村了。他们一边放火还不许村民救火,吴嘴瞬间被烧没了,连大庙也给烧了。老百姓只得去投靠市里亲戚。

国民党军队还在桥上修建了很多碉堡。当年吴嘴村靠月牙河,跟贾沽道、张达庄隔河相对。从吴嘴到张达庄,村民可以通过一个小桥过河。这个小桥是早先为了保护村庄,村民在村子的四周挖了一圈河,为了通行方便而修建的小木桥,桥头还立着石头柱子,上边刻着名字叫普育桥。沿着这小木桥走,对面就是张达庄。所以沿着河边,都会有一座木桥,像一号桥、贾沽道和吴嘴角都有。当解放军要过桥时,国民党军队就在对面的地堡里向外射击。吴嘴村有个刘兆廉老大爷,他家比较富裕,有大车。天津解放后,他就帮着拉牺牲了的战士。听老人说,这一仗解放军伤亡了不少。

天津东郊村落文化留迹(下)

　　吴嘴有个叫刘子轩的,在四野当文艺兵。那时灰堆快解放了,他回头跟他战友说:"你看了吗,这对河就是我们家,吴嘴。"突然"啪"地就来一个子弹,刘子轩当场就牺牲了,现在平津战役纪念馆中,还有刘子轩的名字。

　　抗美援朝时期,吴嘴村也有牺牲在朝鲜的,苏三爷的儿子就牺牲在了朝鲜战场。老齐家老八毕业后当上了医疗兵,后来也上了朝鲜战场。这个齐家在吴嘴一带很有名,民国时期家里开了间津芦盐店,后来齐安林还当过乡长。齐子升是天钢劳动模范,当过九届人大代表,国家领导人还接见过他。他在天钢一炼就是生产能手、劳动模范、炼钢能手,长得也高大,还当过厂长。

讲述人:赵宝民(65岁)

整理人:张　诚

吴嘴村的副业生产

过去吴嘴村有钱的就有大车,没钱的起码有个小毛驴车,基本家家都有车。刚解放时,吴嘴就成立一个搬运社,给市里拉苇子、运货,挣脚力钱,维持生活。后来成立大车公会,周边的杜庄子、冯口儿、詹庄子的车都集中到了吴嘴。

1958 年,吴嘴发展乡镇企业,给人家工程机械厂搞机加工。后来吴嘴因为地多,从天钢海河边一直到津塘公路,大概有四五千亩地,于是机床厂、钢厂都来此设厂。天钢过去叫中山钢厂,村里老头儿都去抬红石,抬铁矿石,一天就挣几毛钱。天钢有三个厂:一个是料厂,一个是废料厂,还有个焦炭厂,共占了吴嘴村 700 多亩地。按照政策,一亩地可以解决两三个人的工作,1976 年和 1982 年,有些村民就转成了工人,后来二号桥旁边的厂子又招走了一部分人。过去农民祖祖辈辈都是面朝黄土背朝天的,大家都乐意当工人,当时 18 岁到 35 岁都转工了,在工厂能挣 45 块钱,谈恋爱也比以前容易多了。

因为吴嘴离市区近,又属于城乡接结合部,和张达庄、贾沽道就隔着一个月牙河,过河就是河东区。人都往高处走,水往低处流。像赤土、贯庄子这些村的姑娘都想往这边嫁,盼着将来能有一个转工的机会。

随着农转工,壮劳力都走了,剩下的都是些老幼病残的,也不能劳动。而且因为跟天钢隔着一道墙,菜园里的菜叶里都是焦炭的灰,吃不了。为了补偿吴嘴村,天钢五工房、四工房改造盖楼时,把拆平房的东西都给了吴嘴。村里又跟天钢合作,存点儿钢坯,存点儿焦

591

天津东郊村落文化留迹(下)

炭,存点儿盘条。有钱以后,村里买来汽车,男社员开汽车搞运输,给一商局拉东西,后来发展到给钢厂炼钢、拉废钢坯子。后来人家钢厂自己成立运输队,把吴嘴顶了。还有能人从港务局买点儿废的汽轮儿吊,给钢厂做装卸,卸生铁、焦炭。为解决妇女工作问题,村里又建了毛纺织厂,织呢子,请来退休的技术高手指导,也兴旺了一时。吴嘴虽跟富村比不了,但也算中游吧。

党的十一届三中全会以后,进行城乡改造,吴嘴村已搬走了800多户,现在村里还有1300多户。

讲述人:赵宝民(65岁)

整理人:张　诚

吴嘴村的花会

农村人没有什么特别的娱乐项目,最喜爱的还是赶庙会、看花会。

中华人民共和国成立前,吴嘴村有个土地庙,过去人们都到土地庙赶庙会,当时最有名的叫合音法鼓。吴嘴村这个法鼓,是村里有钱人集资做起来的,逢年过节搞点儿活动,娱乐百姓。吴嘴的法鼓跟张达庄的庆音法鼓、挂甲寺的法鼓不一样。党的十一届三中全会以后,有一拨老人重新恢复了法鼓。不过因为一帮老人都八十多岁了,鼓箱都坏了,也没有传承人,吴嘴的法鼓未能列为"非遗"项目。合音法鼓大概到 20 世纪 90 年代就没有了。

吴嘴还有其他花会,如狮子会、小车会,党的十一届三中全会以后,全拾起来了,后来又全都散了,老人去世后,都没传承下来。

吴嘴还有个无极武术,是在天钢做临时工的高海从老家带来的。他在吴嘴买的房子,没事儿练这个武术,原先东丽区武协有个主席叫迟广智,小时候也是在吴嘴练的武术。吴嘴武术最兴旺的时候是 20 世纪 60 年代,当时村里有四拨儿练武术的,涉及无极、少林,还有形意等门派。

讲述人:赵宝民(65 岁)
整理人:张 诚

☆增兴窑村

村情简介：

增兴窑村,1930 年建村,曾用名程林庄,"文革"时曾更名红星村。该村有 825 户,2086 人,除汉族外有回族 11 人,耕地 505 亩。增兴窑村东至染化八厂,西至月牙河,南至京山铁路,北至南大桥。主要农产品有水稻、甜椒、丰水梨、香菜、黄豆芽、大芋头、葱。

增兴窑的由来

增兴窑这块地早先属于程林庄,后来天津的孙冰如买来取土烧砖。孙家原来是从事海运和米面生意的,有两个商号,分别是增记号和增兴号,当时天津好多面粉公司都是他们家的。到孙冰如这一代是第七代,增记号已经倒闭了,只剩下了增兴号。

为了扩大商业范围,孙家在河东买了大块的土地,并建了一个窑烧砖,因为这个窑用的是他们的增兴号,人们就把这个窑叫增兴窑了。

中华人民共和国成立前的移民,多数都是他们家的佃户,种他们家的地,给他们家烧窑干活,后来就在这儿就形成了增兴窑小村。

中华人民共和国成立前增兴窑基本没什么人家。1937 年老丁家来的时候,就是种孙冰如他们家的地,种菜,然后一年给他交多少租。住的是土坯房,就是自己拿点儿土,弄点儿麻根儿草堆出来的。后来能脱坯了,就把薄泥和草糊在墙上,两边拿板儿一夹,打完一层晒硬了,再往上接,一点儿一点儿,盖这样的房子至少一个月。头一年秋天老丁家泥完房,隔一年就发大水了。房子泡塌了,豆角架、黄瓜架也泡烂了。只有杨宏路他们家的房台,因为过去是窑址,是增兴窑最高的地界没有被淹,其他人家都被淹了。没办法,大家只得搬到铁道上住,虽然经常有火车过,声音大,但地势高,人们也不怕被淹。

距离杨宏路他们家的房台往东五六十米,就是原来的窑坑,最深的地方有一米五六。这个窑坑是烧窑时取土挖的一个坑,后来长满了蒲棒和苇子,现在那里也都盖成楼了。听老人说那地方原先光烧砖,没出过别的。

天津东郊村落文化留迹(下)

增兴窑这块儿的面积,按现在说有一平方千米左右,以前还包括京山铁路南边南货场那块地和原来耐火桥两边那块地。后来这片地划归到河东区,再加上钢厂、耐火厂占地,最后就形成了如今的规模。

讲述人:丁恩波(70岁)

整理人:张　诚

解放战争时期的增兴窑

解放天津的时候,因为增兴窑离天津近,国民党便在这里设有城防,从程林庄一直到唐口新村。

打天津之前的一段,这里正是比较乱的时候。那时叫拉锯战。白天有时城里的国民党部队过来,但晚上他们不敢待在这里,就撤回去。解放军晚上过来,看地形,了解情况。解放军告诉增兴窑的村民:"你们往下边走走,最好往下边走。"因为那边已经解放了。丁恩波父母去了十三顷,粮食呢,能带走就带走点儿,不能带走的,就用缸、坛子装好埋在地下。临走时,好多人自己就都把房子拆了,把房檩藏在冰窟窿里头。要是一打仗烧了就麻烦了,因为没钱去买。国民党搞坚壁清野时,就把周围的村子全烧了。后来国民党撤退,也经常路过这儿。只要他们一过,就强占民房,强拉壮丁。还有些地痞流氓,也跟着抢东西。

攻打天津的时候,村民们都要给解放军包饺子送行,战士们就招呼小孩们一块儿吃。天津解放后,增兴窑的老百姓回来,一看到处是残垣断壁,没法住人,战士们就帮着老百姓盖房,还送来了粮食,增兴号的老孙家,也用大车给人们拉来了小米,就在村里的北头放赈救灾。

老张家那时跑到了程林庄,回来一看村里已经住了解放军。他们家地里还有一些烟叶,战士们说要拿钱买,老张家赶紧说:"我哪儿敢收你的钱啊,想抽就拿去抽,就算是我送你的。"人家战士却说:"我哪儿能白要老百姓的东西?我们是解放军,我们有纪律。"结果给他100块流通券,那是东北解放区用的,也不知道合多少钱,反正是足

天津东郊村落文化留迹(下)

够了。

    我就是天津解放那年生的。提及出生还有一段往事。当时天津刚解放,撤退下来的战士们在村里休整。生我那天,解放军还住在他们家。后来奶奶开玩笑说:"你命不错,生你的时候,外头好些人给你站岗。"

讲述人:丁恩波(70岁)

整理人:张　诚

农业生产

早先给孙家扛活儿的增兴窑村民,年头儿干得多的都有点儿积蓄,于是开始买田置地。解放初,他们又雇了些从山东、河北青县、沧县逃荒要饭过来的,这些人便在这里落户了。增兴窑全是种地的,开始是给别人家扛活儿,后来自己买点儿地。起初也就是二三十户儿,成立互助组入社的时候,村民们对这个不太了解,有愿意入的,有不愿意入的,头一批入社的只有十八户。1955 年开始成立初级社后,人就稍微多一点儿了。在生产队干活儿的时候,干一天给一天的工分,一天不干就没有工分。

初级社组建时,叫"常年青"。周边社还有叫"长青"和"四季青"的。第一任社长叫金世恩,"文革"时受到了冲击,20 世纪 90 年代得以平反,后来又当了几年书记。

增兴窑村以种水稻为主,属于小站稻一个品种。现在万新村北半部,往东那一片稻地都是增兴窑的,大约有一千多亩吧。增兴窑村是五个小队,后来分成六个,每个队得二百亩左右的稻地,万新村起来后也占了一部分。

增兴窑现在光算本村的就两千来户了,算上外来的,得三千多户。现在的行政管理不叫大队了,后来改叫村委会,前几年又改成社区,现在叫增兴窑社区管委会。

增兴窑村地处城乡接合部,该地区违章建筑多、贫困户多、外来户多,顺应城市化发展的大势,搬迁是该村的必然选择。有些村民有想法,不愿搬迁,增兴窑村委会便积极为失地村民解决就业、安置、社保等问题,为困难户、残疾户申请低保及残疾补贴,做到失业有救济、看病有报销、养老有保障,解决老百姓的后顾之忧。

讲述人:丁恩波(70 岁)
整理人:张　诚

☆ 小王庄村

村情简介：

小王庄村,明永乐二年(1404)建村,曾用名小王家庄,"文革"时曾更名红农村。该村有 713 户,1732 人,耕地 726 亩,东至外环线,西至程林工业区二村村界,南至北程林村,北至于明庄村。2008 年,随着东丽区政府对小王庄村的规划,原来的村子被拆迁,村民统一搬迁到好新家园小区居住。

村支书韩殿银

　　小王庄村民，经常提起老支书韩殿银。他带领小王庄人种稻致富，事事带头，并在治理海河的工程中献出了生命，至今小王庄人对他和他的事迹念念不忘。

　　小王庄四大姓——张、王、韩、于，其中韩姓出了不少能人。抗战时期，村里的韩七爷、韩八爷状告日本兵，免交夏粮，为村里人传为美谈。中华人民共和国成立后还有一个能人韩殿银，他响应党的号召，中学毕业后回乡务农，在工作队领导下，加入了中国共产党，在村里带头成立互助组。后来成立初级社、高级社，初级社时达到18户，高级社时最初六十多户，后来接近一百户。

　　作为村支书的韩殿银一心扑在农业生产上，1958年小王庄开始种稻田，当时用海河水由排水五站输送到我们这里。过去我们村都种旱田，种水稻没有经验。韩殿银刻苦钻研，很快掌握了种植技术，并传授给村民。身为村支书，他处处起到带头作用，每天很晚才回家，就像长在地里一样。有一年插秧，秧苗很快就蔫了。他在地里观察，发现是水大的原因，后来在田里做了漫口，秧苗逐步缓了起来。小王庄种稻米有了经验，当时地很多，从农历小满插秧，一直插到夏至。后来每年收获稻谷小百十万斤，稻米交到市内大直沽粮库与大王庄粮库，大队交公粮的马车送不过来，公社连忙调天津运输四场汽车帮助送粮。

　　韩殿银对村里工作认真负责，这股精神也传递给其他村干部和村民。1962年下大雨，大家都惦记着稻田，雨很大，村干部都穿着雨衣，拿着铁锹到田里看口开没开。到了地里，只见韩殿银冒着大雨，头戴草帽,系着披风,身上都湿了,但仍扛着铁锨在地里转。这种精神感动了村干部和村民。

韩殿银头脑聪明,在附近带头搞副业。他一度调到人民公社,后来又回到村里。1962 年,他将村里两个小队分成四个小队,队队搞副业。其他村没人抓,也没人搞,小王庄成为典型,区里专门派人到村里调研总结。

早年间,农村经常有出河工的任务,为治理海河出工出力。1963 年遇到特大洪水,上面派我们村到团泊洼出河工,任务十分艰巨。韩殿银得到通知后,带领小王庄民兵连几十人,举着大旗,扛着铁锨,背着箩筐,奔赴静海团泊洼。那时天天下雨,洪水危及天津城。上面要求决口放水,需要用炸药爆破堤口,当时这个任务交给小王庄民兵连。点炸药爆破是一项非常危险的工作,作为一直从事农业生产的农民并没有经验。洪水漫堤,时间紧迫,在经过现场技术人员讲解后,韩殿银带领部分村干部搭着炸药奔赴大堤。由于操作失误,炸药提前爆炸,当时连韩殿银在内的六名小王庄人献出了生命。韩殿银本可不去亲自搬炸药,但在危险面前,他仍然冲到第一线,表现了一位共产党员模范先锋的精神。

时间过去了几十年,老书记韩殿银的事迹始终铭刻在小王庄人的记忆之中。虽然他为抗洪牺牲,没有留下一块纪念碑,但在小王庄人的心中,韩殿银始终是不朽的丰碑。

讲述人:张维林(74 岁)

张文河(71 岁)

韩礼荣(71 岁)

整理人:曲振明

小王庄石棉加工厂

　　小王庄地处城乡接合部,明永乐二年(1404)建村。最早到村的是张家,故这里名叫张家铺。后来由于受到邻村的恶霸欺负,寻求离村几里的王家台人保护,两村合村,按照约定村庄便改名为小王庄。小王庄一直以务农为主,后来搞副业,成为村人致富的增长点。

　　小王庄搞副业,得益于天津五金矿产进出口公司。1957年,一批五矿干部下放到小王庄,在此扶贫两年,相互有了感情与交流。后来在外贸五矿的支持下,成立了小王庄石棉加工厂。工厂最初有三十多人,最后发展到一百多人。石棉是一种保温耐火和绝缘材料,加工比较简单,不需要复杂的生产工艺。工艺是将石棉矿石粉碎,用筛子过滤、除绵,然后用石棉炉加工,制成耐火砖等材料。当时石棉产品出口,开始出口日本,后来又由日本转口美国。石棉本身并无毒害,它的最大危害来自它的粉尘,当这些细小的粉尘被吸入人体内,就会附着并沉积在肺部,造成肺部疾病,所以发达国家多不加工。后来,村里发现石棉对人及环境的危害,就停止生产了。同时村里还加工金刚砂、拉铜管等,都是根据外贸五矿的需求加工。

　　1970年,我们村成立了焖火厂,张维林在1969年当生产队长,先与有关部门联系营业执照。焖火厂需要煤,那时煤是定量供应的,需要有使用指标,也需要与有关部门协调,这个厂主要为第一机床厂、万新减速机厂、第二炼钢厂、河东机修厂等工厂的铸件退火。开始只有十几个人,后来发展到四十多人。直到城中村改造,这个厂不干了。此外,村里还与天津第一塑料厂(以下简称一塑)协作,帮助我们生产塑料焊条,由一塑帮助代销。那时干副业,农民没有什么经验,多亏村里的几位下乡知识青年,他们提供了很大帮助。村里有了钱,开始购买了两辆小四轮,帮助村办工厂搞运输。

小王庄临近市区,在城市扩充发展时,这里的土地得到重视。2005年,我们村是城中村改造的试点。2003年,我们这里的水稻不让种了,村支书韩文亮确立了以地养人的思路。在村里划出一部分地,建成洪亮工业园。当时村里认为这条路选得对,热火朝天地干起来了。开始到工业园招标登记企业不少,村里人也开始指望收地租致富。后来东丽区土地局稽查科来人不让干,但是我们没有其他出路。洪亮工业园奠基时,区里、街里都来人。但是由于没有办理土地使用执照,2017年洪亮工业园被定为违章建筑。这个项目并没有得到实施。

多年来,小王庄搞副业生产,有经验也有教训。2008年,随着东丽区政府对小王庄的规划,原来的村子被拆掉,村民统一安置到好新家园居住。

讲述人:张维林(74岁)

张文河(71岁)

韩礼荣(71岁)

整理人:曲振明

☆ 潘庄村

村情简介:

潘庄村,明永乐二年(1404)建村,曾用名潘家庄,"文革"时曾更名四新村。该村有 858 户,1881 人,其中农业人口 734 人,非农业人口 1147 人,土地面积 400 亩。该村东至詹庄村,西至杜庄村,南至辛庄村,北至津塘路。2008 年,按照东丽区政府对万新街南片六村的改造规划,原来的潘庄村被拆除。2016 年 5 月,第一批村民 300 户还迁到海颂园小区。

潘庄话旧

潘庄位于城乡接合部,这一带有六个村庄相连,俗称"詹潘辛冯杜吴",即指詹庄子、潘庄、辛庄子、冯口、杜庄子、吴嘴,其中潘庄最小,土地最少,原来土地多的时候,都让周边工厂占走了。电传研究所、叉车厂、605所、建新楼、麻纺厂、地毯厂都占过潘庄的地。潘庄原有四百多户,一千多亩地,庄宅基地六百亩。

中华人民共和国成立初期,村里建有耐火厂宿舍一百间房子,占去一部分地。后来临近工厂扩建,又划出一部分地,那时按土地劳动力比农转工,地毯、耐火、宏光食品、亚东、棉三、外贸、五一化工厂等二十多家工厂,都招收我们村的年轻人为工人,几乎家家户户都有工人。后来潘庄的土地比较散,即所谓插花地,或是高台,或是洼地,后来还跨村买地。人民公社成立后,土地可以置换,但园田大面积少,不能大面积耕作。

潘庄水资源丰富,过去还有老河从冯口进来,后来海河改道。我们这里农业一直依靠园田种菜,过去以种植白菜、土豆为主,"文革"前开始建了大棚,蔬菜的品种就多了。1967年后,开始正式建塑料大棚,别的村都用竹竿支大棚,由于我们村有铁厂,做了三十多米长的铁架子,作为棚架支撑。村里还专门成立了科研小组,开始到北京、长春等地学习。后来我们蔬菜大棚取得经验,华明永和村还到我们这里学习,为他们培训人员。

蔬菜大棚主要嫁接黄瓜,一个棚大约有两亩地。后来还种辣椒、西红柿、韭菜等。冬天潘庄还种黄韭菜,用花盆种,用筒子罩上,十分出名。河边的村子都是园田区,属于菜农,国家定量供应粮食。除了

天津东郊村落文化留迹(下)

粮食以外,村里每到秋天分点土豆、白菜,一口人大约二百斤。

种的菜要送到市里。我们的菜送到和平、红桥、河北等区的副食店。蔬菜通过长春道、金钟河蔬菜分拨中心,然后再到副食店。

潘庄大队下面有三个小队,每队养一辆两轮马车、两头牲口。说到马车,它为铁厂运输发挥了作用,当年有一个 32 米长的铆造件,汽车拉不了,我们用四轮马车、三头牲口拉走的。

当时村里建置是三个小队一个工厂。每年铁厂给每个生产队补贴八万元以副贴农,使得我们比邻村的工分高,最高每天十二分,每分值三角二分。铁厂都从生产队招人,直干到拆村。

1971 年,根据当时东郊区(今东丽区)安排,位于东郊的解放军空军农场划给我们村 782 亩地。当时村里人比较高兴,还初步做了迁村规划,除了种地,还建养牛场、养羊场,河里养鱼,河边种葡萄等。随后村里派人到那里改土制碱,用铁厂特制的大铁锤打冻块。每天村里派车拉人去上工,后来就在当地搭窝棚。拉土派去许多汽车,有道奇、捷姆西、大井、美国十轮汽车等。由于用工多,所有劳动力都派去了,铁厂也被迫停了产。由于没有工人,正遇到北京化工二厂有急活儿没人干,最后商量抽出部分人回来赶工,这才没有耽误。几年来我们村里贴补了 32 万元,最后这个迁村计划没有实现,土地划给了东丽湖。

几十年来,我们村一直专注农副业生产。几十年来,虽然并未取得显著事迹,但村里也没有出现违法乱纪行为,李玉明、李玉庭等几任书记都是两袖清风,获得村民的信任。

讲述人:于希望(75 岁)

杨富军(57 岁)

整理人:曲振明

潘庄铁厂

　　潘庄田地少，人口多，依靠农业致富比较困难。为此潘庄副业起步早，并形成规模，当时村里有三个小队一个工厂。工厂工人从生产队中招收，每年给每个生产队补贴8万元，形成以副养农的状况。

　　潘庄副业主要是铁厂，最初叫潘庄铁厂，后改为跃进加工厂，再后来改为潘庄铆造厂。潘庄铁厂主要是铸件和铆造，即金属结构加工和铸造。早年桥梁和闸门需求多，还承揽设备的锻造、铸造等。当时铁厂比较有规模，厂里有几个车间，如汽车修理、电瓶制造等。在天津，我们首先制造了灌瓶机。厂里为铸造还配有专业木型，铸件模子有沙抹茬、白茬、灰茬等。潘庄铁厂兴起，得益于我们村的老书记李玉明。他最初在钢厂工作，后来支援三线，去了太原钢铁公司，1962年返乡支援农业。李玉明有知识，有技术，还有经营头脑。他能够搞革新，能画图纸，能发明制造，这样使铁厂的技术和产品，填补了天津市的空白。1976年地震后，李玉明调到万新街，最初任万新卫生院书记，后又调到万新减速机厂。当时万新减速机厂年产值只有20万元，他去以后，年年翻番。除了减速机，万新减速机厂还生产煤粉机、球磨机等一般整套设备。李玉明后来又调到农药厂。

　　铁厂是村办企业，当时年产值30多万元，在附近这几个村最有名。那时村里农业不行，主要靠铁厂的钱贴补农业。铁厂的工种齐全，车工、钳工、汽车维修工都有，工人以本村为主，也有外村和外地的。

　　我们村距离市内大工厂比较近，特别是605所和叉车厂。早年，605所为铁木加工厂，主要给部队制作拉粪车和编草绳子、草袋子的

天津东郊村落文化留迹(下)

机器,我们联系比较密切。后来 605 成了研究所,关系一直没断,有一年村里铆造厂焦炭供应告急,急需从河北、河南交界的炼焦厂去拉。我们没有交通工具,想到 605 所,便找到了所领导。当得知我们有困难时,605 所的领导二话没说,借出四辆卡车。当时这些车都是进口的新车,为了我们,开了特例,帮了我们大忙。此后,我们与 605 所的关系越来越好,特别是和基建处、行政处关系很密切。每逢村里种的白菜、西红柿下来后,先给他们送过去,让职工尝尝鲜。这种工农协作关系,使双方受益不少。

潘庄铁厂经济效益一直都不错,2008 年东丽区对万新南片六村进行规划改造,原来的潘庄被拆除,铁厂也随之停产。农民纷纷还迁海颂园小区等,大家的身份彻底改变。

讲述人:于希望(75 岁)

杨富军(57 岁)

整理人:曲振明

☆ 辛庄村

村情简介：

辛庄村,清乾隆年间建村,"文革"时曾更名向阳村,有782户,1668人,耕地900多亩。该村坐落于东丽区政府西南方向,位于东丽区、河东区交界处,东界老河口,西邻冯口村,南依海河,北接詹庄村、潘庄村。2009年10月开始城市化改造工作,2016年5月开始还迁,村民们陆续搬至海颂园居住。

金音法鼓

大觉庵金音法鼓成立于明朝永乐年间,距今已有数百年之久。金音法鼓与东园法鼓、西园法鼓先后成立,其鼓点特别动听。东园法鼓停办、西园法鼓转手之际,金音法鼓声誉日上,越东西园而过之。直到现在,各法鼓除去西园法鼓以外,大半的牌子多是和金音法鼓相同。他们的会名虽是叫作"大觉庵金音法鼓会",可是不限于西乡大觉庵村,是辛庄村、侯家庄、杨家庄和大觉庵四村合办的。大觉庵金音法鼓人数很多,大约共有四五百人。平常是各村分别练习,到出会以前,大家合起来练。他们拿手的有《龙须》《新点》《鬼叫门》《蹶腿》《老河西》等几十种。现在主其事者,是四村的刘仲奎、王仲琪、张振锡、王少卿、张景村、安玉田、郝桐林等人。所有一切的出会前行与其他的法鼓会没有什么分别,不过只是敲得特别动听,所以为人所盛赞。

(本文由万鲁建选自《西青文史》第四册。)

☆ 西杨台村

村情简介：

西杨台村,1912 年建村,曾用名杨台,"文革"时曾更名文革村。
有 425 户,1170 人,耕地 345 亩。该村东至程林村,西至万新村,南至
杨台草站,北至程林庄路。2006 年,随着东丽区政府对杨台村的规
划,部分原来的村子被拆掉,村民将统一还迁到畅悦华庭小区居住。

杨台小学的特殊教育

1988年4月26日，丰年村小学开设辅读班，有教师3人，招收智力障碍儿童10人。1991年南大桥小学与天津市教科院合作，招收8名智力障碍儿童与正常儿童一起随班就读，仅一年时间，智力障碍儿童均有不同程度提高。1992年在万新街杨台小学设辅读班，有教师2人，招生9人。1992年12月29日，经区政府批准，成立全区第一所特殊教育学校——自立学校，校舍设在丰年村小学内。1995年全区盲聋哑及智残儿童458人，有8个残疾儿童入学。这些孩子除到市聋哑学校、盲童学校及本区自立学校外，其余入辅读班，或者随班就读，与正常儿童同时编班学习。

国家教委确定四省市（北京市、天津市、山东省、大连市）为特殊教育示范区，东丽区是天津市随班就读试验区之一。

1993年9月，来自全国十一个省市的特殊教育管理干部，到自立学校、杨台小学辅读班参观学习。同年10月，英国梅尔·安斯克先生（联合国教科文组织成员）来东丽区视察以上两所学校。

学校自1992年12月成立以来，面向全区招生，有学生19人，他们反应迟钝、发音含混不清、手脚不灵活、动作不协调。学校设专任教师5人，分别负责不同课程。经过一段努力，学生能做到：上课不随便往外跑，睡觉能躺得住，能自己叠被、取饭盒，见了老师能问好。学习好的能识字一百余个，计算简单的加减法。

1995年，自立学校有两个班，共学生21人，教职工5人；杨台小学辅读班一个，学生6人。

（本文由万鲁建根据杨台小学资料整理。）

无瑕街

☆ 无瑕街

　　无瑕街原称李庄子乡,1993 年 12 月 31 日撤乡建街,改称今名。无瑕街地处东丽区东南部,距张贵庄 17 公里,东接塘沽区,南隔海河与津南区葛沽街相望,北依京山铁路线,西靠军粮城镇,东临塘沽区中心庄乡。无瑕街交通便利,有津塘公路、二道闸公路穿过,北临京山铁路,有大无缝专用线与之衔接,陆路交通便捷;南临海河航道,能通行 3000 吨级船舶,可得舟楫之利,距市区 25 公里,距天津国际机场 19 公里,距天津开发区 14.5 公里,距京唐高速公路六公里,地理位置优越,是连接市区和滨海新区的金色走廊。

☆ 西窑村

村情简介:

西窑村,清嘉庆年间建村,"文革"时曾更名红卫七队。西窑村位于街道办事处南 3.5 公里处,海河湾东北侧。该村东与大杨庄和西地村接壤,西与李庄子为邻,西南至海河,北至杨家泊村界。2008 年启动拆迁工作,现村民居住在丽霞里和民惠里。

村里的乐队

　　八十年前，因为有着共同的爱好——吹拉弹唱，西窑村的四五个年轻人组建了村里第一支小乐队。随着时间的流逝，大家记得好像叫"tuzi 会"。至于是"兔子"还是"秃子"，抑或是其他，老人们说，由于年龄小，当年只是听大人们这么叫，其实并不知道到底是哪两个字。不管怎么样，这支小乐队的成立为贫苦的生活增添了一抹色彩。

　　这支乐队的成立是村里年轻人的兴趣使然。乐队成员都是二十岁出头的小伙子，每个人都有自己的拿手绝活，比如像刘金生擅长吹号，刘顺通则喜欢吹笛子，还有吹唢呐的、吹笙的。笙是我国一种古老的簧管乐器，主要是为笛子、唢呐伴奏或独奏。那时候村里条件很落后，与号、笛子等乐器相比，笙并不多见。所幸村里有一黄姓村民，家里珍藏着一支笙，听说年轻人需要，便二话不说贡献出来，让孩子们拿着练习。

　　这支乐队刚开始组建时完全是为了自娱自乐。平时农闲时，大伙儿凑在一起琢磨琢磨，合一合，练一练，再加上大家都没有成家，也有一定的时间来练习，久而久之，这个临时搭建的"草台班子"也像模像样了。随着乐队的技术越来越成熟，于是村里人开始找他们在喜宴上演出。因为都是乡里乡亲的，乐队的年轻人也图一热闹，所以也乐意无偿去助兴，甚至有时外村来请，也没有拒绝过。虽说早年的班子阵仗不大，但无论是演出的演员还是观看演出的村民，都非常享受。小孩子们就更开心了，每逢乐队收拾家伙演出时，一群半大小孩就跟在后面，好像是自己表演一样。还有的小孩趁机摸了摸乐器，便有了向其他小伙伴吹嘘的资本，能让自己乐上一整天。

天津东郊村落文化留迹(下)

这支乐队看上去有些像现在农村的民间乐队,不过如今的民间乐队一般都是中老年人,年轻人很少有做这一行的。事实上,西窑村的这支乐队因为没有人来传承,随着这批老人的相继离世,也就曲终人散了。

讲述人:杜广孝

王坤清

整理人:王　静

西窑村的第一架水车

中华人民共和国成立后,党和人民政府十分重视农业生产,进行了土地改革,实现了"耕者有其田",农民生产积极性空前高涨。但考虑到农村普遍存在着机械化程度低、畜力严重不足而劳动力相对充足的特点,国家提倡发挥村民积极主动性,倡导农村"工具改革"。为解决老百姓耕地用水问题,村民王德生为村子改造引进了水车。

水车俗称龙骨车,主要有脚踏式和手摇式两种,在 20 世纪 70 年代之前,水车是北方农村普遍使用的农具。西窑村的这架脚踏式水车最开始全是木质结构,比如水桶和支架之间需要用木锁子固定,通常一架普通的木制水车需要上百个小木锁子,这些木楔子全部都是用木头手工制作的。水车整体构造比较简单,由水槽(一种长且直的木箱)、水页、踏拐子和水车架子组成。水页用木楔子固定连接起来,绕在踏拐子上的轮子中,水槽的另一端安装有一个小转轮,水页就在水槽的上下两层做往复运动,下面的向上移动,上面的向下移动,如同自行车的链盘带动链条转动一样。

踩踏水车是一项考验技术和体力的农活儿,也是一项考验人注意力是否集中的农活儿。水车主要是一种提水工具,当水槽的一头放置在水中,人们通过脚踩辘轳转动水页,水页继而将水卷到水槽,然后就可以将低处的水引到高处。不过刚开始用的时候,人们还没掌握踩踏技术,导致有一部分水从水箱的缝隙中漏下去。随着技术的熟练,踏得越快,漏的水就越少。踏水通常由两个人来协作完成,如果一个人踏虚了,另一个人还在继续踏,踏虚的人就很难赶上趟儿,技术差点儿的,直接就手忙脚乱了。所以农村有句老话"一脚踏

621

天津东郊村落文化留迹(下)

错了拐,就步步虚了"。

木头长时间泡在水里容易变形,时间一长,水车的水页和水槽遇水膨胀,缝隙变小。虽然漏水少了,但增加了滚动的阻力,踏起来特别费劲。村民开始用铁质水车代替木质水车。与木质水车不同,铁质水车的水箱、链轮和水页都是用生铁打制。当然最大的不同,是这种铁质水车采用了滚珠轴承,节省了人力的耗费,功效自然也就有了一定的提高。这在当时,也算是一项有实效的"工具改革"了。

西窑村共有两架这样的水车,一定程度上缓解了村民挑水的困难,还能解决旱季缺水的难题,受到了村民的欢迎。后来随着水利设施的逐年完善以及自流灌溉的实现,水车也就退出了农村。据老人回忆,现在村里很多上了年纪的村民,也不知道这两架水车了。

讲述人:杜广孝
王坤清
整理人:王　静

红火一时的木器厂

　　20 世纪 70 年代左右,西窑村有了自己的木器厂。刚开始,木器厂规模不算大,只有十来个木匠在干活儿。因为大多数都是中青年,当地人也称他们为"小木匠"。木器厂听上去好像是一个工厂,可在当地人眼里,木匠算不上工人,也就是村里懂木活儿手艺的一群匠人。到了 20 世纪 80 年代,木器厂赶上了好时候。一是改革开放国家政策好,二是人们的热情空前高涨,物质极度缺乏时期,年轻人结婚需要打制像样的新家具。家里有会木工活儿的,可以自己打。如果没有,只能请人打制。所以那时不仅家具厂有接不完的单子,就连木器厂里的木匠也特别吃香,他们常在休息日或八小时以外帮忙打制家具,或者干脆收工钱给人打制家具。据老人回忆,当年置办的衣柜、床椅、碗柜都是专门请木匠打制,而且还得好吃好喝好招待,否则木匠三天打鱼两天晒网,活儿就干不成了。随着木器厂生意越来越好,西窑村木器厂规模也开始扩大,最多的时候厂里的工人多达二百多人,并有了自己正式的名字"西窑木器厂"。能进厂当工人,能拿固定工资,一家人不再依靠一二亩土地度日,这对于地少人多的西窑村民来说,是渴望已久的事情。老人们讲,当年木器厂不是随便一个人都能进去的,如果一家已经有人在厂里工作,那么只能等到退休才能再进来一个人来顶替。2000 年改制后,木器厂更名为"红星木厂"继续经营。

讲述人:杜广孝

王坤清

整理人:王　静

☆ 小宋庄村

村情简介：

小宋庄村，曾用名宋家庄，"文革"时曾更名兴无村。该村位于街道办事处西南 3.2 公里，海河北岸。小宋庄村东至下翟庄村界，西与大宋村为邻。2008 年 1 月，经村民公决小宋庄村决定整体撤村，2008 年 6 月正式签订拆迁协议，后村民还迁至无瑕花园。

地主夺佃

土地是农民的命根子,农民终年与土地打交道,每天日出而作,日落而息,只为春种秋收。没有了土地,村民就没有了生存的信心和保障。尤其是那些为富户耕种的佃农,一朝土地被夺走,整个家庭的生活即陷入困境。1910年农历七月初九,下午四点左右,小宋庄佃户数十人集聚在督辕门口,准备拦舆喊冤,声称该村庄主擅自增租夺佃,苛待贫民,有违津城土地租赁民事惯例。之后群起激愤的村民推选陈玉珍、郑宝树、孙协和三人为代表,将村庄主状告到天津县议事会。

三人来到议事会先是呈报了津城佃权的民事惯例。早年天津为九河下梢之地,田地盐碱程度高,且时常发生涝灾,许多土地无人耕种。明永乐设卫筑城后,最初垦荒的多为官籍和军籍,后来明统治者下令招募远近居民垦荒开种,官方给予百姓印照,承诺世为己业。明朝末年,边境不稳,但佃农始终按约定交纳地租。清朝建立后,规定永佃制下,地主只能收租完粮,无权随意增租夺佃或干预佃农耕作,而佃农则可依约退回、转租或典卖佃权。田底、田面可分别转移,其前提是,田面转移不影响地主收租,田底转移不影响佃农耕作。即使是官庄旗地,如果佃户并未欠租,庄头土豪除非自种,否则也不能无故增租夺佃。至于民地民庄,庄头就更不能违反此惯例。如今庄主想要增租夺佃,于情于法都不合规矩。

而后,三人声称:小宋庄的佃户在此已繁衍数代,祖祖辈辈都靠当佃户、雇农为生,一旦该村庄主夺佃或任意增租,必将衣食难赡,流离沟壑。尤其令村民不平的是,当初耕种此地多为贫瘠之薄田,如今

天津东郊村落文化留迹(下)

已过数代,多则三四百年,少则二三百年,而此地佃种亦在二百年以上,土地已成膏腴,今惨遭退佃,村民必将失业,希望议事会能够秉公处理。

之后天津县议事会接受了村民的申诉,表示将派员亲往小宋庄调查。但当时清朝早已岌岌可危,国内形势不稳,这件事也就没有了下文。

[本文参考《大公报(天津版)》1910 年 9 月 17 日、9 月 18 日。]

整理人:王　静

最早的村党组织

20世纪50年代,天津土地改革取得了较大的胜利,基本摧毁了封建势力。但由于土改、"镇反"运动的不彻底,群众发动不充分,农村基层组织并不健全,这给潜在的破坏势力提供了喘息的机会。当时小宋庄周边的旧势力也尚未完全肃清,潜在的反动民团组织不时地搞破坏。为充分发挥基层党组织的战斗堡垒作用,小宋庄迫切需要组建村党组织。

1950年,为了帮助小宋村建立村党组织,上级专门从乡里抽调一名副书记——韩振祥到村亲自组建党组织,并担任村支部书记。最初,小宋庄的党组织架构比较简单,主要是由书记和三到四名民兵组成。其优势是便于集中领导,尤其是面对潜在的反动势力,建立一支由书记亲自领导的民兵组织可以迅速恢复社会秩序,起到事半功倍的作用。

随着村党组织的不断成熟,以及潜在反动势力的彻底肃清,此时的村党组织不再打击反动势力了,而是以土地改革工作为中心。围绕这一中心任务,村党组织的主要任务是重新划分土地,确定各家宅基地和耕地边界,同时调解土地纠纷化解村民矛盾,领导群众搞好生产。

到1953年,小宋庄正式成立了村党组织。支部成员扩大到了三名,同时组建了村委会、民兵和妇女会等组织。在村党组织的领导下,小宋庄村各项工作都走在前头,不仅很快完成了土改工作,而且赢得了村民的拥护,树立了党组织在村民中的威信。1975年,村里响应国家禁止铺张浪费,倡导简约,移风易俗的政策,号召男女青年

天津东郊村落文化留迹(下)

举行集体婚礼。村里有四对新人率先响应号召,参加集体婚礼。当时村里条件不好,新人们多半穿着朴素,只有那缠绕在新人身上的大红绸,为婚礼增添了一道喜庆色彩。村民都表示:劳动最光荣,节约是美德,幸福是奋斗出来的。20世纪80年代,小宋庄人乘着改革开放的春风,走上了发展之路。村里先后开办了橡胶厂、塑料厂、皮鞋厂、丝绸厂、水泥厂、木材厂等工厂。其中橡胶厂的规模从最初占地面积四到五亩地,后来发展到七到八亩,不仅创造了上百万的产值,而且解决了村里两百多人的就业问题。

从最早的农村党支部,小宋庄人走过了七十年的风雨历程,这七十年以来所取得的成绩,是天津农村在党的领导下建设社会主义新农村的一个代表、一个缩影。窥一斑而知全豹,在党的领导下农村已经发生了翻天覆地的变化。

讲述人:田文起(62岁)
整理人:王 静

☆ 大宋庄村

村情简介：

曾用名宋家庄,俗称大宋村,"文革"时曾更名红心村。该村有692户,2080人,除汉族外,有回族200人,耕地面积750亩。位于街道办事处西南3公里,海河东北岸,东、南与小宋庄接壤,北至连村路。2008年,根据区政府规划,村民搬迁至无瑕花园春霞里、丽霞里、丽水公寓居住。大宋庄村主要农产品有豆瓣菜、酸浆、美洲南瓜、茄子、杏子、芥菜苗、西葫芦、洋葱和丰水梨。

大宋庄的由来

　　大宋庄村是由北稻地、六车地、张家台等五六个自然村整合而成，历史悠久，在无瑕街道算是历史最长的一个村了。《东丽地名志》中记载："明万历年间有宋氏兄弟二人来此，兄弟分别在西、东侧落户定居，成村后分别定名大宋庄和小宋庄。"村里有条路，早先都称之为葫芦北，实际上是古路北，看宁河县志村寨图，过去的南北方向标志确实有条路。

　　据传宋家是跟着燕王扫北来的，当兵打仗打胜了，就跑马圈地，先到的就是村长。明政府为了鼓励垦荒，规定五年免交任何赋税。据老人们讲，大宋庄现存大明万历二十四年（1596）翟仲实契纸一张，所属地块"东至大道，西至大河，南至沽道，北至宋昂"。宋昂是老宋家第二代祖，根据家谱，说明宋家早在万历二十四年之前就定居于此。据说，老宋家的脚都与其他人不一样，小脚趾都没有指甲盖，据说那是来自山西洪洞县的象征。宋家人跟庙里老和尚关系不错，从庙里的记录看，过去供奉的宋家是十三门，现在发展到二十一门。

　　宋家之后迁徙而来的，还有老魏家、老刘家和老尤家。老魏家是从赤土搬迁过来的。尤家虽然比宋家来得晚，但占的地势高，1939年天津发大水，只有老尤家没被淹。老刘家据说是从河北沧州逃荒而来，同治年间来到大宋庄，看到这里靠近海河，有鱼有虾，不愁吃喝，就搭了窝棚住下来了，平时给富裕户种地维持生活。一家子勤勤恳恳，省吃俭用，最后还盖了房子。沧州的亲戚听说这边的生活还可以，慢慢就投亲靠友，人越聚越多，还盖了一个清真寺。这个清真寺到现在有一百四五十年的历史，1938年时进行扩建，苦于资金不够就回老家募捐,最后终于建成。

讲述人:魏士春(77 岁)

刘佑民(77 岁)

整理人:张　诚

大宋庄的娘娘庙

大宋庄历史悠久,不过,据老人们讲,村里的娘娘庙存在时间比大宋庄还早。按照《津门保甲图说》来看,娘娘庙大概离宁河县城一百五十里。从贺家口往东走,一直到东丰台,应该是二十八座娘娘庙,大宋庄的是大娘娘庙。一进庙,山门供着弥勒佛,两边还有四大天王。往里走,前殿供的是三位娘娘:碧霞元君、云霄娘娘和琼霄娘娘;后殿供的是观音菩萨、文殊菩萨和普贤菩萨。左右还有药王、柳仙、财神、护法神之类的小神。庙外有个旗杆,还有个小广场,村里人在这里举行活动(也就是庙会),周边的村子也都上这儿来赶集、看会。那时候大宋庄有法鼓、旱船、花棍儿、秧歌等,还有吹会,热闹极了,到后来还有唱戏的。以前的娘娘庙并没有如此大的规模,传说是清末民初,村里有人挣了钱,才修的前殿。

关于这个庙还有段故事。庙里有两个和尚,一个老和尚姓孙,叫孙培岚,葛沽人,法号若光;还有个姓唐,在庙里开过小铺,卖酒,是个瘸子。若光画画好,他以"乘航"为笔名,为《北洋画报》画插图,像狸猫、花卉,鸟都画得栩栩如生。他画在布上的家雀就跟真的似的,活灵活现。

后来因为海河涨潮,村里人就把庙和学校迁到了村里面。迁庙的时候,拆下来的那个柁得有一尺见方,柁上边有块板,千秋带上记载着庙的历史。当年扒庙的时候,有个叫白大的小地痞,他从泥胎里掏出一个物件,后来才知道里面装的是天启老钱。泥胎里还有个铜镜,说能避邪。于是这家借,那家借,最后不知道谁家给传没了。庙里的法器也不知是谁砸了,弄走卖了。

庙拆完了之后就开始挖房台,房台大约有四米深,最底层是厚厚一层黑曝泥,就是腐质层。从地层剖面上看,它的形成肯定是一场洪水之后。庙碑在翟庄子,1957年发大水,翟庄子修闸没有砖,也没有石头,于是就把庙碑和小宋庄的碑垫在了闸口下。虽然当时的学生曾经拓过碑文,但最终也没有保存下来。于是碑文到底是什么内容,就再也说不清了。

讲述人:魏士春(77岁)
刘佑民(77岁)
整理人:张　诚

大宋庄的故事

大宋庄村里人过去都种地，以种棉花、豆子、谷子、玉米为主。日寇侵占华北后，为了解决军粮，于是就屯田强迫老百姓种水稻。日本投降后，大宋庄人仍以种水稻为主。因为是海河水浇灌，稻米质量高，那时熬粥，一开锅闻着味儿喷香。

村里有在市里学买卖的，也有跑海的。庄上原先有三十多户，老杨家跑海，打鱼打虾，于兆龙家、胡广兴家都是小船，都是像现在的小划子，像鱼鹰船。

村里还有卞家荷花地。卞家是闻名天津的大户，曾有"天津卫，有富家，估衣街上好繁华。财势大，数卞家……"的说法，当年天津市四个郊区，全都有他们家的地。分家的时候，一户按银元说都是二十多万。过去大宋庄村里有趟沟，叫卞家大沟，卞家荷花地就在此地。卞家荷花地有二十几亩，中间有个凉亭，卞家人从海河上坐小火轮来，然后坐划子（一种小船）到荷花地。荷花地周边好几百亩地都是卞家的产业，有些草房，住着的有看房子的，有给人家管理地的，也有看着荷花池的。反正那个台够高，年年种山芋，荷花池的两边，东边、西边也种。

早先一到过年，村里有几个识字的，给大家写对联。求对联的人说："你给我写副对联吧。"求对联的人不认识字，都七十六七岁了。于是写对联的就跟他开玩笑，上联就写"家住卞家荷花地"，下联是"王八窝子生憋气"，横批是"便宜就得"。他拿回家就贴上了，有认字的看了就说："哎呀，这是写的什么？"求对联的回来就找写对联的人："你怎么给我写这个呢？"

贝壳堤也是大宋庄人发现的。当初建大无缝钢管厂的时候,大宋庄村的几个人在重型车间打水泥桩。打到十五米的时候,在灌注桩底下,人们发现了蛤蜊壳,夹上来一看,一片就得有七八斤。最后,足足夹出一大堆。据考证,这属于天津第二道贝壳堤,形成约在两千七百年前,距现代岸线最远处约二十五公里。张焘在《津门杂记》中曾说:"咸水沽在城东南五十里,该处旧有蚌壳满地, 深阔无涯,至今不朽,想昔日之海滩即在此地无疑也(光绪十年印)。"这说的就是古贝壳堤。

讲述人:魏士春(77 岁)

刘佑民(77 岁)

整理人:张　诚

☆北大道村

村情简介：

北大道村，清嘉庆十七年（1812）建村，"文革"时曾更名红卫一队。该村有 685 户，1984 人，除汉族外，有壮族 2 人，耕地面积 1371 亩。该村距无瑕街道办事处 4.5 千米，李庄子路东侧，海河北岸，东、北与塘沽区接壤，西与西地村相接、南与苏庄村为邻。2004 年 4 月，启动污染搬迁一期工程，大部分村民迁到华盛里小区。2007 年 10 月，启动污染搬迁二期工程，剩余村民迁到无瑕花园博才里。

"摆渡人"

北大道村是一个建村于清嘉庆年间的老村,然而这个村子自有聚落以来就一直没有自己的名字。据老人们讲,北大道最早的移民多为山东、山西等地逃荒之人。这些逃荒的人大多数都是一些目不识丁的普通老百姓,逃到此地就是为了能吃上一口饭。此地紧挨着苏庄子。苏庄子于顺治年间建村,在北大道成村之前早已形成了人烟较为密集的村落。迁至此地的北大道移民,最初是给苏家人当佃户挣饭吃,后来苏家人在村里修路,并在路两旁进行大面积开荒。一部分人在路北面开荒,时间一长便形成了村落。当人们打听这块地的时候,村民便说是在苏庄子大道北面,后来就干脆称之为苏庄子大道。中华人民共和国成立后,重新划界,改为北大道。

苏庄子大道原是从葛沽对河到津塘公路的一条土道,因为比较宽,适合走大车。可惜20世纪50年代发大水,土道坏了。既然曾经有这么一条土道,那为什么北大道村还需要摆渡人呢?这得从日本人对海河裁弯取直时说起。日本人占领塘沽后,为了缩短市区到港口之间的路程,降低运输成本与风险,经过实地测绘,发现北大道村正好处在裁弯取直的直线上,于是就强迫村民在村中央开挖河沟,村子被人为分为河南和河北两部分,居住在两岸的村民们不得不靠渡船或绕远路到对岸。遇上天气不好或河水上涨的时候,渡船都成问题。

村民李玉明(音)的爷爷是当年村里的摆渡人。那时摆渡船是装有布帆的木船,完全靠人工划桨渡河。如果有人渡河,或稍稍等待,或挥手示意,哪怕只是望见了有渡河之人,李玉明的爷爷都会放下手

天津东郊村落文化留迹(下)

里的农活儿,来到河边,摇动双桨来渡人过河,即使只有两个人也是如此。最初,李大爷渡河是每摆一次收一次费,后来为了省劲,干脆就记账,等到年底的时候再到各家去收钱。几里宽的河面也就收几分钱,有时候碰到熟人和有困难的人,李大爷就不收费了。20 世纪70 年代,河道逐渐淤塞,80 年代则完全变成了柏油马路。

北大道是佃户村,村民们的生活大多很拮据。中华人民共和国成立前,村里有一王姓人家开办了一家小规模私塾,只有几个孩子上学,穷人家的孩子是没机会上学的。中华人民共和国成立后,村民改在旱田种高粱。因为北大道人多地少,当时共有 1371 亩地,但人口却达到了近两千人,所以到 20 世纪 60 年代时,村民们只能掺一点玉米面蒸窝头吃,到了冬天只能吃干白菜帮子充饥。有的人家为了能吃点油水,只能用筷子夹着大油抹锅边。生产队虽然有工分,但村里经济不好,到了年底钱经常发不到村民手中。

为了改变贫困的生活,生产队充当了新的“摆渡人”:先是发展水稻种植业,家家可以打草垫卖钱,后来村里还专门有人负责统一经销。20 世纪 70 年代,生产队一个工分算七分五,村里人到柳林部队给人盖房去,还有五毛钱补助。一年辛苦下来,有时候年底能分三五百元。如果家里人口少,劳动力多,用这笔钱就可以过个好年了。当时家里上了年纪的老人经常说的一句话就是:“终于能吃上饱饭了!”

讲述人:郑树芝

刘文义

张景云

采访人:尹树鹏

整理人:王　静

自办行头唱评剧

从 20 世纪五六十年代到今天,听评剧、唱评剧一直是北大道村民重要的日常休闲娱乐活动。如今的村民无论是听,还是唱,或者是去看都已经上了一个新档次。"听"有各种新媒体,"唱"有专业级的音响设备和伴奏乐队,"看"则会去环境条件好的剧场。总之,与过去的条件相比,今天简直是焕然一新。

北大道村评剧团最早是由村民自发组织的,其始于 1954 年。当时村里还有一个戏台,听老人们讲,这座戏台坐北朝南,面积不算太大。戏台地基高出地面一米多,台面大概有几十平方米,土坯墙。台下看戏的是本村老百姓,台上唱戏的还是本村老百姓,村民最爱听吕能芳、吕殿芬(音)唱的戏。普通老百姓能上台唱,除了个人的喜好和天赋外,还得有师傅引进门。这个师傅叫冯小庭(音),是从天津市下放到山岭子村的一个专业评剧演员。在师傅的指点下,这些评剧爱好者很快就入了门,能登台演出了。

唱戏得有行头,刚开始村里没钱,而且演员到苏庄子村和塘沽三川桥等地去演出也都是免费的,所以置办行头和车马费都只能靠演员自己解决。不过当时的剧目主要是《小二黑结婚》《小女婿》等,演员服饰与平时人们的穿着并无太大出入,演员可以自己缝制一些演出服。后来队里条件好了点,也能给评剧团资助了一部分资金来购买服装、维修乐器。

回忆起听戏的场景,老人们至今谈起来都兴致盎然。每年的春节是听戏的主要时间,台下的村民穿着厚厚的棉衣,虽然冻得手脚发疼,但降低不了听戏的热情;孩子们手里拿着瓜子和糖果在人群里窜来窜去,有时还会坐在戏台上打斗;台上的演员穿着红红绿绿的戏装,虽然单薄,却演得非常投入,也非常精彩,每到高潮处就传来台下掌声。

讲述人:郑树芝
　　　　刘文义
　　　　张景云
采访人:尹树鹏
整理人:王　静

☆ 老袁村

村情简介：

老袁村,明万历元年(1573)建村,曾用名袁家庄,"文革"时曾更名红旗村。俗称袁庄子、老袁村。全村有 525 户,1614 人,除汉族外,有回族 19 人,耕地面积 817 亩。老袁村距离街道办事处 2.5 公里,海河湾东侧,东南与大宋庄为邻,北与新袁庄为邻。2008 年,启动拆迁工作,村民们统一搬迁到无瑕花园森淼里、秋霞里居住。

老袁庄的传说

　　明初燕王朱棣起兵攻入南京,建文帝自焚而亡。朱棣登基,改元永乐,后迁都北京。1404 年后,朱棣为改变渤海地区战乱后人口稀少的状况,下旨令大量老百姓向北方迁徙,人口密集的山西自然成了向外迁徙的主要地区。所以,东丽大部分村庄历来有着"问我祖先来何处,山西洪洞大槐树"的说法。

　　老袁庄村原名袁家庄,相传是山西袁姓人家迁至此地而得名。不过听老人们讲,"此袁非彼袁"。老袁庄原来跟袁家庄确是一个"袁",不过后来因为人口增多,一部分村民迁到了村西北并建了新村,起名"新袁村"。没走的部分村民为了区别新袁村,便改名为老袁庄。所以,虽然两个村是一个祖先,但却属于两个分支,老袁庄村这支是袁兆宝、袁玉宝(音)两兄弟。1976 年,老袁庄村大概有一千五百多口人。

　　老袁庄村还有一座远近闻名的老母庙,有关这座庙的传说,民间有诸多版本。有的说是刘姓商人为答谢老母奶奶救命之恩所建,也有的说是山东人为报老母奶奶之恩而建。不管怎样,老母庙象征了村民对平安的祈求,在村民心目中是神圣而不可亵渎的。如果有人亵渎了老母奶奶,那必将受到惩罚。听老人说,当年村里有个看庙的肖老头,平时吃住都在庙里。那时候厕所一般都盖在屋外,人们要去解手就得出去。有年冬天,天气很冷,北风嗖嗖地刮,刮得人眼睛都睁不开了。肖老头上了年纪,不愿大冬天穿上厚厚的棉衣出去上厕所,于是在屋里解决了。没想到,肖老头突然间眼睛就看不见了。后来村里的人提起这件事,都说是肖老头冲撞了老母奶奶的。

原来老母庙还有碑和钟,后来破"四旧"的时候全被毁了。1993年经政府修缮后,老母庙正式定名为"老姆庙"。2006年,老姆庙被天津市政府批准为"天津市风貌建筑"。

讲述人:黄光明
黄恩洪
孙振发
采访人:尹树鹏
整理人:王　静

恶霸黄氏叔侄

清末时期东乡一带匪患颇多，袁家庄曾有黄姓叔侄，平素无恶不作，称霸一方，危害百姓。侄子自称"海洋黄金标"，后被政府抓捕正法。叔叔自称"海洋黄金龙"，为非作歹，因所率部众甚多，百姓对之敢怒不敢言。

1909 年，"海洋黄金龙"因犯巨案被人控告至县衙。县令接案后立即派干练巡弁甘某以及县差巡警数人到当地明察暗访。殊不知这边县衙刚派出巡警，那边的"海洋黄金龙"便得知了消息。黄金龙一面威胁各乡党，一面安排匪众伺机反抗。

当甘巡弁等人身着便服来到村里后，通过侦察发现"海洋黄金龙"势力颇大，一时间无法直接实施抓捕。无奈之下，只好等待时机再做打算。之后甘某独自一人跟踪"海洋黄金龙"。有一天甘某发现"海洋黄金龙"独自一人在外，甘某认为时机已到，便将"海洋黄金龙"当场抓获。没想到，"海洋黄金龙"随即鸣枪示警，周围匪徒党羽有两百多人，且手持枪械围攻而至。甘某寡不敌众被殴打至重伤，此时闻讯而来的巡警竭力冲进人群，将已经昏迷的甘某拖出人群，而一名县差则不幸陷于包围圈，因无法脱身而被殴打致死。至于甘某，其后也无从得知有无性命之忧。

（本文引自《申报》1909 年 12 月 28 日第 3 版《匪首痛殴差警之凶暴》。）

整理人：王　静

白蛇出洞

1934 年仲夏。

老袁庄村老母庙门前并排的两棵二百多岁的枣树上结满了枣子。两棵枣树临近地面的树干处,各有一个黑洞,究竟是枪弹打的,还是别的什么原因造成的,已经无法得知了。疙疙瘩瘩的树瘤和道道的树纹布满洞侧,洞内不时有白色的蛇出没,红红的冠子,一尺多长,擀面杖粗,人们见了都有一种畏惧之感,赶快避开。但来庙里烧香拜佛的人,却从没遭到白蛇的侵扰。

那是一天中午,耕地劳累了半天的人们正在家里歇着,突然一阵"咣、咣、咣"的锣声把人们惊醒。

"日本人进村啦!"锣声伴着村保苍老的声音,把人们惊醒了。

人们赶紧披衣起来往门外跑,藏进附近一人多高的高粱地里、玉米地里。

这时,马嘶声、狗叫声响起,一队日本人进村了。伪保长王景云来到村头,只见两个日本人已经架起一挺歪把子机枪,一个小队长模样的人跳下马来,正叽里呱啦地跟一队日本兵讲话,旁边站着个瘦猴儿似的翻译。

日本人见到伪保长,"哇哇"地叫了两声。王保长毕恭毕敬地来到日本人面前,翻译向他喝道:

"有没有八路军?"

"没有,没……有……"

日本人挥起了战刀,马嘶声没了,狗叫声没了,空气像是凝结了一样。

"真的!"伪保长慌了,哆嗦着说道:"老母娘娘保佑。"

瘦猴翻译问:"老母娘娘在哪里?"

"在……"伪保长向西一指,"我领您去。"

翻译日本小队长嘀咕了两句,举着的军刀这才放下了。翻译对伪保长一挥手:"带路!"

伪保长在前,一队日本兵在后,瘦翻译在伪保长旁,紧跟着来到了老母庙。走进庙堂,老母坐像慈祥地微笑着,十八罗汉分立两旁,注视着日本人。

日本人见了,顿时虔诚地双手合十,跪拜在菩萨面前,嘴里喃喃地说着什么,不住地磕头。

这时,只见庙外枣树洞里陆续爬出来十几条白蛇,向庙内爬行着。白蛇很快来到日本人脚下,照着他们大腿处连扑带咬。磕头的日本人被咬疼,回过头来,吓得"呀呀"地号叫着,连扑带打,边滚边爬,什么也不顾地向庙外窜去。白蛇嘤嘤地叫着,有如神助似地追赶着日本兵。日本人的威风全没了,猩红的血顺着裤脚流着,滴落一地,一群丧家之犬没命似地逃离了老袁村。

乡亲们见日本兵离开村,陆续地从地里走出来,伪保长把事情的经过讲给乡亲们,大家听了很高兴。

[本文选自《中国民间文学(天津卷·东郊分卷)》第二集。]

采录者:刘培猛

口述者:黄殿朋

选录者:万鲁建

愿船

　　海河北岸老袁庄村有个老母庙,庙中中檩的地方,曾悬吊着一只精致的木刻"愿船"。关于它,还有一段渔民还愿的故事呢。

　　传说清光绪年间,舟山群岛的渔民在海上捕鱼,黄昏时,一阵暴雨夹杂着冰雹,朝人们劈头盖脸地打来,人们连眼也睁不开,在黑暗中急忙收网。风大浪高,渔船一会儿被掀上浪尖,一会儿又被打入低谷。人们拼命把渔网拖上船,累得筋疲力尽。渔船随波逐流,在渤海海面上迷失了方向,船上的渔民陷入了绝望。天黑下来了,风停了,浪小了,渔船稳定了一些,渔民们跪在船头,虔诚地默念着,让苍天保佑,平安回家。这时一位渔民抬头看到桅杆顶上有一盏小红灯一闪一闪的,他惊喜地喊道:"红灯,大家看,红灯!"人们睁开眼,啊,真的!一盏小红灯高悬在桅杆顶上,再往远眺,也有无数的小红灯在一闪一闪,连成一片。"有救了!"不知谁高喊了一声,"朝着红灯的方向走!"绝望的人们驾着渔船向着红灯的方向驶去,一直驶到老袁庄河湾才停下来。渔民们的心安定下来。抬眼看,一盏红灯高悬在老母庙中央一根竖着的高三四十米的旗杆顶上,红红的,闪闪亮……大家从船上搭上跳板,依次来到老母庙跪下膜拜,愿为老母庙挂一"愿船",以保佑后代子孙平平安安。回去后,他们果然这样做了。

　　老母庙旗杆顶上的红灯,确实起到了指航灯的作用。

[本文选自《中国民间文学(天津卷·东郊分卷)》第二集。]

采录者:刘培猛

口述者:黄殿朋

选录者:万鲁建

☆李庄子村

村情简介：

李庄子村,清道光年间(1821—1850)建村,"文革"时曾更名红卫村。有 534 户,1572 人,除汉族外,有回族 7 人,耕地面积 1240 亩。该村位于街道办事处西南 2.7 公里,东与杨家泊和西窑接壤,西邻下翟庄,南靠海河,北至津塘公路。2007 年,随着搬迁项目的启动,村民们统一搬迁到无瑕花园,主要居住在森淼里、民惠里、华盛里小区。

李庄子的由来

　　海河边上的李庄子村是民国时形成的。早先李庄子是片荒地，后来小李庄(喜鹊窝)、大李庄、田瞿阝子、蛤蟆湾这几个小自然村联合组建成了现在的李庄子。

　　田瞿阝子过去也是一块荒地，但离海河边近，人们都到那里去种地。谁家有地，谁就在地头上盖房。老田家第一个到这儿来的，所以这一块就叫田瞿阝子。旁边的喜鹊窝、蛤蟆湾和大李庄，因为海河水位不断上涨，于是逐渐都搬到田瞿阝子这边了。时间一长，四个村的村民不分彼此，最后形成了李庄子村。

　　村子取名有按地主的姓氏取的。过去财主都有地，什么齐家地、孟家地，都是他们家的地。中兴号是老刘家的，原来就在小李庄的边上，有个四合院，原来就是拿大土坯盖的土房子，后来被水淹了，泥干后就成了土台，周边都是他的地方。还有的村子是以农具命名的。比如说五车地、六车地、八车地和九车地。这都是土名，人们说习惯了。五车地不是五辆车的意思，是说这块地需要五辆车的水才够用。以前拉水用的车，都是大木头盘、木头轴，牲口拉着转圈的水车。

　　李庄子是渤海自然形成的退海地。挖下去两米深，都是带蛤喇皮子的沙土。军粮城这一带，出蛤喇皮的地方叫山岭子，到处都是蛤喇皮。1958 年时，村民不知道保护，反而把蛤喇皮碾碎了铺路。

讲述人:彭宗海(77 岁)

许树亭(76 岁)

许德海(79 岁)

整理人:张　诚

回忆李庄子

日本侵略者占领华北以后,便雇佣中国人在从李庄子到四合庄、新立村这一带开荒种水稻。种水稻主要是为了筹备军粮,由中国人充当苦力。

为了最大限度地从东郊攫取稻米,日本人修闸关水。原来村里有条自然河,一直通到海河,日本人为了让一村、二村、三村、四村、五村的老百姓都给他们种粮食,就在五村设闸将水截流了。有一次,浇地的小锅炉坏了,村民们害怕,便到市里请技师来修。

日本人给种子,但不让大家吃稻米,如果偷着吃,逮着就会枪毙。为了方便向外运粮,日本人驱使中国人修路。津塘路附近的那条路,就是老百姓用筐抬着石头铺成的。石头有大的,有小的,那石头走车走得都磨圆了。

军粮城机米厂里的机器也是从日本运过来的。当时日本人要求的稻米有两种:一种是糙米,稻谷脱壳后不加工或较少加工所获得的全谷粒米 ,185 斤一包;一种是细米,专门出口欧洲,200 斤一包。机米厂有火车道通到场院里去,有时船也可以走。从南郊那边装过来的稻子,走的是九号桥,船也都是大漕船。来了汽车和船之后,工人们就把 200 斤一包的麻袋往传送带上一送,出米后由老百姓装火车,上天津港装到轮船上去,运送到日本、英国那边走的也是轮船。在机米厂干活儿,每次都得扛 200 斤,当年人们为了糊口,不得不下力气去扛。有的去了干不了一天,没力气不行。

院里还有电瓶车,电瓶车带着轱辘马(一种在小铁道上行驶的小推车),在小铁道上就近就开到厂房了。然后打开装稻子的袋子,将稻子倒在传送带上进行脱米，口袋再回收到麻袋库。新出来的米装包后，刷上黑字，装上火车就走。那时糙米550包一个货位，细米是500包一个货位。

1948年，从东北过来的解放军在李庄子驻扎过。据老人回忆，那时候当兵的条件差，寒冬腊月就穿一条棉裤或是一件棉袄，还都是空心的。因为身上满是虱子，有时候当兵的还叫村里的孩子帮他们抓虱子。住老百姓家里时，他们就在地上睡。那时解放军汽车不多，都是用马拉着大炮在公路上走。

李庄村当兵的不少，1954年之前当兵的，国家会发给四五袋粮食。1954年以后都是义务兵，有一年走三四个的，最多时一年走七个。李庄村退伍级别最高的是团级干部，后来在武清的飞机场工作，还有在海军退的最高级别是副司令。

早前天津有个河坝，那儿卸船给竹签子，扛一个货，给一个竹签，回去算账去。1958年以后，村里还组织人在天津南二仓库卸火车，火车来了就给人家卸，有什么卸什么，能挣钱就行。仓库给你点补贴，生产队再给工分。还有村民做囤、苦垛的，干活儿有提成，一天三斤粮票，剩下都是小队的，一个村去了二十多人，那帮人受不少罪。

过去李庄子曾经派人在天津发电机厂学徒，那叫大厂子学徒，但是没有补贴。有干维修工的，有干钳工，有车床的，也有铆焊的，当电焊工的，还有当翻砂工的。学手艺，三年出师再还乡。其间还到北仓搞安装，老发电厂在河东六经路上大王庄，是老水轮发电机，后来新的发电设备厂都挪到北仓去了。

李庄子过去有个阀门厂，在天津市都很有名，正式的名字叫五一阀门厂。那时天津三分之一的水龙头，都出自这个厂子。这个厂子是一位在市里上班的技工带头创办的，当年市里单位要迁到外地，他不愿意去，就辞职了，回到老家李庄子当了农民。他在天津上过技校，多少懂一点技术，于是就跟大队里商量，要办一个阀门厂。回来大伙儿就集资凑钱，在市里买人家淘汰的旧机床，在村里找了几间没

天津东郊村落文化留迹(下)

用的房子,召集那些在天津学过技术、头脑灵活的村民做员工,由于这些人差不多都是第五生产队的,这个房子是第一生产队的,所以就起了五一阀门厂这个名字。由于这些人的努力,再加上市里有些外加工零件,第一批产品生产出来后派村里能说会道的上市里去推销。由于物美价廉,市场一下子就打开了,好多单位主动上这儿来订货。李庄子这个阀门厂继续购买机器扩大生产,四处取经,还请人上厂里来指导生产,所以就越干越红火。后来厂里由于管理不严,资金链断了,人心也散了,好好一个厂子倒闭了。

讲述人:彭宗海(77 岁)

许树亭(76 岁)

许德海(79 岁)

整理人:张　诚

靠水吃水的李庄人

原来在海河边上就可以看轮船和木船,过去交通不方便的时候,从天津到塘沽客运,就是小轮船拖着木船,上边搭着棚子,载上人,今天从小刘庄到塘沽,明天从塘沽再到小刘庄,一天一趟,两船来回碰头。那时候虽有津塘公路,但没车也走不了,人们还是靠水路运输。

老许家祖籍是静海的,老哥仨早年是从宝坻那边过来的,塘沽新河是一个祖,詹庄子是一个祖,李庄这是一个祖,过去他们都以跑船为生。不过他们的船都是小船,主要打鱼,顺带着也给人家运些货。有钱的,就买个大漕船跑长途。慢慢地,生意就发展起来了。

中华人民共和国成立以后,村民们加入互助组。成立人民公社后,老百姓就以种地为生了,船运也就慢慢消失了。不过,与水有关的情结却始终流淌在老百姓的血液中。

过去种地的人,平时也没有什么娱乐,就只是在逢年过节的时候出会。各村里都有自己的会,李庄子也有会,二三十人有化装成青蛇、白蛇的,有化装成蛤蜊精的,也就是逗大家一笑。表演的时候,演员们穿上各色的衣裳,拿着自己的道具,有拿枪的,有拿宝剑的,还有手里拿着扇子的,他们头上戴着各式各样的帽子,脸上画着脸谱,一边走一边耍,后边敲锣打鼓地跟着一队,随着锣鼓点,走走停停,遇上截会的就多耍一会儿,人家给预备茶水和点心,大伙吃完还接着耍。

讲述人:彭宗海(77 岁)

许树亭(76 岁)

许德海(79 岁)

整理人:张 诚

☆ 苏庄村

村情简介：

苏庄村，清顺治年间建村，为海河南葛沽苏姓占地，故得此名。曾用名苏家庄，俗称苏庄子，"文革"时曾更名红卫二大队。1996年有586户，1894人，占地面积919亩。该村位于津塘公路十号桥南5千米，海河北岸，东与塘沽区接壤，西与大杨庄村相邻，南与葛沽镇隔河相望，北有津塘公路，东北与北大道接壤，西至大杨庄村界，面积0.155平方千米。村民住宅以砖平房和土坯房为主。2007年，苏庄村拆迁，整体撤村前有796户，2189人，土地面积为1033.6亩（包括宅基地），村地界外新地（新港）面积为630.28亩。2011年12月底全村搬迁至无瑕街春霞里小区居住。

苏庄菜园与大棚

苏庄毗邻海河，水源丰富。村里原有稻田 508 亩，园田 411 亩，是一个菜粮兼作的村队。20 世纪 50 代后期，苏庄开始发展蔬菜生产，以大路货为主，产量较高。种植品种有大白菜、西红柿、南瓜、茄子、辣椒、土豆、西葫、大葱、豆角、青萝卜、旱萝卜、胡萝卜等。

20 世纪 70 年代，苏庄整体划为园田队，以种菜为主，供应市民吃菜。种植品种要按照上级下达的指标合理种植，还要完成蔬菜上市任务。我们承担蔬菜上市任务为 190 万斤，每年都能圆满地完成上级下达的蔬菜上市任务。

1983 年以后取消生产队的建制，由于多种形式的联产承包制向家庭承包制发展，扩大了农民的自主权，打破了原来的计划经济模式，有的农户把低洼地改造成养鱼池，有的盖了厂房，有的建了养殖场、有的盖了温室大棚，园田面积迅速减少，到 1991 年全村园田不足 200 亩。

承包制的落实使全村发生了深刻变化，多种经营和家庭副业迅速发展，专业户、重点户大量出现，农民生活得到改善，促进了农村经济的全面发展。

为了丰富蔬菜品种，20 世纪 50 年代初，苏庄就采用阳畦育苗方法。1958 年开始用玻璃罩覆盖阳畦育苗。20 世纪 70 年代，使用薄膜育苗。20 世纪 80 年代，引进地热线育苗技术。20 世纪 90 年代，推广工厂化育苗和遮阳网覆盖育苗技术。

在众多蔬菜中，黄瓜是苏庄蔬菜生产的主栽品种。1976 年李庄乡农委宁主任曾率代表团前往沈阳农科院学习立体栽培和黄瓜嫁接技术。20 世纪 80 年代开始采用大棚种植黄瓜,但黄瓜疫病,枯萎病日趋严重,有的户甚至绝收。1984 年,苏庄从中国农科院蔬菜研究所引进黄瓜嫁接技术。这种技术是将黑籽南瓜籽和黄瓜籽同时育苗,当生长到两片叶齐备时开始嫁接。首先拔起一根黄瓜苗,将根部去掉,打成坡碴儿,再拿起一根南瓜苗,将顶部去掉,在根茎中间打一坡碴儿,将黄瓜苗插入其中,用夹子夹好放回原处,嫁接完毕喷水、封好薄膜保温。到 1990 年,苏庄种植大棚户达到 39 家,全部采用黄瓜嫁接技术,效益显著,亩产量增加 50%,亩产可达万斤,亩产值增加 90% 以上。

20 世纪 80 年代普遍推广高效、低毒、低残留农药的品种,广泛采用敌杀死、氧化乐果、辛硫磷、甲霜灵等农药,引进爱多收、乙烯利喷施宝用于浸种、喷叶,均有增产效果。1985 年引进瑞毒杀菌剂防治黄瓜疫病,收到很好的效果。

苏庄有塑料大棚 39 个。蔬菜大棚的构建,大棚立柱由竹竿构成,共八排柱,间隔两米一柱,第一排高 1.2 米,第二排高 1.4 米,第三排高 1.6 米,第四排高 1.8 米,后四排与第一排一样,整个大棚有 25 行左右,根据土地实际情况而定,一般大棚面积在一亩左右,整个大棚覆盖塑料薄膜,栽种前棚内挂第二次薄膜,距离上层 30 厘米左右,栽种后覆盖第三层薄膜,如果坚持冬季生产,棚内要点燃煤球火炉增温,每个棚内设火炉 6 个左右。由于棚内施有大量肥和二铵,遇到阴天常有氨气中毒现象发生,因此要做好必要的防护。

苏庄的温室大棚共有 44 个,其构建是塑料大棚的一半（四排柱）,后为土墙,保温效果好,温室大棚的大小根据土地多少而定,温室大棚内设火炉、电灯、电热线、地温线,外有苫子、地角苫子,都是为加温、保温,使幼苗在寒冷的冬季健康生长。

苏庄大棚主要种的黄瓜品种,有津研 2 号、3 号,山东密刺、长春密刺、夏丰 1 号、津杂 4 号等。番茄品种,有白果强丰、津粉 65、大粉番茄、佳粉 2 号、西粉 3 号等。辣椒品种有津椒 2 号、津椒 3 号、茄门辣子等。芹菜品种有天津白庙芹菜、津南实芹、西芹等。生笋品种有园叶生笋、尖叶生笋等。茄子品种有大莙茄子、二莙茄子、火茄子、凉水茄子等。大白菜品种有津东中青 1 号、天津大麻叶、天津中青麻叶、津绿 80 等,全年总上市量 190 万斤。

　　蔬菜大棚与温室大棚自 1984 年兴起,到 2008 年撤村结束。

讲述人:张加玉(77 岁)

张凤村(77 岁)

整理人:曲振明

苏庄往事

　　苏庄也称苏家庄村,于清代建村。苏庄得名是因葛沽苏姓大户来海河北岸开荒,招山西、河北、山东农人到此种地。土地为苏姓所有,故名苏庄。苏庄现以张姓为主,占全村人口的70%。目前张家有12辈人,大约有440年的历史。中华人民共和国成立前,苏庄村共有27个姓氏,先人张玉骄曾将这27个姓氏编成顺口溜:"张王李赵刘,郑郭沙任邱。马田徐胡寇,吕杨戴窦尤。陈闻纪贾孟,杜孙在后头。"合辙押韵,广为流传。中华人民共和国成立后,苏庄共有80个姓氏:"赵陈孙李,周吴郑王。任纪戴魏,马吕傅张。朱孔窦徐,黄郝刘杨。胡田何路,杜邢佟梁。牛石赖贾,庄班狄房。宋郭翟信,段殷肖唐。简齐鲍韩,裴谢班单。范陶丛姚,闵葛邱高。潘许金林,袁尚薛崔。现华吴侯,蔡席于寇。"苏庄人来自山东、河南、山西、辽宁及天津四省一市。

　　苏庄是交通要道,早年村里顺着挑新河的大堤走到京山铁路线。后来建苏庄大道,通津塘公路。之前,海河从市里到塘沽有小火轮,去塘沽时停靠葛沽码头,回天津时停苏庄码头,那时条河十三村只有这两处有码头。苏庄是这一带通往津南的主要的渡口,当年葛沽镇十分繁华,每月有大集,而海河北岸的各村都要到葛沽赶集,为此建立了苏庄通往葛沽的渡口码头。葛沽诗人苏星桥曾有记载:"津沽多河,旧时多有渡口,津南苏庄子海河东西流,曾有西古渡,居住在河南、河北之人往来交易,朝往暮归,争渡声喧。"描绘了海河北岸的人们集中在苏庄渡口,前往葛沽集市交易的场景。由于有渡口,又有苏庄大道,村内还建有驿站、明发商店、张记杂货铺、郑家剃头房、孙记馃子铺、张记水铺、何记小铺等,还有一些赶骆驼的商人在这里打尖居住,这使凋敝的乡村有了商业生机。苏庄经商的人逐渐多起来,许多人挑起八根绳,走街串巷,赶葛沽大集。

苏庄人旧时打鱼人最多。中华人民共和国成立后,苏庄以农业种植为主,其中蔬菜种植比例最大,其次为稻田、大田、苗圃、林木等。1951 年,按照中共中央《关于农业生产互助合作的决定》,农户自由结合,互帮工、换工,产生了集体的萌芽。互助运动的兴起和发展使农业生产获得丰收。苏庄共有 16 个互助组。1953 年党中央发出互助合作运动的号召,1953 年成立初级社,全村共有 32 户参加。1955 年苏庄成立了晨光农渔业生产合作社,社长张佩卿,入社土地 711.93 亩,入社渔船 40 艘,分为三个生产队,一个渔业队。1958 年建立新立村人民公社时,苏庄有三个队、三个大食堂。1960 年为七个生产队,一个渔业队,后来与全国农村变化相同,1983 年取消生产队建制,扩大了农民自主权。

1958 年公社化后,苏庄副业生产得到发展,村里相继建立了木厂、电机维修、米面加工、电气焊等小工厂。20 世纪 70 年代,建立了磨光厂、五金厂和化工厂(主要产品氢铝、碳酸氢氨、磷酸二氢钾等产品,销往全国各地)。1978 年以后,开始有个体企业,主要有微型电机厂、滨海化工厂、大东化工厂、东大化工厂。1989 年成立李庄子乡建筑安装公司之后,苏庄村、杨泊村、大杨村等村相继组建基建队,除负责本乡建筑任务外,逐渐承包外单位基建工程。

村里还组织开展一些运输副业。1956 年成立高级农业社,本村购置胶轮畜力车七辆,统一管理统一调配使用。1960 年畜力车分归各生产队,1968 年大队购置两台东方红 20 型拖拉机。1974 年又购置一部解放牌 140 型汽车。这些车辆在完成蔬菜上市任务的运输方面起到了重要作用。进入 20 世纪 80 年代,实行联产承包责任制,车辆承包给个体经营运输。80 年代以后,机动车的数量逐步增加,出现了很多运输专业户。

天津东郊村落文化留迹（下）

村里还经常派出劳务人员支援市内企业生产。1973年苏庄大队派往天津钢厂二百多人从事劳务，主负责供应处供炼钢用铁，共分四个组（装车组、运输组、打包组、硬铁组），在钢厂工作达三年之久。1976年苏庄派出六十余人去天津石灰厂卸石头；1977年派出五十余人到天津造纸五厂装卸运送废纸。1978年苏庄大队派去塘沽海运站八十余人，负责轮船装煤。

本村个体工业是从传统的手工业逐渐发展起来的，中华人民共和国成立前全村只有三家木匠铺，由于工具落后、设备简陋，没有形成规模。中华人民共和国成立后，个体工业得到发展。1960年，本村有了缝纫加工、铁木加工制造、小农具修造、手工编织等个人企业。党的十一届三中全会以后，随着农村经济体制的改革，个人开始出资办企业，本村陆续涌现出一些手工编织等，1984年开始个人投资办厂，编织毛衣在本村蓬勃兴起，全村一百多户购进毛衣机五百多台，日产毛衣一千余件，家家户户都搞毛衣加工，日夜忙碌。每天都有来自全国各地的商户来本村进货，货源远销俄罗斯等国家，村民经济收入增加，生活条件不断提高。除个人出资办企业之外，本村还陆续涌现出一些合办企业、独资企业，主要是化工、机械制造和加工等企业，他们扩大厂房，引进设备，自创品牌，上级领导部门对开办私营企业在场地、用电、贷款及办理营业执照等方面都给予了大力支持和帮助。1994年以后，本村民营企业又有了进一步的发展。

讲述人：张加玉（77岁）

张凤村（77岁）

整理人：曲振明

苏庄庙会

苏庄原为渔乡,农民出海打鱼,要到娘娘庙烧香,以求神灵保佑。苏庄娘娘庙建于清道光十一年(1831),每年农历正月十六有庙会,那一天海下条河十三庄的几十道花会齐聚苏庄,苏庄本村有门幡、秃子会、小车会、清音法鼓、花辇,大杨庄村有武家伙(法鼓)吹会、高跷,西地村有秧歌,北大道有吹会,杨泊村的有棒子腔会,西窑村有十不闲会,翟庄子有龙灯会,大宋庄有旱船会,新袁村有高跷会等,各村各会齐聚一堂,轮番表演,热闹非凡。

祭祀敬奉"娘娘",是对险恶自然环境的敬畏和对邪恶势力的一种不屈,也是民众信仰、传播、发展、弘扬传统文化的主要途径和重要形式。传说早在清嘉庆十六年(1811),苏庄村张保等人仿官轿制造了直腿花辇,里面塑有云霄娘娘(二奶奶)坐像。当时的花辇构造简单,一个花辇座子当香案,四面是直腿,每个上刻有一条龙和各色花卉。清音法鼓的鼓架也是直腿,上面装有八个胶底灯,最底层燃有四个蜡灯。每年春节村民在会头的带领下搭茶棚,挂花灯,把辇放在其中。

在正月十六接驾时,用六根高八米的渔船大桅分三处立起,把烟花河灯吊在桅杆当中,午夜会头点燃烟花。烟花多种多样,精彩纷呈。河灯是用苇子扎的,有的十几米高,烟花的名目很多,如"火烧高粱地""炮打焰火船""枪决白面""四家斗牌""孙悟空三打白骨精""四面斗""连珠炮""龙船娶亲"等,灯都是芦苇扎的,硬的地方用竹竿支撑。烟花河灯一放十分壮观。

那一刻,全体村民要向二奶奶跪地捻香,会头要站在庙前大声地

天津东郊村落文化留迹（下）

念:"南瞻部洲,大清国,直隶顺天府,天津城东南苏家庄奉佛修因信士弟子(会头及全村各户的名字)求老娘娘普照,大慈大悲,保佑本村太平,天下平安,风调雨顺,买卖兴隆,渔民捕鱼捕虾一网两载,顺风相送。"说完后安置好花辇,一年一度的欢庆宣告结束。

随着社会更替,自制的老辇已不能满足村民的愿望和要求了,清道光七年(1827),苏庄张义堂、张志奇等人从葛沽东茶棚购置了第二代宝辇。

1986年,苏庄张松林、王建海等人操办制作了第三代宝辇,资助单位有东郊区(今东丽区)文化馆,李庄子乡政府,苏庄村委会及全体百姓募捐两万余元,由苏庄木工师傅张洪恩、张学利、张洪福、张维柱、张世安制作,请浙江东阳木雕厂胡师傅雕刻、镀金、毛银罩漆。苏庄宝辇多次参加市区举办的旅游节、艺术节、联谊会的演出活动并多次获奖,被电视台、报刊专题报道,影视作品《大浪淘沙》《狗不理传奇》等也有宝辇身影。

苏庄庙会继承了古老的出会仪式和传统的表演方式。每逢出会经过一系列的祭奠、礼拜后,开始出会,俗称"跑辇",出会队伍浩浩荡荡,规模庞大,场面壮观,手执彩旗、手旗、杏黄旗及门旗人员约二十人,执开道锣。四面牌、座图、叉子灯、銮驾人员约二十人,抬辇者八人,把尺两人,其他人员或执驾前伞,或手拿小发、高发等,共八十余人。表演者身穿清朝服饰,在两面铜锣的引导下,仪仗威严,彩旗飘扬,在二十四名鼓乐手组成的"清音法鼓"的伴奏中,十名青壮男子肩抬精美华丽、高四米、重五百公斤、金碧辉煌的宝辇。由架前伞引领,在前把尺高声呼喊和后把尺应答声中跑"八字""龙摆尾"等不同的动作。"跑辇"讲究在快慢中看平稳,在缓急中看辇的颤动起伏,平稳起伏如一。抬辇人步伐整齐,节奏一致,在前呼后应的喊声中动作协调,才能使宝辇的五十六盏灯在跑动中不颠不颤,灯穗不缠不绕,蜡烛不灭。远处观看宝辇真是雄伟壮观,给人一种心旷神怡的感觉。夜晚看宝辇,五十六盏灯围绕宝辇光芒四射,富丽堂皇,娘娘的塑像在灯光的映照下更显仪态端庄,和蔼大方。

　　苏庄庙会是天津海河下游地区独特的民间艺术,是中华文化的瑰宝之一,它承载着数代村民美好的愿望和真诚的信仰。正月十六祭祀出会后,春天海河开河,四十多艘渔船一起出海打鱼,承载着渔民的祈盼与愿望。

整理人:曲振明

苏庄的渔业生产

早年苏庄以渔业生产为主,中华人民共和国成立以前多为个体打鱼。中华人民共和国成立后,成立晨光渔业生产合作社。合作社共有渔船四十余艘,每年的春秋两季都要经海河在大沽口和山东桃河一带从事浅海捕捞作业。渔船大小不等,大船载重量一般在 5 吨到 10 吨,小船载重量一般在 2 吨到 4 吨,还有比较小的船不能出海,只能在海河内捕捞或搞些运输。

早年渔船多为帆船,每家养的船都有俗名。老张家三辈,有两条船,大船叫大干噎、小船叫小干噎,原因是自己造船时没水就饭,人们称为"干噎",一来二去成了船的名字。还有的叫"羊毛土""家雀""兵船""大药房""小药房""油箱板""剃头刀""茶园"等,这些名字有的是因为船的形状,有的是有一些故事。一般大船七人,小船三人。生产队时的大船叫"大牛",长 20 多米,宽 4 米,载重量 20 多吨。"二牛"也有十多米,都在近海捕鱼。人们无论是海上捕捞或平常办事,都以船的名称作为称呼,每年的正月十五、十六,养船的全家都会到本村的大庙里烧香祈福,祝愿渔船出海顺风相送,一路平安、一网两载,然后才开始做渔船出海捕捞的准备工作。

准备工作很多。(1)修船:把船底、船帮的老旧木板换掉。(2)捻船:把每个船缝用麻刀、灰膏捻平,不能漏水。(3)油船:用桐油把全船油一遍,保持坚固,如同新船。(4)补棚:有的棚布破了需补好,有的太旧需要更换新的。(5)补网:有的网破了需要修补,旧网需要更换成新网。(6)船下水:渔船修好后多人从岸边推拉船下水。(7)柴、米、油、盐,所用日用品搬入船舱,船尾插好红旗后,等到那天风好、行船出海,全家人送至河边,互相嘱托、互相祝愿,岸上鞭炮齐鸣,开始起锚,打棚扬帆,顺海河直奔大沽口,待潮落适宜时出海捕捞,作业时间在三个月左右,由于中华人民共和国成立前交通不便、通信不便,船员基本上不回家。

出海一次,时间长的需要两个多月,时间短的要十多天。船员白天打鱼,晚上放锚住在海里,有时住在东沽岸边。渔船划出大沽口时,面对的是一片汪洋大海,还需要一些个人经验,如哪里有沟、哪里是坎、哪里有礁,船的方位距大沽口多远,下网时水的深度、地点、速度、船帆的高度、方向等,都有讲究,凭个人经验决定产量的高低。收河时看海上灯标,看船罗盘(指南针),根据风的大小和方向决定渔船收的河口。

在长期的捕鱼生涯中,渔家总结了不少谚语,如"早西晚东夜上岸",是说春天早晨西风奔海,晚上伴着东风回来,夜里上岸将鱼卖了。还有"初一十五两边涝",半夜涨潮,白天中午落潮。农历初一、十五半夜准涨潮。渔家观察天气,一是看天,"早看东南,晚看西北";另一方面看水,看水流,也叫"涌"。

早年捕捞主要是捕对虾、海螃蟹,皮皮虾基本不要。打上来以后,在东沽交水产供应站。渔船春天、夏天、秋天三个季节都出海。冬天河水上冻休渔,那时河边停满了渔船。但渔家都不休息,开始油船、修船,为第二年捕捞做准备。早年间,村里还有养送货的对槽船,也有拉纤的,河边专门有马道,多是逆流拉纤。

1954年,村里成立生产合作社以后,出海捕捞的渔船有30多只。有网具200多条,主要有张网、小拉网、锚网、搬罾、密眼网、挂网子等,捕捞梭鱼、鲈鱼、对虾、螃蟹、杂鱼、毛虾等。20世纪50年代,年产量149吨;60年代,年产量105吨。由于船只减少、渔船机械化程度不高,后来年产量降至10吨左右。20世纪90年代,产量再度减少。

20世纪80年代以前,本村淡水养鱼仅限自然形成的坑养,共有淡水养鱼面积110亩。1986年,响应市政府"苦干三年、吃鱼不难"

天津东郊村落文化留迹(下)

的号召,经区农委、水利局、多农委共同审批,又增加淡水养鱼面积210亩,全村共有养鱼池320亩,投入生产后经济效比良好,到2009年整体撤村时结束。

由于从事渔业,苏庄人喜欢吃鱼,集市上的北塘人听说苏庄人来过了,海货就不买了。因为好东西,苏庄人都买走了。苏庄有名的"白龙虾",从船上捞上来了后,码上盐,随即用水煮了,然后一坛子一坛子放好,捣碎成黏糊状,然后蒸一蒸,让鲜味发起来。20世纪70年代前后,苏庄人还弄一些干鱼干虾。即打上来鱼虾,用太阳晒干。

改革开放以后,苏庄开始以农业为主。昔日的渔家生活,成为苏庄人的美好记忆。

讲述人:张加玉(77 岁)

张凤村(77 岁)

整理人:曲振明

☆ 翟庄子村

村情简介：

翟庄子村,曾用名翟家庄,"文革"时曾更名红卫九队。有 323
户,855 人,耕地面积 730 亩。该村位于无瑕街道办事处西南 3.2 千
米,海河北岸,东、北与李庄子接壤,西与小宋庄为邻。2008 年启动
拆迁工作,村民们统一搬迁到无瑕花园秋霞里、丽霞里居住。

翟庄子复式小学

翟庄子位于海河北岸,中华人民共和国成立以前全村只有几十户人家,三百多口人,后来才发展到八百多人,不到一千亩地,是一座名副其实的小村。

早年村里没有学校,孩子们都到别的地方上学。1965年,村里利用土地庙盖了两间土坯房,建立了翟庄子小学,上中学则要出乡。由于孩子少,翟庄子小学自成立便是一所复式小学。复式小学就是一间教室多个年级、一堂课多个课程。复式小学在早年经济文化比较落后、教育投资困难、师资不足的农村是普遍存在的。我在翟庄子小学当老师时不到二十岁,那时我比第一届学生大十二岁。我最初身份是民办教师,后来考上公办,一干就是四十多年。复式学校的老师是全能的,一般教三到四个年级,既讲语文、算术,又讲体育、图画、音乐课。那时村里有八十多个学生,四个年级,两位教师。不同年级的学生在一起上课,如果讲三年级的课,其他年级的学生在旁边做功课。学生都是上半日课,因为还要帮家里干活儿,拾柴火、捡棒子头、看孩子。学校条件比较艰苦,只有两个老师,我又是老师,又是校长,全管了。教学方面,一周讲32节课。教育管理方面,要经常参加区教育局或乡里的会议。除此之外还要考虑日常工作,如日常费用、学费等。民办老师没有工资,与社员一样,还要干农活儿,挣工分,到年终才一起结算,后来才有一些补助。

村里搞副业以后,有了收入,办公用品都是村里出。早期没有电,上课靠摇铃,后来找到一块铁轨,便用铁棍敲铁轨。那时整个校园都听从一截半米多长的铁轨的声音指挥,因为铁轨发出的声响就是命令。不论离校远近,只要听到"当当,当当",那就是预备铃响了,家长也会督促孩子快点走,学校要上课了。后来村里通了电,才有了电铃。那时老师还有一项工作,就是刻蜡版。主要是刻考试的卷子,由于不能让学生知道,还要封卷子。刻蜡纸需要仿宋字,不然学生们不认识,用完钢板就刷出来,有的生锈了就不能用了,几十年来,估计用了二十多块钢板。后来,我们又配备了专业的体育老师和图画老师,教学任务宽松了一些。再后来,区里建立了大宋庄联校,联校负责四个村,一个年级一个班。联校好多了,村里还有分校,教育经费、补贴按人头,遇到困难户还多补助十元钱。想想那时的复式小学,学生学习不易,老师教学更不容易。村里的孩子都是我的学生,虽然条件艰苦,还是出了不少人才。现在我们村有几十个大学生,还有研究生、博士后,考上了天津大学、同济大学等名牌学校。我第一届的学生,有上师范大学的,后来也当上了老师。他们一上班就有工资,各方面待遇非常好。听到这些,我作为老师也感到十分欣慰。

讲述人:孙富洪(74 岁)

整理人:曲振明

翟庄子的两个名人

翟庄子也叫下翟庄子,东丽区还有一个翟庄子,在张贵庄附近,人们称它为上翟庄子。我们村相传建于明万历年间,翟姓人,约占70%。当然也有外姓人,也大都和翟姓人沾亲带故,为此村内宗亲关系比较浓厚,大家很团结,也很和谐。

早年间,翟庄子里种田的很少,大多经商做小买卖。由于临近海河,还有许多渔家。中华人民共和国成立后,村里有了生产队,每个小队都有四五条船。有时在海河捞鱼,用搬罾捞鱼。搬罾就是用四根支竿绑成十字,挂在一根主竿上,把渔网挂在四根支竿顶端,不时调整角度和方向,沉入水中,每隔一两分钟或延时再用绳子拉起来,鱼正好从网里游过,就被捕起。除了搬罾,还用绝户网捞鱼捞虾。有时还要出海,但都是近海,捞上来的鱼交到东沽水产批发部,自己不能卖,也不准留鱼。最早是木船,后来承包个人,有的改成机器轮船。

20世纪70年代,村里主业是种水稻,那时用御河水,红沙地,我们生产的稻子品种叫银坊,一亩收六七百斤。那时的银坊稻米十分著名,一进院就闻着喷香。后来,我们还有一部分地改成旱地、园田。园田种菜,种菜是由上面下达的任务,按计划种萝卜、白菜、茄子、辣椒等。收下来的蔬菜,最早用船向市里送,后来建了四新桥,船过不去了,改用马车送菜。那时园田少,大田多,大田种玉米、高粱。整个村子大田不到八百亩地。这一带海河村子一个挨一个,统称条河十三村。我们村位于塘沽斜对面,赶集都上津南葛沽、咸水沽。村里有渡口,冬天结冰就停运。人们从河上走,有时还用冰排子。

村里老翟家出了两个名人。一位叫翟龙章,早年好学,悬灯夜读,考取秀才,后来为海上剿匪总司令,带领村民剿匪。那时条河十三村的人遇到土匪,都嚷着"找翟龙章去",为此翟龙章便出了名。后来剿匪成功,翟龙章组织剿匪队的年轻人改为舞龙队,我们村是这一带最早的乡镇舞龙队,命名为祥云龙灯会。后来大宋庄土匪刘长林"死灰复燃",派奸细借走翟龙章的枪。一天晚上,土匪闯进翟龙章的家,把一家人全部枪杀,其中翟龙章的老婆因串亲戚没在家,躲过一劫;他的侄子被打伤后装死,送到天津马大夫医院后,捡回一条命。天津解放后,刘长林被镇压,在宋家庄枪毙。

村里还有一位名人叫翟菊林,早年在天津的一家日本橡胶厂工作。中华人民共和国成立后,翟菊林任大中华橡胶厂副厂长,"四清"时返回原籍。1963年下半年,翟菊林帮助村里成立天津橡胶制品一厂,是村办企业。招收职工都是村里人,厂里有压胶机等设备,生产汽车、拖拉机轮胎、输送带、胶轴等,还返修轮胎。当时橡胶属于统购统销产品,原料由商业部门供应,产品由商业站销售。改革开放以后,我们也接外活儿,如为大化纤加工合成罐橡胶衬里。那时还是土道,从外面拉来大管进行加工。工厂有一百多名工人,每年有三四十万利润。我们村在这一带收入最高,工分每分两角,旁边的村才三分。由于有了橡胶厂,村民生活状况得到改善,许多家都盖了砖房。由于大家有收入,村里还设立了信用社,为工厂和村民提供服务。后来橡胶厂承包给个人,直到2008年拆迁前,这家工厂还一直在经营着。

讲述人:翟希贵(74 岁)
整理人:曲振明

☆大杨庄村

村情简介:

大杨庄村,明永乐年间建村,"文革"时曾更名红军村,俗称大杨村。全村有 375 户,1155 人,除汉族外,有回族 65 人,耕地面积 465 亩。村址位于街道办事处南 4.3 公里,海河东北岸,东至苏庄子村界,西与西窑村为邻。村庄沿海河岸呈长条形分布,面积 0.128 平方千米,村民住宅以砖平房和土坯房为主。2007 年 12 月启动拆迁工作,现村民统一搬迁到无瑕花园春霞里小区居住。

一个家族的历史

　　我爷爷叫吴少山,生于 1890 年,当过国民党时期苏庄(十三乡)的伪副乡长。我们家里有很多书,不过都在"文革"时烧了。我爷爷兄弟三人,我大爷爷叫吴少祥。1900 年前后,天津闹义和团,其口号是"扶清灭洋"。由于慈禧太后当时想要借助义和团的势力对抗西方势力,因此义和团在天津地区发展很快,势力很大,很多农民加入其中。我大爷爷此时也跟着义和团耍大刀、练武。我爷爷毛笔字写得非常好。我大爷爷上过八年私塾,可能是去葛沽上的私塾,因为村里没有私塾,要过海河,一般都是坐船去。当时,农作物收获后,农村一般都会运到天津市里去卖,来回都坐船。当时就从我们村头上船。像山芋等农作物,都会拿到市里去卖。我大爷爷很调皮,家里人运送农作物到市里去买,不让大爷爷跟着去,结果等开了船,却发现大爷爷已经在船上了。我爷爷行二,下面还有一个弟弟,我大爷爷去世的时候,我爷爷才十八岁。1908 年,我的太爷爷、大爷爷等亲人相继去世,可能是因为传染病。

　　我们家是康熙五年(1666)过来的。1666 年因自刻《含章馆诗集》,遭到姜元衡告发,发生了"黄培诗案",黄培被囚禁于济南,1669 年被处以绞刑。这就是所谓的"黄培文字狱"。由于担心受到牵连,全家从青岛即墨跑出来。我们祖先是黄嘉善,四世都是一品大员。黄嘉善当过明朝的兵部尚书、三边总督。根据家谱所记,逃过来以后,我们家就在大杨庄村东边买了地,在此安家,到现在已经十一代了。

　　我父亲是 1962 年前后从外地回津的。他原先在大连造船厂工

天津东郊村落文化留迹（下）

作,专门研究柴油机。解放的时候,厂里买了六个活塞,怎么也弄不好,后来我父亲去维修站都给弄好了,那些老师傅都很惊讶,就问我父亲:"您原先是干啥的?"我父亲说:"原先是柴油机厂的人。"那些师傅说:"您这技术太厉害了,维修这个必须用机床打磨才行,您竟然用手工就修好了,太厉害了。"那时候正赶上抗美援朝,我父亲想去参军,但是我爷爷不让去,我九爷"就说:大连造船厂正在招工,你有点学问,又上过私塾,不如先去技校学技术,然后再去工作。"其实,那时候我父亲已经是党员,还有干部身份。后来我九爷还想让我父亲到哈尔滨,但我爷爷不同意,就让他回来了。我哥哥和弟弟都是在大连出生的。父亲回来后就自己开垦了二亩荒地。

我只是小学毕业,但从小受爷爷的熏陶,家规很严,正襟危坐,吃饭时不说话,也不扇扇子。我的父亲上过私塾。我的三个孩子,有两个是大学毕业,我的孙女则是两个硕士、一个博士,家里出了文化人,也算是继承祖上之风。三个孙女其中一个留学英国,一个留学新西兰,还有一位在南开大学经济学院读博士,她硕士也是在南开大学读的,专业是数学。我十几岁就外出工作了,后来才回到村里居住。

讲述人:黄恩益

吴春庆

整理人:万鲁建

大杨庄往事

　　大杨庄村的农作物主要是水稻、蔬菜,也种小麦、大麦,也有桃树等果树,也能够打鱼。农作物收获后,农民一般都会拿到市里去卖。当时,有的村民有船,有的则没有。没有船的人,或乘坐别人家的船,给人家一点路费;或者将东西卖给有船的人,然后再由对方运到市里销售。如果是亲戚,也可以带着过去。一般都不要钱,都是村里人,捎带着去市里。农业合作化之前,村民都是坐船去市里。当时没有车子,没法走旱路。我们生产队自己倒是有马车,可我们这地方比较穷,骡马车很少,大家都是坐船去。我们这儿是蔬菜区,主要生产大白菜、萝卜、黄瓜、茄子、西红柿、韭菜、菠菜等,供应天津市,主要是供应河东区,国家则给我们粮本,用粮本换粮食,这种形式一直持续到生产队解散,大约在1986年结束。此后就是自己耕种,仍旧是蔬菜为主,但是都是自收自卖。

　　改革开放之前,我们村也有村办企业,如机械加工厂、毛衣厂、铸造厂、机加工厂等。农业合作化以后的20世纪60年代开始有机械加工厂,一直持续到20世纪90年代。我们村还和四十中学合办了一个工厂,生产空气压缩机。这个工厂在1963年前后建厂,有机器几十台,后来村里又建了铸造厂,当时是华北地区最大的铸造厂,有两个大厂房,占地两千多平方米。

　　1958年我被选拔到东郊区文工团工作,1960年转到农业机械厂工作,后又从工厂里下放到农村。20世纪60年代我在文工团开始学习高跷,1988年成立高跷会,村里也有几个花鼓会。1964年,农业机械厂在军粮城有分厂,我又被招进去干临时工,后来转正。1985年

天津东郊村落文化留迹（下）

该厂和天津市飞鸽自行车厂合并后,我又进入自行车厂工作,最初在河东区六纬路的总厂,后来我调到位于八号桥的分厂。1999 年正式退休,在那里工作了十几年。那时候正是自行车厂最辉煌的时候,经常发奖金。我是干部工资,一个月 80 多元钱。1994 年以后厂子的效益不好,我就内退了。内退后,我去了天津市富士达自行车厂,负责技术,制造自行车,后来又制造摩托车。那时候住在大杨村,骑自行车上班,后来骑摩托车上班。摩托车是儿子从日本带回来的。现在这个工厂在武清区,已经承包给个人了,老板是我们村的。他建立的厂子,面积差不多有六百亩,后来又买了军粮城的地,现在也退休了。

讲述人:吴春庆

整理人:万鲁建

枪挑"蚂蚱螭"

光绪二十五年(1900)冬,一艘三条桅的"大江猪"(宁波大海船)在海河东岸的大杨庄一侧,过冬待航。

大杨庄对岸是号称"小江南"的葛沽镇。镇上有一伙横行乡里、无恶不作的流氓。他们见一艘大海船冻在对岸,便想抢走船上的钱财。于是,这群人踏冰来到船上,并将船上的钱财抢劫一空。船上伙计没有办法,只好去求大杨庄的乡亲们帮忙。

大杨庄村付氏三兄弟听说后,跟随伙计来到船上。这付氏可不是一般人,老大付宽是海河两岸远近闻名的武林高手,专爱打抱不平。付宽本想好言相劝,可是对方却说:"你是什么人?居然要管我们的事。"付宽一看来软的不行,只好说道:"把钱放下,百事皆无,如若不然,别怨我不客气。"这伙人都是亡命之徒,哪里会轻易放手,于是将付氏兄弟团团围住。此时,船上的伙计吓得瑟瑟发抖,害怕出人命。付宽见此哈哈大笑,说道:"朋友们不要怕,我倒要看看他们有多大本领。"为了不连累船上的伙计们,付宽对这群人说:"有本事咱们到地下去打,你们敢吗?"流氓也不在乎,一起来到岸上。双方摆开阵势,付宽手持长枪,说道:"过来吧。"话刚说完,流氓当中一个手持三节棍的大汉站了出来,你来我往打了十几个回合,大汉只有招架之功,无还手之力。付宽则是越战越勇。大汉正想寻找逃跑之路,付宽一个扫堂腿,大汉倒在地上。众流氓一看不是对手,便灰溜溜跑了。

此时,独有一人站在那里不动。只见此人三十来岁,身材短小,骨瘦如柴,一双鼠眼眨巴着,此人就是"蚂蚱螭"。此人平时有两手,不知天高地厚。"蚂蚱螭"想,如果我将付氏兄弟打败了,将来葛沽这

天津东郊村落文化留迹(下)

座码头就算有我一号了。想到这里,他趁着付宽不备,一个"五雷灌顶",使足了全身力气,朝付宽的后脑砸去。付宽忽听身后有响声,一个侧转身,看到"蚂蚱蛹"暗下毒手,一个旋风腿,"蚂蚱蛹"来了一个"狗吃屎"。众乡亲一见哈哈大笑。付宽对"蚂蚱蛹"说:"回去跟你师娘学几年再来吧。"说完扭头就走了,跌倒在地的"蚂蚱蛹"恼羞成怒,爬起来还想再和付宽较量,付宽见此人不知天高地厚,一抖手中大枪,朝"蚂蚱蛹"前胸刺去,"蚂蚱蛹"见枪头已接近胸口,吓得出了一身冷汗,两腿已经收不住了。这个一心想要当流氓头子的"蚂蚱蛹"就这样一命呜呼了。

[本文根据天津市东郊区民间文学编委会、天津市东郊区文化馆编:《中国民间文学(天津卷·东郊分卷)》《枪挑"蚂蚱蛹"》改写。]

讲 述 人:付长昭

搜集整理:黄恩益

改　　写:万鲁建

☆ 新五村

村情简介：

新五村，"文革"时曾更名红光村。该村有 321 户，971 人，耕地面积 976 亩。该村位于街道办事处东 0.5 千米，津塘公路十号桥两侧。东与滨海新区接壤，西至官房村，南隔津塘公路与李庄子为邻，北至京山铁路，面积 0.255 平方千米。村民住宅为砖平房，后将农村土地由北向南以此划分为一至六区，官地按顺序改为五区，1948 年 12 月，此地在中华人民共和国成立后改为新五村。2008 年启动拆迁工作，村民们统一搬迁到无瑕花园春霞里居住。

村史忆往

　　新五村,是 1957 年确定的现名。这个地方以前是农场,属于官地,村民大部分都是山东过来的,多为商河县人,是当年闯关东路过而留在此地的。我父亲 1918 年出生,20 世纪 30 年代初闯关东,去投奔他的一个叔伯大爷,学习铜匠,后来受不了罪,就回来了,先到了唐山,然后才来到军粮城。因为这里有官地,可以种地换点吃的,譬如豆饼什么的。当时由于是抗战时期,这些地方为日本人所占领,大部分时间是伪军在维持秩序。日本人还在此地建有锅炉,中华人民共和国成立后被拆了。那时,日本人为了提高水稻产量,维持军队供给,修建了灌溉渠,征用了大量中国劳工。

　　我们村有一千多人,赵姓人最多,大都是 1939 年天津发大水前后过来的。这地方以前没有多少人,犹如荒地一般,因此也没人管,来到此地,就自己选地建房子。房子都是土坯房,用干芦苇和泥,就地取材盖房。房子建得非常简陋,1983 年以后才改为砖瓦房。中华人民共和国成立后这里才正式建村,因此当时并没有官方机构管理。我们村西面是官房村,南面是杨泊子村,还有塘沽区的中西村等。根据占据的地方,确定范围,建立村庄。由于没有多少地,没有进行土改,农业合作化以后,全部入社。1954 年是初级社,中农允许入社,1955 年全部入社,成为高级社。每村一个高级社,我们这儿叫新五村高级社。1958 年加入人民公社,属于新立公社。那时候,每家都不用做饭,全部到食堂去吃饭。公社分工干活儿,种的都是水稻,有生产任务,蔬菜则需要从别处采购。上面定任务,完成任务,剩余的可以自己留下吃。蔬菜都是自己去杨泊子村买,这是紧挨我们村的村庄,种小麦的很少。蔬菜有白菜、萝卜、黄瓜、豆角。

那时候,如果从村里去市区,有几种办法。一是走着去,顺着车道走,需要一天时间;二是坐车去,从军粮城、塘沽到天津东站。1955年前后就有了公交车,乘客少,车次也少。最早是1路公共汽车,后来还有151路。附近村庄的人就在这里坐车,车站靠近津塘路。一般需要一个多小时才能到达市里。最便宜的票价是四角八分。坐船都需要到海河。当时去市里是可以住宾馆的。当时规定交公粮,然后国家会返给高粱等粮食。吃大锅饭的时候,吃得挺好,有馒头等主食,也有菜,干活儿回来可以随便吃,也有吃香米的时候。挨饿的时候,什么都吃,柳树叶子、榆树叶子,甚至稻草都吃,只是比较难消化。

后来,我们村里还建了不少韩国厂子,主要是生产汽车配件等,合作方式是我们盖厂房,租给他们经营工厂。

讲述人:赵连起(75岁)

刘泉祥(72岁)

整理人:万鲁建

☆东丽湖

村情简介：

东丽湖原来叫新地河水库,1985 年当地政府为搞旅游开发,效仿深圳的西丽湖,将新地河水库改名东丽湖。东丽湖是天津市八大旅游景区和七大自然保护区之一,东丽湖温泉旅游度假区占地面积 22.01 平方千米,其中水域面积 8 平方千米(12000 亩),湖岸周长 12 千米,总水容量 2200 万立方米,是杭州西湖的 1.5 倍,素有"淡水小海洋"之称。2016 年 1 月,国家旅游局和环保部拟认定天津市东丽湖景区为国家生态旅游示范区。

开挖东丽湖

东丽区俗有"退海不毛之地""九河下梢入海底"之称,境内坑塘散布,河道纵横。东丽区属于暖温带大陆性季风型气候,风调雨顺年景少,春旱秋涝时有发生。1972年连续三年干旱,海河、金钟河断流,全区20万亩水稻连年歉收,被迫改种旱田。从1962年积存的十年战备粮全部吃光,军粮城公社和李庄子公社还出现了个别农户外出讨饭的现象。面对严重干旱、农业生产难以为继的局面,区委、区革委在抗旱打井深挖渠的同时,决定兴建中型平原水库。1974年讨论酝酿,1975年搞了前期工程,扩宽、深挖新地河(经东减河沟通海河与金钟河的二级河道,是水库蓄水向全区输水的必经河道),为兴建水库打下基础。

1976年成立区农田水利工程指挥部,由水利局领导张洪德、刘雪峰组织技术人员进行水库工程设计、测量、选址、形成方案。经区委、区革委几次讨论,最后决定在新地河东侧、空军农场灌渠西侧、北靠李场子村南苇地、南靠铁路北环线的范围内修建水库。库容计划蓄水三千多万立方米,面积7.2平方千米,需占用土地1.3万亩(主要是李庄子、军粮城、赤土、万新庄等公社所辖村队的土地,其中一半是苇草地,一半是旱田低产地。由于区资金困难,各村队土地均属无偿奉献)平地建水库。围堤长度11.54千米、东西堤短、南北堤长,加上灌水渠长1.4千米,总计需围堤12.94千米,水库计划蓄水深3米(即达到大沽水平6米)。为此,即自平原地面筑堤5米高,堤顶宽8米、围堤主具坡度1:4,计划总土方量301万立方米,砌石4450立方米,总用工量175万个工日,折合全区农村每个劳动力义务承担出

220个。区指挥部按每方土补助3角钱、半斤粮。

兴建水库大会战打响了！

1977年9月30日，水库总指挥部在工地上召开了生产队长以上干部、民兵代表、工程技术人员参加的千人誓师大会。区委书记、革委会主任张贵祥做了报告，水库大会战总指挥、区委副书记、革委会副主任葛同欢做了战前动员讲话，大会战在区委常委、革委会副主任赵耘，水利局局长张洪德、农林局副局长杨青山、财政局副局长张全礼等人的领导下拉开了序幕。

从1977年10月上旬开始，9个公社、110个村队的民兵骨干编成的营、连、排、班，自带被褥、粮食、柴草、煤及施工工具，从四面八方乘汽车、拖拉机、马车浩浩荡荡地开进工地，13千米长的围堤和引水渠工程工地上，处处人欢马叫，机械车轮响。到11月中旬，工地上的民兵猛增到2万多人。各种机械车辆、工具达千台（套）以上，动用机械化施工在全区历史上这还是第一次。

进入12月中旬，冬季施工种种困难问题相继出现。为此，区委、区革委会主任一律进驻工地，指挥解决难点问题。特别是李庄子公社是个人多地少的穷社，机械化水平低，缺粮户困难户多，资金粮食缺乏，特别是口粮严重不足。大毕庄公社、万新庄公社是园田公社，经济宽裕，工地食堂主食米饭、馒头，副食品丰盛，整车的蔬菜往工地上拉，食堂伙食经常是白菜、粉条、炖猪肉。而李庄公社是困难队，工地食堂经常性的是高粱面饽饽、咸菜、白菜或萝卜汤，很少吃面食。有的大队还是找赤土公社新村大队借的高粱米，来解决主食问题。

公社民工的干劲十足，分指挥部指挥有方，充分发挥党组织的战斗堡垒作用。第一，15个村划分战斗地界，按天排工程，按应摊工日给民工计算土方，当日任务当日完成，完不成任务挑灯夜战，不经公社验收不收工。第二，按解放军建制，党支部建在连队上，副书记兼民兵连长，充分发挥支部领导干部的表率作用，支部书记负责政治思想宣传鼓动和安全工作。大队长、民兵连长深入各排，身先士卒，干在前面,解决工程出现的具体问题。第三,党员和民兵排长起模范带头作用。组织突击班,多数是党员任班长。把拖拉机、小拉(推)车和民兵班搭配好,建立工程责任制,抢工程进度。最后一个月打的是人海战术,15个村的民兵全部调到水库,轻伤不下火线,直到完成全部工程任务。第四,公社组织工程质量验收组。由公社水利工程技术人员和公社水利站干部,天天到各村队工地检查工程质量,帮助解决技术和工程具体出现问题。特别是冬天打冻方,经验收达不到工程质量要求的当日返工,绝不留工程隐患。第五,做好公社、连队、后勤保障工作,组织粮食、机柴油、柴草和煤的供应。特别是工地上的集体食堂保证有热饭、热水供应。工地帐篷有炉火,村民宿舍有暖炕。还有公社卫生院和村赤脚医生组建的医疗队到工地巡回医疗。

水库大会战经过区、社、队的艰苦奋战,于1978年3月宣告建成。据统计,从1978年4月3日—13日,新地河水库泵站开机向水库蓄水达1200万立方米进行洗库,自此共向全区流送上亿立方米的水源支持农业粮食生产,特别是赤土、军粮城、李庄子等公社受益较大。全区当年恢复稻田6万亩,收稻谷3000万斤。

1979年恢复种稻10万亩,收稻谷6000万斤。粮食产量由1972年的1500万斤提高到13865万斤。同时水库的建成,管委会的建立推动了林、渔等副业的发展。1978年9月,在库区附近打成一眼深1842米的地热井,井水温度97℃,每小时自流出的热水45吨,用地热水进行罗非鱼繁殖,发展河蟹养殖以及修建各式钓鱼台,极大地提高了当地经济的发展。种植果树近万株,还建起温室大棚,四季可食鲜菜、鲜鱼;又投资140万元,建成可容纳百人的康复中心,用地热水洗澡治病,还在库区西岸填沙建游泳池场,供市民游泳。新地河水库——美丽的东丽湖的建成,为发展天津市旅游业、文化娱乐业、休闲健身业、新兴住宅业等行业的发展奉献了极大的力量,在新形势下,提供了愈加宽广的发展空间和难得的发展机遇。

整理人:范有志

美丽的生态湖

1978 年,新地河水库建成。从此,在东丽区的东北侧,这一片如蓝宝石般的水域开始了它防汛抗旱的新征程,也记录下了城市光阴的年轮,承载了一代东丽人的美好回忆,成为东丽人脑海深处抹不掉的记忆。

兴修新地河水库是 20 世纪 70 年代的事情。在党和政府的号召下,东丽各村群众自带干粮,吃着大锅灶,用最原始的车拉肩扛的方式移动土方,开挖水库,过程异常艰辛。2007 年,市政府批复东丽湖区域规划,东丽湖的名字逐渐取代了新地河水库,成为这一片区域的总称。自 2009 年开始,上千台挖掘机打破了冬日里的寂静,整个工程实现了机械化,数千人参与到新地河水库与赤土小水库的浚深改造之中。仅用了不到三个月的时间,东丽人以惊人的速度成就了东湖和丽湖两湖现有的岸线形状。在这个被称为"百日会战"的工程中,一台台工程机械像"老鹰"抓"小鸡"一样把一块块石头、一堆堆土方挖开,拉运石料、水泥、砂石等材料的重型汽车穿梭在施工工地上,叫人眼花缭乱。昔日施工的人海大战,如今已成为故事。曾参加过 20 世纪新地河水库开挖的银发老人们,看着如今机械化的施工现场,感慨万分。他们津津乐道地谈论着现代化机械,追忆着过往的激情岁月。

东丽湖风景优美,生态更美。20 世纪 80 年代,水库周边乡野情趣盎然,碧绿透亮的大青虾、肥硕圆滚的长白鳝、细嫩如雪的银鱼堪称特产,还有悠然游走在湖面的野鸭、大雁,构成秀水野趣的天然画卷。如今东西两侧湖水相映,花木沃野,碧水长天,银鱼、甲鱼、河蟹等二十多种鱼类在湖中自由嬉戏。在湖心岛上的阅湖小亭,习习凉风吹过,成为居民活动休闲的好去处。

东丽湖是孩子们的乐园。这里空气清新,繁花似锦,微波潋滟是孩子们释放天性的胜地。这里有摩托艇、帆船、脚踏船、沙滩浴场、温泉游泳池、水滑梯等活动设施,孩子们仿佛进入了游戏的天堂。在"造浪池"中,不断涌来的人造浪一次次把孩子们冲回岸边。胆子大的孩子会在浪起来的一瞬间,用力向上蹦,享受冲浪的感觉。在"亲亲鱼"的地方,孩子们能够泡着舒服的温泉,享受着小鱼在腿间游过的惬意。

东丽湖有现代化的农业。20世纪80年代,东丽湖曾打出一眼1842米深的地热井,出水温度高达97℃,扔进去鸡蛋很快就能煮熟。如今东丽人民利用地热建起温泉宾馆、罗非鱼养殖场、反季节蔬菜大棚及果园,发展起特色农业和乡村旅游,线上线下联动,多渠道增加农民收入。食用菌生产基地里一派紧张繁忙的景象,数十吨的蟹味菇、白玉菇通过这条生产线,经过分拣、包装、装箱,除了发往全国各地,还有近一半销往海外。

东丽湖更是人们宜居的好地方。优美的自然景色、优越的生态环境、优良的配套设施,吸引了众多市民前来定居,吸引了众多投资者纷至沓来。万科、恒大等著名企业在此大展才华。欢乐谷主题公园、恒大温泉酒店相继落成开业,北大附中东丽湖学校如期开学,东丽湖郊野公园建成开放。美丽的东丽湖,未来可期。

(本文参考《今晚报》中《东丽湖史话》一文。)

整理人:王　静

在东丽湖"出河工"

　　20 世纪 70 年代开始,为了灌溉农田、修建河坝,每个地方都有出河工的任务,而且多在农闲的冬季。出河工是一项很重的体力活儿,不是挖河,就是修堤,人山人海,男女老少齐上阵,非常壮观,但也非常劳累。当时,几乎每家都有出河工的任务。

　　1976 年秋天,东郊区(今东丽区)的所有社队都接到了出河工的任务——挖东丽湖。当时整个东丽湖分区划片,各生产队负责一部分,工具都是自己带,食物也要自己带,干了一年多。由于需要长时间住在那里,一干就是一个多月,甚至一个冬天。大部分的劳动力都要去,男女都有。有干得快的,也有干得慢的。一个生产队负责一部分,早干完早结束。公社队里负责测量,完成就结束。一次性分完工程,各生产队完成验收后就结束。李明庄、大沽里村等也都有出河工的任务。由于是冬天,土块就要像冰窖里的冰块,需要将土切成块,拉走。挖的深度从地面往下要 3.5 米深,宽约 15 至 20 米。

　　后来还挖过铁路的护路河,主要是为了排水。这个铁路就是京三线。控护路河比东丽湖要晚,大约在 1979 年前后。这是军粮城公社的工程,也是各个生产队分工进行,护路河长四五千米,十里地左右,工期大约一个冬天。当时是为了建水库蓄水,主要是为了种水稻。东丽湖归区管,现在变成了游玩的地方。东丽湖四周建起了大坝,中间并没有大动,变成了一个水库。

　　当时,整个东郊区百余村庄出动了万余名劳力,全都在这里"出河工",进行大会战。大家用镐头、铁锹、小拉车、扁担、箩筐等这些近乎原始的工具,肩抬车拉,克服种种困难,硬生生在荒郊野地挖出了一个万亩的大水库,有效缓解了旱魃逞凶、粮食短缺的燃眉之急。

讲述人:付玉生(79 岁)

韩金发(71 岁)

陈景祥(64 岁)

整理人:万鲁建

逛逛东丽湖大集

　　赶大集是一种传统的民间风俗，是指定期聚集进行的商品交易活动形式。"赶集"一般时间较短，多者不过一天，少则半个时辰，到集上进行交易的时机很要紧，所以前面加了个"赶"字。南方称作"赶场""赶山""赶墟"；北方称作集市，也称为市集。过去集市的出现主要是因为商品经济不发达，受交通条件的制约，老百姓们只好约定某个日子来进行商品买卖，因此赶大集多发生在农村和小镇地区。对于上一辈的老人或者从农村走出来的孩子来说，逛大集、赶大集始终是抹不去的记忆。如今随着电子商务的兴起，或许不需要再逛大集、赶大集，人们足不出户，就可以用手机付款下单，然后等着快递员送货上门。人们也可以到超市、商场买到心仪的商品，甚至可以在社区小卖部、小商店买到日用百货，赶大集仿佛可以退出历史舞台了。然而一些大集市至今还保留着昔日的繁荣与热闹，城市人们赶大集更多的是赶一份情怀，赶一份人气。位于东丽区东丽湖胡张庄松湖小镇旁边的大集就很热闹，吸引了周边不少村民和市民去逛大集。

　　东丽湖的大集是典型的天津郊区农村大集。农村的集市一般是按照农历的一、三、五、七和二、四、六、八来划分的，赶大集的时候，大人小孩都会拎上大包小包，购买所需要的生活必需品。为了适应现代人的生活，也为了方便人们记忆，东丽湖赶集的时间是每周二、周六的上午。每天这个时候，附近的菜农及各个摊主早早就来到集市上摆起了摊子，附近的居民也大多出来采购，每一处都非常热闹。

　　集市上的商品种类比较齐全，有卖菜的、卖肉的、卖鱼的、卖干货的、卖日用品的，还有花市，有鲜花、观赏鱼及其他一些小宠物。一般的日常生活用品都可以在这里买到。所以,这个集比较受当地居民的欢迎。

集市上,人们摆摊比较随意。有用三轮摩托车载的,有搭铁架子的,还有随便在地上铺上层布就开始吆喝的,甚至有的还让顾客到编织袋里自己去翻的,总之随性就好。

平时人们逛超市,商品是明码标价,而且谢绝还价,顾客觉得价钱合适就买,不合适就不买。到了集市上,选择就多了,一件商品可以货比三家,如果觉得看中的商品价格高就和摊主软磨硬泡地砍价,甚至是可以把砍价当成聊天,聊着聊着两人就互相认识熟悉了,下次再来买这位卖家的东西,很可能就会获得摊主的主动优惠。

集市上,商贩也讲究信义。他们承诺顾客买回去的东西如果不行,可以下一次赶集时来换。很多干买卖的都明白,质量不好的商品很难在集市上存活,如果人们知道谁的货质量不行,下次就不会再去买他的东西了。

紧张工作了一个星期的城市人,更喜欢自然的生态环境,在外边呼吸一下新鲜空气,聊聊天、砍砍价,毫无拘束。随着人们生活水平的提高,集市上的商品质量也越来越好,甚至不亚于网上的商品。这么好的大集,你不想去赶一下吗?

整理人:王　静